## 여러분의 합격을 응원하는

# 해커스공무원의 특별 혜택



### FREE 공무원 영어 **특강**

해커스공무원(gosi.Hackers.com) 접속 후 로그인 ▶
상단의 [무료강좌] 클릭 ▶
좌측의 [교재 무료특강] 클릭

### 출제예상 핵심 어휘리스트(PDF)

해커스공무원(gosi.Hackers.com) 접속 후 로그인 ▶
상단의 [교재 · 서점 → 무료 학습 자료] 클릭 ▶
본 교재의 [자료받기] 클릭

### **공무원 보카 어플 이용권**

**GOSIVOCA241HALF**

구글 플레이스토어/애플 앱스토어에서 '해커스공무원 기출 보카 4800' 검색 ▶
어플 설치 후 실행 ▶ '인증코드 입력하기' 클릭 ▶ 위 인증코드 입력

* 해당 자료는 [해커스공무원 기출 보카 4800] 교재 내용으로 제공되는 자료로, 공무원 시험 대비에 도움이 되는 유용한 자료입니다.
* 쿠폰 이용 기한: 등록 후 30일간 사용 가능(ID당 1회에 한해 등록 가능)

### 해커스공무원 온라인 단과강의 **20% 할인쿠폰**

**82E97F96324289DT**

해커스공무원(gosi.Hackers.com) 접속 후 로그인 ▶ 상단의 [나의 강의실] 클릭 ▶
좌측의 [쿠폰등록] 클릭 ▶ 위 쿠폰번호 입력 후 이용

* 쿠폰 이용 기한: 등록 후 7일간 사용 가능(ID당 1회에 한해 등록 가능)

### 합격예측 **온라인 모의고사 응시권 + 해설강의 수강권**

**482653A7879D26CD**

해커스공무원(gosi.Hackers.com) 접속 후 로그인 ▶ 상단의 [나의 강의실] 클릭 ▶
좌측의 [쿠폰등록] 클릭 ▶ 위 쿠폰번호 입력 후 이용

* ID당 1회에 한해 등록 가능

### 해커스 회독증강 콘텐츠 **5만원 할인쿠폰**

**75A2FDB4E5B6FAAA**

해커스공무원(gosi.Hackers.com) 접속 후 로그인 ▶ 상단의 [나의 강의실] 클릭 ▶
좌측의 [쿠폰등록] 클릭 ▶ 위 쿠폰번호 입력 후 이용

* 쿠폰 이용 기한: 등록 후 7일간 사용 가능(ID당 1회에 한해 등록 가능)
* 특별 할인상품 적용 불가
* 월간 학습지 회독증강 행정학/행정법총론 개별상품은 할인쿠폰 할인대상에서 제외

쿠폰 이용 관련 문의 **1588-4055**

# 단기 합격을 위한

# 해커스  커리큘럼

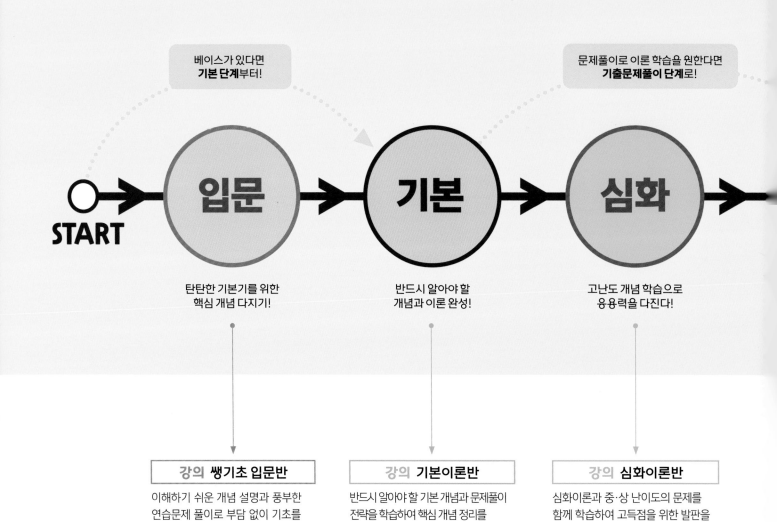

베이스가 있다면
**기본 단계**부터!

문제풀이로 이론 학습을 원한다면
**기출문제풀이 단계**로!

START → **입문** → **기본** → **심화** →

**입문**

탄탄한 기본기를 위한
핵심 개념 다지기!

**강의** **쌩기초 입문반**

이해하기 쉬운 개념 설명과 풍부한 연습문제 풀이로 부담 없이 기초를 다질 수 있는 강의

**기본**

반드시 알아야 할
개념과 이론 완성!

**강의** **기본이론반**

반드시 알아야 할 기본 개념과 문제풀이 전략을 학습하여 핵심 개념 정리를 완성하는 강의

**심화**

고난도 개념 학습으로
응용력을 다진다!

**강의** **심화이론반**

심화이론과 중·상 난이도의 문제를 함께 학습하여 고득점을 위한 발판을 마련하는 강의

2024 최신개정판

해커스공무원

# 매일 하프모의고사 영어 4

# 문제집

해커스공무원

해커스공무원

# 매일 하프모의고사

영어 4

# 문제집

해커스공무원

해커스공무원
gosi.Hackers.com

"매일 꾸준히 풀면서 실전 감각을 유지할 수 있는 교재가 없을까?"

"공무원 난이도에 딱 맞는 모의고사로 실전에 대비하고 싶어."

## 해커스가 공무원 출제경향을 완벽 반영하여 만들었습니다.

매일 모의고사를 풀며 영어 실전 감각을 유지하고 싶지만 마땅한 문제 풀이 교재가 부족해 갈증을 느끼는 공무원 수험생 여러분을 위해, 공무원 영어 시험 출제경향을 완벽 반영한 하프모의고사 교재를 만들었습니다.

## 『해커스공무원 매일 하프모의고사 영어 4』를 통해 매일 10문제씩, 4주 만에 공무원 영어 실력을 완성할 수 있습니다.

실전 감각은 하루아침에 완성할 수 있는 것이 아닙니다. 공무원 출제경향이 반영된 문제를 많이 풀어 보면서 문제가 요구하는 바를 정확하게 파악하는 연습을 지속적으로 해야 합니다. 학습 플랜에 맞춰 매일 10문제씩, 하루 15분 학습을 꾸준히 반복하고, 본 교재가 제공하는 해설과 총평을 꼼꼼히 확인한다면, 4주 뒤 눈에 띄게 향상된 영어 실력을 발견할 수 있을 것입니다.

## 『해커스공무원 매일 하프모의고사 영어 4』는 공무원 영어 시험에 최적화된 교재입니다.

해커스 공무원시험연구소에서 100% 자체 제작한 문제, 상세한 포인트 해설과 친절한 오답 분석, 해커스 공무원시험연구소가 제공하는 총평까지, 여러분을 위해 모두 담았습니다. 『해커스공무원 매일 하프모의고사 영어 4』는 오직 공무원 수험생 여러분의, 여러분에 의한, 여러분을 위한 교재입니다.

**공무원 시험 합격을 위한 여정,**
**해커스 공무원시험연구소가 여러분과 함께합니다.**

# : 목차



## ■ 문제는 half, 실력은 double! 문제집



**무료 <출제예상 핵심 어휘리스트> PDF 제공**

해커스공무원(gosi.Hackers.com) 접속 후 로그인 ▶ 사이트 상단의 [교재·서점 ▶ 무료 학습 자료] 클릭 ▶ 본 교재 우측의 [자료받기] 클릭하여 <출제예상 핵심 어휘리스트> PDF 다운로드

언제 어디서든 공무원 출제예상 핵심 어휘를 암기하세요!

## ■ 포인트만 쏙쏙, 실력 최종 완성! **해설집**

# : 이 책만의 특별한 구성

## ■ 매일 15분으로 공무원 영어 실력을 완성하는 하프모의고사 24회분!

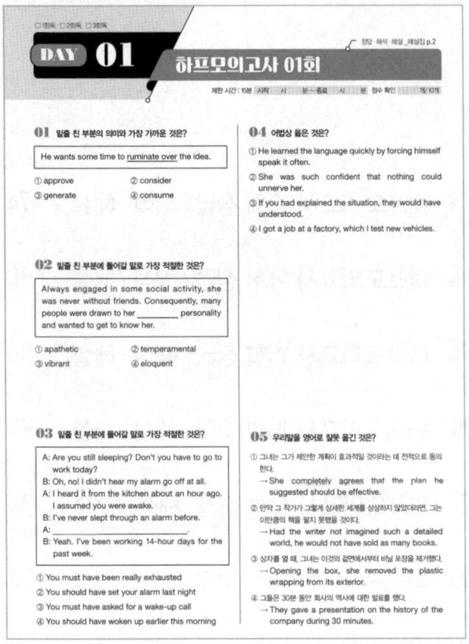
DAY 01 하프모의고사 01회

01 밑줄 친 부분의 의미와 가장 가까운 것은?

He wants some time to ruminate over the idea.

① approve ② consider
③ generate ④ consume

02 밑줄 친 부분에 들어갈 말로 가장 적절한 것은?

Always engaged in some social activity, she was never without friends. Consequently, many people were drawn to her ________ personality and wanted to get to know her.

① apathetic ② temperamental
③ vibrant ④ eloquent

03 밑줄 친 부분에 들어갈 말로 가장 적절한 것은?

A: Are you still sleeping? Don't you have to go to work today?
B: Oh, no! I didn't hear my alarm go off at all.
A: I heard it from the kitchen about an hour ago. I assumed you were awake.
B: I've never slept through an alarm before.
A: ________
B: Yeah. I've been working 14-hour days for the past week.

① You must have been really exhausted
② You should have set your alarm last night
③ You must have asked for a wake-up call
④ You should have woken up earlier this morning

04 어법상 옳은 것은?

① He learned the language quickly by forcing himself speak it often.
② She was such confident that nothing could unnerve her.
③ If you had explained the situation, they would have understood.
④ I got a job at a factory, which I test new vehicles.

05 우리말을 영어로 잘못 옮긴 것은?

① → She completely agrees that the plan he suggested should be effective.
② → Had the writer not imagined such a detailed world, he would not have sold as many books.
③ → Opening the box, she removed the plastic wrapping from its exterior.
④ → They gave a presentation on the history of the company during 30 minutes.

① 매일 15분 집중 학습으로 실전 감각 극대화

매일 15분, 하루 10문제씩 집중 학습을 총 4주간 꾸준히 반복하며 실전 대비와 문제 풀이 시간 관리를 동시에 할 수 있습니다.

② 공무원 출제경향 완벽 반영

실제 공무원 영어 시험과 가장 비슷한 난이도와 문제 유형으로 구성된 하프모의고사 24회분을 제공하여 탄탄한 공무원 영어 실력을 쌓을 수 있도록 하였습니다.

③ Self Check List를 통한 자기 점검

매회 하프모의고사가 끝나면 모의고사 진행 내용을 스스로 점검하여 개선점을 마련하고, 앞으로의 학습 계획을 세울 수 있도록 각 회차마다 Self Check List를 제공하였습니다.

## ■ 한 문제를 풀어도 진짜 실력이 되는 **상세한 해설 제공!**

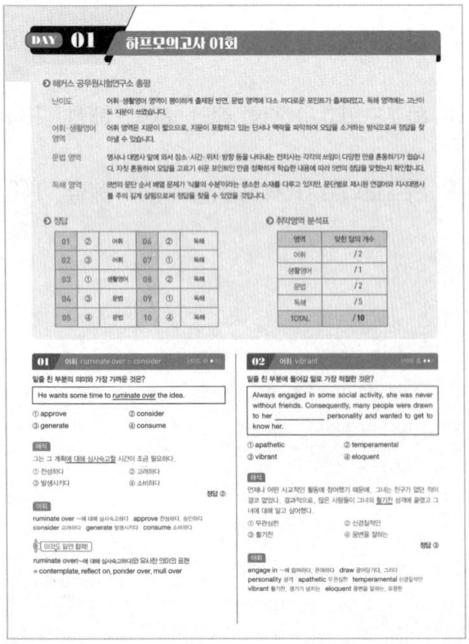
DAY 01 하프모의고사 01회

01 어휘 ruminate over = consider

He wants some time to ruminate over the idea.

02 어휘 vibrant

Always engaged in some social activity, she was never without friends. Consequently, many people were drawn to her ________ personality and wanted to get to know her.

① 각 회차마다 총평 제공

해당 회차의 전반적인 난이도와 영역별 핵심 분석을 제공하는 해커스 공무원 시험연구소 총평을 통해 반드시 짚고 넘어가야 할 포인트와 앞으로의 학습 방향을 제시하였습니다.

② 취약영역 분석표

취약영역 분석표를 통해 자신의 취약영역을 스스로 확인할 수 있습니다.

③ 포인트 해설 & 오답 분석

문제에 대한 정확한 해석과 상세한 해설, 그리고 필수 학습 어휘를 제공하였습니다. 포인트 해설과 오답 분석을 통해 정답이 되는 이유와 오답이 되는 이유를 확실히 파악할 수 있습니다.

④ 이것도 알면 합격! & 구문 분석

해당 문제와 관련된 추가 어휘·표현과, 문법 이론, 구문 분석을 제공하여 심화 학습을 할 수 있도록 하였습니다.

## ■ 어휘 암기까지 확실하게 책임지는 학습 구성!

출제예상 핵심 어휘리스트

DAY 01 | 하프모의고사 01회

잘 외워지지 않는 표현은 박스에 체크하여 복습하세요.

| | | | |
|---|---|---|---|
| transcend | 넘다, 초월하다 | heartening | 희망을 북돋우는 |
| rational | 합리적인 | at first glance | 언뜻 보기에는 |
| incorporate | 포함하다 | confirm | 더 분명히 해 주다, 확인하다 |
| disparage | 얕보다 | offset | 상쇄하다 |
| contrive | 고안하다, 계획하다 | halt | 멈추다 |
| surpass | 초월하다 | hasty | 성급한 |
| reign | 권력, 통치 기간 | alarming | 놀라운 |
| substitute | 대신하는 사람; 대리하다 | signify | 의미하다 |
| impatient | 짜증 난 | uphold | 인정하다, 지지하다 |
| a wide array of | 다양한 | decree | 판결, 법령 |
| precautionary | 예방의 | imprisonment | 투옥, 구금 |
| vulnerable | 취약한 | inevitably | 불가피하게 |
| indicate | 명시하다, 나타내다 | liable | 법적 책임이 있는 |
| intercept | 가로채다, 수신하다 | omniscient | 전지적인 |
| browse | 둘러보다 | provisional | 임시의 |
| deter | 막다, 저지하다 | modest | 그다지 크지 않은, 보통의 |
| commodity | 상품, 물품 | satirical | 풍자적인 |
| predetermine | 예정하다 | exhibit | 드러나다, 전시하다 |
| expire | 만료되다, 끝나다 | decimate | 몰살시키다, 대량으로 죽이다 |
| per annum | 매년, 1년에 | flee | 피난하다, 달아나다 |

Quiz 각 어휘 및 표현의 알맞은 뜻을 찾아 연결하세요.

| | | | | | |
|---|---|---|---|---|---|
| 01 | precautionary | ⓐ 얕보다 | 06 | vary | ⓐ 전지적인 |
| 02 | disparage | ⓑ 기능적인 | 07 | socialize | ⓑ 언뜻 보기에는 |
| 03 | rational | ⓒ 예방의 | 08 | attractiveness | ⓒ 인정하다, 지지하다 |
| 04 | vulnerable | ⓓ 둘러보다 | 09 | trustworthy | ⓓ 임시의 |
| 05 | predetermine | ⓔ 취약한, ⓕ 합리적인 | 10 | correspond to | ⓔ 풍자적인, ⓕ 상쇄하다 |

① 문제집 내 QR코드를 통해 핵심 어휘 확인

매회 문제 풀이를 끝낸 직후, 해당 하프모의고사에 나온 중요 어휘와 표현을 정리한 〈출제예상 핵심 어휘리스트〉를 바로 확인할 수 있도록 각 회차마다 QR코드를 삽입하였습니다.

② Quiz를 통한 학습 내용 확인

간단한 Quiz를 통해 〈출제예상 핵심 어휘리스트〉의 어휘와 표현을 확실히 암기했는지 확인할 수 있습니다.

## ■ 체계적 학습 계획으로 목표 점수 달성!

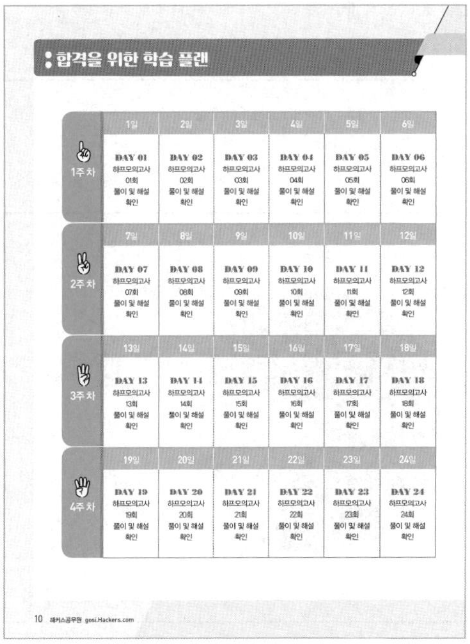
합격을 위한 학습 플랜

| | 1일 | 2일 | 3일 | 4일 | 5일 | 6일 |
|---|---|---|---|---|---|---|
| 1주차 | DAY 01 하프모의고사 01회 풀이 및 해설 확인 | DAY 02 하프모의고사 02회 풀이 및 해설 확인 | DAY 03 하프모의고사 03회 풀이 및 해설 확인 | DAY 04 하프모의고사 04회 풀이 및 해설 확인 | DAY 05 하프모의고사 05회 풀이 및 해설 확인 | DAY 06 하프모의고사 06회 풀이 및 해설 확인 |
| | 7일 | 8일 | 9일 | 10일 | 11일 | 12일 |
| 2주차 | DAY 07 하프모의고사 07회 풀이 및 해설 확인 | DAY 08 하프모의고사 08회 풀이 및 해설 확인 | DAY 09 하프모의고사 09회 풀이 및 해설 확인 | DAY 10 하프모의고사 10회 풀이 및 해설 확인 | DAY 11 하프모의고사 11회 풀이 및 해설 확인 | DAY 12 하프모의고사 12회 풀이 및 해설 확인 |
| | 13일 | 14일 | 15일 | 16일 | 17일 | 18일 |
| 3주차 | DAY 13 하프모의고사 13회 풀이 및 해설 확인 | DAY 14 하프모의고사 14회 풀이 및 해설 확인 | DAY 15 하프모의고사 15회 풀이 및 해설 확인 | DAY 16 하프모의고사 16회 풀이 및 해설 확인 | DAY 17 하프모의고사 17회 풀이 및 해설 확인 | DAY 18 하프모의고사 18회 풀이 및 해설 확인 |
| | 19일 | 20일 | 21일 | 22일 | 23일 | 24일 |
| 4주차 | DAY 19 하프모의고사 19회 풀이 및 해설 확인 | DAY 20 하프모의고사 20회 풀이 및 해설 확인 | DAY 21 하프모의고사 21회 풀이 및 해설 확인 | DAY 22 하프모의고사 22회 풀이 및 해설 확인 | DAY 23 하프모의고사 23회 풀이 및 해설 확인 | DAY 24 하프모의고사 24회 풀이 및 해설 확인 |

10 해커스공무원 gosi.Hackers.com

① 합격을 위한 학습 플랜 제공

총 24회분의 하프모의고사 풀이를 4주 안에 자율적으로 진행할 수 있도록 구성한 학습 플랜을 제공하였습니다.

② 학습 방법 제공

실력을 최종 점검하고 취약점을 보완해 목표 점수에 도달할 수 있도록 학습 플랜에 따라 적용할 수 있는 효과적인 학습 방법을 제공하였습니다.

# 공무원 영어 최신 출제경향 및 합격 학습 전략

## ■ 문법

문법 영역에서는 **동사구, 접속사와 절, 준동사구**를 묻는 문제가 자주 출제되며, 세부 빈출 포인트로는 **분사, 수 일치, 관계절, 능동태·수동태**가 있습니다. 최근에는 한 문장 안에서 여러 문법 요소를 묻거나 한 문제의 모든 보기가 하나의 문법 포인트로 구성되는 등, 다양한 형태의 문법 문제가 등장하고 있습니다.

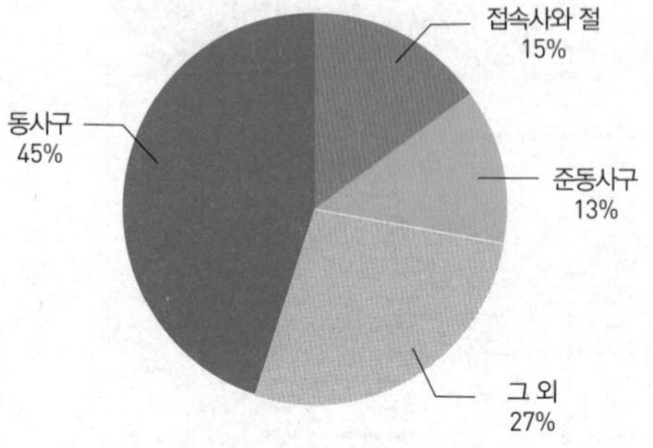


## ■ 독해

독해 영역에서는 **빈칸 완성(단어·구·절), 주제·제목·요지 파악, 내용 일치·불일치 파악** 유형의 출제 비중이 순서대로 높은 편이며, 특히 최근에는 **문단 순서 배열**을 비롯한 논리적 흐름 파악 유형의 출제 빈도가 증가하고 있습니다.

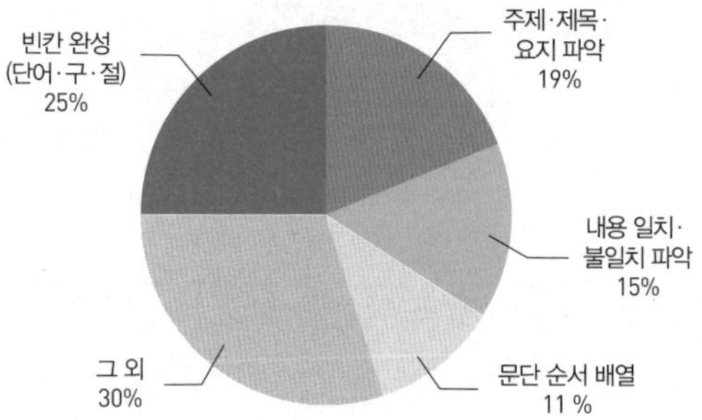


## ■ 어휘

어휘 영역에서는 유의어 찾기와 빈칸 완성 문제가 대부분 출제되지만, 이 가운데에서는 유의어 찾기 유형의 비중이 가장 높습니다. 이때 지문과 보기에 사용되는 어휘 및 표현의 난이도는 수능 영어 수준에서부터 고난도 수준까지, 매우 다양합니다.

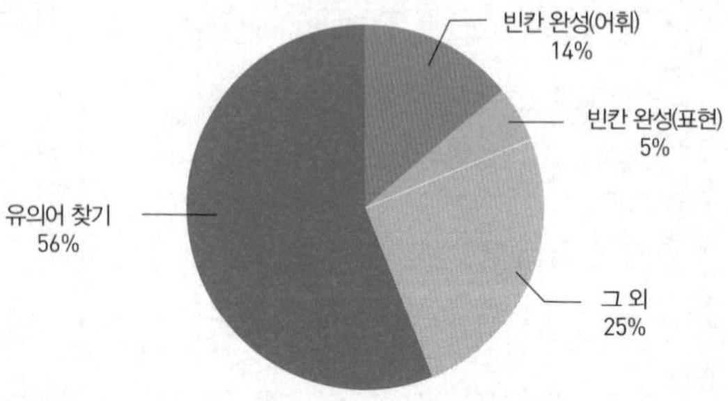

### 합격 학습 전략

## 길고 복잡한 문장에서 문법 포인트를 정확하게 파악해야 합니다.

기본 개념을 탄탄히 한 후 세부적인 문법 요소까지 학습하여 실력을 쌓는 것이 중요합니다. 문법 문제는 이론을 알고 있더라도 실전에서 혼동하기 쉬우므로 빈출 포인트 관련 문제를 많이 풀고, 지엽적인 포인트까지 익혀 둡니다. 문장의 기본 원리와 주요 문법 개념을 체계적으로 정리한 다음, 부족한 부분을 집중적으로 보완해 나가며 학습하는 것이 좋습니다.

### 합격 학습 전략

## 구문을 정확하게 해석하고 지문의 내용을 빠르게 파악해야 합니다.

시험에 자주 나오는 구문을 해석하는 법을 익히고, 문제를 풀 때 이를 응용해 보는 연습을 하는 것이 중요합니다. 독해 영역은 공무원 영어 시험에서 출제 비중이 가장 높아 문제 풀이 시간이 충분하지 않으므로, 문제마다 시간 제한을 두어 빠르고 정확하게 답을 찾는 훈련을 반복합니다.

### 합격 학습 전략

## 어휘, 표현, 생활영어까지 모든 유형을 대비하기 위해 폭넓게 학습해야 합니다.

유의어와 파생어까지 폭넓게 학습해 어휘의 양을 늘리는 것이 중요하며, 다양한 전치사를 포함한 표현 또한 함께 외워 둡니다. 특히 예문을 통해 문맥 속 어휘의 뜻을 유추하는 연습을 하는 것도 도움될 수 있습니다. 생활영어 문제에 대비하기 위해서는 상황별·주제별 관용 표현이나 속담을 암기하는 것이 좋습니다.

# 합격을 위한 학습 플랜

| 1주차 | 1일 | 2일 | 3일 | 4일 | 5일 | 6일 |
|---|---|---|---|---|---|---|
| | **DAY 01**<br>하프모의고사 01회 풀이 및 해설 확인 | **DAY 02**<br>하프모의고사 02회 풀이 및 해설 확인 | **DAY 03**<br>하프모의고사 03회 풀이 및 해설 확인 | **DAY 04**<br>하프모의고사 04회 풀이 및 해설 확인 | **DAY 05**<br>하프모의고사 05회 풀이 및 해설 확인 | **DAY 06**<br>하프모의고사 06회 풀이 및 해설 확인 |

| 2주차 | 7일 | 8일 | 9일 | 10일 | 11일 | 12일 |
|---|---|---|---|---|---|---|
| | **DAY 07**<br>하프모의고사 07회 풀이 및 해설 확인 | **DAY 08**<br>하프모의고사 08회 풀이 및 해설 확인 | **DAY 09**<br>하프모의고사 09회 풀이 및 해설 확인 | **DAY 10**<br>하프모의고사 10회 풀이 및 해설 확인 | **DAY 11**<br>하프모의고사 11회 풀이 및 해설 확인 | **DAY 12**<br>하프모의고사 12회 풀이 및 해설 확인 |

| 3주차 | 13일 | 14일 | 15일 | 16일 | 17일 | 18일 |
|---|---|---|---|---|---|---|
| | **DAY 13**<br>하프모의고사 13회 풀이 및 해설 확인 | **DAY 14**<br>하프모의고사 14회 풀이 및 해설 확인 | **DAY 15**<br>하프모의고사 15회 풀이 및 해설 확인 | **DAY 16**<br>하프모의고사 16회 풀이 및 해설 확인 | **DAY 17**<br>하프모의고사 17회 풀이 및 해설 확인 | **DAY 18**<br>하프모의고사 18회 풀이 및 해설 확인 |

| 4주차 | 19일 | 20일 | 21일 | 22일 | 23일 | 24일 |
|---|---|---|---|---|---|---|
| | **DAY 19**<br>하프모의고사 19회 풀이 및 해설 확인 | **DAY 20**<br>하프모의고사 20회 풀이 및 해설 확인 | **DAY 21**<br>하프모의고사 21회 풀이 및 해설 확인 | **DAY 22**<br>하프모의고사 22회 풀이 및 해설 확인 | **DAY 23**<br>하프모의고사 23회 풀이 및 해설 확인 | **DAY 24**<br>하프모의고사 24회 풀이 및 해설 확인 |

## 하프모의고사 학습 방법

### 01. 각 회차 하프모의고사를 풀고 <출제예상 핵심 어휘리스트> 암기하기

(1) 실제 시험처럼 제한 시간(15분)을 지키며 하프모의고사를 풉니다.

(2) 매회 제공되는 〈출제예상 핵심 어휘리스트〉를 통해 부족한 어휘를 암기하고, 잘 외워지지 않는 어휘는 체크하여 반복 학습합니다.

### 02. 취약점 보완하기

채점 후 틀린 문제를 중심으로 해설을 꼼꼼히 확인합니다. 해설을 확인할 때에는 틀린 문제에 쓰인 포인트를 정리하면서 '포인트를 몰라서' 틀린 것인지, 아니면 '아는 것이지만 실수로' 틀린 것인지를 확실하게 파악합니다. 하프모의고사는 회차를 거듭하면서 반복되는 실수와 틀리는 문제 수를 줄여 나가며 취약점을 완벽하게 극복하는 것이 중요합니다. 또한, '이것도 알면 합격'과 '구문 분석'에서 제공되는 심화 개념까지 빠짐없이 익혀 둡니다.

### 03. 하프모의고사 총정리하기

(1) 틀린 문제를 다시 풀어 보고, 계속해서 틀리는 문제가 있다면 포인트 해설을 몇 차례 반복하여 읽어 모르는 부분이 없을 때까지 확실하게 학습합니다.

(2) 〈출제예상 핵심 어휘리스트〉에서 체크해 둔 어휘가 완벽하게 암기되었는지 최종 점검합니다.

---

■ 하프모의고사 회독별 학습 Tip!

**1회독** [실전 문제 풀이 단계]
- 〈학습 플랜〉에 따라 매일 모의고사 1회분 집중 문제 풀이
- 포인트 해설, 오답 분석을 정독하여 틀린 이유 파악
- Self Check List 작성
- 〈출제예상 어휘 리스트〉 암기
- 학습 기간: 24일

→

**2회독** [영역별 심화학습 단계]
- 매일 2회분 모의고사 반복 풀이
- '이것도 알면 합격'의 유의어 및 표현, 문법 이론 심화 학습
- '구문 분석'을 통해 공무원 영어 시험 필수구문 정리
- 학습 기간: 12일

→

**3회독** [취약점 보완 단계]
- 매일 4회분씩 1~2차 회독 시 틀린 문제 위주로 점검
- 시험 직전 최종 점검을 위한 본인만의 오답노트 정리
- 〈출제예상 어휘 리스트〉에 수록된 모든 어휘를 완벽하게 암기했는지 최종 확인
- 학습 기간: 6일

*3회독을 진행하며 반복해서 틀리는 문제들은 반드시 별도로 표시해 두었다가 [해커스공무원 7개년 기출문제집 영어], [해커스공무원 실전동형모의고사 영어] 교재를 통해 추가로 학습하여 실전에 대비할 수 있도록 합니다.

# 공무원 영어 직렬별 시험 출제 영역

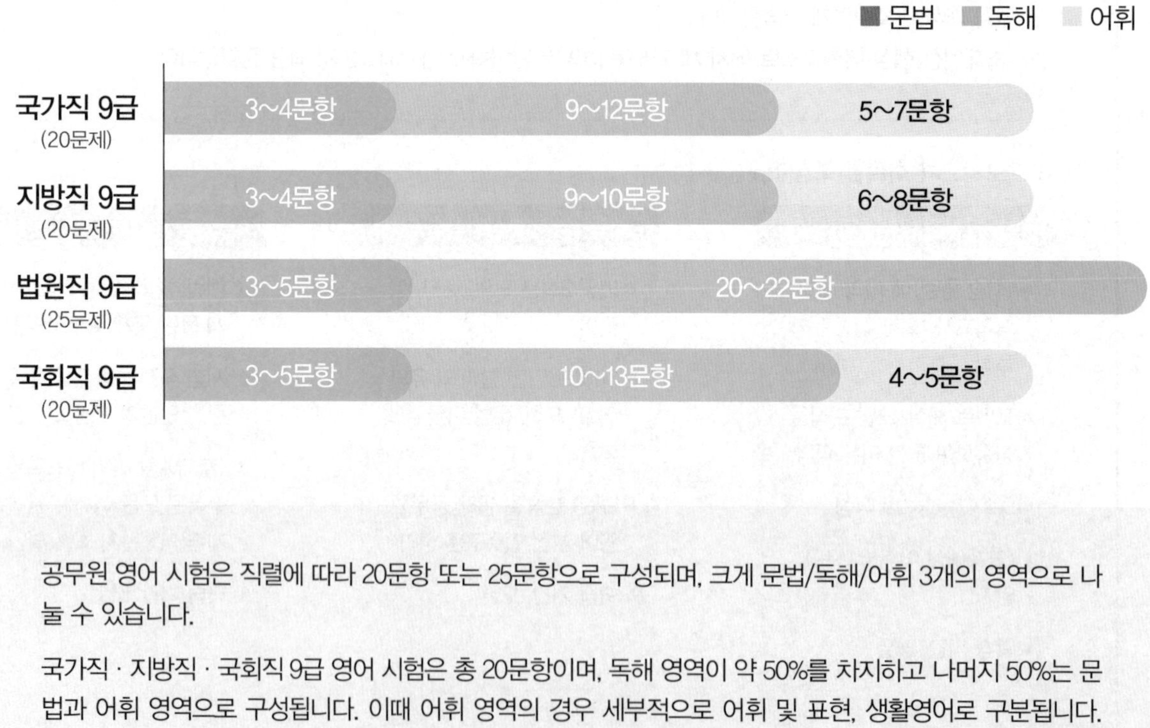


공무원 영어 시험은 직렬에 따라 20문항 또는 25문항으로 구성되며, 크게 문법/독해/어휘 3개의 영역으로 나눌 수 있습니다.

국가직 · 지방직 · 국회직 9급 영어 시험은 총 20문항이며, 독해 영역이 약 50%를 차지하고 나머지 50%는 문법과 어휘 영역으로 구성됩니다. 이때 어휘 영역의 경우 세부적으로 어휘 및 표현, 생활영어로 구분됩니다. 한편, 법원직 9급 영어 시험은 총 25문항이며, 독해 영역이 약 80%를 차지하고 나머지 20%는 문법 영역으로 구성됩니다.

공무원 영어 시험의 영역별 출제 문항 수는 변동이 적은 편이므로, 영역별 문항 수에 따라 풀이 시간을 적정하게 배분하는 연습을 할 수 있습니다.

# DAY 01~24

## 하프모의고사 01~24회

**잠깐! 하프모의고사 전 확인사항**

하프모의고사도 실전처럼 문제를 푸는 연습이 필요합니다.

✓ 휴대전화는 전원을 꺼 주세요.
✓ 연필과 지우개를 준비하세요.
✓ 제한 시간 15분 내 최대한 많은 문제를 정확하게 풀어 보세요.

매 회 하프모의고사 전, 위 상황을 점검하고 시험에 임하세요.

# DAY 01 하프모의고사 01회

정답·해석·해설 _해설집 p.2

제한시간 : 15분 시작 시 분 ~ 종료 시 분 점수 확인 개/ 10개

## 01 밑줄 친 부분에 들어갈 말로 가장 적절한 것은?

There was a significant ________ in the stock market, causing panic among investors.

① collapse ② intent
③ density ④ pressure

## 02 밑줄 친 부분의 의미와 가장 가까운 것은?

Quantum mechanics had always captivated Rachel. To achieve a thorough understanding of it, she dedicated years to intensive study and research.

① complete ② partial
③ limited ④ fractional

## 03 밑줄 친 부분에 들어갈 말로 가장 적절한 것은?

A: Welcome to Prime Car Rental Company. Are you looking to rent a vehicle?
B: Yes. I'd like a sedan if you have one available.
A: I'm afraid we're out. How about this SUV?
B: Mmmm, ____________. As long as it's not a stick shift, it's fine by me.
A: All right. And how long would you like to keep it?
B: Just for two days, please.

① that'll do
② don't mention it
③ don't bother
④ let it be

## 04 어법상 옳은 것은?

① While opened a package with scissors, be careful not to damage the contents.
② An award will be presented to whomever submits the best design.
③ The bulk of the art displayed were impressive for having been made by amateurs.
④ At sea level, the temperature at which water boils is 100 degrees Celsius.

## 05 우리말을 영어로 잘못 옮긴 것은?

① 나는 새 프로젝트에 착수해서 여유 시간이 없다.
→ I am on a new project so I do not have time to spare.
② 휴가 중에 내 선물을 사다니 너는 참 친절하구나.
→ It was nice of you to get me a present while you were on vacation.
③ 나는 길을 잃었기 때문에 길을 묻기 위해 주유소에 들러야 했다.
→ I had to stop for a gas station to ask for directions because I'd gotten lost.
④ 내가 전화를 끊자마자 전화가 다시 울렸다.
→ No sooner had I hung up the phone than it rang again.

## 06 다음 글의 제목으로 가장 적절한 것은?

Found in temperate forests and the foothills of mountain ranges, the red or lesser panda is a small mammal native to the Eastern Himalayas and Southwestern China. Notwithstanding the pandas' protected status prescribed by national laws, the number of these solitary animals has dropped to a mere 10,000. The specific reasons for their decreasing numbers differ by region, but the prevailing one is poaching, as apparel industries particularly covet their red fur. Making matters worse is the continual deforestation of their habitat over the decades. This has led to an increase in inbreeding that begets decreased genetic diversity and the production of less vigorous specimens. Throw in low birth rates coupled with naturally high death rates, and it is no wonder the future of this species is in question.

① Biological Disadvantages that Jeopardize the Red Panda's Future

② Human Operations which Affect the Red Panda's Gene Pool

③ Regional Differences Accounting for Low Red Panda Numbers

④ Threats Responsible for the Predicament of the Red Panda

## 07 밑줄 친 부분에 들어갈 말로 가장 적절한 것은?

In politics, the term "dark horse" is used to describe a relatively unknown politician who is unexpectedly chosen as a candidate for a major public office. This can happen when members of a political party cannot agree on whom to nominate as a representative and therefore decide to find some sort of middle ground. The first time this occurred in US history was in 1844 when neither of the Democratic Party's contenders was able to secure the two-thirds of the vote required to win. After eight rounds of futile voting, James Polk, the governor of Tennessee was added to the ballot. Party members accepted that they would never be able to choose between the two front-runners and accepted Polk as a ____________.

① nemesis
② compromise
③ reprimand
④ stipulation

## 08 다음 글의 내용과 일치하는 것은?

In the early days of analog television, turning on your set to find a test pattern was a fairly common occurrence. Usually displayed in the morning before the day's shows started and at night after they ended, a test pattern was an image that was broadcast via a studio camera to help viewers receive the picture as it was intended to be received. If the pattern showed up in sharp focus and with good color resolution, the set was fine. However, if the transmitted image was blurred or fuzzy, it meant that something was wrong, and the television owner would have to manually rotate dials on the front of the television until the image became distinct. Essentially, test patterns helped people make sure their television sets were properly configured for optimal television viewing.

① Broadcasts of test patterns occurred during scheduled programs.

② TV stations used test patterns to properly configure studio cameras.

③ Airing test patterns would automatically adjust improperly configured TVs.

④ Test patterns provided a means for correctly adjusting television reception.

## 09 주어진 문장 다음에 이어질 글의 순서로 가장 적절한 것은?

In modern times, people rely on the Internet for all manner of economic activity, such as working, shopping, and investing.

(A) In fact, Nobel Prize winning economist Paul Krugman famously quipped that the economic impact of the Internet was likely to be less than that of the fax machine.

(B) During the dot-com bubble of the late 1990s, however, its significance was more doubtful, as the collapse of many of the largest online retailers made online shopping appear to have been a fad.

(C) This prediction was clearly inaccurate, as today, the Internet dominates the economy, constituting millions of jobs and trillions of dollars in economic activity.

① (A) – (B) – (C)
② (B) – (A) – (C)
③ (B) – (C) – (A)
④ (C) – (A) – (B)

## 10 다음 글의 내용과 일치하지 않는 것은?

Before a spacecraft can be sent to another planet, scientists must consider the vehicle's launch window. This is the period of time during which it is safe to launch the spacecraft. It is determined by taking into account the Earth's rotation and orbit speeds in relation to the projected location of the target planet. Earth spins on its axis at approximately 1,600 kilometers an hour and orbits the Sun at 107,000 kilometers per hour. Meanwhile, the destination planet also moves in an elliptical orbit around the Sun. Waiting for the time at which the ship can be pointed in the same direction that the Earth is moving will ensure that it takes the most efficient path. If the measurements are off even a little bit, the spacecraft will end up missing the planet. A spacecraft that is aimed incorrectly will be forced to follow the target planet on the same path. Catching up could be possible eventually, but the spacecraft would likely run out of fuel first.

① A launch window is dependent upon Earth's movement and the destination's location.

② Earth revolves around the sun at 1,600km/h.

③ Properly calculating the rocket's direction helps guarantee the most efficient trajectory.

④ A spacecraft would likely run out of fuel if it misses its target planet.

정답·해석·해설 p. 2

하프모의고사 01회
출제예상 핵심 어휘리스트
바로 다운받기 (gosi.Hackers.com)

QR코드를 이용해 핵심 어휘리스트를 다운받아, 언제 어디서든 공무원 출제예상 어휘를 암기하세요!

## Self Check List

**이번 테스트는 어땠나요?**
**다음 체크리스트로 자신의 테스트 진행 내용을 점검해 볼까요?**

01 나는 15분 동안 완전히 테스트에 집중하였다.
□ YES □ NO

02 나는 주어진 15분 동안 10문제를 모두 풀었다.
□ YES □ NO

03 유난히 어렵게 느껴지는 지문이 있었다.
□ YES □ NO

04 유난히 어렵게 느껴지는 문제가 있었다.
□ YES □ NO

05 모르는 어휘가 있었다.
□ YES □ NO

06 개선해야 할 점과 이를 위한 구체적인 학습 계획

___

___

□ 1회독 □ 2회독 □ 3회독

정답 · 해석 · 해설 _해설집 p.8

# DAY 02 하프모의고사 02회

제한시간 : 15분 시작 시 분 ~ 종료 시 분 점수 확인 개/ 10개

**01** 밑줄 친 부분에 들어갈 말로 가장 적절한 것은?

> She was __________ the editing program, as the position requires that applicants know how to use it well.

① brushing up on ② growing out of
③ holding out for ④ filling up with

**02** 밑줄 친 부분의 의미와 가장 가까운 것은?

> Alternative schools are slowly gaining popularity in some areas as parents are beginning to realize that their children might perform better in an environment with less rigidity.

① autonomy ② intrusion
③ strictness ④ flexibility

**03** 밑줄 친 부분 중 어법상 옳지 않은 것은?

> According to most scientists, ① developing manufacturing and transportation has resulted in land, water and air contamination. Unfortunately, it took them many years to recognize the environmental damage that these two factors ② have caused. Factories and motorized vehicles had pumped out pollutants for nearly a century before the problem ③ identified. This long wait caused an ④ unmitigated disaster that will take many years to clean up.

**04** 어법상 옳은 것은?

① If he had heard the announcement, he would be much happier now.
② I was such sleepy that I couldn't keep my eyes open.
③ She teaches her students by allowing them ask questions in class.
④ We live in the city, which it is always crowded.

**05** 밑줄 친 부분에 들어갈 말로 가장 적절한 것은?

> A: Have you finished your essay for English Literature yet?
> B: Uh, not exactly. I've been having a tough time getting through all the articles.
> A: Have you even started on it? You know it's due in two days. Look, I'll help you with the research.
> B: Really? Thanks a lot! Should we start on it after dinner tonight?
> A: __________________. Come on, let's go to the library.
> B: Now? I guess you're right. Let me get my backpack.

① A watched pot never boils
② There's no time like the present
③ There's no place like home
④ The pen is mightier than the sword

## 06 다음 글의 주제로 가장 적절한 것은?

Capital punishment, practiced in 37 countries, is a subject of ongoing debate. Supporters argue that it provides closure for victims' families who seek justice, represents a proportional response to heinous crimes, and serves as a potential deterrent against future offenses. They contend that it underscores society's commitment to valuing human life by holding individuals accountable for their actions. On the other hand, opponents assert that it has not consistently deterred murderers, and they raise moral concerns about state-sanctioned killing, suggesting that it may demonstrate a degree of hypocrisy in condemning killing while executing criminals. Additionally, critics argue that the extensive legal processes and appeals associated with capital punishment cases make it a more costly option compared to life imprisonment. The debate over capital punishment remains complex, with both sides presenting valid arguments that deserve careful consideration in shaping future policies.

① policy changes related to capital punishment
② legal processes that are considered ineffective
③ how to hold people accountable in a society
④ the controversy over the use of capital punishment

## 07 밑줄 친 부분에 들어갈 말로 가장 적절한 것은?

A major political shift has occurred across the southern US. Emboldened by the great strides that have been made towards equality over the last generation, many social justice advocates have called for the removal of statues of Confederate military leaders. According to these people, the monuments are memorials of racial oppression and genocide. In response, many cities have begun to remove the statues from their public spaces. However, this has caused a backlash from other residents who think that the removals are an attempt to erase history and deny the South's unique heritage. With such strong feelings on both sides of the issue, it will clearly continue to be ______________.

① confirmed ② debated
③ obliterated ④ encouraged

## 08 주어진 문장이 들어갈 위치로 가장 적절한 곳은?

These distressing incidents, far from bringing her down, spurred her to action.

Kalpana Saroj's story is a real-life example of an underdog triumphing in the face of immeasurable adversity. Saroj's life began as a member of the lowest caste in India, referred to as the untouchables. ( ① ) As a part of this inferior class, she was frequently beaten up by children of higher castes, denied entry into peoples' homes, and altogether ostracized. ( ② ) The determined young woman first moved to Mumbai and began working as a seamstress, making less than a dollar a month. ( ③ ) After saving her meager earnings, she opened her own modest store that eventually became hugely successful. ( ④ ) This woman, once undervalued by society, is now a savvy entrepreneur who owns shopping malls and factories.

## 09 밑줄 친 부분에 들어갈 말로 가장 적절한 것은?

The referees of Japanese sumo wrestling go through years of strenuous training to ensure they do not commit the ultimate sin, an erroneous judgment. In ancient times, it was considered such a serious offense that umpires frequently took their own lives in shame. Though the consequences of a bad ruling are no longer fatal, if it happens these days, the referee __________________. Everyone in the wrestling community knows it will happen, usually immediately after the match. The referee cannot be deterred from walking away since it is considered the honorable action to take. Even the most senior judges who have worked flawlessly for decades are not exempt; while their lives may not be over as it might have been in the past, their lifelong careers are.

① is expected to resign

② has to endure punishment

③ is humiliated by others

④ apologizes to the fans

**10** 다음 글의 내용과 일치하지 않는 것은?

Most students' vision problems are correctable by glasses or other types of corrective lenses. Vision loss is considered a disability only if it is not correctable. It is estimated that approximately 1 out of every 1,000 children has a vision disability. Individuals with such disabilities are usually referred to as blind or vision impaired. It is a misconception to assume that individuals who are legally blind have no sight. More than 80 percent of students who are legally blind can read large-or regular-print books. This implies that many students with vision loss can be taught by means of a modification of usual teaching materials. Classroom teachers should be aware of the signs that indicate that a child is having a vision problem.

① A majority of legally blind students can participate in class with the help of corrective lenses.

② Not every student with vision loss suffers a vision disability.

③ Students with vision loss can be taught with modified class materials.

④ Educators should pay more attention to children with a vision problem in class

정답 · 해석 · 해설 p. 8

하프모의고사 02회
출제예상 핵심 어휘리스트
바로 다운받기 (gosi.Hackers.com)

QR코드를 이용해 핵심 어휘리스트를 다운받아, 언제 어디서든 공무원 출제예상 어휘를 암기하세요!

## Self Check List

이번 테스트는 어땠나요?
다음 체크리스트로 자신의 테스트 진행 내용을 점검해 볼까요?

01 나는 15분 동안 완전히 테스트에 집중하였다.
□ YES □ NO

02 나는 주어진 15분 동안 10문제를 모두 풀었다.
□ YES □ NO

03 유난히 어렵게 느껴지는 지문이 있었다.
□ YES □ NO

04 유난히 어렵게 느껴지는 문제가 있었다.
□ YES □ NO

05 모르는 어휘가 있었다.
□ YES □ NO

06 개선해야 할 점과 이를 위한 구체적인 학습 계획

# DAY 03

정답·해석·해설 _해설집 p.14

## 하프모의고사 03회

제한시간 : 15분 시작 시 분 ~ 종료 시 분 점수 확인 개/ 10개

### 01 밑줄 친 부분에 들어갈 말로 가장 적절한 것은?

> Everyone thinks it's a bad idea for my brother to quit his job, but I ________ his decision because it's what he wants to do.

① stand in ② stand out
③ stand for ④ stand by

### 02 밑줄 친 부분의 의미와 가장 가까운 것은?

> An insensitive commercial by a web-hosting company concerning the sale of sportswear online brought about public outrage. The spokesperson for the company <u>described</u> its intentions with the light-hearted ad, but admitted that it was handled badly.

① illustrated ② confessed
③ justified ④ verified

### 03 밑줄 친 부분에 들어갈 말로 가장 적절한 것은?

> A: Thanks for coming in again. How have you been feeling?
> B: Not too good. I'm still tired all the time and can't eat.
> A: OK. In that case, ____________________.
> B: Sure, no problem. I hope it's nothing too serious.
> A: I think we'll be able to tell once we get the results.

① you have to take a make-up exam
② I'd like to run some tests
③ it was beyond my ability
④ I got the medication there

### 04 어법상 옳은 것은?

① Many a medical vaccine have been approved for public distribution.
② Each student must hand in his or her assignments prompt.
③ Take care to eat a balanced diet lest your health suffer.
④ They found the staff at the restaurant to be competent, kind, and courtesy.

### 05 우리말을 영어로 잘못 옮긴 것은?

① 당신이 더 어릴수록, 당신은 새로운 것을 시도하기를 덜 두려워한다.
→ The younger you are, the less afraid you are of trying new things.

② 지구는 우주의 더 거대한 체계에서 기껏해야 작은 반점에 불과하다.
→ The Earth is at the least a speck in the greater scheme of the universe.

③ 재무의 요점은 최대한의 돈을 버는 것이 아니라, 그것을 효율적으로 버는 것이다.
→ The point of finance is not to make the most money but to make it efficiently.

④ 당신 앞에 보이는 것은 고고학자들이 숨겨진 무덤에서 발견한 물건들의 더미이다.
→ What you see in front of you is a collection of objects that an archaeologist discovered in a hidden tomb.

**06** 주어진 글 다음에 이어질 글의 순서로 가장 적절한 것은?

A king had a large boulder placed in the middle of the road. He looked on from some distance away to see what his subjects would do.

(A) He asked others who walked by to help him, but none would. They said he was foolish to work so hard for no reward. So the farmer struggled for a long time by himself and was finally able to move the obstruction.
(B) When he did, he saw a sack filled with gold coins underneath where the rock had been, much to his surprise. And there was a note signed by the king beside the pouch saying the money was payment for a good deed.
(C) Many people passed—noblemen, priests, merchants, fishermen—and simply walked around it. Then, a poor farmer came down the road. He began to push the stone with all his might, but it barely budged.

① (A) – (B) – (C)
② (A) – (C) – (B)
③ (C) – (A) – (B)
④ (C) – (B) – (A)

**07** 주어진 문장이 들어갈 위치로 가장 적절한 곳은?

The bogus horns are safe for consumption and are indistinguishable from their organic counterparts.

Rhinos are illegally hunted for their horns, which can fetch up to 100,000 dollars per kilogram. People are willing to pay top price because they believe that rhino horns have medicinal qualities. ( ① ) Actually, this bony outgrowth is made of keratin—the same substance that makes up human nails—and has no medical benefits whatsoever. ( ② ) Nevertheless, the myth surrounding the horns' potency persists, keeping the majestic beasts on the endangered species list. ( ③ ) Since measures to stop poachers have had little effect, one company is proposing an indirect method of saving the African mammal: rhino horns synthesized from keratin. ( ④ ) As a result, it is hoped that flooding the black market with the "dummy" product will eventually drive down prices and overall demand.

## 08 밑줄 친 부분에 들어갈 말로 가장 적절한 것은?

A lesser-known alternative to banks are credit unions. Unlike commercial banks, these not-for-profit institutions are owned by the actual users, who pool their money together to provide loans for fellow members. They can provide virtually the same services as big banks, admittedly without the handiness of brick-and-mortar locations and ATM machines. Credit unions are a more fitting option if one has a simpler financial portfolio, than retail banks with their high customer fees for maintenance, overdraft, ATM use, and so on. They are also tailored towards patrons and can offer higher interest rates. For those willing to accept some inconveniences, credit unions are ______________.

① a better alternative than regular banks
② beneficial for those with any kind of finances
③ superior to retail banks in customer service
④ the best institutions to get a larger loan

## 09 다음 글의 흐름상 어색한 문장은?

Rooted in mythology and intended as a dedication to the god Zeus, the first-ever Olympic Games date back to 776 BC. ① The ancient Greek sanctuary of Olympia, which had grand temples and beautiful shrines glorifying the deities, served as the ideal location. ② The sporting spectacle was held there every four years until the 4th century AD when it was outlawed by Emperor Theodosius for what he considered to be its "pagan" origins. ③ The summer games are the most popular followed by the winter version and the Youth Olympic Games. ④ The event remained prohibited for centuries, but was finally reinitiated in Athens, Greece in 1896. Now, it takes place in different cities all over the world, and the number of participating nations has grown from around 14 to more than 200.

※ pagan: 이교도적인

## 10 다음 글의 내용과 일치하지 않는 것은?

A hypercorrection is an error of language that results from an over-application of a perceived linguistic rule. These mistakes are oftentimes driven by a desire to appear more formal or intelligent. American English speakers, for instance, frequently misuse the pronouns "who" and "whom." The latter is applied erroneously in many cases because people think it makes them sound erudite. Sometimes, hypercorrections happen based off of regional dialects. Take people from Northern England who normally omit the "h" in their everyday speech; locals say things like "urricane" instead of "hurricane." When attempting to speak in the standard dialect though, they will overcompensate and make the mistake of adding "h" to words that do not require it. This leads them to incorrect utterances, as in the case of "h'aristocrat" or "h'empress."

① Trying too hard to implement a grammar rule can lead to hypercorrections.

② Some American speakers employ "whom" to present an educated image.

③ Those from Northern England talk in a way that is particular to where they reside.

④ Excluding the "h" in words that normally have it is a type of hypercorrection.

정답 · 해석 · 해설 p. 14



## Self Check List

**이번 테스트는 어땠나요?**
**다음 체크리스트로 자신의 테스트 진행 내용을 점검해 볼까요?**

01 나는 15분 동안 완전히 테스트에 집중하였다.
□ YES □ NO

02 나는 주어진 15분 동안 10문제를 모두 풀었다.
□ YES □ NO

03 유난히 어렵게 느껴지는 지문이 있었다.
□ YES □ NO

04 유난히 어렵게 느껴지는 문제가 있었다.
□ YES □ NO

05 모르는 어휘가 있었다.
□ YES □ NO

06 개선해야 할 점과 이를 위한 구체적인 학습 계획

____________________

____________________

# DAY 04

정답·해석·해설 _해설집 p.20

# 하프모의고사 04회

제한시간 : 15분 시작 시 분 ~ 종료 시 분 점수 확인 개/ 10개

## 01 밑줄 친 부분에 들어갈 말로 가장 적절한 것은?

Unlike his brother who is somewhat unfriendly, Theo's ____________ nature makes him a hit with everyone.

① professional ② outgoing
③ subtle ④ officious

## 02 밑줄 친 부분의 의미와 가장 가까운 것은?

Although the construction project was <u>given the green light</u>, some worried that costs had been underestimated.

① overlooked ② ignited
③ approved ④ exaggerated

## 03 밑줄 친 부분에 들어갈 말로 가장 적절한 것은?

A: Dan probably feels he's owed an apology.
B: Why? What did you do?
A: I told him I thought his outfit looked weird today.
B: Well, no wonder ____________________.
I can't imagine anyone would be happy to hear that.
A: It was just my honest opinion.
B: Next time, you should keep it to yourself.

① it was a close call
② you can take it on the chin
③ he didn't take it kindly
④ the cat's out of the bag

## 04 밑줄 친 부분 중 어법상 옳지 않은 것은?

In today's sharing economy, consumers are using the items they already own to make money. With services such as HomeAway, homes ① <u>rent</u> by their owners to earn money when they would otherwise not be in use. Similarly, numerous ② <u>car owners</u> have flocked to ridesharing companies like Uber and Lyft, which allow them to drive others around and ③ <u>earn</u> money. This turns their automobiles, which are normally ④ <u>depreciating</u> assets, into moneymakers.

## 05 우리말을 영어로 잘못 옮긴 것은?

① 새들은 지구의 자기장을 통해 자기 자신의 위치를 안다.
→ Birds orient themselves with Earth's magnetic field.

② 새로운 리조트의 건설은 4억 달러 이상의 비용이 들 것으로 추정된다.
→ Construction of the new resort is projected to cost over 400 million dollars.

③ 그 헌법은 정부에 맞서 항의하는 것으로 인해 사람들이 체포되는 것을 막는다.
→ The Constitution prevents people from arresting for protesting against the government.

④ 수영장을 설치하고 유지하는 것은 비용이 많이 든다.
→ It is expensive to install and maintain a swimming pool.

## 06 밑줄 친 부분에 들어갈 말로 가장 적절한 것은?

The next time you face an upsetting problem, follow these steps to improve your mood. First, take a walk or engage in some type of physical activity. This can calm you down and ease your mind, which will help you think more clearly. You should try not to dwell too much on the source of your distress. Doing so will only result in more frustration. Instead, think about all the ways you might resolve the issue, and consider the potential outcomes of each option. Finally, examine your problem from a broader perspective. ______________________________.

① Small worries can grow larger if not dealt with promptly

② You never know what kinds of problems other people are facing

③ Proceeding step by step can help us handle the situation in the best way

④ Recognizing how our actions harm others can be difficult

## 07 밑줄 친 (A), (B)에 들어갈 말로 가장 적절한 것은?

When it comes to the search for extraterrestrial life, scientists at NASA are paying close attention to Europa, a moon of Jupiter. Europa has a high probability of harboring organisms; experts estimate that it holds about 3 billion cubic kilometers of water underneath its icy surface, more than twice the volume found on Earth. ___(A)___ the possibilities of exploring the frozen rock are exciting, the trip wouldn't be an easy one. The largest obstacle is distance. A journey there would take at least 6 years, if not more. ___(B)___, Europa's average dose of radiation per day is excessive. Electronics not heavily shielded would be fried within a matter of days. In the end, a lot of time and money would be spent on a mission that proves difficult to plan and may yield nothing.

| | (A) | (B) |
|---|---|---|
| ① | Since | Consequently |
| ② | Because | To illustrate |
| ③ | Although | In addition |
| ④ | Unless | Nevertheless |

**08** 다음 글의 내용과 일치하는 것은?

Plays that are classified as "absurdist drama" turn away from logic and realism. Their focus is rather on characters living in a perplexing world where nothing is reasonable or rational. Characters speak but their meanings often get lost or misinterpreted, so even language cannot be counted on to establish order. To some inexperienced viewers, these themes may come across as mere nonsense. Chaotic as they may seem, absurdist plays have their own system of meaning. On a related note, just because the genre's name uses the word "absurd," that does not mean the works are absurd. Indeed, the word's dictionary meaning differs from how it is applied to drama. Absurdist drama is not about silly events but about the purposelessness and futility humanity experiences in the absence of the organizing forces of religion and spirituality.

① Characters in absurdist drama prefer chaos over reason.
② Absurdist plays emphasize that language has a reliable meaning.
③ Absurdist drama has its own definition of the concept of the absurd.
④ Plays that are absurdist are just meant to be silly and fun.

**09** 다음 글의 제목으로 가장 적절한 것은?

Growth hormone (GH) has been authorized to treat several conditions that impact children's physical development, but it is being used to "correct" just general short stature as well. After all, GH is guaranteed to cause small children, regardless of the origin of their smallness, to grow bigger. Physicians, however, have to ask whether they are doing good by taking otherwise normal small children and making them bigger. The answer seems to be a clear no. Short stature is not physically or psychologically damaging, and doctors should avoid treating healthy shorter children as if they are deficient for being under the average height. While GH does have the potential to help improve the lives of many whose height is an encumbrance, not being tall doesn't fit into that category.

① A New Perspective on Normal Height
② The Case for Prescribing Growth Hormone
③ How Hormones Stimulates Growth
④ When Not to Use Growth Hormone

## 10 다음 글의 주제로 가장 적절한 것은?

Nothing happens without a reason, according to the philosophical concept known as the principle of sufficient reason. The principle encapsulates our inability, as humans, to believe that an event could occur without a cause. Imagine that a glass cup on your kitchen counter abruptly burst into pieces. Now, you likely have not got the faintest idea why the glass shattered. Nevertheless, you will naturally assume that there is a logical explanation for what happened. We adhere so strongly to this idea because to accept that events could just happen without explanation would mean that anything is possible at any time. We would no longer be able to rely on an orderly reality and would therefore be unable to take any kind of effective action whatsoever.

① humans' need to see the effects of our actions
② the logical philosophical explanations for life events
③ humanity's fear of unknowingly causing disasters
④ an explanation of our basic belief in cause and effect

정답·해석·해설 p. 20

하프모의고사 04회
출제예상 핵심 어휘리스트
바로 다운받기 (gosi.Hackers.com)

QR코드를 이용해 핵심 어휘리스트를 다운받아, 언제 어디서든 공무원 출제예상 어휘를 암기하세요!

## Self Check List

**이번 테스트는 어땠나요?
다음 체크리스트로 자신의 테스트 진행 내용을 점검해 볼까요?**

01 나는 15분 동안 완전히 테스트에 집중하였다.
□YES □NO

02 나는 주어진 15분 동안 10문제를 모두 풀었다.
□YES □NO

03 유난히 어렵게 느껴지는 지문이 있었다.
□YES □NO

04 유난히 어렵게 느껴지는 문제가 있었다.
□YES □NO

05 모르는 어휘가 있었다.
□YES □NO

06 개선해야 할 점과 이를 위한 구체적인 학습 계획

# DAY 05 하프모의고사 05회

정답·해석·해설 _해설집 p.26

제한시간 : 15분 시작 시 분 ~ 종료 시 분 점수 확인 개/ 10개

## 01 밑줄 친 부분의 의미와 가장 가까운 것은?

The engineer was known for taking a <u>typical</u> approach to solving problems, rarely trying anything new or inventive.

① scientific ② conventional
③ clandestine ④ integral

## 02 밑줄 친 부분에 들어갈 말로 가장 적절한 것은?

A: I got this acceptance letter in the mail today.
B: Oh, let me have a look here. They're offering you an entrance scholarship! That's wonderful! How come you're not more excited?
A: Because ____________________.
B: At least you got accepted somewhere, even if it's not one of your first picks. I'm sure those schools will be sending out notices soon, too.
A: That's true. I guess I'll have to be patient.

① I cannot apply for financial aid
② I have been considering taking a year off of school
③ I was expecting a much bigger scholarship than this
④ I have not heard back from any of my top choices yet

## 03 우리말을 영어로 잘못 옮긴 것은?

① 그녀는 울음을 터뜨리더니 자리를 박차고 방에서 나가면서, 꽤나 극적인 퇴장을 했다.
→ She burst into tears and stomped out of the room, making quite a dramatic exit.

② 그는 마치 면접관에게 겁을 먹지 않은 것처럼 침착하고 자신 있게 말하려고 노력했다.
→ He tried to speak calmly and confidently as if he were not intimidated by the interviewer.

③ 우리가 청년들 사이에 홍보해 온 그 신상품은 우리가 기대했던 것보다 더 잘 되어가고 있다.
→ The new product we've been promoted among younger adults is doing better than we expected.

④ 항공사의 골드 등급에 도달해야만 당신은 무료 좌석 승급의 대상이 될 수 있다.
→ Only by reaching gold status with the airline can you be eligible for complimentary upgrades.

## 04 밑줄 친 부분 중 어법상 옳지 않은 것은?

Facts ① <u>differ from</u> opinions in that facts pertain to things that are objectively true. What this entails is that they are measurable and observable regardless of ② <u>several</u> factors, including the person doing the measuring and observing. Moreover, facts will maintain their status as true even in the absence of observers. That is not to say that facts can never ③ <u>be proven</u> wrong, but ④ <u>that have</u> passed tests verifying their authenticity.

## 05 밑줄 친 부분에 들어갈 말로 가장 적절한 것은?

A theory is not _________ because there is always the possibility of it being disproved.

① exchangeable ② absolute
③ imperative ④ ingenious

## 06 다음 글의 내용과 일치하는 것은?

Building on previous knowledge that humor can enhance some aspects of cognition in older children, a team of French scientists looked at whether that same correlation exists in infant learning. They tested it by having two groups of 18-month-olds watch adults using tools to pick up toys. In one, the toy was played with after it was retrieved. In the other, the adult threw the toy on the floor in a comical way upon retrieval, causing the infants to break out in laughter. Those in the latter group were 42 percent more likely to successfully repeat the use of the tool than the others, indicating a correlation between humor and learning. However, why this is the case is still not clear. The most likely explanation is that the biochemical dopamine released during laughter positively contributes to cognitive processes involved in acquiring new knowledge and skills, but more research will be needed to confirm that hypothesis.

① Humor has a greater impact on infant learning than it does in older children.
② The 18-month-old participants had difficulty distinguishing between play and humor.
③ Less than half of the infants laughed when the toy was thrown onto the floor.
④ It is possible that laughter enhances infant learning because of a chemical reaction.

## 07 밑줄 친 (A), (B)에 들어갈 말로 가장 적절한 것은?

Clouded with sediment deposits, troubled by constantly shifting levels of salinity and temperature, and tainted with oil pollution, Iraq's Shatt-al Arab River seems like an appalling place for any marine organism to live, let alone thrive. ____(A)____, one of nature's most fragile ecosystems, a living coral reef, was discovered 20 meters below the river's surface. As most coral species can only survive in warm, shallow water with little salinity and disruption, scientists have conceded that there is still a great deal to learn about resilient corals like this one. ____(B)____, they are strongly pushing for the reef's conservation, since it would allow them to conduct long-term studies on how these corals cope with such unfavorable conditions. The findings would go a long way in helping researchers better assess the prospects for related species living in disturbed environments.

| | (A) | (B) |
|---|---|---|
| ① | Until now | Ultimately |
| ② | Yet | As a result |
| ③ | In fact | In contrast |
| ④ | Nonetheless | On the other hand |

## 08 주어진 문장이 들어갈 위치로 가장 적절한 곳은?

One entomologist compared it to a hot nail being driven through one's leg.

The giant Asian hornet (*Vespa mandarinia*) is a member of the wasp family that lives in underground nests found in wooded and mountainous areas in East Asia. Boasting a body length of up to 50 millimeters and a wingspan of up to 76 millimeters, the world's largest hornet is truly an impressive creature. ( ① ) It feeds primarily on other insects, with honeybees being a favorite meal; a single hornet can dispatch up to 40 of them per minute. ( ② ) They are aided by a potent and powerful sting that is considerably harsher than other insect bites and that many find difficult to describe. ( ③ ) While even imagining this is painful enough, it can get a lot worse, as demonstrated by the dozens of people who are killed by the hornet each year. ( ④ ) The majority of fatalities occur due to an allergic reaction to the hornet's venom, but even those who are not especially susceptible can be killed if attacked by a large swarm.

## 09 다음 글의 흐름상 어색한 문장은?

Boldly confronting segregation during a time of racial unrest, Rosa Parks justifiably earned her title as the mother of the freedom movement. In 1955, Parks was ordered to give up her seat in the Black section of a bus to a White passenger. ① Well within her legal rights to sit there, she politely refused to move and was met with swift incarceration. ② The National Association for the Advancement of Colored People represented her in court, but she was fired from her job and received threats in the mail for years after the incident. ③ The trial was presided over by Judge Eugene Carter, who was the judge in a number of civil rights trials. ④ Though she suffered greatly for her actions, the case became the spark that lit the fuse under activist groups, resulting in a boycott that led to the abolishment of divided seating on all Alabama buses.

**10** 주어진 글 다음에 이어질 글의 순서로 가장 적절한 것은?

Road traffic across North America continues to increase every year, and this is bad news for wildlife. Moving cars pose a grave threat to wild animals, with approximately one million of them being killed each day in the US alone.

(A) To achieve similar results for other species, the type of crossing installed must be carefully considered. Researchers have found that bolder animals like grizzly bears and wolves prefer overpasses, whereas more discreet ones such as black bears and cougars stick to the darker tunnels.

(B) And they actually seem to be working. Since the installation of overpasses and tunnels in Canada's Banff National Park, for instance, park employees have observed a 96 percent drop in road mortality for hoofed mammals like elk and deer.

(C) The majority of them are simply trying to gain access to better habitat, mates, and food sources. In recognition of the fact that animals need to cross roads safely, special wildlife crossings are being constructed.

① (A) – (C) – (B)　② (B) – (A) – (C)
③ (C) – (A) – (B)　④ (C) – (B) – (A)

정답 · 해석 · 해설 p. 26

하프모의고사 05회
출제예상 핵심 어휘리스트
바로 다운받기 (gosi.Hackers.com)

QR코드를 이용해 핵심 어휘리스트를 다운받아, 언제 어디서든 공무원 출제예상 어휘를 암기하세요!

## Self Check List

**이번 테스트는 어땠나요?**
**다음 체크리스트로 자신의 테스트 진행 내용을 점검해 볼까요?**

01 나는 15분 동안 완전히 테스트에 집중하였다.
□ YES　□ NO

02 나는 주어진 15분 동안 10문제를 모두 풀었다.
□ YES　□ NO

03 유난히 어렵게 느껴지는 지문이 있었다.
□ YES　□ NO

04 유난히 어렵게 느껴지는 문제가 있었다.
□ YES　□ NO

05 모르는 어휘가 있었다.
□ YES　□ NO

06 개선해야 할 점과 이를 위한 구체적인 학습 계획

______________________________

______________________________

□1회독 □2회독 □3회독

# DAY 06 하프모의고사 06회

정답 · 해석 · 해설 _해설집 p.32

제한시간 : 15분 시작 시 분 ~ 종료 시 분 점수 확인 개/ 10개

**01** 밑줄 친 부분의 의미와 가장 가까운 것은?

> Although doctors gave the accident victim a low chance of survival, he <u>conquered</u> his injuries and made a full recovery.

① pulled apart ② pulled off
③ pulled down ④ pulled through

**02** 밑줄 친 부분의 의미와 가장 가까운 것은?

> Dissertation writing is an important phase of any PhD program. First, the student does original research on a specific topic. He then defends his dissertation before a panel of scholars, who expect him to answer various questions <u>on the spot</u>.

① appropriately ② briefly
③ simultaneously ④ immediately

**03** 밑줄 친 부분에 들어갈 말로 가장 적절한 것은?

> A: What's causing my arm to be red and itchy?
> B: Well, Mrs. Swain, it's a mild skin rash. An antibiotic ointment should clear it up.
> A: Thank you, Doctor. ____________________?
> B: Not at all. You can use any over-the-counter brand.
> A: OK. I'll stop by the pharmacy on my way home.
> B: Great. Let me know if it gets worse.

① Can you tell me if it will clear up soon
② Is there a drug store near here
③ Should I come back for a check-up
④ Will I need a prescription for it

**04** 어법상 옳은 것은?

① He had been single for many years before he married with his wife.
② Because I wore different color socks, I was made fun by my classmates.
③ Although it had poor gas mileage, it was still quite a beautiful car.
④ They will reach the ocean in only a little more miles.

**05** 어법상 옳은 것은?

① The best way to accomplish a difficult task is broken it down into several reachable goals.
② Viewers identified a number of exist problem in the movie's story line.
③ The police accused him of steal a computer from the store.
④ I'd better write down what we need to buy lest any of the ingredients be omitted.

## 06 주어진 글 다음에 이어질 글의 순서로 가장 적절한 것은?

The town of Abu Mena was designated a UNESCO World Heritage site in 1979 because it was built over the tomb of the Christian martyr Menas of Alexandria.

(A) Because Abu Mena is not only a historically important site but also a center for Christian pilgrimage, the government's endeavors to conserve it should be applauded.
(B) Therefore, authorities have had to reinforce building bases with sand and relocate farms to prevent further destruction.
(C) But less and less of the town remains today, largely due to a rise in the water table from agricultural activities.

① (B) – (A) – (C)
② (B) – (C) – (A)
③ (C) – (A) – (B)
④ (C) – (B) – (A)

## 07 다음 글의 내용과 일치하는 것은?

Are you neglecting your daily fiber intake? It's a nutritional component that tends to go unnoticed, yet it's a crucial element for maintaining overall wellbeing. Surprisingly, a significant portion of the population falls short of meeting their recommended daily fiber intake, with statistics indicating that over 90 percent of individuals are not getting enough fiber in their diets. Fiber is essential for digestive health, regulating blood sugar levels, and promoting a feeling of fullness, aiding in weight management. So, why the deficiency? While fiber can be found in a variety of foods, it's often lacking in modern diets due to the prevalence of highly processed foods and the limited consumption of whole grains, fruits, and vegetables. Nutrition experts point out that part of the problem is that there is not enough emphasis on fiber in dietary guidelines and insufficient public awareness campaigns to underscore its importance in maintaining a healthy lifestyle.

① More than 10 percent of people consume the recommended amount of fiber.
② Individuals who don't get adequate fiber are prone to struggle with their blood sugar.
③ Fiber can't be added during the production of many types of processed foods.
④ Dietary guidelines fail to highlight the importance of fiber intake.

**08** 다음 글의 제목으로 가장 적절한 것은?

Emperor penguins huddle together to stay warm when temperatures are freezing. While the birds appear to throng in a vaguely circular formation, closer observation has revealed otherwise. Individual penguins push their way in every 30 to 60 seconds. A single movement, creating a space as small as 2 centimeters wide, triggers a shift among the thousands of birds. The continual shuffling assures that every animal is eventually rotated through to the warmest part of the circle. But the gaps must be precise; step too widely and heat escapes, too narrowly and they cannot move. Further, the positions the penguins take never change and no individual forces their way into the middle. The result is a coordinated and highly-organized exercise.

① Huddling: Social Behavior of Penguins

② How Penguin Huddles Create Heat

③ Critical Roles in A Penguin Huddle

④ The Intricacies of Penguin Huddling

**09** 다음 글의 내용과 일치하지 않는 것은?

Acidosis is a condition in which the fluids of the human body contain a surplus of acid. The lungs and kidneys normally regulate this by keeping the blood's pH level—the balance of acids and bases—steady. However, if these organs are not functioning properly, an imbalance can occur. There are two main categories of acidosis: respiratory and metabolic. The former strikes when the lungs cannot effectively remove enough carbon dioxide from the body, raising acid levels. Metabolic acidosis happens when the kidneys have trouble removing acid or when they eliminate too much base. Sufferers of both types report confusion and sleepiness. Because the symptoms of this are similar to other ailments, it may be difficult to diagnose without blood tests.

※ acidosis: 산과다증

① The lungs and kidneys keep the blood's pH level even.

② Acidosis can be categorized as either respiratory or metabolic.

③ Metabolic acidosis occurs when the kidneys creates too much acid.

④ Similarities to other conditions make acidosis difficult to diagnose.

## 10 밑줄 친 부분에 들어갈 말로 가장 적절한 것은?

Many of us teach our children that it's what's on the inside that counts, but then go on to judge people based on their appearance. Why is that so? One philosopher argues that it's difficult to truly appreciate others until we respect and are satisfied with our own bodies. This includes being able to accept the aging process and the gradual changes we undergo throughout our lives, no matter how uncomfortable they may make us feel. She claims that our self-perception informs how we perceive the world and that if we're disgusted with our physical appearance, we'll be more likely to judge and reject others for how they look. In this regard, self-respect could be ______________________________.

① a secret key to everlasting happiness
② the only way to slow down the aging process
③ one way to achieve calmness and tranquility
④ the first step in appreciating the true value of people

정답 · 해석 · 해설 p. 32



## Self Check List

**이번 테스트는 어땠나요?**
**다음 체크리스트로 자신의 테스트 진행 내용을 점검해 볼까요?**

01 나는 15분 동안 완전히 테스트에 집중하였다.
□ YES □ NO

02 나는 주어진 15분 동안 10문제를 모두 풀었다.
□ YES □ NO

03 유난히 어렵게 느껴지는 지문이 있었다.
□ YES □ NO

04 유난히 어렵게 느껴지는 문제가 있었다.
□ YES □ NO

05 모르는 어휘가 있었다.
□ YES □ NO

06 개선해야 할 점과 이를 위한 구체적인 학습 계획

______________________________

______________________________

정답·해석·해설 _해설집 p.38

# DAY 07 하프모의고사 07회

제한시간 : 15분 시작 시 분 ~ 종료 시 분 점수 확인 개/ 10개

## 01 밑줄 친 부분의 의미와 가장 가까운 것은?

> The good will that was first present in the peace negotiations quickly disappeared as the two parties found it difficult to reach an agreement that was <u>reciprocal</u>.

① beneficial ② mutual
③ sensible ④ lucrative

## 02 우리말을 영어로 잘못 옮긴 것은?

① 사람들은 대개 그들의 업무 분야에서 탁월해짐에 따라 더 겸손해진다.
→ People often become humbler as if they excelled in their field of work.

② 사람들에게 만년에 도움이 되는 것은 계산이 아니라 바로 문제 해결 능력이다.
→ It is not math but problem solving skills that help people later in life.

③ 그는 발표 중 실수를 했을 때 웃음거리가 된 것에 신경 쓰지 않았다.
→ He didn't mind being laughed at when he made a mistake during his presentation.

④ 당신은 기록을 더 철저하게 검토하는 데 시간을 들였어야 했다.
→ You should have taken the time to review your notes more thoroughly.

## 03 어법상 옳은 것은?

① They felt their child was talented student as her classmates, if not more so.

② These pants have washed so much that they are starting to fall apart.

③ We barely never caught anything in all our years of fishing.

④ The patrons requested that the music be turned down so they could talk more easily.

## 04 밑줄 친 부분에 들어갈 말로 가장 적절한 것은?

> The crane is a traditional symbol for luck in Japan, although in modern times it ________ peace rather than good fortune.

① ratifies ② denotes
③ protracts ④ reinforces

## 05 밑줄 친 부분에 들어갈 말로 가장 적절한 것은?

> A: I need your advice about work.
> B: Of course. Are you having trouble?
> A: Sort of. I just got a job offer, but I'm not sure if I should take it.
> B: What's the problem? Is the pay too low?
> A: No, the pay and the benefits are both good.
> B: Sounds like a good deal to me. Give it a shot.
> A: It's a great opportunity, but I'd have to postpone my plans of traveling abroad.
> B: ________________. I'd take the job and think about traveling later.

① Well, let sleeping dogs lie
② I don't mind at all
③ I'm not made of money
④ Good jobs are hard to come by

## 06 다음 글의 제목으로 가장 적절한 것은?

Innovations in computer and smartphone technology have made our social networks more expansive than ever. Once we put aside the benefits, however, large online networks may in fact leave us more isolated than before. By dividing our limited attention among hundreds, or even thousands, of connections, the time we dedicate to direct social interaction dwindles and is frequently interrupted. Additionally, human-to-device interaction is preventing the interpersonal communication that humans benefit from through face-to-face conversations and physical touch. These experiences cannot be replicated by typed messages and emoticons in the virtual world.

① The Benefits of Actual Person-to-Person Experience

② The Relationship between Emoticons and Sensation

③ The Increased Popularity of Communication Devices

④ The Drawbacks of Overusing Online Social Networks

## 07 다음 글의 흐름상 어색한 문장은?

An over-the-counter pill seems to be the cause of a number of trips to the emergency room. Advertised as an aid to weight loss, the tablet can come with some nasty side effects. ① According to Peter Otto, who was rushed to the hospital for palpitations after taking it, the medicine causes the heart to race and feelings of lightheadedness. ② This is likely due to the fact that users can become severely dehydrated. ③ Doctors suggest drinking at least eight glasses of water a day. ④ While most did lose weight during the first couple of weeks of taking the drug, those who had been taking it for more than a month reported suffering a host of complications like those described by Mr. Otto. Many complained of shortness of breath, as well as joint pain, which could lead to arthritis later on in life.

※ palpitation: 가슴 두근거림

## 08 밑줄 친 부분에 들어갈 말로 가장 적절한 것은?

For more than 17,000 years, paintings created by early man in the Paleolithic era have been preserved in caves near southwestern France. The cavernous walls of the Lascaux caves are adorned with drawings consisting primarily of animals verified to have once lived in the region. In 1940, a hiker stumbled across the historic paintings, and the caverns were opened for public enjoyment. The high concentration of carbon dioxide brought on by the large number of tourists, however, began to take its toll on the delicate sketches. The caves were closed for good to sightseers in 1963 as it was the only viable option to stall further deterioration. Despite this, fungus, poor ventilation systems, and the high-powered lights historians use to study the works of art have made maintaining the integrity of the drawings an uphill battle. Now, only a handful of scientists are given access, and even then, for only a few days per month ____________________.

① as a result of the danger in that specific location
② in an effort to keep the degeneration in check
③ due to the abundance of carbon dioxide inside
④ because of a declining interest in the paintings

## 09 다음 글의 내용과 일치하지 않는 것은?

Guide dogs have been used for hundreds of years to assist visually impaired people. Although several different breeds may be trained as guide dogs, those most typically used are golden retrievers, Labradors, and German shepherds. Guide dogs go through a rigorous training period that begins when they are puppies. They learn how to obey simple commands and are introduced to public places like the mall, city buses, restaurants, and other crowded locations. Once they grow accustomed to these environments, they learn how to deal with traffic and judge height and width dimensions in relation to their owners. The typical career of a guide dog lasts around six years, after which they are sent to families to live out the remainder of their lives.

① German shepherds are commonly used to help the visually impaired.
② Young guide dogs must complete a period of systematic training.
③ The first stage of training guide dogs is having them cope with traffic.
④ Guide dogs that are retired go to live with families in their homes.

## 10 밑줄 친 부분에 들어갈 말로 가장 적절한 것은?

Planarian flatworms are a type of worm found in both fresh and saltwater and are notable for being able to regenerate. Even if it is decapitated, the unique animal can grow another one. As if this feat weren't amazing enough, researchers also discovered that ______________________. Scientists tested this by training some flatworms to seek out light, which they normally avoid to keep from being spotted by predators. The worms soon learned that the lighted areas in their tanks were safe and contained food. After several weeks, their heads were removed and they grew replacements. These worms with the "newborn" body part immediately headed toward the lights, recalling their previous experiences. Since recollections specifically reside in the brain, scientists are still unsure as to how this unusual species is able to pass them along once their heads are separated from their bodies.

① flatworms instinctively know lighted areas have food
② they are able to share information with each other
③ the brains of the worms are not found in their bodies
④ the regrown head possesses the same memories

정답 · 해석 · 해설 p. 38

하프모의고사 07회
출제예상 핵심 어휘리스트
바로 다운받기 (gosi.Hackers.com)

QR코드를 이용해 핵심 어휘리스트를 다운받아, 언제 어디서든 공무원 출제예상 어휘를 암기하세요!

## Self Check List

이번 테스트는 어땠나요?
다음 체크리스트로 자신의 테스트 진행 내용을 점검해 볼까요?

01 나는 15분 동안 완전히 테스트에 집중하였다.
□ YES □ NO

02 나는 주어진 15분 동안 10문제를 모두 풀었다.
□ YES □ NO

03 유난히 어렵게 느껴지는 지문이 있었다.
□ YES □ NO

04 유난히 어렵게 느껴지는 문제가 있었다.
□ YES □ NO

05 모르는 어휘가 있었다.
□ YES □ NO

06 개선해야 할 점과 이를 위한 구체적인 학습 계획

______________________________

______________________________

# DAY 08 하프모의고사 08회

정답 · 해석 · 해설 _해설집 p.44

제한시간 : 15분 시작 시 분 ~ 종료 시 분 점수 확인 개/ 10개

**01** 밑줄 친 부분에 들어갈 말로 가장 적절한 것은?

> The contract should __________ the terms of the deal clearly.

① destroy ② specify
③ entitle ④ ban

**02** 밑줄 친 부분의 의미와 가장 가까운 것은?

> An anonymous person has <u>revealed</u> the company's immoral practices following years of unconfirmed speculations.

① concealed ② uncovered
③ stimulated ④ featured

**03** 우리말을 영어로 잘못 옮긴 것은?

① 내가 올해 더 많은 고객들을 잡았다면, 나는 Jim을 제치고 승진했을지도 모른다.
→ If I had landed more clients this year, I might have gotten the promotion over Jim.

② 그녀의 숙제가 끝났기 때문에, 그녀는 마침내 쉴 시간을 가졌다.
→ With her homework finished, she finally had time to relax.

③ 직장을 그만두겠다는 그 결정은 오로지 당신의 몫이었다.
→ The decision to quit your job was yours alone.

④ 나의 부모님은 이번 여름에 홍콩에 가기를 고대하고 계신다.
→ My parents are looking forward to go to Hong Kong this summer.

**04** 밑줄 친 부분 중 어법상 옳지 않은 것은?

> The reasons why we yawn are still unknown to science. ① <u>While</u> scientists can't explain yawning, they do know ② <u>that</u> it is often prompted by other yawners. This behavior, ③ <u>called</u> "infectious yawning," ④ <u>has also witnessed</u> in dogs and chimpanzees.

**05** 두 사람의 대화 중 자연스럽지 않은 것은?

① A: This house just came on the market and is for sale at a great price.
B: Please, make yourself at home and help yourself to some snacks.

② A: Why don't you come to my company's Christmas party?
B: Do I have to dress up?

③ A: I'm returning a call I received from Mr. Brown this morning. Is he available?
B: He's on the other line, so would you mind holding? Or, I can have him call you back.

④ A: Ugh. I've been having a really rough time lately.
B: Hang in there. Things are sure to look up.

## 06 다음 글의 제목으로 가장 적절한 것은?

NASA experts report that roughly a million asteroids in our solar system have a tiny chance of hitting Earth and causing irreparable damage. For the sake of caution, a task force was put together to explore the options we have should a large asteroid head toward Earth. The simplest method would be to send something towards the incoming rock to deflect it; a slight nudge would be enough to shift its trajectory so that it misses Earth completely. Unfortunately, that would only work if we could detect its arrival at least a decade in advance. If the asteroid is a mere year or months away, a more difficult—and riskier—choice is blowing it up. This could be wildly unsuccessful as there are unknown factors in detonating a bomb in space. Furthermore, the fallout from an exploding nuclear device so close to the planet might be worse than the asteroid impact itself.

① The Impact of Asteroids Hitting Earth
② Options to Stop an Asteroid Collision
③ Why Asteroids Cannot be Deflected
④ Difficulty in Calculating Asteroid Orbits

## 07 다음 글의 내용과 일치하는 것은?

Much of the world is now incorporating EMV technology in their debit and credit cards. Taking its name from the three major finance institutions—Europay, Mastercard, and Visa—that developed it, an EMV card has a microchip embedded on its front as well as the traditional magnetic strip on the back. The main point behind the chips is to help prevent fraud. Traditional magnetic strips are susceptible to hacking because they store unchanging data, meaning criminals can easily replicate personal information. EMV chips, however, generate a unique transaction code every time they are used which aids in keeping information secure. Experts do warn that forgery is of course still possible with the new chips, so one should not let their guard down altogether. But counterfeiting undoubtedly becomes much more difficult; instances of it were reduced by nearly 80 percent across Europe after all card corporations switched over.

① The EMV card was created specifically for the three largest credit card companies.
② Magnetic strips that are on traditional credit cards have impermanent information.
③ EMV chips are thought to be safer because they require more complicated codes.
④ Europe changing to EMV cards has drastically cut down on cases of financial fraud.

## 08 밑줄 친 부분에 들어갈 말로 가장 적절한 것은?

According to one study, birds that are under the influence of alcohol slur their sounds in the same way that intoxicated humans do. Researchers gave one group of zebra finches grape juice and the other alcoholic cocktails. When the blood-alcohol content of the second group was 0.08, which is above the legal limit in most jurisdictions for humans to operate a motor vehicle, the birds began singing more erratically and their songs lost their typical organized ________. Notes would blend together or change rhythm. Scientists concluded that alcohol affected the areas of the brain associated with singing. They hope to use these findings to investigate in greater detail how intoxication affects learning and cognition across species, particularly in speech.

① allure
② structure
③ resonance
④ improvisation

## 09 주어진 문장이 들어갈 위치로 가장 적절한 곳은?

He secretly checked in under a false name and spent a week documenting everything he experienced.

Looking from the outside in isn't always the best way to get to the truth, so some determined reporters tread into dangerous territory just to get a story. ( ① ) Newspaper writer Frank Smith was one such man. ( ② ) He wanted to show the reality of patients who were committed to mental institutions. ( ③ ) But while most would have been content to take a tour and interview the staff, Smith chose a more audacious approach. ( ④ ) He even endured being strapped down into a tub of dirty water for 15 hours as part of his "treatment," all to get the scoop on life inside a psychiatric hospital.

**10** 주어진 글 다음에 이어질 글의 순서로 가장 적절한 것은?

Assimilation is a social process that results in the culture of one group coming to resemble that of another.

(A) Over time, their cultural traditions are all but replaced by those of their adoptive societies. This usually occurs by the second or third generation, when the children and grandchildren of immigrants have grown up outside their native lands. By then, the assimilation of the immigrants into society is complete.

(B) They adopt the practices of their new countries not necessarily out of the belief that their own cultures are lacking, but because assuming certain behaviors and attitudes will encourage their acceptance by society at large while providing opportunities outside of their cultural groups.

(C) It most often occurs among immigrants. As the new arrivals come into contact and start communicating with locals, they begin taking on certain elements of the native culture, such as its language and traditions.

① (A) – (C) – (B)　② (B) – (A) – (C)
③ (C) – (A) – (B)　④ (C) – (B) – (A)

정답 · 해석 · 해설 p. 44

하프모의고사 08회
출제예상 핵심 어휘리스트
바로 다운받기 (gosi.Hackers.com)

QR코드를 이용해 핵심 어휘리스트를 다운받아, 언제 어디서든 공무원 출제예상 어휘를 암기하세요!

## Self Check List

**이번 테스트는 어땠나요?**
**다음 체크리스트로 자신의 테스트 진행 내용을 점검해 볼까요?**

01 나는 15분 동안 완전히 테스트에 집중하였다.
□ YES　□ NO

02 나는 주어진 15분 동안 10문제를 모두 풀었다.
□ YES　□ NO

03 유난히 어렵게 느껴지는 지문이 있었다.
□ YES　□ NO

04 유난히 어렵게 느껴지는 문제가 있었다.
□ YES　□ NO

05 모르는 어휘가 있었다.
□ YES　□ NO

06 개선해야 할 점과 이를 위한 구체적인 학습 계획

# DAY 09 하프모의고사 09회

정답·해석·해설 _해설집 p.50

제한시간 : 15분 시작 시 분 ~ 종료 시 분 점수 확인 개/ 10개

## 01 밑줄 친 부분의 의미와 가장 가까운 것은?

Although reporters repeatedly inquired about his involvement with the doping scandal, the sport coach continued to evade their questions.

① inspect ② respond
③ shun ④ overturn

## 02 밑줄 친 부분에 들어갈 말로 가장 적절한 것은?

Hiring the untried but promising, software programmer was a ________ move made by the team manager.

① unnecessary ② flawless
③ brave ④ ordinary

## 03 우리말을 영어로 잘못 옮긴 것은?

① 현실 세계를 재현하는 것은 유용한 컴퓨터 모델을 만드는 것의 핵심이다.
→ Simulating real world situations is the key to producing useful computer models.

② 나의 할아버지는 컴퓨터 수업을 듣기를 바라시는데, 이는 컴퓨터 기술을 배우기 위해서라기보다는 새로운 사람들을 만나기 위해서이다.
→ My grandfather wants to take a computer class, not so much to learn computer skills as to meet new people.

③ 회계 부서에서 급료 총액을 부정확하게 하는 것은 드문 일이다.
→ It's unusual for the accounting department to get the paycheck amounts incorrect.

④ 학습은 새로운 경험이 지식의 창출로 이어지는 과정이다.
→ Learning is a process in which new experiences leading to the creation of knowledge.

## 04 밑줄 친 부분 중 어법상 옳지 않은 것은?

A public speaking club is an organization where members can practice getting up in front of a group of people and ① talking confidently about a topic in order to improve ② their speaking ability. Members show support for ③ another and give feedback to help all the members ④ improve their ability to present ideas and communicate effectively.

## 05 밑줄 친 부분에 들어갈 말로 가장 적절한 것은?

A: Chet, you missed some notes when you played the intro.
B: I know. I'm having trouble concentrating on it.
A: Why don't you start over and try playing the song from the beginning?
B: I'm exhausted. I've already practiced for two hours today. Can we continue tomorrow?
A: Sure. ________________. Please practice on your own, and I'll see you tomorrow.
B: Great. I should be able to do much better then.

① I'm on my way
② You're telling me
③ It depends on your mood
④ We'll wrap it up for today

## 06 밑줄 친 부분에 들어갈 말로 가장 적절한 것은?

Vowels in the English language are not distinguished from consonants arbitrarily. What sets the letters "a," "e," "i," "o," "u," and sometimes "y" apart has to do with the way your mouth moves when you say them. The sounds of consonants are always at least partially blocked by your teeth, tongue, or lips, but vowels are voiced without any interference. It's for that very reason that "y" is sometimes considered a vowel but sometimes not. When used in words like "beyond," for example, "y" is a consonant. This is because saying it requires the tongue to break from the position it is in and touch the base of the mouth. In a word like "myth" though, the mouth remains open. The "y" sound ________________________, making it a vowel.

① forces the tongue downward

② is not impeded in any way

③ links the consonants nearby

④ constricts the vocal tract

## 07 다음 글의 흐름상 어색한 문장은?

In our recent surveys examining transportation preferences, a clear trend toward electric vehicles (EVs) has emerged among urban commuters. ① More and more city dwellers are opting for EVs as their primary mode of transportation, drawn by the environmental benefits and potential cost savings in the long run. Surprisingly, this shift hasn't led to a significant drop in the demand for traditional gasoline-powered cars. ② Our data indicates a modest reduction in gasoline-car sales, averaging around 1 percent to 2 percent, while EV adoption is on the rise. The main driving force behind this trend is the growing infrastructure and accessibility of EV charging stations, as well as government incentives promoting sustainable transportation choices. ③ The oil that produces gasoline was already regulated through the Oil Pollution Act of 1990. ④ With environmental consciousness becoming increasingly important to consumers, it appears that the shift towards EVs is here to stay.

## 08 다음 글의 내용과 일치하는 것은?

Roald Dahl is one of the most beloved children's writers of all time. His classics are adored the world over by readers of all ages. Despite being written with the young in mind, Dahl's stories are fairly gruesome. In *James and the Giant Peach*, James is the recipient of constant abuse from his two wicked aunts. Matilda in *Matilda* attends a school where the terrifying principal locks students in a cupboard filled with nails. Nearly every child protagonist in his writings has to deal with vile adults and frequently faces imminent danger or a horrible death, making for some depressing and morbid narratives. It is a testament to how wonderful and humorous his tales are that kids delight in them regardless.

① James and Matilda are the two most famous characters in Roald Dahl's stories.

② The subject matter of Dahl's books is very dark for children's literature.

③ The adults who abuse the protagonists in Dahl's stories are all relatives.

④ The content of Roald Dahl's writings can make young readers depressed.

## 09 밑줄 친 부분에 들어갈 말로 가장 적절한 것은?

Boxers used to fight with their bare fists until around the 19th century, when gloves were added to the sport. It is commonly presumed that their mandatory use was stipulated for safety reasons; a cushion would protect the head, face, and body. In truth, an all-out punch with gloves is extremely ____________. One doctor noted that "gloves do not lessen the force applied to the brain as it rattles inside the skull from a heavy blow. In fact, matters are made worse because they add more weight to the fist. A full-force slam to the head is comparable to being hit with a 5-kilogram wooden mallet travelling at 32 kilometers per hour." The truth of the statement can be evidenced by the fact that prior to the addition of gloves, no fatalities were recorded in bare-knuckle boxing matches. Nowadays, 3 to 4 modern boxers succumb to injuries on average per year, with many more suffering from permanent brain or head trauma.

① destructive　② expansive

③ inflammatory　④ suffocating

**10** 다음 글의 제목으로 가장 적절한 것은?

With millions of tourists visiting Angkor Wat each year, one might imagine that every last inch of art in the place would have been thoroughly examined by now. However, it seems at least some of it has been overlooked. A researcher visiting the ancient temple complex took photographs of some red pigment marks initially thought to be old graffiti. The images were faded and hard to make out at first. But improving their quality on his computer revealed 500-year-old depictions of deities, monkeys, people, and even the temple itself. Experts believe most of the smaller drawings were made by those making a pilgrimage to the abandoned holy site sometime after the 15th century. Other, more elaborate murals may have been drawn earlier than that during restoration attempts by locals. All in all, as many as 200 worn paintings have been enhanced, and archeologists are hoping that they will provide insight into the monument's history.

① Angkor Wat: A Tourist's Dream
② The Best of Ancient Art
③ Technologies in Art Restoration
④ Uncovering Angkor Wat's Hidden Art

정답 · 해석 · 해설 p. 50

하프모의고사 09회
출제예상 핵심 어휘리스트
바로 다운받기 (gosi.Hackers.com)

QR코드를 이용해 핵심 어휘리스트를 다운받아, 언제 어디서든 공무원 출제예상 어휘를 암기하세요!

## Self Check List

**이번 테스트는 어땠나요?**
**다음 체크리스트로 자신의 테스트 진행 내용을 점검해 볼까요?**

01 나는 15분 동안 완전히 테스트에 집중하였다.
□YES □NO

02 나는 주어진 15분 동안 10문제를 모두 풀었다.
□YES □NO

03 유난히 어렵게 느껴지는 지문이 있었다.
□YES □NO

04 유난히 어렵게 느껴지는 문제가 있었다.
□YES □NO

05 모르는 어휘가 있었다.
□YES □NO

06 개선해야 할 점과 이를 위한 구체적인 학습 계획

# DAY 10 하프모의고사 10회

정답 · 해석 · 해설 _해설집 p.56

제한시간 : 15분 시작 시 분 ~ 종료 시 분 점수 확인 개/ 10개

**01** 밑줄 친 부분의 의미와 가장 가까운 것은?

With over half of the workforce joining the strike, management had no choice but to <u>assent</u> to the union's demands.

① react ② object
③ agree ④ appeal

**02** 밑줄 친 부분에 들어갈 말로 가장 적절한 것은?

A survey revealed that many teens have "friends" on social media sites with whom they are not close; some they have never even met. In fact, only about 60 percent of their online network consists of people they have ________ relationships with.

① intimate ② weak
③ adverse ④ separate

**03** 밑줄 친 부분에 들어갈 말로 가장 적절한 것은?

A: I'm so frustrated about work today.
B: What's the matter?
A: I made one small error and the deal I was working on fell apart.
B: ____________________. You'll get another chance in the future.
A: I know, but it's hard to forget. This deal meant so much to me.
B: At least you learned a great lesson. You'll do better next time.

① Don't beat around the bush
② Every man for his own trade
③ Don't let it get you down
④ Don't make a mountain out of a molehill

**04** 밑줄 친 부분 중 어법상 옳지 않은 것은?

The behavior of infants was ① <u>documenting</u> in order to determine how they learn to understand and ② <u>mimic</u> the facial expressions of adults. During a study, a variety of facial expressions ③ <u>were</u> made by several adults and shown to infants. In most cases, the infants accurately mimicked the expressions ④ <u>when</u> they saw the adults.

## 05 어법상 옳은 것은?

① Mercury's atmosphere is not conducive to sustaining human life, and neither Venus's is.

② We gathered up old everything to see if we owned anything of substantial value.

③ The back of the truck was used as a moving stage on which the actors performed.

④ Beside the type of grape used, the quality of wine is determined by the length of fermentation.

## 06 주어진 글 다음에 이어질 글의 순서로 가장 적절한 것은?

Botanist and early geneticist Barbara McClintock was ridiculed for believing that genes could change positions within chromosomes. Her theory challenged the prevailing assumption that genes were fixed in place.

(A) Failing to see the importance of McClintock's theory, her colleagues largely ignored her work. However, her 1940s discovery of "jumping genes," or transposons, would go on to have a major impact.

(B) In fact, McClintock's theories proved so important to our understanding of genetics that she was awarded the Nobel Prize in Medicine in 1983, becoming the first woman to win the prize on her own.

(C) By the 1960s and 1970s, scientists came around and finally accepted McClintock's findings that genes were not static and that their movement controlled their expression. This changed how they understood genetic regulation, evolution, and the development of complex organisms.

① (A) – (B) – (C)　② (A) – (C) – (B)
③ (B) – (A) – (C)　④ (C) – (A) – (B)

## 07 주어진 문장이 들어갈 위치로 가장 적절한 곳은?

Neighborhood alerts and other important information are therefore more quickly dispersed as a result of the closer connection.

In order to more effectively engage with and protect the members of a community, police departments in some cities have established bicycle squads. ( ① ) Patrolling an area on a bicycle rather than in a car allows police to build relationships with community residents because people are more likely to approach officers on bicycles. ( ② ) In addition, officers are able to patrol areas that are inaccessible by automobiles, such as parks, trails, and crowded side streets. ( ③ ) Adopting this mode of transportation can help police intercept a crime as the bicycle is virtually noiseless and will not alert criminals to the presence of the police. ( ④ )

## 08 다음 글의 내용과 일치하지 않는 것은?

Machine learning is a subfield of computer science that is concerned with collecting data and making predictions from it. It is frequently used by various industries to analyze consumer statistics, and astronomers are also increasingly relying on it to catalogue information about the billions of stars in the universe. The computers they use are programmed with specific algorithms that command them to sift through huge data sets. For the purposes of astronomy, thousands of night sky images are processed through these machines. With the human eye, such tasks would take decades to complete. Once the images are analyzed, the computers can predict various traits of a given star, such as how old it is or what its metal content is. They can even identify new stellar types.

① A number of businesses also use machine learning.
② Algorithms instruct the machines to analyze information.
③ It takes decades for computers to approximate a star's age.
④ Machine learning can also aid in discovering new kinds of stars.

## 09 다음 글의 제목으로 가장 적절한 것은?

Tennis as we know it today is thought to have originated in 12th-century France, though passing references to it in literature date all the way back to the Middle Ages. The game at that time was quite different from how it is played today. For one, the ball was struck with the palms of the players' hands in lieu of rackets. In fact, the old French name for the sport meant "game of the palm." It was not until the 16th century that rackets came into use, and the name was changed to tennis. By that time, the rules had stabilized and the once-outdoor activity was moved indoors. The sport continued to remain popular all over France and other parts of Europe until it fell out of favor under English Puritanism. After a lengthy abandonment, the sport reemerged and separated into three distinct categories: racquets, squash racquets, and lawn tennis, the last of which is the tennis of modern day.

① Pitfalls of Rudimentary Tennis
② Tennis: From Infancy to Maturity
③ The Influence of Religion on sports
④ Waxing Tennis, Waning Europe

**10** 밑줄 친 부분에 들어갈 말로 가장 적절한 것은?

On the brink of the American Civil War, sitting president Zachary Taylor passed away. The official cause was spoiled food, but there were more than a few people who considered the timing of his death to be suspect. Taylor had not supported the idea of expanding slavery, which was an unpopular opinion at the time. Concerns were running so wild that major newspapers even implicated Confederate Congressman Robert Toombs in taking part in foul play. Those who were convinced that Taylor's demise was not an accident also worried about the safety of other politicians ______________________. On the inauguration of Abraham Lincoln, skeptics sent letters to the man who would abolish the unfair system to be wary of the food he ate. More fuel was added to the fire when, after being re-elected for a second term, the succeeding leader was assassinated.

① in favor of the idea
② silenced by their fear
③ opposed to the practice
④ unfamiliar with the concept

정답·해석·해설 p. 56



## Self Check List

이번 테스트는 어땠나요?
다음 체크리스트로 자신의 테스트 진행 내용을 점검해 볼까요?

01 나는 15분 동안 완전히 테스트에 집중하였다.
□YES □NO

02 나는 주어진 15분 동안 10문제를 모두 풀었다.
□YES □NO

03 유난히 어렵게 느껴지는 지문이 있었다.
□YES □NO

04 유난히 어렵게 느껴지는 문제가 있었다.
□YES □NO

05 모르는 어휘가 있었다.
□YES □NO

06 개선해야 할 점과 이를 위한 구체적인 학습 계획

______________________________

______________________________

☐1회독 ☐2회독 ☐3회독

# DAY 11 하프모의고사 11회

정답·해석·해설 _해설집 p.62

제한시간 : 15분 시작 시 분 ~ 종료 시 분 점수 확인 개/ 10개

**01** 밑줄 친 부분에 들어갈 말로 가장 적절한 것은?

> He did not want to __________ on the meeting, but the matter was urgent.

① break down ② break out
③ break in ④ break through

**02** 밑줄 친 부분의 의미와 가장 가까운 것은?

> She was astonished when she found out how much her home was actually worth; however, the abnormal valuation increase prompted her to seek financial advice to understand the implications for her long-term investments.

① uniform ② irregular
③ perceivable ④ efficient

**03** 밑줄 친 부분에 들어갈 말로 가장 적절한 것은?

> A: I'm unsure about taking that art class with you. I worry about being able to keep up.
> B: What does that have to do with anything? We'd both be taking it to improve at our own pace.
> A: I guess, but I can barely draw a straight line.
> B: Well, you'll learn a lot and be much better by the time the course is over.
> A: How many times a week did you say it is?
> B: Three times a week on Mondays, Wednesdays, and Fridays.
> A: OK. __________. But you have to promise not to laugh when you see how bad I am.

① You're trying my patience
② I'm glad we did
③ I'll give it a shot
④ Don't take my word for it

**04** 우리말을 영어로 잘못 옮긴 것은?

① 내가 그녀에게 연락을 할 때마다, 그녀는 내 전화를 바로 받는다.
→ Whenever I contact to her, she answers my calls immediately.

② 도서관에 그 책이 없는 걸 보니 누군가 그것을 가져간 것이 틀림없다.
→ Someone must have taken the book out because it's not in the library.

③ 나는 침묵 속에서 고통받느니 차라리 그 문제에 대해 이야기하는 게 더 낫다.
→ I would much rather talk about the problem than suffer in silence.

④ 이 프로젝트가 끝났으니까 우리는 다음 것을 계획하기 시작해야 한다.
→ Now that this project is finished, we should start planning the next one.

## 05 어법상 옳지 않은 것은?

① Greta has not booked her flight yet, and neither has Joanna.

② All of the machineries in the factory must be inspected for safety.

③ If we had purchased a backup generator, we would have been prepared for the blackout.

④ The meaning of the poem was so incomprehensible that it could have been in Greek.

## 06 밑줄 친 부분에 들어갈 말로 가장 적절한 것은?

To grasp how less than two hundred Spanish conquerors led by Francisco Pizarro were able to take control of the Incan empire, which had a population of more than one million, we have to consider the state the Incan civilization was in when Pizarro arrived. A sharp increase in expansion during the 15th century made the empire difficult for the Inca rulers to manage. The supply chain was breaking down, and uprisings were occurring in remote regions and could not be easily contained. The ___________ condition of the Incan empire makes clear that while Pizarro may have hastened the end of the ancient society, it may well have withered away on its own regardless.

① deteriorating ② clandestine
③ flourishing ④ obedient

## 07 밑줄 친 부분에 들어갈 말로 가장 적절한 것은?

HeLa cells are virtually unknown outside of the scientific community, but they have been an important part of medicine for the past 60 years due to their role in the study of diseases. The doctor who collected them noticed that the cells were extraordinarily hardy and quite different from normal cells, which become unstable with age. After several cell divisions, normal cells weaken, form toxins, and eventually die. This is known as programmed cell death (PCD). Under laboratory conditions, most cells experience PCD after approximately fifty divisions. This is where HeLa cells are special. They have ________________. In fact, they are the only human cells that have been able to live indefinitely in a lab setting, although nobody knows for certain why they have this capability.

① a faster rate of division

② several beneficial uses in the body

③ the ability to divide endlessly

④ a means of producing toxins

## 08 다음 글의 요지로 가장 적절한 것은?

Humans rely on sight perhaps more than on any other sense. It would be alarming, then, to contemplate the idea that we in truth routinely miss the glaringly obvious all the time simply because we do not expect to see it. One of social science's most discussed studies proves just that. The Invisible Gorilla Test had participants watch a group of people playing basketball and count the number of passes they made. The participants assiduously tracked the ball's movements, keeping such a close watch that fully half of them failed to notice a man dressed in a gorilla suit wander into the game, dance around, and then wander off. The phenomenon, called inattentional blindness, makes it clear that the connection between what we see and what we actually perceive relies much more heavily on attention than previously believed.

① Even minor distractions can break our concentration.

② Sight and perception are one and the same.

③ Not everyone observes situations in the same way.

④ Unexpected events are easily overlooked.

## 09 주어진 글 다음에 이어질 글의 순서로 가장 적절한 것은?

Budapest, Hungary is one of the most toured cities in the world. It is Hungary's largest city and there are numerous activities for visitors to pursue.

(A) Of all the unique cultural experiences that Budapest offers, its outdoor baths are possibly the most compelling.

(B) The water from these springs is believed to help with sore muscles and arthritis. Accordingly, tourists usually spend hours relaxing in the pools with friends and family while visiting the city.

(C) Originally, the baths were created in the 16th century out of natural mineral water springs located beneath the city.

① (A) – (B) – (C)
② (A) – (C) – (B)
③ (B) – (A) – (C)
④ (B) – (C) – (A)

## 10 다음 글의 내용과 일치하지 않는 것은?

The musical genre known as klezmer is derived from two Hebrew words—"kli," which means tools, and "zemer," or melody. It is the traditional music of Jewish people descended from Eastern Europe. Klezmer music originated out of necessity; in Europe during the Middle Ages, Jews were only permitted to participate in a few occupations, and music was one of them. Klezmer can be categorized primarily as upbeat dance music. The songs themselves incorporate numerous instruments and feature animated melodies suggestive of the human voice and the various sounds it can make. The genre gained widespread recognition among Americans in the early 1900s, when large numbers of Jews began moving to the US. Today, it is often played at Jewish weddings, coming-of-age ceremonies, and other festive occasions.

① Klezmer music was invented by Jews originating from Eastern Europe.

② Jewish people had a limited number of professions in the Middle Ages.

③ Klezmer music is recognizable by its unique use of the human voice.

④ Jewish immigrants introduced klezmer music to American audiences.

정답·해석·해설 p. 62

하프모의고사 11회
출제예상 핵심 어휘리스트
바로 다운받기 (gosi.Hackers.com)

QR코드를 이용해 핵심 어휘리스트를 다운받아, 언제 어디서든 공무원 출제예상 어휘를 암기하세요!

## Self Check List

이번 테스트는 어땠나요?
다음 체크리스트로 자신의 테스트 진행 내용을 점검해 볼까요?

01 나는 15분 동안 완전히 테스트에 집중하였다.
□YES □NO

02 나는 주어진 15분 동안 10문제를 모두 풀었다.
□YES □NO

03 유난히 어렵게 느껴지는 지문이 있었다.
□YES □NO

04 유난히 어렵게 느껴지는 문제가 있었다.
□YES □NO

05 모르는 어휘가 있었다.
□YES □NO

06 개선해야 할 점과 이를 위한 구체적인 학습 계획

______________________________

______________________________

☐1회독 ☐2회독 ☐3회독

# DAY 12 하프모의고사 12회

정답·해석·해설 _해설집 p.68

제한시간 : 15분 시작 시 분 ~ 종료 시 분 점수 확인 개/ 10개

## 01 밑줄 친 부분의 의미와 가장 가까운 것은?

His <u>incisive</u> commentary on the issue has made him one of the most memorable presidential candidates to date.

① voluntary ② eloquent
③ sharp ④ concise

## 02 밑줄 친 부분에 들어갈 말로 가장 적절한 것은?

The charismatic social activist stated that people must learn to ________ any differences in age, race, gender and economic status. He believed that only then could we bring about a new era free of discriminatory divides.

① pacify ② embrace
③ ingest ④ entail

## 03 우리말을 영어로 가장 잘 옮긴 것은?

① 그들이 경영했던 영화사는 더 이상 그들의 필요에 충분하지 않았다.
→ The movie studio which they had worked was no longer sufficient for their needs.

② 이 회사의 직원만 아니라면 누구든 이 상을 받을 자격이 있다.
→ Anyone is eligible to win the award provided he or she is not an employee of the company.

③ 모든 창문과 문은 누군가 들어오는 것을 막기 위해 잠겨 있었다.
→ All the windows and doors locked to prevent anyone from entering.

④ 그 집의 보증금은 막 대학을 졸업한 직장인들이 지불할 여유가 있을 수 있을 정도로 충분히 적당했다.
→ The housing deposit was enough reasonable that workers right out of college could afford it.

## 04 밑줄 친 부분 중 어법상 옳지 않은 것은?

Floods ① <u>throughout</u> the southern parts of the region have caused catastrophic damage and a loss of hundreds of lives. However, the total death toll remains ② <u>unknown</u> as there are a number of ③ <u>person</u> still missing. The government deployed more rescue workers to the area today to try and help ④ <u>the stranded</u>.

## 05 밑줄 친 부분에 들어갈 말로 가장 적절한 것은?

A: Can you take care of our houseplants while we're away?
B: Sure, I'd be happy to. What type of care do they need?
A: Just come over once a week and water them.
B: How many plants do you have?
A: We have six, and they're all by the front door. Don't forget, OK?
B: ____________________. I'll be there every week to water them.

① I wouldn't think twice
② I haven't heard a word about it
③ You don't have a clue
④ You have my word

## 06 주어진 문장이 들어갈 위치로 가장 적절한 곳은?

> And this flexibility has proven to be incredibly popular with workers in the job markets in many places.

The rise of the gig economy, a system in which workers are hired for freelance work or short-term contracts, has transformed the nature of employment. Gig work offers workers a greater degree of freedom. ( ① ) Under this system, they are able to diversify their income streams, taking on side jobs for extra money as desired, and can work around their personal schedules, taking as many or as few jobs as they choose. ( ② ) Studies show that nearly two-thirds of the working-age population in Europe and the U.S. takes part in gig work. ( ③ ) However, critics allege that the benefits of working in the gig economy may be outweighed by the dangers it poses for gig workers, especially those on the lower end of the socioeconomic spectrum who do not enjoy the statutory protections, job security, or benefits packages of traditional employees. ( ④ ) If the gig economy is going to continue to expand, finding solutions to these problems and protecting workers will have to become a chief concern for policymakers.

## 07 밑줄 친 (A), (B)에 들어갈 말로 가장 적절한 것은?

Advancements in medicine have come a long way over the years, and childhood illnesses like the mumps and measles have been all but eradicated in developed nations. ___(A)___, these diseases are resurfacing in wealthier societies thanks to a small but vocal group of parents who oppose vaccinating their children. The ramifications of not being vaccinated can lead to serious lifelong debilities and even death. But for hardliners, such dire warnings are shrugged off as exaggerated medical claims and government propaganda. ___(B)___, they invoke often-discredited arguments that the shots weaken the immune system and are related in some way to cognitive delays. They question the medical community about the effectiveness of vaccination in comparison to homeopathic remedies that bolster the body's own natural defenses.

※ homeopathic remedy: 유사 요법

| | (A) | (B) |
|---|---|---|
| ① | Thus | Nevertheless |
| ② | For example | As a result |
| ③ | However | Instead |
| ④ | Therefore | Moreover |

## 08 밑줄 친 부분에 들어갈 말로 가장 적절한 것은?

Literary scholar Harold Bloom published *The Anxiety of Influence: A Theory of Poetry* in 1973 in order to take a more critical look at the relationship between poets and creative originality. In it, he argued that many poets throughout history have been negatively impacted by the overt influences of their predecessors. Learning and drawing inspiration from the masters aside, Bloom feels that looking back at past poets has only resulted in derivative and weak art that will undoubtedly fail to stand the test of time. From his point of view, this occurs because poets too often merely reinterpret previous creations, losing any trace of uniqueness in their pieces. Therefore, he claims that the legacy of writers will depend on how much stylistic distance is maintained between themselves and former artists. If they can actively throw away the trappings of former artists and ______________________, they may be able to achieve a body of work that lasts through the ages.

① defer wholly to their forerunners
② forge their own distinctive voice
③ emulate their work in an exact way
④ merge various styles together

## 09 다음 글의 내용과 일치하는 것은?

The history of hammams, or Turkish public baths, has its origins in ancient Greece and Rome, where communal bathing was used both for hygiene and as a means of relaxation and socialization. Later, during the Islamic Era, which started in the 7th century, hammams became more popular, as the religion encouraged regular bathing and purification rituals. Under the Ottoman Empire, hammams became more elaborate, often featuring multiple rooms for bathing, relaxation, and massage. Today, with modern plumbing, the necessity of the public baths has waned. However, for many in Türkiye and the Middle East, the hammam remains an essential part of life.

① The ancient Greeks and Romans adopted the Turkish practice of public bathing.
② Religious laws forbade people from using hammams during the Islamic Era.
③ The structure of the hammam grew larger under the Ottoman Empire.
④ Modern plumbing has caused people in Türkiye and the Middle East to abandon hammams.

**10** 다음 글의 요지로 가장 적절한 것은?

The increasing cultivation of genetically modified organisms (GMOs) for food, medicine, and fuel has many people concerned about what could happen if any of them were to enter the natural environment. For example, if cross-pollination were to occur between an ordinary weed and a plant that has been modified to resist pesticides, an invasive weed could be created. In line with these concerns, researchers have created a so-called safe GMO. They manipulated the DNA of a certain type of bacteria so that it cannot grow without a specific, synthetic substance. The benefit of this novel technique is that even if a GMO were to escape into the wild, it would eventually die without the artificial growth substance.

① Unintentional introductions of GMOs into nature could result in uncontrollable weeds.

② A new approach in genetics may lessen any environmental harm from escaped GMOs.

③ Genetically modified organisms are being used more and more for various purposes.

④ People are worried that genetically modified organisms may escape into the wild.

정답·해석·해설 p. 68



## Self Check List

**이번 테스트는 어땠나요?**
**다음 체크리스트로 자신의 테스트 진행 내용을 점검해 볼까요?**

01 나는 15분 동안 완전히 테스트에 집중하였다.
□YES □NO

02 나는 주어진 15분 동안 10문제를 모두 풀었다.
□YES □NO

03 유난히 어렵게 느껴지는 지문이 있었다.
□YES □NO

04 유난히 어렵게 느껴지는 문제가 있었다.
□YES □NO

05 모르는 어휘가 있었다.
□YES □NO

06 개선해야 할 점과 이를 위한 구체적인 학습 계획

______________________

______________________

정답·해석·해설 _해설집 p.74

# DAY 13 하프모의고사 13회

제한시간 : 15분 시작 시 분 ~ 종료 시 분 점수 확인 개/ 10개

## 01 밑줄 친 부분에 들어갈 말로 가장 적절한 것은?

After recovering from a bout of food poisoning, he tried to ____________ spicy and fatty dishes because his stomach was still sensitive.

① shy away from ② clamp down on
③ run over to ④ break up with

## 02 밑줄 친 부분의 의미와 가장 가까운 것은?

Rowing being a sport that requires great power and endurance, the rowers are subjected to punishing workouts meant to make them <u>invincible</u> at the Olympics.

① imperceptible ② frail
③ unbeatable ④ skeptical

## 03 밑줄 친 부분에 들어갈 말로 가장 적절한 것은?

A: Here is your boarding pass, Mr. Ling. Your flight leaves at Gate 72.
B: Thank you. I'd also like to check this bag, please.
A: Sure. ______________________________?
B: A couple of things, but I packed them securely. Will they be OK?
A: They should be fine. However, please be aware that we're not responsible for broken items.

① Is there anything fragile in it
② How many carry-on bags do you have
③ May I see your passport
④ What is your seat number

## 04 밑줄 친 부분 중 어법상 옳지 않은 것은?

Large vehicles as well as anything ① <u>that exceeds</u> 12 feet in height ② <u>is</u> not permitted under the bridge. If you are unsure about ③ <u>whether</u> your vehicle fits the maximum height allowance, you ④ <u>should consult</u> the manufacturer for the exact dimensions.

## 05 어법상 옳지 않은 것은?

① We have to discover the source of the error before it causes even more problems.
② My upcoming presentation was the only thing I was able to think about.
③ I consider homework as to be an important part of education.
④ The man was such a good example of a well-rounded athlete.

## 06 밑줄 친 부분에 들어갈 말로 가장 적절한 것은?

News these days reaches millions in a matter of minutes thanks to technology, which has long since changed the field of journalism into a breakneck race. In fact, it's this atmosphere that prompted one reporter to nearly cause the bankruptcy of a major US airline. The journalist came across information stating that the company was in the red. Wanting to be the first one to break the story, he hastily relayed what he knew to a major finance news outlet, who subsequently reported it nationally. The airline's stock immediately plummeted by 75 percent and 15 million shares were dumped by traders. Had the reporter not been so __________, he would have figured out that his "news" occurred 6 years before he wrote the story; the airliner was actually doing fine.

① vile
② astute
③ overt
④ rash

## 07 다음 글의 내용과 일치하지 않는 것은?

Off the shores of Newfoundland is an area that scientists call "Iceberg Alley" because of the numerous icebergs that can be found there. These massive towers of ice threaten sea vessels that travel through the area. Though the use of radar systems, satellite photos, and assistance from aircraft has made the waters safer for ships, icebergs are still a hazard because they sometimes flip over and cause tsunami-like waves. In addition, smaller icebergs known as "growlers" are particularly difficult to locate even with high-tech instruments as they are only a meter high, but are capable of sinking large ships.

① Iceberg Alley is known for the large number of icebergs floating in the waters.
② Both large and small icebergs are dangerous to those living near the Newfoundland coast.
③ The reason that large icebergs are a threat is that they create very large waves.
④ "Growlers" can be dangerous because machines cannot detect them as easily.

## 08 밑줄 친 부분에 들어갈 말로 가장 적절한 것은?

Many are upset about how important standardized testing has become in schools across the US. Besides potentially narrowing down education so that it only teaches towards tests, the exams ______________________. This has been verified over and over by data collected since the 1960s. For instance, one of the ways standardized testing does this is by making the questions based off of only certain textbooks. These workbooks are updated each year, and children who learn from them excel on the examinations. Kids who are well-off attend private schools that have the funds to afford these newer books every year. Those whose families are struggling financially, though, have no choice but to go to institutions using unsuitable material that in no way prepares them for the tests.

① damage a child's interest in a particular subject

② penalize students from low-income backgrounds

③ hinder creative development for gifted children

④ widen the wage gap between the poor and wealthy

## 09 다음 글의 내용과 일치하는 것은?

The latest increase in a sin tax on tobacco has given rise to conflicting claims between government and the health industry. The government's health department has consistently claimed that the increase will produce a win-win situation for the entire country. They say earlier increases have curbed the use of tobacco products by as much as eight percent and helped deal with tobacco-related medical issues, providing monetary support to campaigns against smoking. However, analysts in the health industry say that these goals have not been actually achieved. They claim that there is no hard evidence pointing to a decrease in the incidence of diseases related to using tobacco products. Additionally, a recent investigation revealed that those who cannot afford medical treatments are excluded from the government funded programs that are aimed at benefitting smokers.

① Officials maintain that tobacco sin taxes have reduced smoking rates.

② Increasing sin taxes has curbed the production of tobacco products.

③ Health experts claim that everyone benefits from sin taxes.

④ The percentage of diseases ascribable to smoking has dropped.

**10** 주어진 글 다음에 이어질 글의 순서로 가장 적절한 것은?

Conflict in a relationship doesn't always have to be a bad thing. It can even lead to mutual understanding and a stronger bond, but only if handled in the proper way.

(A) When a disagreement arises, defer your initial reactions in favor of relaxation and self-reflection. This may involve breathing exercises or writing in a journal. If you express your immediate anger, tensions might increase beyond control.
(B) Now that both parties have talked about what is bothering them, discuss some options for a fair and reasonable solution. Remember that you and your partner should be willing to yield a little in order to resolve the issue successfully.
(C) After you've calmed down, listen to the other person express how they feel. It's crucial not to interrupt while they accomplish this. Once they're done, communicate why you are upset and confused without assigning blame.

① (A) – (C) – (B) ② (B) – (A) – (C)
③ (C) – (A) – (B) ④ (C) – (B) – (A)

정답 · 해석 · 해설 p. 74

하프모의고사 13회
출제예상 핵심 어휘리스트
바로 다운받기 (gosi.Hackers.com)

QR코드를 이용해 핵심 어휘리스트를 다운받아, 언제 어디서든 공무원 출제예상 어휘를 암기하세요!

## Self Check List

이번 테스트는 어땠나요?
다음 체크리스트로 자신의 테스트 진행 내용을 점검해 볼까요?

01 나는 15분 동안 완전히 테스트에 집중하였다.
□YES □NO

02 나는 주어진 15분 동안 10문제를 모두 풀었다.
□YES □NO

03 유난히 어렵게 느껴지는 지문이 있었다.
□YES □NO

04 유난히 어렵게 느껴지는 문제가 있었다.
□YES □NO

05 모르는 어휘가 있었다.
□YES □NO

06 개선해야 할 점과 이를 위한 구체적인 학습 계획

________________________

________________________

# DAY 14 하프모의고사 14회

정답·해석·해설 _해설집 p.80

제한시간 : 15분 시작 시 분 ~ 종료 시 분 점수 확인 개/ 10개

## 01 밑줄 친 부분의 의미와 가장 가까운 것은?

The new supervisor is well-respected for his leadership and benevolent treatment of all employees.

① rational ② generous
③ familiar ④ impartial

## 02 밑줄 친 부분의 의미와 가장 가까운 것은?

The commendable initiative of the community in the beach cleanup drive was widely recognized.

① tactful ② inconsiderate
③ praiseworthy ④ legitimate

## 03 밑줄 친 부분에 들어갈 말로 가장 적절한 것은?

A: I've been thinking about applying elsewhere. There aren't many opportunities for growth here, and I need to advance my career.
B: Don't forget that the next round of promotions is just around the corner.
A: I doubt that I would be considered. I never get any feedback on my performance.
B: ____________________.
A: Thanks, but how would you know? We haven't worked together.
B: The boss mentioned that your last project was outstanding.

① Go back to the drawing board
② You have a strong position in the company
③ Everything is in full swing
④ You need to go the extra mile

## 04 어법상 옳지 않은 것은?

① By the end of the lecture, the audience had a much clearer idea of the speaker's ideology.
② We expected the young child to run away from our large dog, but instead she approached fearlessly.
③ The building was so worn down that it appeared as if it had been abandoned.
④ It has been speculated what the territory will seek independence from the nation.

## 05 밑줄 친 부분 중 어법상 옳지 않은 것은?

The young basketball player, ① who has incredible talent was ② largely overlooked by both scouts and coaches for more than three years because of his small stature, has finally been picked up from the amateur league and ③ was signed to a professional team under ④ a four-year contract.

## 06 밑줄 친 부분에 들어갈 말로 가장 적절한 것은?

People who hold fast to their beliefs or refuse to stray from a course of action may inspire admiration, but if they focus only on evidence that supports their stance while ignoring anything that contradicts it, then they are engaging in cherry picking. Although individuals sometimes use this logical fallacy without being aware of it, it is frequently utilized in a deliberate way in media, politics and research. For instance, a journalist who does not agree with the phenomenon of global warming may learn from research that there is a nearly universal agreement among scientists on warming and that just one percent disagree. In his article, he writes, "A recent study found that plenty of scientists disagree with global warming." He has violated the principle of total evidence and misled the public by ____________________.

① looking over unrelated research material
② taking all available information into account
③ coming to an independent conclusion
④ presenting only a part of the data

## 07 주어진 문장이 들어갈 위치로 가장 적절한 곳은?

But it being a variation of a recurring virus means that it is capable of cropping up again.

You start to feel a bit queasy and develop a fever. Once the spots appear and you begin itching, the diagnosis is clear: chickenpox. Most people contract this highly contagious illness only once when they are young children. ( ① ) Therefore, it's entirely possible for you to catch chickenpox a second time around as an adult. ( ② ) If you do, the risk of developing complications becomes greater the older you are. ( ③ ) Pneumonia and encephalitis have been known to occur, as well as inflammation of the kidneys and pancreas. ( ④ ) While it is rare to develop these more serious conditions, those who come down with the disease again should be mindful of the potential issues.

※ encephalitis: 뇌염

**08** 밑줄 친 부분에 들어갈 말로 가장 적절한 것은?

Why is it that something so critical to our very survival, like water, costs so little in comparison to things we don't necessarily need, like diamonds? This is the classic diamond-water paradox, or the paradox of value. Two factors underlie this puzzle. One is scarcity, which is how accessible a product is, and the other is marginal utility, or the feeling of satisfaction that one receives from having more units of that product. People generally have a low marginal utility for water because it's relatively abundant, whereas they feel like they gain more from owning diamonds, since they're rare. In other words, scarce products with high marginal utility tend to be more highly valued. However, ____________________. If one were dying of thirst, a second drink of water would be much more valuable to that person than another diamond.

① it takes only one factor to change everything
② marginal utility is more important than scarcity
③ this paradox only applies to water and diamonds
④ the reverse rarely happens in the real world

**09** 주어진 글 다음에 이어질 글의 순서로 가장 적절한 것은?

Before applying to a graduate school, it is vital that you gather information and do extensive research in order to plan your advanced academic journey. Two of the most important aspects to research are reputation and statistics of each university.

(A) There are numerous resources to help potential graduate students decide which school is right for them. Search online and find rankings of the countless master's programs in the world.
(B) Each profile contains quotes from hiring managers and interviews with former students of the program, both of whom will give honest opinions of the value of the program. This can help ensure that you find a school providing an education that is respected in the market.
(C) The rankings are based on multiple factors, including cost, financial aid, facilities, and reputation. They often include detailed profiles on each school, with information on the student body, professors, admissions statistics, and local surroundings.

① (A) – (B) – (C)
② (A) – (C) – (B)
③ (B) – (A) – (C)
④ (B) – (C) – (A)

## 10 다음 글의 제목으로 가장 적절한 것은?

Consider the following situation. An ancient explorer once sailed around the world on a great ship. Over time, the wooden vessel began to decay, so the broken pieces were changed out one by one. Eventually, every last part of the ship was substituted for another. Can it still be claimed as the same ship? If not, when did it cease to be so? These questions are baffling because every seven years or so, we undergo a similar process. We are composed of cells that are constantly being expended and regenerated; and with each unique and novel experience we have, our persona is being modified little by little. Bearing this in mind, are we still the same entity that we were seven years ago? What in particular defines us as us?

① The Reasons We Change
② Philosophy Versus Biology
③ Mankind's Greatest Mystery
④ The Dilemma of Identity

정답 · 해석 · 해설 p. 80

하프모의고사 14회
출제예상 핵심 어휘리스트
바로 다운받기 (gosi.Hackers.com)

QR코드를 이용해 핵심 어휘리스트를 다운받아, 언제 어디서든 공무원 출제예상 어휘를 암기하세요!

## Self Check List

**이번 테스트는 어땠나요?**
**다음 체크리스트로 자신의 테스트 진행 내용을 점검해 볼까요?**

01 나는 15분 동안 완전히 테스트에 집중하였다.
□ YES □ NO

02 나는 주어진 15분 동안 10문제를 모두 풀었다.
□ YES □ NO

03 유난히 어렵게 느껴지는 지문이 있었다.
□ YES □ NO

04 유난히 어렵게 느껴지는 문제가 있었다.
□ YES □ NO

05 모르는 어휘가 있었다.
□ YES □ NO

06 개선해야 할 점과 이를 위한 구체적인 학습 계획

______________________________

______________________________

# DAY 15 하프모의고사 15회

정답·해석·해설 _해설집 p.86

제한시간 : 15분 시작 시 분 ~ 종료 시 분 점수 확인 개/ 10개

## 01 밑줄 친 부분에 들어갈 말로 가장 적절한 것은?

When asked a series of probing questions by the prosecutor, the defendant was unable to offer any additional details that might have ________ his accused actions. Consequently, this lack of explanatory information significantly weakened his defense in the eyes of the court.

① disclosed ② satisfied
③ mitigated ④ contradicted

## 02 밑줄 친 부분의 의미와 가장 가까운 것은?

Nowadays, there are a lot of villains who <u>take in</u> the elderly and cheat them of their savings and valuables.

① scrutinize ② delude
③ dismantle ④ curtail

## 03 우리말을 영어로 잘못 옮긴 것은?

① 독소를 만들어내는 동물들은 포식자를 피하는 데 어려움을 덜 겪는다.
→ Animals that produce toxins have less trouble to avoid predators.

② 당신의 여권이 월말까지 갱신되어야 한다는 점이 매우 중요합니다.
→ It is crucial that your passport be renewed by the end of the month.

③ 학생들은 그 여행에서 매우 즐거운 시간을 보내서 몇 주 동안 그 것에 대해 이야기했다.
→ The students had such a great time on the trip that they talked about it for weeks.

④ 사과할 때는, 네가 어떻게 사과하는지가 네가 무엇을 말하는지만큼 중요하다.
→ When apologizing, how you do it is as important as what you say.

## 04 어법상 옳은 것은?

① Paid vacation days are one of the perks of my current job.

② I think there are only a few, if any, slice of pizza left for you.

③ A series of digits is displayed on each South Korean citizen's ID card.

④ She walked briskly to reach at the top of the mountain before noon.

## 05 밑줄 친 부분에 들어갈 말로 가장 적절한 것은?

A: How's Jake? I haven't seen him lately.
B: Didn't you hear? He was in a car accident. He had a lot of bruises and a few broken bones.
A: That's terrible! Is he OK?
B: He's getting better. He was in bad shape for a while, but now he's ________________.
A: That's good to hear. Is he in the hospital?
B: No. He's resting at home.

① in a rut
② ill at ease
③ on the mend
④ good for nothing

## 06 다음 글의 내용과 일치하는 것은?

The original purpose of Stonehenge has puzzled archaeologists for decades. While a complete answer has yet to be found, an incredible discovery may shed some light on the mystery. Investigators used ground-penetrating radar to look three meters below the surface in the area surrounding the structure. Everything detected was then represented using 3-D underground mapping technology. This revealed a previously undetected underground complex that includes almost 100 massive stones arranged in a line, as well as burial mounds, shrines, and buildings. Most remarkably, they suspect that it predates Stonehenge by about 500 years. If this is true, it means that Stonehenge was a later addition to a grander landscape rather than an isolated monument as has been thought. Furthermore, experts believe that the deliberate burial of the structures represents a major social or religious shift.

① An answer to the reason Stonehenge was erected is finally complete.

② Researchers penetrated the ground three meters to look for a structure.

③ Stonehenge was added to now-buried stones about 500 years ago.

④ The construction of Stonehenge may have succeeded a change in beliefs.

## 07 다음 글의 주제로 가장 적절한 것은?

Globalization is an ongoing process. The term was coined in the 1970s, making it seem like a relatively new concept, but it began much earlier—people, money, material goods, and ideas crossed borders even in ancient times. The Silk Road—the ancient network of trade routes that encompassed China, Central Asia, and the Mediterranean beginning in 50 B.C.E—was an early example of globalization. It expanded during the Age of Exploration, when the magnetic compass allowed seafarers to establish maritime trade routes. Globalization would then intensify with the Age of Revolution, as political systems became more stable and shared notions of economic freedom made open trade possible; the Industrial Age then powered it with the invention of railways, steamboats, cars, airplanes and factories. Nothing, however, has spurred globalization more than the digital revolution, which has made an interdependent global village a reality.

① The positive impact of globalization through the centuries

② Means of transportation used during the different stages of globalization

③ The groundbreaking beliefs of people that inspired global progress

④ The evolution of globalization from the ancient times to the present

**08** 다음 글의 제목으로 가장 적절한 것은?

In Chernobyl, the abandoned site of one of the worst nuclear disasters in history, wildlife has been thriving. The region has been devoid of humans since more than 100,000 people were evacuated from the 4,100 square kilometers of land after the accident. The empty town, inhospitable and polluted as it is, has turned into an unexpected haven for wild creatures. Large herbivores and predators abound, including species that had not been seen in the area for more than a century. As surprising as it seems, this type of "accidental" reserve is not an isolated incident. The demilitarized zone between the two Koreas—a dangerous place for humans to stray due to it being littered with landmines—has provided a peaceful sanctuary for endangered species for more than half a century. It is home to the rare, red-crowned crane and some ecologists speculate that the precious Siberian tiger may even reside there.

① Nature Flourishing in Places Abandoned by Humans
② The Impact of Nuclear Energy on the Environment
③ Evacuation: Often the Safest Measure for Humanity
④ A Surprising Effort to Protect Endangered Wildlife

**09** 밑줄 친 부분에 들어갈 말로 가장 적절한 것은?

To achieve their intended goals, it is necessary for charitable organizations to collect funds from various sources. But is it ________ for them to accept gifts from those that do not share their values? For example, consider a non-profit environmental group that works to conserve forests. If a lumber company were to offer it a large sum of money, should it be accepted? Many people would say that accepting it would be immoral, as the benefactor contributes in large part to the degradation of the very resource the group is attempting to protect. Some non-profit leaders, however, would argue that the potential good that can be done with such gifts outweighs any harm in receiving them.

① biased ② courageous
③ stubborn ④ ethical

**10** 다음 글의 요지로 가장 적절한 것은?

Students bound for college are expected to be well acquainted with academic vocabulary, which can be loosely defined as the language that appears in lectures, textbooks, and examinations. There are two main categories of academic vocabulary: instructional and discipline-specific. Instructional vocabulary consists of general words, such as "evaluate" and "theory," and is common in the instruction of all subjects. Meanwhile, the vocabulary of a discipline is made up of specialized, technical terms like "chromosome" in biology and "metaphor" in literature. There is strong evidence that student performance is impeded by poor proficiency in academic language. Since it differs from the English that is used on a daily basis, it may be difficult to learn all at once. Thus, it should be taught more actively in secondary school. To accomplish this, teachers should ask students to "translate" complicated texts into simpler ones. They could also have students read diverse content from different disciplines to become more familiar with the terminology.

① There is a distinct difference between everyday English and academic language.

② Students ought to use academic language outside the classroom regularly.

③ Academic language must be taught since it is critical for upper-level education.

④ Students will not perform well unless they memorize specialized terms.

정답·해석·해설 p.86

하프모의고사 15회
출제예상 핵심 어휘리스트
바로 다운받기 (gosi.Hackers.com)

QR코드를 이용해 핵심 어휘리스트를 다운받아, 언제 어디서든 공무원 출제예상 어휘를 암기하세요!

## Self Check List

**이번 테스트는 어땠나요?**
**다음 체크리스트로 자신의 테스트 진행 내용을 점검해 볼까요?**

01 나는 15분 동안 완전히 테스트에 집중하였다.
□YES □NO

02 나는 주어진 15분 동안 10문제를 모두 풀었다.
□YES □NO

03 유난히 어렵게 느껴지는 지문이 있었다.
□YES □NO

04 유난히 어렵게 느껴지는 문제가 있었다.
□YES □NO

05 모르는 어휘가 있었다.
□YES □NO

06 개선해야 할 점과 이를 위한 구체적인 학습 계획

______________________________

______________________________

☐1회독 ☐2회독 ☐3회독

정답·해석·해설 _해설집 p.92

# DAY 16 하프모의고사 16회

제한시간 : 15분 시작 시 분 ~ 종료 시 분 점수 확인 개/ 10개

**01** 밑줄 친 부분의 의미와 가장 가까운 것은?

> All signs point to a remote part in the Amazon as the site of the initial infection, although medical experts have yet to <u>validate</u> the information.

① corroborate ② contemplate

③ complicate ④ consolidate

**02** 밑줄 친 부분에 들어갈 말로 가장 적절한 것은?

> Many elderly people live in poverty and are not properly provided for. As a society, we must seek a better way to ____________ our oldest citizens.

① look for ② look after

③ look back ④ look on

**03** 우리말을 영어로 잘못 옮긴 것은?

① 신입사원을 위한 훈련 프로그램의 시행이 지난주에 발표되었다.
→ The implementation of a training program for new employees was announced last week.

② 그 허리케인의 피해자들에게 제공된 많은 도움은 영국과 프랑스로부터 왔다.
→ A lot of the aid is offered to the hurricane victims came from England and France.

③ 그녀는 교통수단이 없어 집에서 꼼짝 못 하고 있었다.
→ She has been stuck at home with no means of transportation.

④ 당신의 제안을 수정하고 그것을 점심시간 전까지 저의 메일 수신함으로 다시 보내주세요.
→ Revise your proposal and send it back to my inbox before lunchtime.

**04** 어법상 옳은 것은?

① He used to wandering around the forest every night to observe animals.

② If the postman had notified me, I would have stayed home to sign for the package.

③ Employees are not allowed to storing key informations of the company on their home computers.

④ Unfortunately, her appeal for the decision on compensation has dismissed.

**05** 밑줄 친 부분에 들어갈 말로 가장 적절한 것은?

> A: I heard you need some help with your project.
> B: I do, but aren't you ____________________?
> A: Do you think so?
> B: You're already doing three other assignments.
> A: Actually, four. I took up another one today.
> B: That's more than enough work. Don't overdo it.

① falling behind the times

② spreading yourself too thin

③ rocking the boat

④ feeling under the weather

## 06 밑줄 친 부분에 들어갈 말로 가장 적절한 것은?

Hand dryers have been heralded as a more sanitary alternative to traditional paper towels. But according to new research the opposite may be true. Rubbing wet hands with a paper towel removes more germs than a hand dryer. The hot-air dryer actually blows bacteria back onto the body. As a result, it is quite possible that ______________________________. Moreover, the heat generated from the outlet nozzle is the perfect temperature to encourage microbial growth. Some studies even suggest that a hand blower can increase the number of disease-carrying organisms in a restroom by an astonishing 255 percent.

① electric blowers use more energy than paper towels

② paper towels do a much better job drying your hands faster

③ hand dryers can make your hands dirtier, not cleaner

④ more bacteria are killed by a hand dryer

## 07 다음 글의 내용과 일치하지 않는 것은?

Venezuela is home to a phenomenon called Catatumbo lightning. Occurring only in a small area at the mouth of the Catatumbo River where it empties into Lake Maracaibo, more than a thousand bolts of lightning strike every hour for up to ten hours on approximately 260 nights out of the year. Scientists believe the reason it occurs so often has to do with a combination of geography and wind patterns in the area. The Andes Mountain Range, which surrounds Lake Maracaibo on three sides, traps warm air blowing in from the Caribbean. As warm air rises, however, the cold air cascading off the mountains crashes into it. These unstable conditions are perfect for the formation of the thunderclouds that unleash an electrical storm. Essentially, the irregularities of the terrain ensure the fairly consistent wind patterns that result in Catatumbo's near-perpetual storm.

① Catatumbo lightning occurs in the same area each time.

② Catatumbo lightning can occur for several hours at a time.

③ The Andes Mountain Range cuts Lake Maracaibo off from the river.

④ Cold mountain air collides with warm wind from the sea.

## 08 밑줄 친 부분에 들어갈 말로 가장 적절한 것은?

Richard and his brother Bill both graduated from a good college. Richard began working right away for low wages at a store, but Bill refused to take a job that didn't pay well. "I've got a great education and I deserve a good job," he thought. Meanwhile, Richard worked full time at the store and waited for better opportunities. A year later, the owner called Richard into his office. He told Richard he was impressed with his hard work and made him a manager. Soon, Richard was hired by a large clothing company to oversee its regional stores. Bill saw how his brother's ________ paid off and realized it was arrogant to want success without working for it.

① ignorance ② diligence
③ curiosity ④ hesitation

## 09 다음 글의 흐름상 어색한 문장은?

The impact of flooding along rivers and streams may be a boon for species diversity. ① Scientists have made this observation by studying various flora and fauna in what are called riparian zones. ② These areas run alongside rivers and streams and are often flooded when water levels rise after a heavy rainfall. ③ The increase in groundwater caused by the seasonal floods provides richer soil for plants and increased levels of nitrogen, which is beneficial to fish populations. ④ Vegetation buffers should not be planted in these zones because they could severely impact the diversity. As the current overflows the riverbank, nutrients released into the environment give rise to a flourishing ecosystem.

## 10 다음 글의 주제로 가장 적절한 것은?

Germany has made sincere attempts to apologize for crimes against humanity committed by the Nazi regime during World War II. In 1970, the then chancellor of West Germany, Willy Brandt, fell to his knees in repentance at a commemoration for Jewish victims of the Holocaust in Poland. Since that time, the German government has paid billions in compensation to Jewish and Israeli Holocaust survivors. In addition, the German Medical Association put forth a direct apology for the cruel acts of doctors during the war and asked for forgiveness. It even stated that rather than being forced to support the Nazi agenda, as has commonly been believed, many physicians willingly took part in the sterilizations and mass killings. Clearly, Germany's citizenry and its elected officials have held the view that in order for true reconciliation to occur, it was important to come to terms with the nation's horrendous wartime acts. These diplomatic overtures do not erase the past, but they have allowed the country to formally atone to other European nations who were victims of its atrocities.

※ sterilization: 불임 수술

① the forgotten chronicles of war revisited
② making amends for historical misconduct
③ the unbreakable connection between guilt and memory
④ punishing individuals for their wartime crimes

정답 · 해석 · 해설 p. 92



## Self Check List

이번 테스트는 어땠나요?
다음 체크리스트로 자신의 테스트 진행 내용을 점검해 볼까요?

01 나는 15분 동안 완전히 테스트에 집중하였다.
□ YES □ NO

02 나는 주어진 15분 동안 10문제를 모두 풀었다.
□ YES □ NO

03 유난히 어렵게 느껴지는 지문이 있었다.
□ YES □ NO

04 유난히 어렵게 느껴지는 문제가 있었다.
□ YES □ NO

05 모르는 어휘가 있었다.
□ YES □ NO

06 개선해야 할 점과 이를 위한 구체적인 학습 계획

# DAY 17 하프모의고사 17회

정답·해석·해설 _해설집 p.98

제한시간 : 15분 시작 시 분 ~ 종료 시 분 점수 확인 개/ 10개

## 01 밑줄 친 부분의 의미와 가장 가까운 것은?

Immediately before her presentation, she thought of giving up, but her colleagues comforted her by saying that it is normal to <u>get cold feet</u>.

① lost courage ② felt excitement
③ was not prepared ④ became impatient

## 02 밑줄 친 부분에 들어갈 말로 가장 적절한 것은?

A: Hello. Is this East Asian Airlines?
B: Yes, it is. How may I help you today?
A: I need to reserve a ticket for a flight to Beijing next month.
B: ______________________________?
A: Either is fine with me, as long as it's not a middle seat.
B: No problem. We have a lot of availability throughout the whole month.

① Would you like to upgrade your seat
② Will you be using your frequent flyer miles
③ Would you prefer a window or an aisle seat
④ Will you need a special in-flight meal

## 03 밑줄 친 부분 중 어법상 옳지 않은 것은?

The manager of the accounting department ① <u>was determined</u> to give the upcoming promotion to ② <u>whichever</u> he thought was the right person for the job, ③ <u>regardless of</u> how long he or she ④ <u>had been</u> with the company or his or her academic background.

## 04 우리말을 영어로 잘못 옮긴 것은?

① 기분은 호르몬, 화학 물질, 그리고 스트레스와 같은 많은 무의식적인 요소들에 의해 영향을 받는다.
→ Moods are influenced by many unconscious factors, such as hormones, chemicals, and stress.

② 나는 절차를 간단히 요약하는 것보다 설명하는 것을 선호한다.
→ I prefer being explained the procedure rather than summarizing it briefly.

③ 그는 누군가 그에게 메시지를 보냈는지 확인하기 위해 5분마다 한 번씩 전화기를 확인하지 않을 수 없었다.
→ He couldn't resist checking his phone every five minutes to see if anyone had sent him a message.

④ 그 학교는 명성을 높여 왔기 때문에, 그곳에 합격하는 것은 더 어려워졌다.
→ Since the school has been improving its reputation, getting accepted to it is more difficult.

## 05 밑줄 친 부분에 들어갈 말로 가장 적절한 것은?

The young journalist was initially hesitant to accept the task of interviewing the notoriously demanding CEO, but now it's a great ______________. He was consequently given several other important assignments.

① promotion ② accomplishment
③ misunderstanding ④ concern

## 06 다음 글에 나타난 화자의 심경으로 가장 적절한 것은?

Back then I was living above a nail salon in a crowded one bedroom with Samantha and her fox terrier. We were still living like undergraduates, eating take-out and borrowing money from our parents. I delivered pizzas. Samantha spent most of her time sitting on the floor threading necklaces out of plastic beads. The beads! The beads multiplied in our living room like crazy. They filled our wine glasses and bowls. We had a good thing going in those days, but the feeling got buried somewhere beneath all the clutter: the dirty laundry and recycling, the drawers filled with takeout menus, and the beads, beads, beads. It's odd that I look back on those little objects with such fondness when they drove me mad at the time.

① anxious ② enthusiastic
③ gloomy ④ nostalgic

## 07 다음 글의 내용과 일치하지 않는 것은?

Dioxins are some of the most toxic chemicals in the world. They enter the environment when they are unintentionally produced through the burning of waste and agricultural byproducts. Because dioxins accumulate in fat cells, they are primarily found in animals and humans. People ingest them mostly when they consume meat and dairy products. Some dioxins have toxicity rates that are second only to nuclear waste. The most harmful property of these chemicals is that they are carcinogenic, meaning that they are known to cause cancer in humans. Exposure to dioxins has also been linked to birth defects, breathing difficulties, skin lesions, and mental disabilities.

① Fat cells store dioxins in the bodies of humans and other animals.

② Dioxins are absorbed into body when people consume animal products.

③ Dioxins have toxicity rates higher than those of nuclear waste.

④ Encountering dioxins can cause cancer, birth defects, and skin problems.

## 08 주어진 글 다음에 이어질 글의 순서로 가장 적절한 것은?

Many people want to quit their jobs to look for new career opportunities. However, they aren't sure how to do it or even where to begin.

(A) Once you've settled on an occupation and you've made the necessary preparations, look for opportunities in the job market. When the right position comes along, you'll be ready to leave your old job behind.

(B) After you decide on an objective, take steps to prepare yourself for your new career. For example, if you need to learn a particular skill for the job you want, you can enroll in online classes or buy some books that you can study.

(C) One of the first things you should do is determine what your ultimate career goal is. It's important to think about why you want to change jobs and what you really want to do.

① (B) – (A) – (C)
② (B) – (C) – (A)
③ (C) – (A) – (B)
④ (C) – (B) – (A)

## 09 밑줄 친 부분에 들어갈 말로 가장 적절한 것은?

The market for lemons is an economic theory concerning commodity quality. It states that the marketplace will inevitably be flooded with lemons, or subpar goods, because ____________________. The concept is often demonstrated with the example of used cars. Imagine a secondhand car salesman. He takes advantage of the fact that buyers are not privy to the real condition of his merchandise, so he asks high prices for low-quality vehicles. Meanwhile, customers are aware they don't really know if the car is good or bad, so they only want to pay very little to avoid being cheated. The salesman then offers even worse cars at slightly lower costs in the hopes of making a profit, making patrons suspicious again. The disparity of what is known and not known between the two causes the cycle to continue until nothing but bad products are sold.

① the seller and buyer have differing information
② lower-standard merchandise is cheaper to make
③ customers are not familiar with quality goods
④ buyers and sellers both try to cheat each other

## 10 다음 글의 주제로 가장 적절한 것은?

Every time people post photos on the Internet from a smartphone or WiFi-enabled digital camera, they may be giving away more information than they realize. Most photo files include geotags, or GPS coordinates, that pinpoint where it was taken. While this feature might be convenient for organizing pictures in albums, it can unfortunately be used maliciously. For example, many celebrities who upload snapshots have inadvertently revealed their home addresses, making it easy for fans and stalkers to find them. And one study found that those who sell items online become a sitting duck for thieves who can figure out where the item is located. The best way to prevent such acts is to turn off location sharing when it is not absolutely necessary and to eliminate geotags from picture files with special removal software before putting them online.

① common applications of GPS data
② disadvantages of large social networks
③ hidden security threats of taking photos
④ concerns over inadvertent location sharing

정답 · 해석 · 해설 p. 98



## Self Check List

**이번 테스트는 어땠나요?**
**다음 체크리스트로 자신의 테스트 진행 내용을 점검해 볼까요?**

01 나는 15분 동안 완전히 테스트에 집중하였다.
□ YES □ NO

02 나는 주어진 15분 동안 10문제를 모두 풀었다.
□ YES □ NO

03 유난히 어렵게 느껴지는 지문이 있었다.
□ YES □ NO

04 유난히 어렵게 느껴지는 문제가 있었다.
□ YES □ NO

05 모르는 어휘가 있었다.
□ YES □ NO

06 개선해야 할 점과 이를 위한 구체적인 학습 계획

# DAY 18 하프모의고사 18회

정답·해석·해설 _해설집 p.104

제한시간 : 15분 시작 시 분 ~ 종료 시 분 점수 확인 개/ 10개

## 01 밑줄 친 부분에 들어갈 말로 가장 적절한 것은?

A: Hey, where have you been?
B: Getting my yearly physical. It really opened my eyes. I think it's time I ________________.
A: You've said that before.
B: I mean it this time. No more drinking or eating junk. I'm going to turn over a new leaf.
A: I'll believe it when I see it.

① took the cake
② stepped out of line
③ mended my ways
④ cut a fine figure

## 02 어법상 옳지 않은 것은?

① A sheet of music can be as expressive as a great poem.
② She felt so elated by the news that she had to sit down to contain her excitement.
③ He opened the computer to look at the motherboard, which he found the problem.
④ The initial results from the trial test show a lot of promise.

## 03 밑줄 친 부분에 들어갈 말로 가장 적절한 것은?

Although the actor is one of the fastest-rising stars in Hollywood, his colleagues describe him as being ___________.

① talkative ② forgetful
③ melancholic ④ humble

## 04 밑줄 친 부분 중 어법상 옳지 않은 것은?

The number of automobile accidents that occurred near Willow Elementary School ① was revealed yesterday morning at a local school board meeting. ② Though the addition of crosswalks and traffic signs this year, the number of accidents still remains high. Concerned parents and school officials plan ③ to have another meeting on Thursday to discuss further options to keep the area around the school ④ safe for children.

## 05 밑줄 친 부분의 의미와 가장 가까운 것은?

In anticipation of the royal family's visit, the chef put together an exquisite multi-course meal made with only the finest ingredients.

① zealous ② prosaic
③ impeccable ④ unsavory

## 06 밑줄 친 부분에 들어갈 말로 가장 적절한 것은?

Most people hear a woodpecker before they see one; the tapping sound against wood as the tiny bird pecks at trees to find a meal is unmistakable. Perhaps one of the most fascinating aspects about this unusual hunting method is that the birds can ______________________. By all accounts, it shouldn't be physically possible. The woodpecker hits a trunk roughly 1,200 times a minute, and the speed at which it does so can be as high as 7 meters per second. Yet the little flier can strike its head against a hard surface again and again—up to 12,000 times in a single day—without any repercussions. What should rightly be putting enormous stress and injury on the bird's neck, skeleton, and face in fact does no damage to it at all.

① continue to strike trees even after being wounded

② increase their pecking speed whenever they want

③ penetrate hard surfaces faster than all other animals

④ withstand repeated blows without hurting themselves

## 07 다음 글의 제목으로 가장 적절한 것은?

A new study has determined that on the whole, the earth's ice has been melting at an alarming rate. However, the masses of ice and ice sheets in Antarctica and the Arctic Ocean have increased substantially in the past few years, leading researchers to believe that these gains are atypical within the larger context of global warming. Although several theories have been proposed, none of them fully explain the exact causes of these discrepancies. What scientists know for sure is that climate systems are complex, and the overall warming trend brings with it adjustments in the weather patterns in some areas.

① Attempts to Restore Ice Masses in the Face of Climate Change

② A Mysterious Relationship Between Ice Sheets and Global Warming

③ Frightening Changes in Earth's Polar Ecosystems

④ Reasons Scientists Theorize that a New Ice Age is Coming Up

## 08 밑줄 친 (A), (B)에 들어갈 말로 가장 적절한 것은?

Most people know there are forbidden words and expressions in each language. Yet, as languages are constantly evolving to reflect the attitudes of the time, the list of words that fall into this category continues to change. ___(A)___, some formerly taboo swear words have become acceptable in everyday speech. Most people are not offended by their use in casual conversation and few are shocked to hear them in movies or even on TV. ___(B)___, take the word "fat." For much of its history, the word was an innocuous descriptor, a mundane adjective used to characterize somebody or something. In today's image-conscious society, however, the word has become taboo. Calling a person fat is no longer permitted in polite society and using it will likely garner looks of disapproval.

| (A) | (B) |
|---|---|
| ① In addition | Consequently |
| ② For example | Conversely |
| ③ As a result | Subsequently |
| ④ Nevertheless | Similarly |

## 09 다음 글의 흐름상 어색한 문장은?

A key component to making a computer run smoothly is the "kernel" used in the operating system (OS). It connects the codes of a computer's software with the processes carried out by the machine's hardware. For example, it manages how much processing power the hardware can use to run a program. ① The kernel is also responsible for deciding which programs have access to the computer's memory at a given time, since multiple connections can slow down performance. ② Finally, the kernel requests system calls that cause the processor to change modes, according to the demands of running programs. ③ The choice of an operating system is dependent upon what the user will mostly do on the computer. ④ In short, the better programmed the kernel is, the faster and more efficient the computer's operating system will be. Consequently, it is essential to purchase a computer with an advanced kernel.

## 10 다음 글의 제목으로 가장 적절한 것은?

Rainforests are subject to extreme warmth and moisture, and often receive hundreds of centimeters of rainfall every year. The combination of heat and humidity allows for millions of different organisms to flourish in this environment. In fact, rainforests are home to more than 50 percent of the world's plant and animal species. Despite this incredible amount of biodiversity, rainforests cover less than 5 percent of the earth's surface, which is why deforestation poses a serious threat. With around 26 hectares of rainforest being wiped out per minute, conservation activists fear that we will destroy the unique habitat of millions of different species.

① The Impact of Habitat Destruction on Plants
② Weather Changes in Rainforests Worldwide
③ The Possible Loss of Precious Ecosystems
④ The Future of Logging in Forests

정답·해석·해설 p. 104



## Self Check List

**이번 테스트는 어땠나요?**
**다음 체크리스트로 자신의 테스트 진행 내용을 점검해 볼까요?**

01 나는 15분 동안 완전히 테스트에 집중하였다.
□YES □NO

02 나는 주어진 15분 동안 10문제를 모두 풀었다.
□YES □NO

03 유난히 어렵게 느껴지는 지문이 있었다.
□YES □NO

04 유난히 어렵게 느껴지는 문제가 있었다.
□YES □NO

05 모르는 어휘가 있었다.
□YES □NO

06 개선해야 할 점과 이를 위한 구체적인 학습 계획

______________________

______________________

□1회독 □2회독 □3회독

# DAY 19 하프모의고사 19회

정답·해석·해설 _해설집 p.110

제한시간 : 15분 시작 시 분 ~ 종료 시 분 점수 확인 개/ 10개

**01** 밑줄 친 부분에 들어갈 말로 가장 적절한 것은?

> I was supposed to go for a camping trip with my friends, but my plans __________ because of a sudden snowstorm.

① broke away ② eased off
③ fell through ④ died down

**02** 밑줄 친 부분의 의미와 가장 가까운 것은?

> The <u>scrupulous</u> detective, known for his unwavering commitment to justice, always tried to do the right thing.

① compulsive ② frigid
③ upright ④ competent

**03** 밑줄 친 부분에 들어갈 말로 가장 적절한 것은?

> A: Hey, do you know of any good flower shops?
> B: Yes, there's one not far from here. Now, what was it called? ______________________.
> A: I'm sure it'll come to you soon. Can you tell me where it's located?
> B: Over on Park and Willow avenue in that new glass building. It starts with an L.
> A: Oh wait, are you talking about Lily's Floral?
> B: Bingo! That's it!

① It's on the tip of my tongue
② If memory serves me right
③ That's the way it goes
④ No one knows for sure

**04** 어법상 옳은 것은?

① She enjoyed virtually all musical genres no other than classical and country.
② Employees should practice evacuating the building twice a year so that they know what to do in case of fire.
③ If patrons wish to avoid incurring late fines, they must to return library materials by the due date.
④ The number of force necessary to move an object depends on its mass and weight.

**05** 우리말을 영어로 가장 잘 옮긴 것은?

① 그 웹사이트는 도시에 있는 자원봉사 단체를 찾는 것을 쉽게 해 준다.
→ The website makes it easy to find volunteer groups in the town.

② 대부분의 사막 동물들은 낮 동안에 잠을 자고 날씨가 시원해지는 밤에 사냥하기 위해 밖으로 나온다.
→ Most desert animals sleep for the day and come out at night to hunt when it is cooler.

③ 시장이 아닌 그의 대변인이 식장에 나타날 계획이다.
→ Not the mayor but his spokesperson is planning to appear the ceremony.

④ 아이들은 그들의 숙제를 하는 동안 거의 떠들지 않았다.
→ The children scarcely didn't make some noise while doing their homework.

## 06 밑줄 친 부분에 들어갈 말로 가장 적절한 것은?

Floating over 200 miles above the Earth, the International Space Station, or ISS, orbits our planet as it has done for over 20 years since its initial launch in 1998. The space station is the largest object in low Earth orbit, as well as the most expensive device ever produced. The project originally started with the Russian space station Mir-2, which was later joined by the American Freedom and the European Columbus to create the ISS in 1993. As established by the Space Station Intergovernmental Agreement, each country is responsible for committing to some part of the station. Contributions include Russia's three docking ports, Europe's laboratories, and Japan's robotic arms. Despite the tension that persists between some of these nations on Earth, it seems that while the researchers are in space, the desire for scientific gain overrides ________________. The ISS is the perfect habitat in which to forget clashes and focus on benefiting the whole of humanity. Truly, the ISS has been an opportunity to bring countries together.

① the intergovernmental agreement
② technological advancements
③ a lack of competitiveness
④ any political quarrels

## 07 밑줄 친 부분에 들어갈 말로 가장 적절한 것은?

Over the last few years, Belarusian students have shown more interest in learning how to speak their native language. Currently, no more than 10 percent of the general population claim to speak it on a daily basis, but this number may be increasing as younger people show an interest in studying it. Some commentators see this __________ among young people as being a counteracting force to the cultural influence of its largest neighbor, Russia. Nationalists claim that the increase of its usage among students is key to salvaging cultural traditions, building community, and preserving an autonomous identity. For this to occur, however, more universities must offer instruction solely in Belorussian, and more books need to be published in it.

① revival
② mistake
③ heritage
④ hearsay

**08** 주어진 글 다음에 이어질 글의 순서로 가장 적절한 것은?

No one aims to look bad in their passport, but inevitably, almost everyone has experienced taking a terrible picture. While you may not always have control of how your photo turns out, there are some things you can do to minimize the chances of being stuck with a regrettable snapshot.

(A) Avoid a situation like this by sticking to any other hue that flatters you. Just remember that solid colors, not patterns, and more formal wear, like a dress shirt, are your safest bet for a favorable look.

(B) Perhaps one of the most important things to consider is what you should wear. Nearly every nation's passport requires the photo be taken against a white or off-white background.

(C) This means that if you are wearing your favorite ivory-colored sweater, it will blend into the background and make your face more pronounced, or worse, make you appear pale or sickly.

① (B) – (A) – (C) ② (B) – (C) – (A)
③ (C) – (B) – (A) ④ (C) – (A) – (B)

**09** 다음 글의 내용과 일치하는 것은?

The food discarded by most of the developed world amounts to roughly one-third of the total generated for human consumption. This underlines the serious issue that the sustenance available in wealthier places is excessive, with most of it going to waste. And the fact that so much of it is thrown away is not the only problem that comes from a surplus supply. For instance, large amounts of fuel had to be burned in order to process, transport, and refrigerate the food products, effectively contributing to the already high levels of $CO_2$ in the air. In addition, harmful chemical pesticides and fertilizers—which can pollute the soil and water—are used unnecessarily for growing food that people end up throwing away. It begs the question, what is really gained from having a few extra varieties of cereal and chips on the already overstocked shelves of the supermarkets?

① Approximately a third of all food produced is consumed in developed nations.

② Even rich countries have difficulty providing nourishment to their citizens.

③ Excessive food production is worsening the problem of carbon dioxide emission.

④ Artificial chemicals must be used to produce food due to polluted farmlands.

**10** 다음 글의 제목으로 가장 적절한 것은?

A parliamentary democracy is a form of government consisting of a legislature, or parliament, which is in charge of introducing, debating, and passing laws. Members of this representative body belong to different political parties and are elected by popular vote to uphold the views of their constituencies. The leader of the majority party automatically assumes the function of the head of state. This procedure differs from other systems of executive leadership such as a monarchy or the presidential system, which derive their power and legitimacy from something outside the legislature. Historically, the system was first established by the Kingdom of Great Britain in the beginning of the 18th century. Since then, it has been widely emulated throughout the world.

① The Role of the Legislature in England
② Understanding Parliamentary Democracy
③ Pros and Cons of Parliamentary Rule
④ The Rise of Parliamentary Government

정답 · 해석 · 해설 p. 110

하프모의고사 19회
출제예상 핵심 어휘리스트
바로 다운받기 (gosi.Hackers.com)

QR코드를 이용해 핵심 어휘리스트를 다운받아, 언제 어디서든 공무원 출제예상 어휘를 암기하세요!

## Self Check List

**이번 테스트는 어땠나요?**
**다음 체크리스트로 자신의 테스트 진행 내용을 점검해 볼까요?**

01 나는 15분 동안 완전히 테스트에 집중하였다.
□ YES □ NO

02 나는 주어진 15분 동안 10문제를 모두 풀었다.
□ YES □ NO

03 유난히 어렵게 느껴지는 지문이 있었다.
□ YES □ NO

04 유난히 어렵게 느껴지는 문제가 있었다.
□ YES □ NO

05 모르는 어휘가 있었다.
□ YES □ NO

06 개선해야 할 점과 이를 위한 구체적인 학습 계획

# DAY 20 하프모의고사 20회

정답·해석·해설 _해설집 p.116

제한시간 : 15분 시작 시 분 ~ 종료 시 분 점수 확인 개/ 10개

**01** 밑줄 친 부분의 의미와 가장 가까운 것은?

> Open and honest communication can <u>make for</u> stronger and more trusting relationships.

① strengthen ② impede
③ induce ④ diminish

**02** 밑줄 친 부분의 의미와 가장 가까운 것은?

> The couple visited their favorite restaurant to celebrate their anniversary, but they were surprised by how <u>mediocre</u> the food and service were compared to their past experiences.

① terminal ② sufficient
③ inferior ④ magnificent

**03** 두 사람의 대화 중 가장 자연스러운 것은?

① A: Where are you going on vacation?
B: Hard work pays off.

② A: Have you been living here long?
B: It serves you right.

③ A: Do you know where I can catch the bus?
B: Where there's a will there's a way.

④ A: Why are you upset with John?
B: He sold me down the river.

**04** 밑줄 친 부분 중 어법상 옳지 않은 것은?

> The city government ① <u>is using up</u> its annual budget for maintenance faster than expected this year. With a shortage of funds ② <u>come</u> announcements of cutbacks to planned construction and repair projects. One such cutback includes a plan ③ <u>to repave</u> the main thoroughfare in an effort to patch up cracks and holes ④ <u>comparable by</u> those left following the historic ice storm of 1998.

**05** 어법상 옳지 않은 것은?

① Were it not for my alarm clock, I would never wake up on time.

② I will attend a three-days conference in the capital city.

③ He was selected as the captain to lead the team, but his coach didn't like it.

④ The picture reminds me of that road trip across the country we took last year.

## 06 다음 글의 제목으로 가장 적절한 것은?

Recently, a coal-powered plant in Oregon started using mercury scrubbers to reduce the amount of the deadly toxin they released into the air. As such factories account for nearly 50 percent of mercury emissions in the US, the move helped to decrease large quantities of it in the atmosphere. What no one had foreseen was that a different problem was being straightened out concurrently. During a study of totally different airborne pollutants called PAHs and how they travelled, it was found that their levels had dropped drastically—more than 70 percent—within the span of a single year. After much digging around, the source of the cleansing turned out to be the mercury scrubbers. Without anyone knowing, they were cleaning up two messes instead of just one.

① Why Mercury Scrubbers Are the Best Cleaners
② An Unexpected Benefit of Mercury Scrubbers
③ Different Ways Mercury Scrubbers Can Be Used
④ A Closer Look at Mercury Scrubbers' Purpose

## 07 다음 글의 흐름상 어색한 문장은?

Much of documented history has been recorded and viewed from the point of the victor. For example, we study the conquests of Columbus as opposed to how Native Americans dealt with European invaders. Yet no story is single-sided, and more and more scholars espouse the need for incorporating a variety of sources when learning about the past. ① Historical events have nearly always been chronicled with bias, which means all of the data catalogued must be regarded as erroneous. ② Looking at history in a multifaceted way has done much to benefit the voice of previously marginalized groups. ③ The perspective of the minority adds a depth to historical narrative that fleshes out the true atmosphere of the times. ④ What's more, it is in piecing together the evidence of multiple accounts whereby the most accurate version of an event begins to emerge. Examining history in this manner is without a doubt arduous, but only by doing so can a richer understanding of the past be gained.

## 08 밑줄 친 부분에 들어갈 말로 가장 적절한 것은?

The gladiator games of ancient Rome, known as *munera*, were an important cultural aspect of Roman society for several centuries. They were a popular form of entertainment with citizens, similar to the way the public enjoys professional sports in modern times. However, the competitions also had a(n) ________ role in Roman society. In fact, the Latin word *munera* means "duties" or "services" rendered to individuals of high status. The purpose of the first recorded gladiator game, which occurred in 264 BC, was to commemorate the death of a respected official. Most historians agree that the *munera* were traditionally a part of funeral rites to honor important individuals, and they were considered a gift to those who had passed.

① insignificant ② ceremonial
③ decorative ④ superficial

## 09 주어진 문장 다음에 이어질 글의 순서로 가장 적절한 것은?

Certainly, when we consider the realm of tool-making, humans undeniably excel beyond the limited tool usage observed in other primates.

(A) While the sophistication of human tool-making undoubtedly arises from our species-specific traits, it's worth acknowledging that certain non-human species do display remarkable problem-solving abilities when presented with novel challenges in controlled environments.
(B) Our ability to conceptualize, design, and craft intricate tools for various purposes sets us apart in the animal kingdom. Even our closest relatives among primates exhibit a far more basic understanding of tool use, primarily relying on simple implements for basic tasks.
(C) These instances hint at the potential for more complex tool-related behaviors in the animal world, even if they remain distinct from the unparalleled ingenuity of human tool-making.

① (A) – (B) – (C) ② (A) – (C) – (B)
③ (B) – (A) – (C) ④ (B) – (C) – (A)

## 10 다음 글의 요지로 가장 적절한 것은?

Now that the funding originally intended to provide for children and traditional families is being limited to discourage people from claiming benefits instead of working, some British stay-at-home parents feel they have no choice but to return to the workforce. It's simply too difficult to afford the cost of living without the extra help. While there are those who think this is for the best, given that welfare fraud is on the rise, politicians need to concede that not everyone views child benefit payments as an attractive alternative to working outside the home. In fact, there are plenty of parents out there who chose to give up highly rewarding careers in order to raise well-adjusted children. Their decision to not work is a sign of their devotion, not a criminal act.

① There are many good reasons that people may decide to exit the workforce.

② Welfare fraud is an emerging problem that must be severely dealt with.

③ Britain's recent policies unreasonably affect parents that prioritize nurturing over their careers.

④ Additional funds should be allocated to supporting families with children.

정답 · 해석 · 해설 p. 116

하프모의고사 20회
출제예상 핵심 어휘리스트
바로 다운받기 (gosi.Hackers.com)

QR코드를 이용해 핵심 어휘리스트를 다운받아, 언제 어디서든 공무원 출제예상 어휘를 암기하세요!

## Self Check List

**이번 테스트는 어땠나요?**
**다음 체크리스트로 자신의 테스트 진행 내용을 점검해 볼까요?**

01 나는 15분 동안 완전히 테스트에 집중하였다.
□YES □NO

02 나는 주어진 15분 동안 10문제를 모두 풀었다.
□YES □NO

03 유난히 어렵게 느껴지는 지문이 있었다.
□YES □NO

04 유난히 어렵게 느껴지는 문제가 있었다.
□YES □NO

05 모르는 어휘가 있었다.
□YES □NO

06 개선해야 할 점과 이를 위한 구체적인 학습 계획

______________________________

______________________________

# DAY 21 하프모의고사 21회

정답·해석·해설 _해설집 p.122

제한시간 : 15분 시작 시 분 ~ 종료 시 분 점수 확인 개/ 10개

## 01 밑줄 친 부분의 의미와 가장 가까운 것은?

Researchers at the university made a groundbreaking discovery that may lead to a cure for cancer. A press conference is scheduled for next week during which the details of the new finding will be discussed.

① widespread ② dysfunctional
③ revolutionary ④ trivial

## 02 밑줄 친 부분의 의미와 가장 가까운 것은?

For the big day, the wedding planner needed to coordinate seating layouts, catering, and music.

① portray ② arrange
③ withdraw ④ identify

## 03 밑줄 친 부분에 들어갈 말로 가장 적절한 것은?

A: Can you make it to the party on your own?
B: I thought you were dropping by my place to pick me up.
A: I know I said I'd give you a ride, but I'm running behind.
B: Hmm. ________________. I have to bring the cake. But if I leave now, I can probably make it.
A: Sorry for the last-minute change. I think I'll get to Sandy's around 20 minutes late.
B: No problem. I'll let her know.

① Don't be long
② I'll be back in a jiffy
③ Count me in
④ It'll be cutting it close

## 04 밑줄 친 부분 중 어법상 옳지 않은 것은?

Police have received a report that ① few teenagers have been making prank phone calls to a shop in the town over the past few days. A deliveryman who ② had delivered pizza to a fabricated address notified the police of the case. Two of the youths in question and their parents are ③ being contacted by authorities. We will provide updates as more information ④ comes in.

## 05 우리말을 영어로 잘못 옮긴 것은?

① 올해 교육업계의 취업 전망은 희망적이다.
→ Job prospects in the field of education are bright for this year.

② Dante는 이야기하는 것을 사람들이 불멸을 성취하는 방법이라고 부른다.
→ Dante refers storytelling as a means by which people can achieve immortality.

③ 오늘날 젊은 사람들은 다른 선택지들보다 전자 형식의 오락물을 더 좋아한다.
→ Young people today prefer electronic forms of entertainment to other options.

④ 내겐 다른 어떤 것도 가족보다 중요하지 않다.
→ Nothing is more important to me than my family.

## 06 다음 글의 제목으로 가장 적절한 것은?

Patients with chronic pain live every day enduring its physical symptoms, which unfortunately do not go away with ample rest or even medication. And because the pain usually increases with activity, sufferers tend to want to remain stationary. However, this is counterproductive. Inertia might bring temporary relief for patients but worsens the condition in the long term, while moving around can be painful but builds stamina and strength to handle the ailment better. The trick is finding a happy medium. Sufferers need to challenge themselves by slowly doing more frequent and intense exercises daily. At the same time, they should refrain from pushing themselves too hard to avoid further damage to their bodies. With continued practice and self-adjustment toward developing a routine that is right for them, individuals can lead full and active lives in spite of perpetual discomfort.

① What a Patient with Chronic Pain Can Endure
② Exercises That Help Relieve Chronic Pain
③ Movement: A Way to Manage Chronic Pain
④ How Does Chronic Pain Change over Time?

## 07 주어진 글 다음에 이어질 글의 순서로 가장 적절한 것은?

One cannot deny the advantages of using drones and robots on the battlefront. They would help keep troops out of harm's way, and the precision of mechanized devices would lead to a reduction in civilian casualties.

(A) When the last vestige of humanity is replaced by artificiality, we will be confronting a future wherein a robot that cannot differentiate between a child and an enemy is sent into battle. The tin soldier possesses neither pity nor understanding.
(B) In the face of its indifference will we realize that we have exchanged empathy for accuracy. And in the long run, it is mortal compassion and not cold calculation that is needed to end the destruction.
(C) What appears to be a win-win situation for all involved, though, really isn't. For we must consider that with every machine we send into warfare, the human element diminishes that much more.

① (A) – (C) – (B) ② (B) – (A) – (C)
③ (C) – (A) – (B) ④ (C) – (B) – (A)

## 08 밑줄 친 부분에 들어갈 말로 가장 적절한 것은?

After roughly 40 years of stability in the middle of the 20th century, Afghanistan experienced a series of political upheavals. In 1973, a coup overthrew the reigning king, transforming the government from a monarchy into a republic. Five years later, the newly established president was deposed and replaced. In 1979 and 1980, the Cold War began to play out in Afghanistan as the Soviets removed the president and installed a new one sympathetic to their cause. The next decade was marked by fighting by resistance forces, which eventually drove out the Soviet occupation and toppled the Afghan regime. However, this vacuum of power led to struggles by disparate resistance groups vying for control of the nation. Thus, the government of Afghanistan has experienced a ________ recent history that remains just out of reach of stability.

① turbulent ② progressive
③ majestic ④ conventional

## 09 밑줄 친 부분에 들어갈 말로 가장 적절한 것은?

Austerity measures are sometimes taken as a last resort when a country has a significant deficit and is in danger of defaulting on its loans. To save capital and pay off its debts, the government raises taxes and curtails its public spending, stopping development in its tracks. While there are those who support austerity, saying that the end justify the means, a great many people say that reducing public spending is not an effective approach. This is because government-subsidized development creates jobs, but by no longer spending in this area, unemployment rises. With the number of people eligible to pay income taxes drastically decreased, ________________.

① implementing sterner austerity is the only option
② the economy will recover after a period of growth
③ low-income earners are disproportionately affected
④ reducing the deficit becomes harder than ever

**10** 다음 글의 내용과 일치하지 않는 것은?

Since the rise of e-commerce, companies have come under the scrutiny of customers, who often provide feedback online. Up to 70 percent of people consult the Internet before buying a product or signing up for a service, and these online comments can influence buyers' choices. Experts say business profits can rise significantly with just a slight increase in consumer rating. As a result, some companies now hire people to devise false reviews. These fake reviewers will post glowing compliments about a company or complaints about their competitors. While business owners have a lot of incentive to hire these people, this practice can deceive customers into paying for something that has been misrepresented. So the next time you come across an online evaluation that seems too good to be true, it is wise to be cautious.

① The majority of people check web reviews before purchasing something.

② Rises in affirmative ratings result in only slight profit increases.

③ The profits of a company are influenced by Internet evaluations.

④ People may be employed by companies to write fake product evaluations.

정답·해석·해설 p. 122

하프모의고사 21회
출제예상 핵심 어휘리스트
바로 다운받기 (gosi.Hackers.com)

QR코드를 이용해 핵심 어휘리스트를 다운받아, 언제 어디서든 공무원 출제예상 어휘를 암기하세요!

## Self Check List

**이번 테스트는 어땠나요?**
**다음 체크리스트로 자신의 테스트 진행 내용을 점검해 볼까요?**

01 나는 15분 동안 완전히 테스트에 집중하였다.
□YES □NO

02 나는 주어진 15분 동안 10문제를 모두 풀었다.
□YES □NO

03 유난히 어렵게 느껴지는 지문이 있었다.
□YES □NO

04 유난히 어렵게 느껴지는 문제가 있었다.
□YES □NO

05 모르는 어휘가 있었다.
□YES □NO

06 개선해야 할 점과 이를 위한 구체적인 학습 계획

______________________________

______________________________

□1회독 □2회독 □3회독

# DAY 22

정답·해석·해설 _해설집 p.128

## 하프모의고사 22회

제한시간 : 15분 시작 시 분 ~ 종료 시 분 점수 확인 개/ 10개

### 01 밑줄 친 부분의 의미와 가장 가까운 것은?

In order to attract the masses, a great many influential leaders demonstrate all of charisma and charm they possess when addressing citizens.

① advocate ② exhibit
③ govern ④ contrive

### 02 밑줄 친 부분에 들어갈 말로 가장 적절한 것은?

A: What took you so long?
B: Sorry I'm late. Did I miss much of the movie?
A: Only about 20 minutes.
B: ______________________?
A: The lead character found out he was framed for a murder, so now he's hiding from the police.
B: Oh, Okay. Got it now.

① What's happened so far
② When does the film end
③ Have you got the time
④ What are you up to

### 03 우리말을 영어로 잘못 옮긴 것은?

① 우리는 그 밴드가 우리 집 근처 공원에서 연주하는 것을 들었다.
→ We heard the band played in the park near our home.

② 그가 어떻게 보고서를 제때 완성했는지는 내가 이해할 수 없는 정도이다.
→ How he ever finished the report on time is beyond me.

③ 어둠에 겁을 먹어서, 그 어린 소녀는 야간등과 함께 잠들었다.
→ Scared of the dark, the little girl slept with a night light.

④ 실패를 받아들이는 것을 배우는 것은 성공하는 것에 있어 필수적인 요소이다.
→ Learning to accept failure is a vital component to succeeding.

### 04 우리말을 영어로 잘못 옮긴 것은?

① 나는 그 벤치에 앉고 나서야 비로소 그것이 젖었다는 것을 알아차렸다.
→ I did notice that the bench was wet until I sat on it.

② 내가 그 장치를 벽에 연결한 바로 그 순간, 불꽃이 튀기 시작했다.
→ The moment I plugged the device into the wall, sparks began to fly.

③ 그 경비원은 당신에게 방문 목적이 무엇인지를 물어볼 것이다.
→ The guard will ask you what the purpose of your visit is.

④ 당신은 신중하게 조준해야 합니다. 그렇지 않으면, 그 공은 들어가지 않을 것입니다.
→ You have to aim carefully; otherwise, the ball will not go in.

## 05 밑줄 친 부분에 들어갈 말로 가장 적절한 것은?

The company nearly became __________ due to a bad investment venture and little demand for their most popular product this year.

① bankrupt ② reflective
③ monopolistic ④ pioneering

## 06 밑줄 친 부분에 들어갈 말로 가장 적절한 것은?

For optimal growth in the spring, it is essential that you prepare your vegetable garden for the winter by pulling out any old vines and leaves. As long as they don't appear to be diseased, transferring these remnants to a compost pile where they can decompose is a good idea because this will naturally return nutrients to the earth. More importantly, ____________________ also helps reduce the number of bugs that will live in the dirt and eat your crops next growing season. This is because insects have likely been laying eggs all over your plot during the summer and fall. Removing and destroying the remains prevents them from ever hatching.

① protecting the soil from insects
② allowing the plants to decompose
③ fertilizing the soil with compost
④ getting rid of dead plant matter

## 07 다음 글의 제목으로 가장 적절한 것은?

Among other attributes, an impressive intelligence is what distinguishes elephants from other animals. An example of their high level of reasoning is the ability to problem-solve. When faced with difficult circumstances or complex dilemmas, elephants have been known to spend extended amounts of time trying to find solutions. For instance, both wild and captive elephants have been documented employing methods to acquire food that would be inaccessible under normal circumstances. To this end, elephants will stack objects to climb up onto or utilize tools. Moreover, elephants have extraordinarily accurate memories. They can recall exactly where a particular watering hole is, even if it is a distance away, after a long period of time has elapsed. Old friends can also recognize one another though they may have last met decades ago.

① Examples of Elephant Tool Applications
② The Psychological Obstacles for Elephants
③ A Deeper Look into Elephant Acuity
④ Superior Intellect Helps Elephants Thrive

## 08 주어진 문장이 들어갈 위치로 가장 적절한 곳은?

Thus, in an attempt to reassert its authority, the Church began commissioning art that it believed would remind the masses of its significance.

The origin of Baroque art can be traced to the Roman Catholic Church at the beginning of the 17th century. ( ① ) At the time, the Church was no longer the power it once was, its influence having been weakened by the Protestant Reformation decades earlier. ( ② ) The resultant works, which illustrated key elements of Christian dogma, were huge, spectacularly colorful, and imbued with a dynamic sense of movement. ( ③ ) The Church chose to take this approach because it was felt that even those who were illiterate and ignorant of the Scriptures would be drawn to the pieces. ( ④ ) Essentially, Baroque art's primary purpose was to reinforce the sense that Catholicism represented a sort of divine magnificence on Earth.

## 09 밑줄 친 부분에 들어갈 말로 가장 적절한 것은?

A tort is an action or lack of action that causes harm to someone else. The perpetrator of a tort can be sued and made to pay damages if found guilty of allowing the wrong to happen, either deliberately or out of ________. Torts of the latter variety are not generally committed out of any malice, but they are considered equally serious in the eyes of the law. This is because one's carelessness can result in injury to others. For example, someone who lets her dog run around the park despite its history of biting people would likely be held accountable if the dog attacked someone. In her indifference, she failed to take the proper precautions. So even though she had no premeditated desire to hurt anyone and wasn't directly involved in the assault itself, her inaction would ultimately be to blame.

① negligence
② compulsion
③ selfishness
④ discretion

**10** 다음 글의 요지로 가장 적절한 것은?

People who go to college are often told that if they study hard, they'll get a high-paying job and develop a good name. Actually, success doesn't come that easily, even for those in lucrative fields. Lawyers who go into private practice, for example, think that one way to advertise themselves is to give their services pro bono. This establishes contact with people from wide-ranging backgrounds, but lawyers provide an average of only 120 hours a year of free service. That's 15 days. Working without compensation thus comes up short if building a strong network is the purpose. People don't hire a lawyer just because he is charitable. They want to know what area of law he has expertise, what his success rate is, and whether he has the knowledge and skills needed to win cases. Only when people know how adept you are can you draw them to you.

① An outstanding way to get business is to give free services.

② It can take a long while for mastery in a field to be developed.

③ Strong networks are built on the bedrock of expertise.

④ Professionals in high-income fields must hire someone to market themselves.

정답 · 해석 · 해설 p. 128

하프모의고사 22회
출제예상 핵심 어휘리스트
바로 다운받기 (gosi.Hackers.com)

QR코드를 이용해 핵심 어휘리스트를 다운받아, 언제 어디서든 공무원 출제예상 어휘를 암기하세요!

## Self Check List

이번 테스트는 어땠나요?
다음 체크리스트로 자신의 테스트 진행 내용을 점검해 볼까요?

01 나는 15분 동안 완전히 테스트에 집중하였다.
□YES □NO

02 나는 주어진 15분 동안 10문제를 모두 풀었다.
□YES □NO

03 유난히 어렵게 느껴지는 지문이 있었다.
□YES □NO

04 유난히 어렵게 느껴지는 문제가 있었다.
□YES □NO

05 모르는 어휘가 있었다.
□YES □NO

06 개선해야 할 점과 이를 위한 구체적인 학습 계획

______________________________

______________________________

정답 · 해석 · 해설 _해설집 p.134

# DAY 23 하프모의고사 23회

제한시간 : 15분 시작 시 분 ~ 종료 시 분 점수 확인 개/ 10개

## 01 밑줄 친 부분에 들어갈 말로 적절한 것은?

I found an old painting that I thought might be worth something, so I went to an art dealer to have it ________. Unfortunately, he judged it to be only about 50 dollars.

① pilfered ② restored
③ dispatched ④ appraised

## 02 밑줄 친 부분에 들어갈 말로 가장 적절한 것은?

A: What are you up to after work today?
B: I'm going to meet my mom. She's helping me pick out a new sofa.
A: Oh, really? I need one too, but I'm having trouble deciding what to get.
B: Well, my mother has a great eye for furniture. ______________________
A: That would be wonderful. I don't want to be a bother, though.
B: No, not at all! She'll be thrilled to see you.

① Do you want to tag along?
② But she needs to buy new glasses.
③ It'll all work out for the best.
④ Could you give us a hand?

## 03 우리말을 영어로 잘못 옮긴 것은?

① 그들은 자정까지 사무실에 머무르라고 요청받았다.
→ They were asked to stay at the office until midnight.

② 나는 그가 지금 무언가를 먹어야 한다고 제안했는데 그 이유는 그가 휴식 없이 네 시간 동안 이동할 것이기 때문이었다.
→ I suggested that he get something to eat now because he would be traveling nonstop for four hours.

③ 그 회담의 대표로 선발되어서, 그녀는 개회 성명을 준비했다.
→ Having been chosen to be the leader of the talk, she worked on her opening statement.

④ 이 거리는 내가 처음으로 자전거 타는 법을 배운 곳이다.
→ This is the street which I first was learned how to ride a bicycle.

## 04 밑줄 친 부분 중 어법상 옳지 않은 것은?

① Nonetheless Mercury is the closest planet to the sun, it is ② not as hot as you might expect. This is because Mercury has ③ no atmosphere to retain the sun's heat. In reality, Venus is actually ④ the warmest of all planets in our solar system.

## 05 밑줄 친 부분의 의미와 가장 가까운 것은?

She was left feeling out of sorts after the meal, and the doctor suspected that something was wrong with the food.

① scornful ② uncanny
③ vigorous ④ indisposed

## 06 주어진 글 다음에 이어질 글의 순서로 가장 적절한 것은?

Russian physiologist Ivan Pavlov earned his dogs a place in history through a series of experiments he conducted in the 1890s.

(A) Pavlov called the food an unconditioned stimulus and the dogs' drooling an unconditioned response, while their connection was termed an unlearned reflex. After the conditioning though, food became a conditioned stimulus, which in turn brought on the conditioned response of salivation.

(B) Fascinated by this, he used a different stimulus to see if he could create a new link; he'd ring a bell every time the dogs were supposed to be fed. Sure enough, they quickly associated it with being given their meal and would salivate whether or not food was given.

(C) Pavlov discovered an unusual response when it came time to feed his pets. While the dogs would instinctively drool when they ate, he noticed that after a while, they would salivate upon merely seeing him or his assistant.

① (A) – (B) – (C)　② (A) – (C) – (B)

③ (C) – (A) – (B)　④ (C) – (B) – (A)

## 07 다음 글의 내용과 일치하지 않는 것은?

Bilingual aphasia is a disorder in which those affected suddenly develop the ability to speak a secondary language with native-like fluency. It may occur when a certain area of the language center in the brain is damaged. The brain appears to adapt by using the tissue surrounding the injured area for communication, but as the secondary language takes precedence, the primary one may be lost. In the case of one girl who grew up speaking Croatian, she awoke from a coma speaking fluent German, a language she had just begun studying in school. Although occurrences like this are noteworthy, they are not that rare. Scientists believe that over 45,000 people develop bilingual aphasia each year in the US alone.

※ Aphasia: 언어 상실증

① A patient with bilingual aphasia may suddenly be able to speak a foreign language fluently.

② A traumatic injury to the brain can cause bilingual aphasia in some individuals.

③ A second language may become the main one for someone with bilingual aphasia.

④ The United States has more cases of bilingual aphasia than other parts of the world.

**08** 밑줄 친 부분에 들어갈 말로 가장 적절한 것은?

Berlin is Europe's graffiti capital. Since the Berlin Wall came down in 1989, the city has experienced a tidal wave of expression. This outpouring of creativity had its beginnings in West Berlin in the 1980s. The American-occupied region in West Berlin was a breeding ground for counterculture types, as it was home to vast wall space and virtually no police presence. In East Berlin, ______________________________. City surfaces were drab, gray, and virtually untouched by art. Police heavily patrolled that area and severely punished anyone caught with spray paint. This changed abruptly when the wall came down. Artists flocked from west to east as the creative community that had flourished in West Berlin suddenly had a new urban canvas to work with.

① the artistic community was booming
② citizens were free from police oppression
③ protests were common due to social strife
④ the opposite situation was the case

**09** 다음 글의 제목으로 가장 적절한 것은?

British scientist Tim Berners-Lee originally conceived the World Wide Web to permit automated information-sharing among scientists but then decided to give it away free to everyone. Equity was the reason: he felt all of humanity should have access to the web. The amount of digitally stored information in 2011 passed about 1.8 trillion gigabytes, and this volume has been more than doubling every two years. However, the human brain is not naturally equipped to process this deluge of information seamlessly. As a result, people have adapted by reading and absorbing bits and pieces of the vast digital landscape, shaping our understanding of the world in a unique way. While this selective approach may lead to a more nuanced perception of reality, it also highlights the evolving relationship between humanity and the digital age.

① Tim Berners-Lee's Gift to Humankind
② The Pros and Cons of Digitally Stored Information
③ The Inspiration for the World Wide Web
④ The Internet's Impact on Our Perception of Reality

**10** 밑줄 친 (A), (B)에 들어갈 말로 가장 적절한 것은?

Eyewitness testimonies are now considered to be ___(A)___ sources of evidence in criminal trials. As of late, a number of falsehoods in the testimonies of eyewitnesses have been exposed in several court proceedings. Experts claim that this is because witnesses often report what they wish they had seen instead of what they actually observed. In addition to this confirmation bias that occurs, there are significant instances of this incidents occurring during police questioning or when co-witness testimonies are given. In other words, witnesses' memories may alter to suit the accounts given by police or other witnesses. As a result, ___(B)___ statements by eyewitnesses have led to an increasing number of wrongful convictions.

| (A) | (B) |
|---|---|
| ① complete | enthusiastic |
| ② unreliable | inaccurate |
| ③ authentic | unpredictable |
| ④ insignificant | convincing |

정답·해석·해설 p. 134



## Self Check List

이번 테스트는 어땠나요?
다음 체크리스트로 자신의 테스트 진행 내용을 점검해 볼까요?

01 나는 15분 동안 완전히 테스트에 집중하였다.
□ YES □ NO

02 나는 주어진 15분 동안 10문제를 모두 풀었다.
□ YES □ NO

03 유난히 어렵게 느껴지는 지문이 있었다.
□ YES □ NO

04 유난히 어렵게 느껴지는 문제가 있었다.
□ YES □ NO

05 모르는 어휘가 있었다.
□ YES □ NO

06 개선해야 할 점과 이를 위한 구체적인 학습 계획

______________________

______________________

☐1회독 ☐2회독 ☐3회독

정답·해석·해설 _해설집 p.140

# DAY 24 하프모의고사 24회

제한시간 : 15분 시작 시 분 ~ 종료 시 분 점수 확인 개/ 10개

## 01 밑줄 친 부분의 의미와 가장 가까운 것은?

Her poetry collection remained in <u>obscurity</u> until a passionate reader stumbled upon it.

① warmness ② discomfort
③ condescension ④ insignificance

## 02 밑줄 친 부분의 의미와 가장 가까운 것은?

The politician attempted to <u>play up</u> his role in the tax relief bill that was passed.

① substantiate ② transcend
③ hypothesize ④ underscore

## 03 밑줄 친 부분 중 어법상 옳지 않은 것은?

Some patients whose serious illness became manageable thanks to scientific research now say they ① <u>might have refused</u> treatment had they known that they would be saddled with a crushing debt. While modern-day medicine is capable of extending people's lives and reducing ② <u>its</u> suffering, ③ <u>neither</u> of these benefits negates the fact that many lack the means to afford lifelong medication. The shot at a longer life is certainly welcome, ④ <u>provided</u> the quality of it isn't thoroughly compromised.

## 04 밑줄 친 부분에 들어갈 말로 가장 적절한 것은?

A: What are you up to this weekend?
B: I'm taking Brian out for dinner tomorrow to cheer him up. He and Sarah just broke up.
A: You're kidding! I thought they were doing great.
B: Actually, so did Brian. He was shocked when she told him she wanted to end it.
A: Oh no, that's terrible. You mean he wasn't expecting it at all?
B: Nope. It was completely ________.

① out of the blue
② a shot in the dark
③ passing the buck
④ off the record

## 05 우리말을 영어로 잘못 옮긴 것은?

① 영업시간이 끝날 때쯤 주식이 소폭 상승했다.
→ Stocks had raised slightly by the time business hours were over.

② 강의 남쪽 기슭에서 자라는 식물들은 북쪽 기슭에서 자라는 식물들보다 덜 다양하다.
→ The plants growing on the south bank of the river are less varied than those on the north bank of the river.

③ 나의 반 친구는 어젯밤에 내 강의 노트를 빌릴 수 있는지 물었다.
→ My classmate asked if he could borrow my lecture notes last night.

④ 경영진은 3년 연속으로 승진에서 제외되는 것에 대한 그의 두려움을 잘 알고 있었다.
→ Management was well aware of his fear of being passed over for promotion for the third year in a row.

## 06 밑줄 친 부분에 들어갈 말로 가장 적절한 것은?

A group of scientists from the University of Toronto have found a clever alternative to passwords, which can often be lost or forgotten, by using the unique rhythm the heart makes to identify an individual. A cardiac rhythm is dependent on such things as a heart's shape, size, and position in the body, so no two are the same. The scientists have founded a start-up and created a program that can link users to their devices based on their cardiac patterns. This is especially great for ________________. The heart, obviously, is something that is always with an individual and can never be lost. Furthermore, there will no longer be a need to try and remember complicated passwords. The only problem is that electronics manufacturers are hesitant to incorporate such technology into their products. To solve this, the company has created bracelets to run their recognition program and connect with portable devices like mobile phones and tablets via Bluetooth. While the technology is not widely available yet, the convenience and safety benefits are extremely appealing.

① technology enthusiasts

② medical doctors

③ forgetful individuals

④ research scientists

## 07 다음 글의 주제로 가장 적절한 것은?

A common treatment for wastewater is an aerobic method that uses microbes to break down and stabilize organic waste. In this process, special bacteria naturally consume the waste as food, purifying the water. Two features are necessary for the treatment to be successful. First, the microbes must be exposed to the organic material long enough for them to actually eat it; and second, they must be able to breathe oxygen in order to remain alive. A particularly efficient method uses discs which are coated with a thin microbial culture. These discs then rotate in and out of the wastewater, immersing the microorganisms in the liquid while also periodically exposing them to oxygen in the air.

① comparing the aerobic and anaerobic methods of wastewater treatment

② defining the requirements necessary for successful aerobic wastewater treatment

③ low-energy alternatives to aerobic wastewater treatment

④ explaining the issues associated with aerobic wastewater treatment

## 08 밑줄 친 부분에 들어갈 말로 가장 적절한 것은?

Walking is perhaps the most natural type of human movement, and its effects on the body have been well-documented. Yet surprisingly little has been written about how it impacts the mind. Fortunately, a group of Stanford researchers recently demonstrated that this activity promotes ________. The reason why is that walking doesn't require much conscious effort, so a person's attention is free to wander. While the mind is adrift, it is able to make new connections and generate novel ideas that it can't when focused on a specific task. The result is a higher likelihood for strokes of insight. This turned out to be true no matter how long the duration. What's more, environment appeared to play no part either as long as the person was moving. Both subjects walking inside on a treadmill facing a blank wall and participants strolling outside in the fresh air were able to spawn twice as many original thoughts than those stuck sitting behind a desk. It's thus no wonder that some managers are encouraging their employees to go on walks together during brainstorming sessions or when they need to find a fresh perspective.

① recollection ② pragmatism
③ ingenuity ④ syllogism

## 09 다음 글의 내용과 일치하는 것은?

A defining characteristic of Greek and Roman sculptures is the gleaming white marble they are made of. The whiteness has long been considered a kind of sophisticated purity, an apt hue to depict the birth of Western culture. But art historians have known for years that these sculptures did not feature merely one color in their day, though much of the public may not realize it. The myth of the all-white sculptures began around the time of the Renaissance with the discovery of numerous ancient works. Age and the elements had worn away their variety of hues, but experts of the time presumed that the colorless look was an intentional choice made by their predecessors. The small minority declared the weathered pieces to be the epitome of high artistry, and subsequently set an erroneous standard for the next century.

① Greek and Roman artists used the color white in sculptures to represent innocence.
② Experts did not inform the public for many years that ancient statues were colorful.
③ Sculptures found during the Renaissance were white because their colors had faded.
④ Refraining from using color when making statues helped them endure for centuries.

**10** 주어진 문장 다음에 이어질 글의 순서로 가장 적절한 것은?

> The quality of wine, which can vary greatly, is largely determined by the procedure through which it is made.

(A) To aid this process, the juice is stored in different barrels made of materials like stainless steel or oak. Some people let the wine sit for a few weeks while others keep it stored away for years.
(B) Once the fruits have ripened to perfection, they are picked and crushed. Yeast is added to begin the process of fermentation. During this step, the sugar inside the grapes slowly begins to turn into alcohol.
(C) Depending on what type of wine they plan to produce, manufacturers must first decide when to harvest the grapes. This is important because the grapes' content of sugars, acids, and tannins will change as the days go by.

① (A) – (B) – (C)　② (A) – (C) – (B)
③ (B) – (C) – (A)　④ (C) – (B) – (A)

정답·해석·해설 p. 140

하프모의고사 24회
출제예상 핵심 어휘리스트
바로 다운받기 (gosi.Hackers.com)

QR코드를 이용해 핵심 어휘리스트를 다운받아, 언제 어디서든 공무원 출제예상 어휘를 암기하세요!

## Self Check List

**이번 테스트는 어땠나요?**
**다음 체크리스트로 자신의 테스트 진행 내용을 점검해 볼까요?**

01 나는 15분 동안 완전히 테스트에 집중하였다.
□ YES　□ NO

02 나는 주어진 15분 동안 10문제를 모두 풀었다.
□ YES　□ NO

03 유난히 어렵게 느껴지는 지문이 있었다.
□ YES　□ NO

04 유난히 어렵게 느껴지는 문제가 있었다.
□ YES　□ NO

05 모르는 어휘가 있었다.
□ YES　□ NO

06 개선해야 할 점과 이를 위한 구체적인 학습 계획

MEMO

MEMO

MEMO

단계별 교재 확인 및
수강신청은 여기서!
gosi.Hackers.com

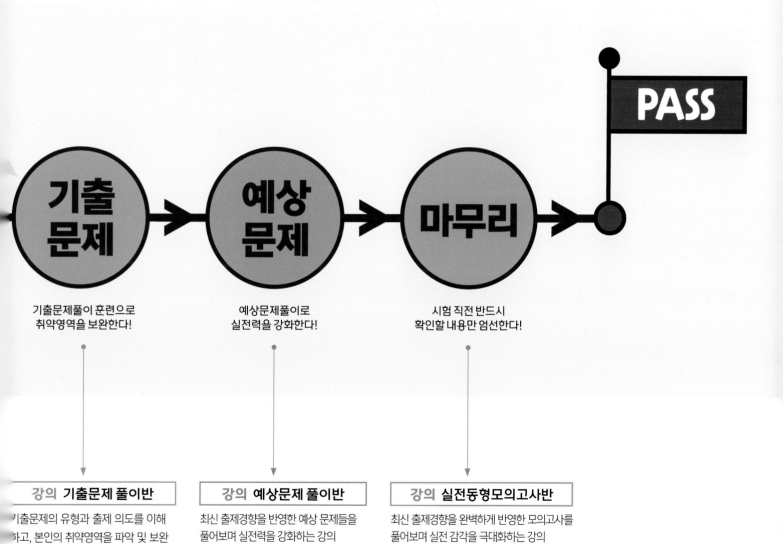

* 커리큘럼은 과목별·선생님별로 상이할 수 있으며, 자세한 내용은 해커스공무원 사이트에서 확인하세요.

**기출문제** → **예상문제** → **마무리** → **PASS**

**기출문제**
기출문제풀이 훈련으로
취약영역을 보완한다!

**예상문제**
예상문제풀이로
실전력을 강화한다!

**마무리**
시험 직전 반드시
확인할 내용만 엄선한다!

**강의 기출문제 풀이반**
기출문제의 유형과 출제 의도를 이해하고, 본인의 취약영역을 파악 및 보완하는 강의

**강의 예상문제 풀이반**
최신 출제경향을 반영한 예상 문제들을 풀어보며 실전력을 강화하는 강의

**강의 실전동형모의고사반**
최신 출제경향을 완벽하게 반영한 모의고사를 풀어보며 실전 감각을 극대화하는 강의

**강의 봉투모의고사반**
시험 직전에 실제 시험과 동일한 형태의 모의고사를 풀어보며 실전력을 완성하는 강의

해커스공무원

# 매일 하프모의고사 영어 4

해커스공무원

# DAY 01 하프모의고사 01회

## 해커스 공무원시험연구소 총평

| | |
|---|---|
| 난이도 | 전반적으로 평이한 공무원 9급 시험의 난이도입니다. |
| 어휘·생활영어 영역 | 빈칸에 들어갈 말로 가장 적절한 것을 찾을 때에는 가장 먼저 지문의 문맥을 읽고 네 개의 보기 중 빈칸에 적절한 것을 유추함으로써 쉽게 풀 수 있습니다. |
| 문법 영역 | 5번 문제의 ④번 보기에 나온 비교급 관련 표현 'no sooner ~ than -'은 최근 지방직 시험에도 출제된 것이므로, 관련 개념까지 확실히 익혀둡니다. |
| 독해 영역 | 10번 문제와 같은 내용 불일치 파악 유형의 경우, 각 보기의 키워드를 먼저 파악한 뒤 키워드와 관련되는 내용 위주로 읽어 내려가면 풀이 시간을 단축할 수 있습니다. |

## 정답

| | | | | | |
|---|---|---|---|---|---|
| 01 | ① | 어휘 | 06 | ④ | 독해 |
| 02 | ① | 어휘 | 07 | ② | 독해 |
| 03 | ① | 생활영어 | 08 | ④ | 독해 |
| 04 | ④ | 문법 | 09 | ② | 독해 |
| 05 | ③ | 문법 | 10 | ② | 독해 |

## 취약영역 분석표

| 영역 | 맞힌 답의 개수 |
|---|---|
| 어휘 | / 2 |
| 생활영어 | / 1 |
| 문법 | / 2 |
| 독해 | / 5 |
| TOTAL | **/ 10** |

### 01 어휘 collapse 난이도 하 ●○○

**밑줄 친 부분에 들어갈 말로 가장 적절한 것은?**

There was a significant ____________ in the stock market, causing panic among investors.

① collapse ② intent
③ density ④ pressure

**해석**

주식 시장에서 큰 <u>폭락</u>이 있었는데, 이는 투자자들 사이에 공포를 야기했다.

① 폭락 ② 의도
③ 밀도 ④ 압력

정답 ①

**어휘**

significant 큰, 상당한 stock market 주식 시장 panic 공포, 공황
investor 투자자 collapse 폭락, 붕괴; 붕괴하다 intent 의도; 몰두하는
density 밀도, 농도 pressure 압력

**이것도 알면 합격!**

collapse(폭락)의 유의어
= plunge, decline, downturn, slump

### 02 어휘 thorough = complete 난이도 하 ●○○

**밑줄 친 부분의 의미와 가장 가까운 것은?**

Quantum mechanics had always captivated Rachel. To achieve a <u>thorough</u> understanding of it, she dedicated years to intensive study and research.

① complete ② partial
③ limited ④ fractional

**해석**

양자 역학은 항상 Rachel의 마음을 사로잡았다. 그것에 대한 <u>완전한</u> 이해를 성취하기 위해, 그녀는 집중적인 공부와 연구에 수년을 바쳤다.

① 완전한 ② 부분적인
③ 제한적인 ④ 단편적인

정답 ①

**어휘**

quantum mechanics 양자 역학 captivate 마음을 사로잡다
thorough 완전한, 빈틈없는 dedicate 바치다, 전념하다 intensive 집중적인
complete 완전한, 전부의; 완료하다 partial 부분적인, 불완전한
limited 제한적인 fractional 단편적인

**이것도 알면 합격!**

thorough(완전한)의 유의어
= comprehensive, exhaustive, in-depth

## 03 생활영어 that'll do 난이도 중 ●●○

**밑줄 친 부분에 들어갈 말로 가장 적절한 것은?**

A: Welcome to Prime Car Rental Company. Are you looking to rent a vehicle?
B: Yes. I'd like a sedan if you have one available.
A: I'm afraid we're out. How about this SUV?
B: Mmmm, ______________. As long as it's not a stick shift, it's fine by me.
A: All right. And how long would you like to keep it?
B: Just for two days, please.

① that'll do
② don't mention it
③ don't bother
④ let it be

**해석**

A: Prime Car Rental Company에 오신 것을 환영합니다. 차량을 빌리고 싶으신가요?
B: 네. 이용할 수 있는 세단형 자동차가 있다면 그것으로 하고 싶어요.
A: 죄송하지만 그 차는 없습니다. 이 SUV는 어떠신가요?
B: 음, 이거면 되겠네요. 수동 변속기만 아니라면, 저는 좋습니다.
A: 알겠습니다. 그리고 얼마 동안 빌리실 건가요?
B: 이틀만 빌리겠습니다.

① 이거면 되겠네요
② 별말씀을요
③ 신경 쓰지 마세요
④ 내버려두세요

**포인트 해설**

세단형 자동차 대신 SUV를 추천하는 A에게 빈칸 뒤에서 B가 As long as it's not a stick shift, it's fine by me(수동 변속기만 아니라면, 저는 좋습니다)라고 말하고 있으므로, '이거면 되겠네요'라는 의미의 ① 'that'll do'가 정답이다.

정답 ①

**어휘**

rent 빌리다, 임차하다 stick shift 수동 변속기

**이것도 알면 합격!**

상품을 고를 때 쓸 수 있는 다양한 표현들을 알아 두자.
- Let me have a larger one. 더 큰 것으로 주세요.
- That's not a bad price. 나쁜 가격은 아니네요.
- What does the set include? 세트에는 무엇이 포함되나요?
- May I have the model number, please? 제품 번호를 알려 주시겠어요?

## 04 문법 관계절 | 분사 | 명사절 | 수 일치 난이도 중 ●●○

**어법상 옳은 것은?**

① While opened a package with scissors, be careful not to damage the contents.
② An award will be presented to whomever submits the best design.
③ The bulk of the art displayed were impressive for having been made by amateurs.
④ At sea level, the temperature at which water boils is 100 degrees Celsius.

**해석**

① 가위로 상자를 여는 동안, 내용물을 손상시키지 않도록 주의하십시오.
② 누구든 최고의 디자인을 제출하는 사람에게 상이 수여될 것이다.
③ 전시된 작품의 대부분은 비전문가에 의해 만들어진 것 치고는 인상적이었다.
④ 해수면에서, 물이 끓는 온도는 섭씨 100도이다.

**포인트 해설**

④ **전치사 + 관계대명사** '전치사 + 관계대명사'에서 전치사는 선행사 또는 관계절의 동사에 따라 결정되는데, 문맥상 '물은 섭씨 100도에서 끓는다'라는 의미가 되어야 자연스러우므로 전치사 at(~에서)이 와야 한다. 따라서 at which가 올바르게 쓰였다.

[오답분석]

① **분사구문의 형태** 분사구문의 생략된 주어(you)와 분사가 '당신이 상자를 열다'라는 의미의 능동 관계이므로 과거분사 opened를 현재분사 opening으로 고쳐야 한다. 참고로, 분사구문의 의미를 분명하게 하기 위해 부사절 접속사(While)가 분사 앞에 쓰였다.

② **복합관계대명사** 주어가 없는 불완전한 절(submits the best design)을 이끌며 전치사(to)의 목적어 자리에 올 수 있는 것은 주격 복합관계대명사이므로, 목적격 복합관계대명사 whomever를 주격 복합관계대명사 whoever로 고쳐야 한다.

③ **부분 표현의 수 일치** 부분을 나타내는 표현(The bulk of)을 포함한 주어는 of 뒤 명사(the art)에 동사를 수 일치시켜야 하는데, of 뒤에 단수 취급하는 불가산 명사 art가 왔으므로 복수 동사 were를 단수 동사 was로 고쳐야 한다.

정답 ④

**어휘**

submit 제출하다 sea level 해수면

**이것도 알면 합격!**

관계부사는 '전치사 + 관계대명사'로 바꾸어 쓸 수 있다는 것을 알아 두자.

| 관계부사 | 전치사 + 관계대명사 |
|---|---|
| where | in/on/at/to + which |
| when | in/on/at/during + which |
| why | for + which |
| how | in + which |

## 05 문법 전치사 | 등위접속사 | to 부정사 | 비교 구문 | 도치 구문 난이도 중 ●●○

**우리말을 영어로 잘못 옮긴 것은?**

① 나는 새 프로젝트에 착수해서 여유 시간이 없다.
→ I am on a new project so I do not have time to spare.

② 휴가 중에 내 선물을 사다니 너는 참 친절하구나.
→ It was nice of you to get me a present while you were on vacation.

③ 나는 길을 잃었기 때문에 길을 묻기 위해 주유소에 들러야 했다.
→ I had to stop for a gas station to ask for directions because I'd gotten lost.

④ 내가 전화를 끊자마자 전화가 다시 울렸다.
→ No sooner had I hung up the phone than it rang again.

**포인트 해설**

③ **기타 전치사** '주유소에 들러야 했다'는 전치사 숙어 표현 stop by(~에 들르다)를 사용하여 나타낼 수 있으므로 전치사 for를 by로 고쳐야 한다.

[오답분석]

① **등위접속사** 주어와 동사를 갖춘 두 개의 절(I am on a new project, I do not have time to spare)을 대등하게 연결하면서 '새 프로젝트에 착수해서'라는 의미를 나타내기 위해 등위접속사 so(그래서)가 올바르게 쓰였다.

② **to 부정사의 의미상 주어** 성격을 나타내는 형용사(nice)가 to 부정사 앞에 쓰일 경우, to 부정사의 의미상 주어는 'of + 목적격 대명사'를 써야 하므로 nice of you to get이 올바르게 쓰였다.

④ **비교급 관련 표현 | 도치 구문** '내가 전화를 끊자마자 ~ 다시 울렸다'는 'no sooner ~ than -'(~하자마자 -하다)을 사용하여 나타낼 수 있는데, 부정을 나타내는 부사구(No sooner)가 강조되어 문장의 맨 앞에 나오면 주어와 조동사가 도치되어 '조동사 + 주어 + 동사'의 어순이 되어야 하므로 No sooner had I hung up ~이 올바르게 쓰였다. 참고로, '내가 전화를 끊은' 것이 '전화가 다시 울린' 특정 과거 시점보다 이전에 일어난 일이므로 과거완료 시제 had hung up이 쓰였다.

정답 ③

**어휘**

time to spare 여유 시간 vacation 휴가, 방학 hang up 전화를 끊다

**이것도 알면 합격!**

**'by'를 포함하는 다양한 전치사 숙어 표현들을 알아 두자.**

- by land 육로로
- by law 법에 의해
- by telephone / fax / mail 전화 / 팩스 / 우편으로
- by cash / check / credit card 현금 / 수표 / 신용카드로

## 06 독해 제목 파악 난이도 중 ●●○

**다음 글의 제목으로 가장 적절한 것은?**

Found in temperate forests and the foothills of mountain ranges, the red or lesser panda is a small mammal native to the Eastern Himalayas and Southwestern China. Notwithstanding the pandas' protected status prescribed by national laws, the number of these solitary animals has dropped to a mere 10,000. The specific reasons for their decreasing numbers differ by region, but the prevailing one is poaching, as apparel industries particularly covet their red fur. Making matters worse is the continual deforestation of their habitat over the decades. This has led to an increase in inbreeding that begets decreased genetic diversity and the production of less vigorous specimens. Throw in low birth rates coupled with naturally high death rates, and it is no wonder the future of this species is in question.

① Biological Disadvantages that Jeopardize the Red Panda's Future

② Human Operations which Affect the Red Panda's Gene Pool

③ Regional Differences Accounting for Low Red Panda Numbers

④ Threats Responsible for the Predicament of the Red Panda

**해석**

온대림과 산악 지방의 구릉 지대에서 발견되는 너구리판다 혹은 레서판다는 히말라야 동부와 중국 남서부 태생의 작은 포유류이다. 국가법에 규정되어 있는 판다들의 보호 상태에도 불구하고, 이 단독으로 생활하는 동물들의 수는 겨우 만 마리로 감소했다. 그것들의 수가 줄어드는 명확한 이유는 지역마다 다르지만, 유력한 한 가지 이유는 밀렵인데, 의류 산업이 그것들의 붉은 털을 특히 탐내기 때문이다. 문제를 더 악화시키는 것은 그것들의 서식지에서의 수십 년에 걸친 지속적인 벌채이다. 이는 감소된 유전적 다양성과 덜 건강한 표본의 생산을 야기하는 근친 교배의 증가로 이어져 왔다. 자연적으로 높은 사망률과 결합된 저조한 출생률이 맞물려, 이 종의 미래가 불확실하다는 것은 놀랄 일이 아니다.

① 너구리판다의 미래를 위태롭게 하는 생물학적 약점

② 너구리판다의 유전자 공급원에 영향을 미치는 인간의 활동

③ 너구리판다의 적은 수를 설명하는 지역적인 차이

④ 너구리판다의 곤경의 원인이 되는 위협

**포인트 해설**

지문 전반에 걸쳐 밀렵으로 인해 너구리판다의 개체 수가 계속해서 줄어들고 있고, 그것들의 서식지에서의 벌채가 이 문제를 더 악화시킨다고 설명하고 있다. 따라서 ④ '너구리판다의 곤경의 원인이 되는 위협'이 이 글의 제목이다.

정답 ④

**어휘**

temperate forest 온대림 foothill 구릉 지대
notwithstanding ~에도 불구하고 solitary 단독으로 생활하는
mere 겨우, 단지 prevailing 유력한, 우세한 poaching 밀렵 apparel 의류

covet 탐내다, 갈망하다 deforestation 벌채 inbreeding 근친 교배
beget 야기하다, 부르다 vigorous 건강한 specimen 표본, 견본
throw in 맞물리게 하다 in question 불확실한 jeopardize 위태롭게 하다
gene pool 유전자 공급원 account for ~을 설명하다 predicament 곤경

**구문 분석**

Party members accepted / that they would never be able to choose between the two front-runners (생략).

: 이처럼 that이 이끄는 절(that + 주어 + 동사 ~)이 목적어 자리에 온 경우, '주어가 동사하다는 것을' 또는 '주어가 동사하다고'라고 해석한다.

## 07 독해 빈칸 완성 - 단어 난이도 중 ●●○

**밑줄 친 부분에 들어갈 말로 가장 적절한 것은?**

In politics, the term "dark horse" is used to describe a relatively unknown politician who is unexpectedly chosen as a candidate for a major public office. This can happen when members of a political party cannot agree on whom to nominate as a representative and therefore decide to find some sort of middle ground. The first time this occurred in US history was in 1844 when neither of the Democratic Party's contenders was able to secure the two-thirds of the vote required to win. After eight rounds of futile voting, James Polk, the governor of Tennessee was added to the ballot. Party members accepted that they would never be able to choose between the two front-runners and accepted Polk as a ____________.

① nemesis ② compromise
③ reprimand ④ stipulation

**해석**

정치학에서, '다크호스'라는 용어는 예기치 못하게 주요 관직의 후보자로 선출된, 비교적 알려지지 않은 정치인을 묘사하는 데 사용된다. 이것은 정당의 구성원들이 누구를 대표로 지명할지에 대해 합의할 수 없어서 일종의 타협안을 찾기로 결정할 때 발생할 수 있다. 미국 역사에서 이것이 처음 일어났던 때는 민주당의 경쟁자 중 누구도 승리하기 위해 필요한 총투표수의 3분의 2를 확보하지 못했던 1844년이었다. 여덟 차례의 헛된 선거 이후, 테네시의 주지사 James Polk가 후보자 명부에 추가되었다. 정당의 구성원들은 유력한 두 후보 중에서는 선택할 수 없다는 것을 받아들이고, Polk를 절충안으로 받아들였다.

① 강한 상대 ② 절충안
③ 질책 ④ 조건

**포인트 해설**

지문 앞부분에 '다크호스'는 정당의 구성원들이 누구를 대표로 지명할지에 대해 합의에 이르지 못했을 때 일종의 타협안으로 선택한 비교적 알려지지 않은 정치인을 묘사하는 용어라는 내용이 있으므로, '절충안'이라고 한 ②번이 답이다.

정답 ②

**어휘**

term 용어 relatively 비교적 nominate 지명하다
middle ground 타협안 contender 경쟁자 secure 확보하다; 안전한
futile 헛된 governor 주지사 ballot 후보자 명부 nemesis 강한 상대
compromise 절충안, 타협 reprimand 질책 stipulation 조건, 조항

## 08 독해 내용 일치 파악 난이도 중 ●●○

**다음 글의 내용과 일치하는 것은?**

In the early days of analog television, turning on your set to find a test pattern was a fairly common occurrence. Usually displayed in the morning before the day's shows started and at night after they ended, a test pattern was an image that was broadcast via a studio camera to help viewers receive the picture as it was intended to be received. If the pattern showed up in sharp focus and with good color resolution, the set was fine. However, if the transmitted image was blurred or fuzzy, it meant that something was wrong, and the television owner would have to manually rotate dials on the front of the television until the image became distinct. Essentially, test patterns helped people make sure their television sets were properly configured for optimal television viewing.

① Broadcasts of test patterns occurred during scheduled programs.
② TV stations used test patterns to properly configure studio cameras.
③ Airing test patterns would automatically adjust improperly configured TVs.
④ Test patterns provided a means for correctly adjusting television reception.

**해석**

아날로그 텔레비전의 초기 시절에는, 수상기를 틀었을 때 화면 조정용 도형이 보이는 것은 꽤 흔한 일이었다. 보통 하루의 방송이 시작되기 전인 아침과 방송이 끝난 후인 밤에 보여졌던 화면 조정용 도형은 시청자들이 화면을 의도된 대로 수신하도록 돕기 위해 방송국 카메라를 통해 방송되는 화면이었다. 만약 그 도형이 선명한 초점과 적절한 색상 해상도로 보였다면, 수상기는 괜찮은 것이었다. 하지만, 송신된 화면이 희미하거나 흐릿했다면, 그것은 무언가 잘못되었다는 것을 의미했고, 그 텔레비전의 주인은 영상이 뚜렷해질 때까지 텔레비전 앞에서 다이얼을 손으로 돌려야 했다. 기본적으로, 화면 조정용 도형은 사람들이 그들의 텔레비전 수상기가 최적의 텔레비전 시청을 위해 알맞게 설정되었는지를 확인하는 것을 도왔다.

① 화면 조정용 도형의 방송은 편성된 프로그램들 도중에 나타났다.
② TV 방송국은 방송국 카메라를 알맞게 설정하기 위해 화면 조정용 도형을 사용했다.
③ 화면 조정용 도형을 방송하는 것은 잘못 설정된 TV들을 자동으로 조정하곤 했다.
④ 화면 조정용 도형은 텔레비전 수신을 올바르게 조정하는 방법을 제공했다.

포인트 해설

④번의 키워드인 correctly adjusting(올바르게 조정하는)을 바꾸어 표현한 지문의 properly configured(알맞게 설정된) 주변의 내용에서, 화면 조정용 도형은 사람들이 그들의 텔레비전 수상기가 최적의 텔레비전 시청을 위해 알맞게 설정되었는지를 확인하는 것을 도왔다고 했으므로, ④ '화면 조정용 도형은 텔레비전 수신을 올바르게 조정하는 방법을 제공했다'가 지문의 내용과 일치한다.

[오답분석]

① 화면 조정용 도형은 하루의 방송이 시작되기 전인 아침과 끝난 후인 밤에 보여졌다고 했으므로, 화면 조정용 도형의 방송이 편성된 프로그램들 도중에 나타났다는 것은 지문의 내용과 다르다.

② 화면 조정용 도형은 시청자들이 화면을 의도된 대로 수신하도록 돕기 위해 방송국 카메라를 통해 방송되는 화면이었다고 했으므로, TV 방송국이 방송국 카메라를 알맞게 설정하기 위해 화면 조정용 도형을 사용했다는 것은 지문의 내용과 다르다.

③ 화면 조정용 도형의 화면이 희미하거나 흐릿하면 영상이 뚜렷해질 때까지 텔레비전 앞에서 다이얼을 손으로 돌려야 했다고 했으므로, 화면 조정용 도형을 방송하는 것 잘못 설정된 TV들을 자동으로 조정하곤 했다는 것은 지문의 내용과 다르다.

정답 ④

어휘

test pattern 화면 조정용 도형 resolution 해상도, 결심 transmit 송신하다
blurred 희미한 fuzzy 흐릿한 manually 손으로 rotate 돌리다, 회전시키다
distinct 뚜렷한 configure (환경을) 설정하다 optimal 최적의 air 방송하다
adjust 조정하다 reception 수신

## 09 독해 문단 순서 배열 난이도 하 ●○○

**주어진 문장 다음에 이어질 글의 순서로 가장 적절한 것은?**

In modern times, people rely on the Internet for all manner of economic activity, such as working, shopping, and investing.

(A) In fact, Nobel Prize winning economist Paul Krugman famously quipped that the economic impact of the Internet was likely to be less than that of the fax machine.

(B) During the dot-com bubble of the late 1990s, however, its significance was more doubtful, as the collapse of many of the largest online retailers made online shopping appear to have been a fad.

(C) This prediction was clearly inaccurate, as today, the Internet dominates the economy, constituting millions of jobs and trillions of dollars in economic activity.

① (A) – (B) – (C) ② (B) – (A) – (C)
③ (B) – (C) – (A) ④ (C) – (A) – (B)

해석

현대에, 사람들은 일, 쇼핑, 그리고 투자 같은 모든 종류의 경제 활동을 인터넷에 의존한다.

(A) 실제로, 노벨상을 수상한 경제학자 Paul Krugman은 인터넷의 경제적 영향이 팩스기의 영향보다 적을 것 같다는, 유명한 우스갯소리를 했다.

(B) 하지만, 1990년대 후반의 닷컴 버블 동안, 많은 대형 온라인 유통업체들의 실패가 온라인 쇼핑을 일시적인 유행이었던 것처럼 보이게 만들었기 때문에, 그것의 중요성은 더욱 의심스러웠다.

(C) 오늘날, 인터넷이 경제를 지배하며, 수백만 개의 일자리와 수조 달러의 경제 활동을 구성하고 있기 때문에, 이 예측은 명백히 잘못된 것이었다.

포인트 해설

주어진 문장에서 현대에 사람들은 모든 종류의 경제 활동을 인터넷에 의존한다고 언급한 뒤, (B)에서 하지만(however) 1990년대 후반의 닷컴 버블 동안, 많은 대형 온라인 유통업체들의 실패가 인터넷의 중요성을 의심스럽게 만들었다고 설명하고 있다. 이어서 (A)에서 실제로(In fact) 노벨상을 수상한 경제학자 Paul Krugman은 인터넷의 영향이 팩스기의 영향보다 적을 것 같다고 우스갯소리를 했다고 한 후, (C)에서 오늘날 인터넷이 경제를 지배하고 있으므로 이 예측(This prediction)은 명백히 잘못된 것이었다고 언급하고 있다. 따라서 ② (B) – (A) – (C)가 정답이다.

정답 ②

어휘

quip 우스갯소리를 하다, 빈정대다 significance 중요성, 의의
doubtful 의심스러운, 확신이 없는 collapse 실패, 붕괴
retailer 유통업체, 소매점 fad (일시적인) 유행, 변덕 prediction 예측
inaccurate 잘못된, 부정확한 dominate 지배하다
constitute 구성하다, 제정하다

## 10 독해 내용 불일치 파악 난이도 중 ●●○

**다음 글의 내용과 일치하지 않는 것은?**

Before a spacecraft can be sent to another planet, scientists must consider the vehicle's launch window. This is the period of time during which it is safe to launch the spacecraft. It is determined by taking into account the Earth's rotation and orbit speeds in relation to the projected location of the target planet. Earth spins on its axis at approximately 1,600 kilometers an hour and orbits the Sun at 107,000 kilometers per hour. Meanwhile, the destination planet also moves in an elliptical orbit around the Sun. Waiting for the time at which the ship can be pointed in the same direction that the Earth is moving will ensure that it takes the most efficient path. If the measurements are off even a little bit, the spacecraft will end up missing the planet. A spacecraft that is aimed incorrectly will be forced to follow the target planet on the same path. Catching up could be possible eventually, but the spacecraft would likely run out of fuel first.

① A launch window is dependent upon Earth's movement and the destination's location.
② Earth revolves around the sun at 1,600km/h.
③ Properly calculating the rocket's direction helps guarantee the most efficient trajectory.
④ A spacecraft would likely run out of fuel if it misses its target planet.

**해석**

우주선이 다른 행성으로 발사될 수 있기 전에, 과학자들은 반드시 우주선의 발사 가능 시간대를 고려해야 한다. 이것은 우주선을 발사하기에 안전한 시간대이다. 이것은 목표 행성의 예상되는 위치와 비교하여 지구의 자전과 궤도 속도를 고려하여 결정된다. 지구는 축을 중심으로 시속 약 1,600킬로미터로 회전하고 시속 107,000킬로미터로 태양의 궤도를 돈다. 그 사이에, 목적지 행성 또한 태양 주변을 타원형의 궤도를 따라 이동한다. 우주선이 지구가 이동하고 있는 것과 같은 방향으로 향할 수 있는 시간을 기다리는 가장 효율적인 경로로 가는 것을 보장할 것이다. 만약 측정이 조금이라도 벗어난다면, 우주선은 결국 그 행성을 빗나가게 될 것이다. 부정확하게 조준된 우주선은 목표 행성을 동일한 경로로 따라갈 수밖에 없을 것이다. 언젠가는 따라잡는 것이 가능할 수도 있지만, 우주선의 연료가 먼저 고갈될 가능성이 있다.

① 발사 가능 시간대는 지구의 움직임과 목적지의 위치에 달려 있다.
② 지구는 태양 주변을 시속 1,600킬로미터로 회전한다.
③ 로켓의 방향을 정확히 계산하는 것은 가장 효율적인 궤도를 보장하도록 돕는다.
④ 만약 우주선이 그것의 목표 행성을 놓친다면 그것은 아마 연료가 고갈될 것이다.

**포인트 해설**

②번의 키워드인 Earth revolves(지구는 회전한다)를 바꾸어 표현한 지문의 Earth spins(지구는 회전한다) 주변의 내용에서, 지구는 축을 중심으로 시속 약 1,600킬로미터로 회전하고 시속 107,000킬로미터로 태양의 궤도를 돈다고 했으므로, ② '지구는 태양 주변을 시속 1,600킬로미터로 회전한다'가 지문의 내용과 다르다.

정답 ②

**어휘**

spacecraft 우주선 launch window 발사 가능 시간대
take into account ~을 고려하다 rotation 자전 orbit 궤도; 궤도를 돌다
in relation to ~와 비교하여 projected 예상되는 axis 축, 중심선
elliptical 타원형의 measurement 측정 aim 조준하다, 목표로 하다
run out of ~이 고갈되다 revolve 회전하다, 돌다 guarantee 보장하다
trajectory 궤도

# DAY 02 하프모의고사 02회

## 해커스 공무원시험연구소 총평

| | |
|---|---|
| 난이도 | 어휘 영역에 난이도 높은 표현을 묻는 문제가 출제된 것을 제외하면 대체로 무난한 난이도의 회차입니다. |
| 어휘·생활영어 영역 | 2번 문제처럼 밑줄 친 단어의 유의어를 묻는 문제의 경우, 밑줄 친 단어를 모른다 할지라도 앞뒤 문장의 문맥을 파악하여 오답을 소거해 나갈 수 있습니다. |
| 문법 영역 | 4번 문제의 정답 포인트인 혼합 가정법과 같이 암기가 필요한 개념은 평소 꼼꼼히 학습해 두는 것이 가장 중요합니다. '이것도 알면 합격!'을 통해 연관 개념인 가정법 관련 표현까지 확실히 익혀 두도록 합니다. |
| 독해 영역 | 9번 문제의 경우, 빈칸 바로 뒷부분에 제공된 단서를 통해 정답을 빠르게 고를 수 있었습니다. 이렇듯 빈칸 완성 유형은 지문에서 정답에 대한 단서를 얼마나 빨리 찾을 수 있는지가 관건이라고 볼 수 있습니다. |

## 정답

| | | | | | |
|---|---|---|---|---|---|
| 01 | ① | 어휘 | 06 | ④ | 독해 |
| 02 | ③ | 어휘 | 07 | ② | 독해 |
| 03 | ③ | 문법 | 08 | ② | 독해 |
| 04 | ① | 문법 | 09 | ① | 독해 |
| 05 | ② | 생활영어 | 10 | ① | 독해 |

## 취약영역 분석표

| 영역 | 맞힌 답의 개수 |
|---|---|
| 어휘 | /2 |
| 생활영어 | /1 |
| 문법 | /2 |
| 독해 | /5 |
| TOTAL | **/10** |

## 01 어휘 brush up on 난이도 상 ●●●

**밑줄 친 부분에 들어갈 말로 가장 적절한 것은?**

She was ___________ the editing program, as the position requires that applicants know how to use it well.

① brushing up on ② growing out of
③ holding out for ④ filling up with

**해석**

그 일자리는 지원자들이 그것을 사용하는 법을 잘 알 것을 필요로 하기 때문에, 그녀는 편집 프로그램을 복습하고 있었다.

① ~을 복습하고 있는 ② ~을 그만두고 있는
③ ~을 끝까지 주장하고 있는 ④ ~로 가득 채우고 있는

정답 ①

**어휘**

applicant 지원자 brush up on ~을 복습하다, 실력을 갈고 닦다
grow out of (나이가 들면서) ~을 그만두다, ~에서 발달하다
hold out for ~을 끝까지 주장하다 fill up with ~로 가득 채우다

**이것도 알면 합격!**

brush up on(~을 복습하다)과 유사한 의미의 표현
= review, polish up, go over

## 02 어휘 rigidity = strictness 난이도 중 ●●○

**밑줄 친 부분의 의미와 가장 가까운 것은?**

Alternative schools are slowly gaining popularity in some areas as parents are beginning to realize that their children might perform better in an environment with less rigidity.

① autonomy ② intrusion
③ strictness ④ flexibility

**해석**

학부모들이 그들의 자녀가 엄격함이 덜한 환경에서 더 잘 성취할 수도 있다는 것을 깨닫기 시작함에 따라, 일부 지역에서 대안 학교가 서서히 인기를 얻고 있다.

① 자율성 ② 침범
③ 엄격함 ④ 유연성

정답 ③

**어휘**

alternative 대안의; 대안 popularity 인기 rigidity 엄격함, 경직
autonomy 자율성, 자치권 intrusion 침범 strictness 엄격함, 가혹함
flexibility 유연성, 적응성

이것도 알면 합격!

rigidity(엄격함)의 유의어
= stringency, rigorousness, severity, harshness

## 03 문법 수동태 | 동명사 | 시제 | 형용사 난이도 하 ●○○

**밑줄 친 부분 중 어법상 옳지 않은 것은?**

According to most scientists, ① developing manufacturing and transportation has resulted in land, water and air contamination. Unfortunately, it took them many years to recognize the environmental damage that these two factors ② have caused. Factories and motorized vehicles had pumped out pollutants for nearly a century before the problem ③ identified. This long wait caused an ④ unmitigated disaster that will take many years to clean up.

**해석**

대부분의 과학자들에 의하면, 제조업과 운송업을 발달시키는 것은 토지, 수질, 그리고 대기 오염을 초래해 왔다. 안타깝게도, 이 두 가지 요인이 야기해 온 환경적인 피해를 인식하는 데 오랜 세월이 걸렸다. 공장과 엔진이 달린 운송 수단은 문제가 확인되기까지 약 한 세기 동안 오염 물질을 배출해 왔다. 이 긴 기다림은 정화하는 데 오랜 세월이 걸릴, 누그러지지 않는 재앙을 야기했다.

**포인트 해설**

③ **능동태·수동태 구별** 주어(the problem)와 동사가 '문제가 확인되다'라는 의미의 수동 관계이므로, 능동태 identified를 수동태 was identifed로 고쳐야 한다.

[오답분석]

① **동명사의 역할** 동사(has resulted)의 주어 자리에 명사 역할을 하는 동명사 developing이 올바르게 쓰였다.

② **현재완료 시제** '이 두 가지 원인이 야기해 왔다'라며 과거에 시작된 일이 현재까지 계속되고 있음을 표현하고 있으므로, 현재완료 시제 have caused가 올바르게 쓰였다.

④ **형용사 자리** 명사(disaster)를 앞에서 수식하는 것은 형용사이므로 명사 disaster 앞에 형용사 unmitigated가 올바르게 쓰였다.

정답 ③

**어휘**

manufacturing 제조업 factor 요인 motorized 엔진이 달린
pollutant 오염 물질 unmitigated 누그러지지 않는, 순전한

이것도 알면 합격!

수동태로 쓸 수 없는 타동사들이 있다는 것도 알아 두자.

| | |
|---|---|
| resemble 닮다 | suit 잘 맞다, 어울리다 |
| cost (비용이) ~들다 | become ~에 어울리다 |
| lack ~이 부족하다 | let ~하게 하다 |
| fit ~에 맞다 | equal ~과 같다 |

## 04 문법 가정법 | 부사 | to 부정사 | 관계절 난이도 중 ●●○

**어법상 옳은 것은?**

① If he had heard the announcement, he would be much happier now.
② I was such sleepy that I couldn't keep my eyes open.
③ She teaches her students by allowing them ask questions in class.
④ We live in the city, which it is always crowded.

**해석**

① 그가 그 소식을 들었더라면, 그는 지금 훨씬 더 행복할 텐데.
② 나는 너무 졸려서 눈을 뜨고 있을 수가 없었다.
③ 그녀는 수업 시간에 학생들이 질문을 하게 함으로써 그들을 가르친다.
④ 우리는 도시에 사는데, 이곳은 언제나 붐빈다.

**포인트 해설**

① **혼합 가정법** 문맥상 '그가 그 소식을 들었더라면, 그는 지금 훨씬 더 행복할 텐데'라는 의미로 if절에서는 과거 상황의 반대를 표현하고 있지만, 주절에는 현재임을 나타내는 now가 있으므로 혼합 가정법 'If + 주어 + had p.p., 주어 + would + 동사원형' 형태가 와야 한다. 따라서 If he had heard ~, he would be ~가 올바르게 쓰였다.

[오답분석]

② **혼동하기 쉬운 형용사와 부사** 형용사(sleepy)를 앞에서 수식하는 것은 부사이므로 형용사 such를 부사 so로 고쳐야 한다.

③ **to 부정사를 취하는 동사** 동사 allow는 to 부정사를 목적격 보어로 취하는 동사이므로 원형 부정사 ask를 to 부정사 to ask로 고쳐야 한다.

④ **관계부사와 관계대명사 비교** 선행사가 장소(the city)를 나타내고, 관계사 뒤에 완전한 절(it is always crowded)이 왔으므로 관계대명사 which를 장소를 나타내는 선행사와 함께 쓰이며 완전한 절을 이끄는 관계부사 where로 고쳐야 한다.

정답 ①

**어휘**

announcement 소식, 발표 crowded 붐비는

이것도 알면 합격!

자주 쓰이는 가정법 관련 표현들을 알아 두자.

| | |
|---|---|
| What if ~하면 어쩌지 | if anything 사실은 |
| if at all 기왕에 ~할 거면 | if not all 전부는 아니지만 |
| if any 만약에 있다면, 만일 있다 해도 | |
| as it were(= so to speak) 말하자면 | |

## 05 생활영어 There's no time like the present.

난이도 중 ●●○

**밑줄 친 부분에 들어갈 말로 가장 적절한 것은?**

A: Have you finished your essay for English Literature yet?
B: Uh, not exactly. I've been having a tough time getting through all the articles.
A: Have you even started on it? You know it's due in two days. Look, I'll help you with the research.
B: Really? Thanks a lot! Should we start on it after dinner tonight?
A: ______________________. Come on, let's go to the library.
B: Now? I guess you're right. Let me get my backpack.

① A watched pot never boils
② There's no time like the present
③ There's no place like home
④ The pen is mightier than the sword

**해석**

A: 너 영문학 과제물을 아직 안 끝냈니?
B: 음, 아니. 나는 모든 글들을 살펴보느라 애를 쓰고 있어.
A: 시작하기는 했어? 이틀 후가 마감일인 거 알고 있잖아. 이봐, 내가 조사를 도와줄게.
B: 진짜? 정말 고마워! 오늘 저녁 식사 후에 시작할까?
A: 지금이 가장 좋을 때야. 서둘러, 도서관으로 가자.
B: 지금? 네 말이 맞는 것 같아. 가방을 가져올게.

① 주전자도 지켜보면 잘 끓지 않아
② 지금이 가장 좋을 때야
③ 집보다 좋은 곳은 없어
④ 펜은 칼보다 강해

**포인트 해설**

영문학 과제물을 위해 조사를 도와주겠다는 A의 말에 대해 B가 고맙다고 하며 Should we start on it after dinner tonight?(오늘 저녁 식사 후에 시작할까?)이라고 묻자, 빈칸 뒤에서 A가 Come on, let's go to the library(서둘러, 도서관으로 가자)라고 말하고 있으므로, '지금이 가장 좋을 때야'라는 의미의 ② 'There's no time like the present'가 정답이다.

정답 ②

**어휘**

A watched pot never boils. 주전자도 지켜보면 잘 끓지 않는다.(서두른다고 일이 되지는 않는다.)
The pen is mightier than the sword. 펜은 칼보다 강하다.

**이것도 알면 합격!**

기한에 대해 말할 때 쓸 수 있는 다양한 표현들을 알아 두자.

- There's no time to lose. 지체할 시간이 없어요.
- I guess we're out of time. 우리 시간이 없는 것 같아.
- The deadline is coming. 마감 기한이 다가오고 있어요.
- I won't be able to finish by the deadline. 기한까지 완성하지 못할 것 같아요.

## 06 독해 주제 파악

난이도 중 ●●○

**다음 글의 주제로 가장 적절한 것은?**

Capital punishment, practiced in 37 countries, is a subject of ongoing debate. Supporters argue that it provides closure for victims' families who seek justice, represents a proportional response to heinous crimes, and serves as a potential deterrent against future offenses. They contend that it underscores society's commitment to valuing human life by holding individuals accountable for their actions. On the other hand, opponents assert that it has not consistently deterred murderers, and they raise moral concerns about state-sanctioned killing, suggesting that it may demonstrate a degree of hypocrisy in condemning killing while executing criminals. Additionally, critics argue that the extensive legal processes and appeals associated with capital punishment cases make it a more costly option compared to life imprisonment. The debate over capital punishment remains complex, with both sides presenting valid arguments that deserve careful consideration in shaping future policies.

① policy changes related to capital punishment
② legal processes that are considered ineffective
③ how to hold people accountable in a society
④ the controversy over the use of capital punishment

**해석**

37개국에서 시행되고 있는 사형 제도는 지속적인 논쟁의 주제이다. 지지자들은 그것이 정의를 요구하는 피해자의 가족들에게 끝맺음을 제공하고, 극악무도한 범죄에 비례하는 대응을 나타내며, 미래의 범죄에 대한 잠재적인 억제책의 역할을 한다고 주장한다. 그들은 그것이 개인들에게 그들의 행동에 대한 책임을 물음으로써 인간의 생명을 가치 있게 여기는 것에 대한 사회의 헌신을 강조한다고 주장한다. 반면, 반대자들은 그것이 일관되게 살인자들을 저지하지 못했다고 주장하며, 국가에 의해 허가된 살인에 대해 도덕적인 우려를 제기하는데, 이는 그것이 범죄자들을 처형하는 동시에 살인을 비난하는 것에 담긴 어느 정도의 위선을 보여 줄 수 있다는 것을 시사한다. 게다가, 비판하는 사람들은 사형 사건과 관련된 광범위한 법적 절차와 항소가 종신형에 비해 그것을 더 큰 비용이 드는 선택지로 만든다고 주장한다. 사형 제도에 대한 논쟁은 여전히 복잡한데, 양측은 미래의 정책을 형성하는 데 있어 신중하게 고려할 가치가 있는 타당한 주장들을 제시하고 있다.

① 사형 제도와 관련된 정책 변화
② 실효성이 없다고 판단되는 법적 절차
③ 한 사회에서 사람들에게 책임을 묻는 방법
④ 사형 제도의 사용에 대한 논란

**포인트 해설**

지문 앞부분에서 사형 제도는 지속적인 논쟁의 주제라고 언급한 후, 지문 전반에 걸쳐 사형 제도의 지지자들과 반대자들의 의견을 차례로 설명하면서, 양측 모두 미래의 정책을 형성하는 데 있어 신중하게 고려할 가치가 있는 타당한 주장들을 제시하고 있다고 주장하고 있다. 따라서 ④ '사형 제도의 사용에 대한 논란'이 이 글의 주제이다.

정답 ④

**어휘**

capital punishment 사형 (제도) practice 시행하다, 연습하다
ongoing 지속적인, 진행 중인 debate 논쟁; 논의하다 closure 끝맺음, 종결
victim 피해자 proportional 비례하는 heinous 극악무도한
deterrent 억제책, 방해물 offense 범죄 contend 주장하다, 싸우다
underscore 강조하다 commitment 헌신, 책임
hold accountable for ~에 대한 책임을 묻다 opponent 반대자
assert 주장하다 consistently 일관되게, 항상
deter 저지하다, 단념시키다 murderer 살인자 moral 도덕적인
concern 우려, 걱정; 영향을 미치다 sanction 허가하다, 제재를 가하다; 제재
hypocrisy 위선 condemn 비난하다 execute 처형하다, 실행하다
critic 비판하는 사람, 비평가 extensive 광범위한
appeal 항소, 매력; 호소하다 life imprisonment 종신형 valid 타당한
deserve 가치가 있다 consideration 고려 (사항) controversy 논란

## 07 독해 빈칸 완성 - 단어 난이도 중 ●●○

**밑줄 친 부분에 들어갈 말로 가장 적절한 것은?**

A major political shift has occurred across the southern US. Emboldened by the great strides that have been made towards equality over the last generation, many social justice advocates have called for the removal of statues of Confederate military leaders. According to these people, the monuments are memorials of racial oppression and genocide. In response, many cities have begun to remove the statues from their public spaces. However, this has caused a backlash from other residents who think that the removals are an attempt to erase history and deny the South's unique heritage. With such strong feelings on both sides of the issue, it will clearly continue to be ____________.

① confirmed ② debated
③ obliterated ④ encouraged

**해석**

미국 남부의 전역에서 중대한 정치적 변화가 일어나 왔다. 지난 세대 동안 평등을 향해 이루어진 큰 진전에 용기를 얻은 많은 사회 정의 지지자들이 연합군 지도자의 동상 철거를 요구해 왔다. 이 사람들에 따르면, 그 기념물은 인종 차별과 집단 학살의 기념비이다. 이에 응하여, 많은 도시들이 공공 장소에서 그 동상들을 철거하기 시작했다. 하지만, 이것은 그 철거가 역사를 지우고 남부의 독특한 유산을 부인하려는 시도라고 생각하는 다른 주민들로부터 반발을 야기했다. 그 쟁점에 대한 양측의 이처럼 강경한 태도로 인해, 그것은 분명 계속해서 논의될 것이다.

① 확인된 ② 논의된
③ 없어진 ④ 격려받는

**포인트 해설**

지문 전반에 걸쳐 미국 남부에서 많은 사회 정의 지지자들은 연합군 지도자의 동상 철거를 요구한 반면, 일부 주민들은 그 철거가 역사를 지우고 남부의 독특한 유산을 부인하려는 시도라고 생각하며 반발했다고 언급하고 있으므로, 그 쟁점에 대한 양측의 강경한 태도로 인해 그것은 분명 계속해서 '논의될' 것이라고 한 ②번이 정답이다.

정답 ②

**어휘**

major 중대한, 주요한 embolden 용기를 주다 stride 진전, 진보
advocate 지지자, 옹호자 call for ~을 요구하다, ~을 필요로 하다
statue 동상, 조각상 monument 기념물 memorial 기념비
racial oppression 인종 차별 genocide 집단 학살 backlash 반발
removal 철거, 제거 erase 지우다, 없애다 deny 부인하다 heritage 유산
confirm 확인하다 obliterate 없애다

## 08 독해 문장 삽입 난이도 중 ●●○

**주어진 문장이 들어갈 위치로 가장 적절한 곳은?**

These distressing incidents, far from bringing her down, spurred her to action.

Kalpana Saroj's story is a real-life example of an underdog triumphing in the face of immeasurable adversity. Saroj's life began as a member of the lowest caste in India, referred to as the untouchables. ( ① ) As a part of this inferior class, she was frequently beaten up by children of higher castes, denied entry into peoples' homes, and altogether ostracized. ( ② ) The determined young woman first moved to Mumbai and began working as a seamstress, making less than a dollar a month. ( ③ ) After saving her meager earnings, she opened her own modest store that eventually became hugely successful. ( ④ ) This woman, once undervalued by society, is now a savvy entrepreneur who owns shopping malls and factories.

**해석**

이 비참한 일들은 그녀를 전혀 낙담시키지 않았고, 오히려 그녀가 행동하도록 자극했다.

Kalpana Saroj의 이야기는 헤아릴 수 없는 역경에도 불구하고 성공한 한 약자의 실제 사례이다. Saroj의 삶은 불가촉천민이라고 일컬어지는 인도의 가장 낮은 계층의 일원으로 시작되었다. ① 이 하위 계층의 일원으로서, 그녀는 더 높은 계층의 아이들에게 자주 맞았고, 사람들의 집에 출입하는 것

을 거부당했으며, 완전히 배척당했다. ② 굳게 결심한 이 젊은 여성은 먼저 뭄바이로 이사하여 재봉사로 일하기 시작했고, 한 달에 1달러 이하를 벌었다. ③ 자신의 변변찮은 소득을 저축한 끝에, 그녀는 결국 크게 성공하게 된 자신의 소규모 가게를 열었다. ④ 한때 사회에 의해 경시되었던 이 여성은 이제 쇼핑몰과 공장을 소유한 영리한 기업가이다.

**포인트 해설**

②번 앞 문장에 하위 계층에 속한 그녀는 높은 계층의 아이들에게 부당한 대우를 받았고, 사람들로부터 완전히 배척당했다는 내용이 있고, ②번 뒤 문장에 굳게 결심한 그녀는 뭄바이로 이사하여 재봉사로 일하기 시작했다는 내용이 있으므로, ②번 자리에 이 비참한 일들(These distressing incidents)은 그녀를 전혀 낙담시키지 않았고, 오히려 그녀가 행동하도록 자극했다는 내용, 즉 그녀가 뭄바이로 이사하여 재봉사로 일을 하기 시작한 이유를 설명하는 주어진 문장이 나와야 지문이 자연스럽게 연결된다.

정답 ②

**어휘**

distressing 비참한 spur 자극하다 underdog 약자, 약체
triumph 성공하다 immeasurable 헤아릴 수 없는 adversity 역경
caste 계층, 지위 untouchable 불가촉천민; 건드릴 수 없는
ostracize 배척하다, 외면하다 determined 굳게 결심한
seamstress 재봉사 meager 변변찮은, 메마른 undervalue 경시하다
savvy 영리한 entrepreneur 기업가

## 09 독해 빈칸 완성 - 구 난이도 하 ●○○

**밑줄 친 부분에 들어갈 말로 가장 적절한 것은?**

> The referees of Japanese sumo wrestling go through years of strenuous training to ensure they do not commit the ultimate sin, an erroneous judgment. In ancient times, it was considered such a serious offense that umpires frequently took their own lives in shame. Though the consequences of a bad ruling are no longer fatal, if it happens these days, the referee __________________. Everyone in the wrestling community knows it will happen, usually immediately after the match. The referee cannot be deterred from walking away since it is considered the honorable action to take. Even the most senior judges who have worked flawlessly for decades are not exempt; while their lives may not be over as it might have been in the past, their lifelong careers are.

① is expected to resign
② has to endure punishment
③ is humiliated by others
④ apologizes to the fans

**해석**

일본 스모 경기의 심판들은 잘못된 판단이라는 최악의 잘못을 절대 범하지 않기 위해 수년간 몹시 힘든 훈련을 거친다. 고대에, 이것은 심판들이 흔히 수치심으로 스스로 목숨을 끊을 정도로 심각한 죄로 여겨졌다. 그릇된 판결의 결과가 더 이상 죽음을 초래하지는 않지만, 오늘날 그것(잘못된 판단)이 발생하면 심판은 사임할 것이 요구된다. 씨름계의 모든 사람은 보통 경기가 끝난 직후에 그것이 발생하리라는 것을 알고 있다. 심판이 물러나는 것은 명예로운 행동이라고 여겨지기 때문에 그것을 단념하게 할 수는 없다. 수십 년 동안 완벽하게 일해 왔던 최고참 심판들조차 면제되지 않는다. 과거에 그러했던 것처럼 그들의 삶이 끝나지 않을 수는 있지만, 그들의 평생의 경력은 끝이 난다.

① 사임할 것이 요구된다
② 처벌을 견뎌야 한다
③ 다른 사람들로부터 굴욕을 당한다
④ 팬들에게 사과한다

**포인트 해설**

빈칸 뒷부분에 심판이 잘못된 판결을 하게 되면 물러나는 것이 명예로운 행동이며, 과거와는 달리 목숨은 유지할 수 있지만 심판으로서의 경력은 끝이 난다는 내용이 있으므로, 심판은 '사임할 것이 요구된다'고 한 ①번이 정답이다.

정답 ①

**어휘**

referee 심판 strenuous 몹시 힘든 commit 범하다, 저지르다
ultimate 최악의, 궁극적인 erroneous 잘못된 offense 죄
umpire 심판 take one's own life 스스로 목숨을 끊다
shame 수치심 fatal 죽음을 초래하는 deter 단념하게 하다
honorable 명예로운 flawlessly 완벽하게, 흠 없이 exempt 면제되는
resign 사임하다 humiliate 굴욕을 주다

## 10 독해 내용 불일치 파악 난이도 중 ●●○

**다음 글의 내용과 일치하지 않는 것은?**

> Most students' vision problems are correctable by glasses or other types of corrective lenses. Vision loss is considered a disability only if it is not correctable. It is estimated that approximately 1 out of every 1,000 children has a vision disability. Individuals with such disabilities are usually referred to as blind or vision impaired. It is a misconception to assume that individuals who are legally blind have no sight. More than 80 percent of students who are legally blind can read large-or regular-print books. This implies that many students with vision loss can be taught by means of a modification of usual teaching materials. Classroom teachers should be aware of the signs that indicate that a child is having a vision problem.

① A majority of legally blind students can participate in class with the help of corrective lenses.
② Not every student with vision loss suffers a vision disability.
③ Students with vision loss can be taught with modified class materials.
④ Educators should pay more attention to children with a vision problem in class

해석

대부분의 학생들의 시력 문제들은 안경과 다른 종류의 교정 렌즈에 의해 교정이 가능하다. 시력 상실은 그것이 교정 가능하지 않는 경우에만 신체장애로 여겨진다. 대략 1,000명의 어린이 중 1명이 시력 장애를 가지고 있다고 추정된다. 이러한 장애를 가진 사람들은 주로 맹인이나 시각 장애가 있다고 언급된다. 법적으로 맹인인 사람들이 시력이 전혀 없다고 추측하는 것은 잘못된 생각이다. 법적으로 맹인인 학생의 80퍼센트 이상이 크거나 또는 중간 크기 글씨로 인쇄된 책을 읽을 수 있다. 이것은 시력 상실을 겪는 많은 학생들이 일반적인 교육 자료의 변경을 통해 가르쳐질 수 있다는 것을 암시한다. 담임교사들은 아이가 시력 문제를 가지고 있다는 것을 나타내는 신호를 알아차려야 한다.

① 법적으로 맹인인 학생들의 대다수가 교정 렌즈의 도움으로 수업에 참여할 수 있다.
② 시력 상실이 있는 모든 학생들이 시력 장애를 겪는 것은 아니다.
③ 시력 상실이 있는 학생들은 변경된 수업 자료로 가르쳐질 수 있다.
④ 교육자들은 학급에서 시력 문제가 있는 아이들에게 더욱 주의를 기울여야 한다.

포인트 해설

①번의 키워드인 corrective lenses(교정 렌즈)가 그대로 언급된 지문 주변의 내용에서 시력 문제들이 안경과 다른 종류의 교정 렌즈에 의해 교정이 가능하다고는 했지만, ① '법적으로 맹인인 학생들의 대다수가 교정 렌즈의 도움으로 수업에 참여할 수 있'는지는 알 수 없다.

**정답 ①**

어휘

**vision** 시력, 보이는 것 **correctable** 교정 가능한 **disability** 신체장애
**estimate** 추정하다; 추정 **refer to** 언급하다, ~와 관련 있다
**impaired** 장애가 있는, 손상된 **misconception** 잘못된 생각, 오해
**by means of** ~을 통해, ~의 도움으로 **modification** 변경, 수정

구문 분석

It is estimated / that approximately 1 out of every 1,000 children has a vision disability.

: 이처럼 긴 진짜 주어를 대신해 가짜 주어 it이 주어 자리에 온 경우, 가짜 주어 it은 해석하지 않고 뒤에 있는 진짜 주어 that이 이끄는 절(that ~ a vision disability)을 가짜 주어 it의 자리에 넣어 '주어가 동사하다는 것은'이라고 해석한다.

# DAY 03 하프모의고사 03회

## 해커스 공무원시험연구소 총평

| | |
|---|---|
| 난이도 | 전반적으로 평이하게 출제되어 시간에 쫓기지 않고 풀 수 있는 회차입니다. |
| 어휘·생활영어 영역 | 3번 문제는 비교적 짧고, 보기에 관용 표현도 출제되지 않아 정답을 고르는 데 어려움이 없었을 것입니다. 이처럼 난이도가 상당히 낮은 생활영어 문제는 절대 틀려서는 안 됩니다. |
| 문법 영역 | 5번 문제의 ①, ②번 보기에 출제된 비교 구문 포인트의 경우 국가직/지방직 시험에 꾸준히 출제되어 왔으므로, 반드시 학습해 두어야 합니다. |
| 독해 영역 | 7번 문제와 같은 문장 삽입 유형의 경우 지문의 길이가 길더라도 정관사나 접속부사 등의 단서를 이용해 풀이 시간을 단축할 수 있으므로, 이에 유의하며 지문을 읽도록 합니다. |

## 정답

| | | | | | |
|---|---|---|---|---|---|
| 01 | ④ | 어휘 | 06 | ③ | 독해 |
| 02 | ① | 어휘 | 07 | ④ | 독해 |
| 03 | ② | 생활영어 | 08 | ① | 독해 |
| 04 | ③ | 문법 | 09 | ③ | 독해 |
| 05 | ② | 문법 | 10 | ④ | 독해 |

## 취약영역 분석표

| 영역 | 맞힌 답의 개수 |
|---|---|
| 어휘 | /2 |
| 생활영어 | /1 |
| 문법 | /2 |
| 독해 | /5 |
| TOTAL | **/10** |

### 01 어휘 stand by 난이도 중 ●●○

**밑줄 친 부분에 들어갈 말로 가장 적절한 것은?**

Everyone thinks it's a bad idea for my brother to quit his job, but I ________ his decision because it's what he wants to do.

① stand in ② stand out
③ stand for ④ stand by

**해석**

모두가 내 남동생이 직장을 그만두는 것이 좋지 않은 생각이라고 여기지만, 그것이 그가 하고 싶은 것이기 때문에 나는 그의 결정을 지지한다.

① ~를 대신한다 ② ~로서 두드러진다
③ ~을 의미한다 ④ ~을 지지한다

정답 ④

**어휘**

stand in ~를 대신하다 stand out ~로서 두드러지다
stand for ~을 의미하다 stand by ~을 지지하다, 대기하다

**이것도 알면 합격!**

stand by(~을 지지하다)와 유사한 의미의 표현
= support, defend, uphold, stand up for, advocate for

### 02 어휘 describe = illustrate 난이도 하 ●○○

**밑줄 친 부분의 의미와 가장 가까운 것은?**

An insensitive commercial by a web-hosting company concerning the sale of sportswear online brought about public outrage. The spokesperson for the company described its intentions with the light-hearted ad, but admitted that it was handled badly.

① illustrated ② confessed
③ justified ④ verified

**해석**

스포츠 의류 온라인 판매와 관련된 한 웹 호스팅 회사의 무신경한 광고가 대중의 분노를 야기했다. 그 회사의 대변인은 편한 마음으로 즐기게 하기 위한 광고라고 그것의 의도를 서술했지만, 그것이 잘못 다루어졌다는 것을 인정했다.

① 설명했다 ② 자백했다
③ 정당화했다 ④ 확인했다

정답 ①

**어휘**

insensitive 무신경한 commercial 광고 outrage 분노, 격분
describe 서술하다, 묘사하다 light-hearted 편한 마음으로 즐기게 하기 위한
illustrate 설명하다, 삽화를 쓰다 confess 자백하다, 인정하다
justify 정당화하다 verify 확인하다

이것도 알면 **합격!**

describe(서술하다)의 유의어
= depict, expound, clarify, elaborate

## 03 생활영어 I'd like to run some tests. 난이도 하 ●○○

**밑줄 친 부분에 들어갈 말로 가장 적절한 것은?**

A: Thanks for coming in again. How have you been feeling?
B: Not too good. I'm still tired all the time and can't eat.
A: OK. In that case, ______________________.
B: Sure, no problem. I hope it's nothing too serious.
A: I think we'll be able to tell once we get the results.

① you have to take a make-up exam
② I'd like to run some tests
③ it was beyond my ability
④ I got the medication there

**해석**

A: 다시 와 주셔서 감사합니다. 어떻게 지내셨나요?
B: 별로 좋지 않아요. 여전히 늘 피곤하고 먹을 수가 없어요.
A: 그렇군요. 그렇다면, 몇 가지 검사를 해 보고 싶어요.
B: 네, 그래요. 너무 심각한 것이 아니었으면 좋겠네요.
A: 결과를 받아보면 알 수 있을 거라고 생각해요.

① 당신은 추가 시험을 치러야 해요
② 몇 가지 검사를 해 보고 싶어요
③ 그것은 제 능력 밖의 일이었어요
④ 저는 약을 저기서 받았어요

**포인트 해설**

어떻게 지냈는지 묻는 A의 말에 대해 B가 별로 좋지 않다고 하며 여전히 늘 피곤하고 먹을 수가 없다고 대답한 후, 빈칸 뒤에서 다시 B가 Sure, no problem. I hope it's nothing too serious(네, 그래요. 너무 심각한 것이 아니었으면 좋겠네요)라고 말하고 있으므로 '몇 가지 검사를 해 보고 싶어요'라는 의미의 ② 'I'd like to run some tests'가 정답이다.

정답 ②

**어휘**

tell 알다, 알리다 make-up exam 추가 시험
beyond one's ability 능력 밖의

이것도 알면 **합격!**

진료를 받을 때 쓸 수 있는 다양한 표현들을 알아 두자.

- I'm going to get a flu shot. 독감 예방 주사를 맞을 거예요.
- I recommend you get an X-ray. 엑스레이 찍는 것을 권해 드려요.
- You should try another medication. 다른 약을 복용해 봐야겠군요.
- It can get worse if you don't give it some rest. 휴식을 취하지 않으면 악화될 수 있어요.

## 04 문법 부사절 | 수 일치 | 부사 | 병치 구문 난이도 중 ●●○

**어법상 옳은 것은?**

① Many a medical vaccine have been approved for public distribution.
② Each student must hand in his or her assignments prompt.
③ Take care to eat a balanced diet lest your health suffer.
④ They found the staff at the restaurant to be competent, kind, and courtesy.

**해석**

① 많은 의료용 백신이 시중 유통을 위해 승인받았다.
② 각 학생은 시간을 엄수하여 자신의 과제를 제출해야 한다.
③ 당신의 건강이 악화되지 않도록 균형 잡힌 식단을 섭취하도록 주의하라.
④ 그들은 그 식당의 직원이 유능하고, 친절하며, 정중하다는 것을 알게 되었다.

**포인트 해설**

③ **부사절 접속사** 문맥상 '당신의 건강이 악화되지 않도록'이라는 의미가 되어야 자연스러운데, '~하지 않도록'은 부사절 접속사 lest를 사용하여 나타낼 수 있고, 접속사 lest가 이끄는 절의 동사는 '(should) + 동사원형'의 형태를 취하므로 lest your health suffer가 올바르게 쓰였다.

[오답분석]

① **수량 표현의 수 일치** 복수 취급하는 수량 표현 many가 'many a + 단수 명사(Many a medical vaccine)'의 형태로 쓰이면 뒤에 단수 동사가 와야 하므로 복수 동사 have를 단수 동사 has로 고쳐야 한다.
② **부사 자리** 동사(hand in)를 수식하는 것은 형용사(prompt)가 아닌 부사이므로 형용사 prompt를 부사 promptly로 고쳐야 한다.
④ **병치 구문** 접속사(and)로 연결된 병치 구문에서는 같은 품사끼리 연결되어야 하는데, and 앞에 형용사(competent, kind)가 왔으므로 and 뒤에도 형용사가 와야 한다. 따라서 명사 courtesy를 형용사 courteous로 고쳐야 한다.

정답 ③

**어휘**

approve 승인하다, 찬성하다 distribution 유통, 배부
hand in ~을 제출하다 prompt 시간을 엄수하는, 즉각적인
suffer 악화되다, 고통받다 competent 유능한 courtesy 정중함, 공손함

이것도 알면 **합격!**

아래와 같은 접속부사는 절을 이끌 수 없으므로 부사절 접속사 대신 쓰일 수 없다는 것을 알아 두자.

| | |
|---|---|
| besides 게다가 | therefore/thus 그러므로 |
| otherwise 그렇지 않으면 | nevertheless 그럼에도 불구하고 |
| moreover 더욱이 | that is 말하자면 |
| however 그러나 | nonetheless 그럼에도 불구하고 |

## 05 문법 비교 구문 | 상관접속사 | 명사절 | 관계절

난이도 중 ●●○

**우리말을 영어로 잘못 옮긴 것은?**

① 당신이 더 어릴수록, 당신은 새로운 것을 시도하기를 덜 두려워한다.
→ The younger you are, the less afraid you are of trying new things.

② 지구는 우주의 더 거대한 체계에서 기껏해야 작은 반점에 불과하다.
→ The Earth is at the least a speck in the greater scheme of the universe.

③ 재무의 요점은 최대한의 돈을 버는 것이 아니라, 그것을 효율적으로 버는 것이다.
→ The point of finance is not to make the most money but to make it efficiently.

④ 당신 앞에 보이는 것은 고고학자들이 숨겨진 무덤에서 발견한 물건들의 더미이다.
→ What you see in front of you is a collection of objects that an archaeologist discovered in a hidden tomb.

**포인트 해설**

② **최상급 관련 표현** '기껏해야'는 최상급 관련 표현 at the least(적어도)가 아닌 at (the) most(기껏해야, 많아야) 또는 at (the) best(기껏해야, 잘해야)를 사용하여 나타낼 수 있으므로 at the least를 at (the) most 또는 at (the) best로 고쳐야 한다.

[오답분석]

① **비교급** '당신이 더 어릴수록, 당신은 ~ 덜 두려워한다'는 비교급 표현 'The + 비교급 + 주어 + 동사 ~, the + 비교급 + 주어 + 동사 -'(더 ~할수록 더 -하다)의 형태로 나타낼 수 있으므로, The younger you are, the less afraid you are ~가 올바르게 쓰였다.

③ **상관접속사** '최대한의 돈을 버는 것이 아니라, 그것을 효율적으로 버는 것이다'는 상관접속사 not A but B(A가 아니라 B)로 나타낼 수 있으므로 not to make the most money but to make it efficiently가 올바르게 쓰였다. 참고로, to 부정사구 to make the most money와 to make it efficiently가 같은 구조로 대등하게 연결되었다.

④ **명사절 접속사 | 관계대명사** 목적어가 없는 불완전한 절(you see in front of you)을 이끌면서 문장의 주어 자리에 올 수 있는 명사절 접속사 What이 올바르게 쓰였다. 또한, 선행사(a collection of objects)가 사물이고, 관계절(that ~ tomb) 내에서 동사 discovered의 목적어 역할을 하고 있으므로 사물을 가리키는 목적격 관계대명사 that이 올바르게 쓰였다.

정답 ②

**어휘**

speck 작은 반점 scheme 체계, 계획 archaeologist 고고학자

**이것도 알면 합격!**

②번에서 언급된 표현들 이외의 최상급 관련 표현들도 함께 알아 두자.

| |
|---|
| the world's + 최상급 세계에서 가장 ~한 |
| one of the + 최상급 가장 ~한 -중 하나 |

## 06 독해 문단 순서 배열

난이도 중 ●●○

**주어진 글 다음에 이어질 글의 순서로 가장 적절한 것은?**

A king had a large boulder placed in the middle of the road. He looked on from some distance away to see what his subjects would do.

(A) He asked others who walked by to help him, but none would. They said he was foolish to work so hard for no reward. So the farmer struggled for a long time by himself and was finally able to move the obstruction.

(B) When he did, he saw a sack filled with gold coins underneath where the rock had been, much to his surprise. And there was a note signed by the king beside the pouch saying the money was payment for a good deed.

(C) Many people passed—noblemen, priests, merchants, fishermen—and simply walked around it. Then, a poor farmer came down the road. He began to push the stone with all his might, but it barely budged.

① (A) - (B) - (C)
② (A) - (C) - (B)
③ (C) - (A) - (B)
④ (C) - (B) - (A)

**해석**

한 왕이 길 한가운데에 큰 바위가 놓이게 했다. 그는 그의 국민들이 어떻게 행동할지 구경하기 위해 조금 떨어진 거리에서 지켜보았다.

(A) 그는 지나가는 사람들에게 그를 도와달라고 요청했지만, 아무도 도와주지 않았다. 그들은 그가 아무런 보상도 없이 그렇게 열심히 일하는 것이 어리석다고 말했다. 그래서 그 농부는 혼자서 오랫동안 분투했고 마침내 장애물을 옮길 수 있었다.

(B) 그가 그렇게 했을 때, 너무나 놀랍게도, 그는 그 바위가 있던 곳 아래에서 금화로 가득 찬 자루를 보았다. 그리고 그 주머니 옆에는 그 돈이 선행에 대한 보상이라고 적힌 왕의 서명이 있는 쪽지가 있었다.

(C) 귀족, 성직자, 상인, 어부 등 많은 사람들이 지나갔고, 그저 그것을 피해갔다. 그때, 한 가난한 농부가 거리로 내려왔다. 그는 전력을 다하여 돌을 밀기 시작했지만, 그것은 거의 꼼짝도 하지 않았다.

**포인트 해설**

주어진 문장에서 왕이 길 한가운데에 큰 바위가 놓이게 한 후 그의 국민들이 어떻게 행동할지 지켜보았다고 한 후, (C)에서 많은 사람들이 그저 그것을 피해 지나갔지만 한 가난한 농부가 그것을 밀기 시작했다고 언급하고 있다. 이어서 (A)에서 그 농부는 지나가는 사람들에게 그를 도와달라고 요청했지만 아무도 도와주지 않았고, 결국 혼자 오랫동안 분투하다가 마침내 그 바위를 옮길 수 있었다고 한 후, (B)에서 그 바위가 있던 곳 아래에서 그는 선행에 대한 왕의 보상을 발견하게 되었다고 이야기하고 있다. 따라서 ③ (C) - (A) - (B)가 정답이다.

정답 ③

**어휘**

boulder 바위 look on 지켜보다, 구경하다 subject 국민, 주제, 학과
struggle 분투하다, 애쓰다 obstruction 장애물 sack 자루
good deed 선행 priest 성직자 with all one's might 전력을 다하여
budge 꼼짝하다, 약간 움직이다

## 07 독해 문장 삽입 난이도 중 ●●○

**주어진 문장이 들어갈 위치로 가장 적절한 곳은?**

The bogus horns are safe for consumption and are indistinguishable from their organic counterparts.

Rhinos are illegally hunted for their horns, which can fetch up to 100,000 dollars per kilogram. People are willing to pay top price because they believe that rhino horns have medicinal qualities. ( ① ) Actually, this bony outgrowth is made of keratin—the same substance that makes up human nails—and has no medical benefits whatsoever. ( ② ) Nevertheless, the myth surrounding the horns' potency persists, keeping the majestic beasts on the endangered species list. ( ③ ) Since measures to stop poachers have had little effect, one company is proposing an indirect method of saving the African mammal: rhino horns synthesized from keratin. ( ④ ) As a result, it is hoped that flooding the black market with the "dummy" product will eventually drive down prices and overall demand.

**해석**

그 가짜 뿔은 소비하기에 안전하며 생물체에서 생기는 상응물(뿔)과 구분이 안 된다.

코뿔소는 그것들의 뿔 때문에 불법적으로 사냥당하는데, 이것은 킬로그램당 최대 10만 달러에 팔릴 수 있다. 사람들은 코뿔소 뿔이 건강에 좋은 특성을 가지고 있다고 믿기 때문에 기꺼이 최고 가격을 지불한다. ① 실제로, 이 뼈 같은 부산물은 인간의 손톱을 구성하는 것과 같은 물질인 케라틴으로 만들어졌으며 의학적인 이로움은 전혀 없다. ② 그럼에도 불구하고, 그 뿔의 효능을 둘러싼 근거 없는 믿음이 지속되어, 이 웅대한 짐승을 멸종 위기 종의 목록에 계속 놓이게 한다. ③ 밀렵꾼들을 막기 위한 조치가 거의 효과가 없었기 때문에, 한 회사는 그 아프리카 포유동물을 구해낼 간접적인 방법을 제안하고 있는데, 케라틴으로 합성된 코뿔소 뿔이 그것이다. ④ 그 결과, 암시장을 '가짜' 제품으로 넘쳐나게 하는 것이 종래에는 가격과 전반적인 수요를 내릴 것으로 기대된다.

**포인트 해설**

④번 앞 문장에 한 회사가 그 아프리카 포유동물을 구해낼 간접적인 방법으로 케라틴으로 합성된 코뿔소 뿔을 제안하고 있다는 내용이 있고, ④번 뒤 문장에 그 결과(As a result) 암시장을 가짜 제품으로 넘쳐나게 하는 것이 종래에는 코뿔소 뿔의 가격과 전반적인 수요를 내릴 것으로 기대된다는 내용이 있으므로, ④번 자리에 그 가짜 뿔(The bogus horns)은 소비하기에 안전하며 생물체에서 생기는 뿔과 구분이 안 된다는 내용, 즉 뿔 때문에 희생되는 코뿔소를 구하기 위해 제안된 합성 뿔에 대해 설명하는 주어진 문장이 나와야 지문이 자연스럽게 연결된다.

정답 ④

**어휘**

bogus 가짜의, 위조의 indistinguishable 구분이 안 되는
counterpart 상응물, 상대 rhino 코뿔소
fetch (특정 가격에) 팔리다, 가지고 오다 medicinal 건강에 좋은, 치유력이 있는
bony 뼈 같은, 뼈가 많은 outgrowth 부산물, 파생물
myth 근거 없는 믿음, 신화 potency 효능, 힘 persist 지속되다
majestic 웅대한, 장엄한 poacher 밀렵꾼 synthesize 합성하다
dummy 가짜의, 모조의 drive down 내리다, 억제하다

**구문 분석**

Rhinos are illegally hunted / for their horns, (생략).
: 이처럼 동사가 'be + p.p.'(are hunted)의 형태로 쓰여 수동의 의미를 가지는 경우 '~되다', '~해지다' 또는 '~받다'라고 해석한다.

## 08 독해 빈칸 완성 – 구 난이도 중 ●●○

**밑줄 친 부분에 들어갈 말로 가장 적절한 것은?**

A lesser-known alternative to banks are credit unions. Unlike commercial banks, these not-for-profit institutions are owned by the actual users, who pool their money together to provide loans for fellow members. They can provide virtually the same services as big banks, admittedly without the handiness of brick-and-mortar locations and ATM machines. Credit unions are a more fitting option if one has a simpler financial portfolio, than retail banks with their high customer fees for maintenance, overdraft, ATM use, and so on. They are also tailored towards patrons and can offer higher interest rates. For those willing to accept some inconveniences, credit unions are ______________________.

① a better alternative than regular banks
② beneficial for those with any kind of finances
③ superior to retail banks in customer service
④ the best institutions to get a larger loan

**해석**

은행의 덜 알려진 대안은 신용 조합이다. 시중 은행과 달리, 이 비영리 기관은 실제 사용자들에 의해 소유되는데, 이들은 동업 회원들에게 대출을 제공하기 위해 자신들의 자금을 공동 출자한다. 확실히 오프라인 거래 지점과 현금 자동 입출금기의 편리함은 없지만, 그것들은 큰 은행과 거의 동일한 서비스를 제공할 수 있다. 만약 한 사람이 보다 단순한 금융 포트폴리오를 가지고 있다면 신용 조합은 관리, 당좌 대월, 그리고 현금 자동 입출금기 사용 등에 대한 고객 수수료가 높은 소액 거래 은행보다 더 적절한 선택이다. 그들은 또한 고객들에게 맞춰지고 더 높은 이자율을 제공할 수 있다. 일부 불편을 기꺼이 감내하려는 사람들에게, 신용 조합은 일반 은행보다 더 좋은 대안이다.

① 일반 은행보다 더 좋은 대안이다
② 어떤 종류의 자금이든 가지고 있는 사람들에게 이롭다
③ 고객 서비스에 있어서 소액 거래 은행보다 더 뛰어나다
④ 더 많은 대출을 받기 위해 가장 좋은 기관이다

**포인트 해설**

지문 전반에 걸쳐 신용 조합에는 시중 은행의 편리함은 없지만, 그것들과 거의 동일한 서비스를 제공할 수 있으며, 고객들에게 더 높은 이자율을 제공할

수 있다고 설명하고 있으므로, 일부 불편을 감내하려는 사람들에게 신용 조합이 '일반 은행보다 더 좋은 대안이다'라고 한 ①번이 정답이다.

정답 ①

어휘

credit union 신용 조합 commercial bank 시중 은행
not-for-profit 비영리의 pool 공동 출자하다, 자금을 모으다
virtually 거의, 사실상 admittedly 확실히 handiness 편리함, 솜씨 좋음
brick-and-mortar 오프라인 거래의 fitting 적절한, 적당한
overdraft 당좌 대월 tailor 맞추다 patron 고객 interest rate 이자율

## 09 독해 무관한 문장 삭제 난이도 하 ●○○

**다음 글의 흐름상 어색한 문장은?**

Rooted in mythology and intended as a dedication to the god Zeus, the first-ever Olympic Games date back to 776 BC. ① The ancient Greek sanctuary of Olympia, which had grand temples and beautiful shrines glorifying the deities, served as the ideal location. ② The sporting spectacle was held there every four years until the 4th century AD when it was outlawed by Emperor Theodosius for what he considered to be its "pagan" origins. ③ The summer games are the most popular followed by the winter version and the Youth Olympic Games. ④ The event remained prohibited for centuries, but was finally reinitiated in Athens, Greece in 1896. Now, it takes place in different cities all over the world, and the number of participating nations has grown from around 14 to more than 200.

※ pagan: 이교도적인

해석

신화에 뿌리를 두고 제우스 신에 대한 헌신을 의미했던 최초의 올림픽 경기는 기원전 776년으로 거슬러 올라간다. ① 거대한 사원과 신들을 찬양하는 아름다운 제단이 있었던 고대 그리스의 올림피아 신전은 이상적인 장소로 쓰였다. ② 그 스포츠 행사는 그것의 기원을 '이교도적'이라고 생각했던 테오도시우스 황제에 의해 금지되었던 서기 4세기까지 4년마다 그곳에서 열렸다. ③ 하계 경기가 가장 인기 있고 동계 경기와 청소년 올림픽 경기가 그 뒤를 잇는다. ④ 그 행사는 수 세기 동안 계속 금지된 상태였으나, 마침내 1896년에 그리스 아테네에서 다시 시작되었다. 현재, 이것은 전 세계 여러 도시들에서 개최되며, 참가국의 수는 약 14개국에서 200개국 이상으로 증가해 왔다.

포인트 해설

첫 문장에서 최초의 올림픽 경기는 기원전 776년으로 거슬러 올라간다고 언급하고, ①번은 '고대 올림픽 경기의 이상적인 장소였던 올림피아 신전', ②번은 '테오도시우스 황제에 의해 금지되기 전까지 4년마다 올림피아 신전에서 개최된 올림픽 경기', ④번은 '1896년 그리스 아테네에서 다시 시작된 올림픽 경기'에 대한 내용으로 모두 첫 문장과 관련이 있다. 그러나 ③번은 '각 올림픽의 인기 순위'에 관한 내용으로, 첫 문장의 내용과 관련이 없다.

정답 ③

어휘

mythology 신화 intend 의미하다, 의도하다 dedication 헌신, 전념
sanctuary 신전, 보호 구역 shrine 제단, 예배당 glorify 찬양하다
deity 신 spectacle 행사, 구경거리 outlaw 금지하다, 불법화하다
reinitiate 다시 시작하다 take place 개최되다

## 10 독해 내용 불일치 파악 난이도 중 ●●○

**다음 글의 내용과 일치하지 않는 것은?**

A hypercorrection is an error of language that results from an over-application of a perceived linguistic rule. These mistakes are oftentimes driven by a desire to appear more formal or intelligent. American English speakers, for instance, frequently misuse the pronouns "who" and "whom." The latter is applied erroneously in many cases because people think it makes them sound erudite. Sometimes, hypercorrections happen based off of regional dialects. Take people from Northern England who normally omit the "h" in their everyday speech; locals say things like "urricane" instead of "hurricane." When attempting to speak in the standard dialect though, they will overcompensate and make the mistake of adding "h" to words that do not require it. This leads them to incorrect utterances, as in the case of "h'aristocrat" or "h'empress."

① Trying too hard to implement a grammar rule can lead to hypercorrections.

② Some American speakers employ "whom" to present an educated image.

③ Those from Northern England talk in a way that is particular to where they reside.

④ Excluding the "h" in words that normally have it is a type of hypercorrection.

해석

과잉 의식 어법은 인식되는 언어 규칙의 과도한 적용에 의해 야기되는 언어의 오류이다. 이러한 실수는 종종 더 정중하거나 지적으로 보이고 싶은 욕구에 의해 만들어진다. 예를 들어, 미국 영어의 사용자들은 대명사 'who'와 'whom'을 자주 오용한다. 후자는 많은 경우에서 틀리게 사용되는데, 사람들은 이것(whom)이 그들을 박식하게 보이게 한다고 생각하기 때문이다. 때때로, 과잉 의식 어법은 지역 방언에 근거하여 발생한다. 일상어에서 주로 글자 'h'를 생략하는 북잉글랜드 출신의 사람들을 보자. 이 지역 사람들은 'hurricane' 대신 'urricane'이라고 말한다. 그렇지만 이들이 표준어로 말하려고 시도할 때, 그들은 지나치게 수정하여 'h'가 필요하지 않은 단어에도 그것을 더하는 실수를 하곤 한다. 이것은 'h'aristocrat' 또는 'h'empress'의 경우와 같이, 그들이 잘못된 발음을 하게 한다.

① 문법 규칙을 구현하기 위해 지나치게 노력하는 것은 과잉 의식 어법으로 이어질 수 있다.

② 몇몇 미국인들은 교양 있는 이미지를 보이기 위해 'whom'을 사용한다.

③ 북잉글랜드 출신의 사람들은 그들이 거주하는 지역 특유의 방식으로 말한다.
④ 주로 'h'가 있는 단어에서 이것을 제외하는 것은 과잉 의식 어법의 한 종류이다.

포인트 해설

④번의 키워드인 Excluding the "h" in words(단어에서 'h'를 제외하는 것)를 바꾸어 표현한 지문의 omit the "h"(글자 'h'를 생략하다) 주변의 내용에서 일상어에서 주로 글자 'h'를 생략하는 북잉글랜드 출신의 사람들은 표준어로 말하려고 시도할 때 'h'가 필요하지 않은 단어에도 그것을 더하는 실수를 한다고 했으므로, ④ '주로 'h'가 있는 단어에서 이것을 제외하는 것은 과잉 의식 어법의 한 종류이다'는 지문의 내용과 반대이다.

**정답 ④**

어휘

hypercorrection 과잉 의식 어법 intelligent 지적인 misuse 오용하다
erroneously 틀리게 erudite 박식한 base off of ~에 근거하다
dialect 방언 omit 생략하다 overcompensate 지나치게 수정하다
utterance 발음 implement 구현하다, 실행하다
employ 사용하다, 고용하다 exclude 제외하다

# 하프모의고사 04회

## 해커스 공무원시험연구소 총평

| | |
|---|---|
| 난이도 | 시간이 많이 소요되는 고난도 독해 문제가 등장하지 않아, 주어진 시간 내에 무난하게 풀 수 있었을 것입니다. |
| 어휘·생활영어 영역 | 1번 문제에 출제된 어휘들처럼 사람의 성격을 나타내는 형용사는 언제든 출제될 수 있으므로, 몰랐던 어휘가 있었다면 정리하여 외워두도록 합니다. |
| 문법 영역 | 수동태, 동명사 등 반드시 알아야 하는 기본적인 문법 포인트 위주로 출제되었고, 국가직 9급 시험에 출제된 적이 있는 가짜 주어 구문 포인트도 출제되었습니다. 틀렸다면 오답분석을 통해 꼼꼼히 복습하도록 합니다. |
| 독해 영역 | 7번 지문의 소재가 다소 생소하게 느껴졌을 수 있지만, 빈칸에 들어갈 연결어를 유추하는 데 가장 중요한 것은 지문의 세부 내용 파악하는 것보다는 빈칸 주변에 있는 단서들을 찾는 것임을 기억해 둡니다. |

## 정답

| | | | | | |
|---|---|---|---|---|---|
| 01 | ② | 어휘 | 06 | ③ | 독해 |
| 02 | ③ | 어휘 | 07 | ③ | 독해 |
| 03 | ③ | 생활영어 | 08 | ③ | 독해 |
| 04 | ① | 문법 | 09 | ④ | 독해 |
| 05 | ③ | 문법 | 10 | ④ | 독해 |

## 취약영역 분석표

| 영역 | 맞힌 답의 개수 |
|---|---|
| 어휘 | /2 |
| 생활영어 | /1 |
| 문법 | /2 |
| 독해 | /5 |
| TOTAL | **/10** |

### 01 어휘 outgoing 난이도 하 ●○○

**밑줄 친 부분에 들어갈 말로 가장 적절한 것은?**

Unlike his brother who is somewhat unfriendly, Theo's ___________ nature makes him a hit with everyone.

① professional ② outgoing
③ subtle ④ officious

**해석**

다소 쌀쌀맞은 그의 형과 달리, Theo의 사교적인 성향은 그를 모든 사람들에게 인기가 있게 만든다.

① 전문적인 ② 사교적인
③ 예민한 ④ 참견하기 좋아하는

정답 ②

**어휘**

unfriendly 쌀쌀맞은, 불친절한 make a hit with ~에 인기가 있다
professional 전문적인 outgoing 사교적인, 외향적인 subtle 예민한, 미묘한
officious 참견하기 좋아하는

**이것도 알면 합격!**

outgoing(사교적인)의 유의어
= sociable, friendly, gregarious

### 02 어휘 give the green light = approve 난이도 중 ●●○

**밑줄 친 부분의 의미와 가장 가까운 것은?**

Although the construction project was <u>given the green light</u>, some worried that costs had been underestimated.

① overlooked ② ignited
③ approved ④ exaggerated

**해석**

비록 그 건설 사업이 허가되기는 했지만, 일부 사람들은 비용이 너무 적게 추산되었다고 우려했다.

① 간과된 ② 점화된
③ 허가된 ④ 과장된

정답 ③

**어휘**

give the green light 허가하다
underestimate 너무 적게 추산하다, 과소평가하다 overlook 간과하다
ignite 점화하다 approve 허가하다 exaggerate 과장하다

**이것도 알면 합격!**

give the green light(허가하다)와 유사한 의미의 표현
= authorize, sanction, permit, grant permission

## 03 생활영어 He didn't take it kindly. 난이도 중 ●●○

밑줄 친 부분에 들어갈 말로 가장 적절한 것은?

A: Dan probably feels he's owed an apology.
B: Why? What did you do?
A: I told him I thought his outfit looked weird today.
B: Well, no wonder ____________. I can't imagine anyone would be happy to hear that.
A: It was just my honest opinion.
B: Next time, you should keep it to yourself.

① it was a close call
② you can take it on the chin
③ he didn't take it kindly
④ the cat's out of the bag

**해석**

A: Dan은 아마 사과를 받아야 한다고 생각할 거야.
B: 왜? 네가 무엇을 했길래?
A: 내가 오늘 그에게 그의 옷이 이상해 보인다고 말했어.
B: 음, 그가 기분 좋게 받아들이지 않았을 만도 하네. 그 말을 듣고 좋아할 사람은 아무도 없을 거야.
A: 그냥 내 솔직한 의견이었어.
B: 다음부터는, 그런 것은 마음속에 담아 두도록 해.

① 아슬아슬한 상황이었다
② 네가 큰 타격을 받을 수도 있다
③ 그가 기분 좋게 받아들이지 않았다
④ 비밀이 탄로 나다

**포인트 해설**

Dan에게 옷이 이상해 보인다고 말했다는 A의 말에 대해 빈칸 뒤에서 B가 I can't imagine anyone would be happy to hear that(그 말을 듣고 좋아할 사람은 아무도 없을 거야)이라고 말하고 있으므로, '그가 기분 좋게 받아들이지 않았다'라는 의미의 ③ 'he didn't take it kindly'가 정답이다.

정답 ③

**어휘**

weird 이상한, 기묘한 close call 아슬아슬한 상황
take it on the chin 큰 타격을 받다 kindly 기분 좋게, 친절하게
the cat is out of the bag 비밀이 탄로 나다

**이것도 알면 합격!**

사과할 때 쓸 수 있는 다양한 표현들을 알아 두자.

- Let's bury the hatchet. 화해하자.
- Sorry to rain on your parade. 실망하게 해서 미안해.
- I shouldn't have stuck my nose in. 제가 참견하지 말았어야 했어요.
- I didn't mean to step on your toes.
  네 기분을 상하게 하려던 것은 아니었어.

## 04 문법 수동태 | 형용사 | 병치 구문 | 분사 난이도 중 ●●○

밑줄 친 부분 중 어법상 옳지 않은 것은?

In today's sharing economy, consumers are using the items they already own to make money. With services such as HomeAway, homes ① <u>rent</u> by their owners to earn money when they would otherwise not be in use. Similarly, numerous ② <u>car owners</u> have flocked to ridesharing companies like Uber and Lyft, which allow them to drive others around and ③ <u>earn</u> money. This turns their automobiles, which are normally ④ <u>depreciating</u> assets, into moneymakers.

**해석**

오늘날의 공유 경제에서, 소비자들은 돈을 벌기 위해 그들이 이미 소유한 물건들을 사용하고 있다. HomeAway와 같은 서비스를 통해, 주택들은 그것들이 달리 사용되지 않는 경우 돈을 벌기 위해 그것들의 소유주들에 의해 임대된다. 비슷하게, 자동차 소유주들은 Uber와 Lyft 같은 승차 공유 회사로 모이는데, 이는 그들이 다른 사람들에게 차를 태워주고 돈을 벌게 해 준다. 이것은 일반적으로 가치가 떨어지는 자산인 그들의 자동차를 돈벌이가 되는 것으로 바꾼다.

**포인트 해설**

① **능동태·수동태 구별** 주어 homes와 동사가 '주택들이 임대되다'라는 의미의 수동 관계이므로 능동태 rent를 수동태 were rented로 고쳐야 한다.

[오답분석]

② **수량 표현** 복수 명사 앞에 올 수 있는 수량 표현 numerous가 쓰였으므로, 복수 명사 car owners가 올바르게 쓰였다.

③ **병치 구문** 접속사(and) 앞에 to 부정사(to drive)가 왔으므로 and 뒤에도 to 부정사가 와야 하는데, to 부정사 병치 구문에서 두 번째 나온 to는 생략될 수 있으므로 (to) earn이 올바르게 쓰였다.

④ **현재분사 vs. 과거분사** 수식받는 명사(assets)와 분사가 '자산의 가치가 떨어지다'라는 의미의 능동 관계이므로 현재분사 depreciating이 올바르게 쓰였다.

정답 ①

**어휘**

rent 임대하다(세를 놓다), 빌리다 flock 모이다, 떼 짓다
depreciate 가치가 떨어지다 moneymaker 돈벌이가 되는 것

**이것도 알면 합격!**

동사끼리 연결된 병치 구문에서는 수·시제 일치가 되어 있는지 확인해야 한다는 것도 함께 알아 두자.

- If Mark **studies** diligently and (**applies**, ~~apply~~) himself, he can achieve his academic goals.
  Mark가 부지런히 공부하고 정진한다면, 그는 학업 목표를 달성할 수 있다.

## 05 문법 동명사 | 대명사 | to 부정사 | 주어 난이도 중 ●●○

**우리말을 영어로 잘못 옮긴 것은?**

① 새들은 지구의 자기장을 통해 자기 자신의 위치를 안다.
→ Birds orient themselves with Earth's magnetic field.

② 새로운 리조트의 건설은 4억 달러 이상의 비용이 들 것으로 추정된다.
→ Construction of the new resort is projected to cost over 400 million dollars.

③ 그 헌법은 정부에 맞서 항의하는 것으로 인해 사람들이 체포되는 것을 막는다.
→ The Constitution prevents people from arresting for protesting against the government.

④ 수영장을 설치하고 유지하는 것은 비용이 많이 든다.
→ It is expensive to install and maintain a swimming pool.

**포인트 해설**

③ **동명사의 형태** 동명사(arresting)의 의미상 주어인 people과 동명사가 '사람들이 체포되다'라는 의미의 수동 관계이므로, 동명사의 능동형 arresting을 동명사의 수동형 being arrested로 고쳐야 한다.

[오답분석]

① **재귀대명사** 재귀대명사는 주어나 목적어를 강조할 때 쓰이거나, 목적어가 지칭하는 대상이 주어와 동일할 때 쓰이는데, 제시된 문장에서 동사 orient의 목적어 themselves가 지칭하는 대상이 주어 Birds와 동일하므로, 목적어 자리에 재귀대명사 themselves가 올바르게 쓰였다.

② **to 부정사 관용 표현** '~의 비용이 들 것으로 추정된다'는 to 부정사 관용 표현 be projected to(~으로 추정되다)를 사용하여 나타낼 수 있으므로 is projected to cost가 올바르게 쓰였다.

④ **가짜 주어 구문** to 부정사구(to install ~ a swimming pool)와 같이 긴 주어가 오면 진주어인 to 부정사구를 문장 맨 뒤로 보내고 가주어 it이 대신 주어 자리에 쓰이므로 It ~ to install and maintain ~이 올바르게 쓰였다.

정답 ③

**어휘**

orient 자기 위치를 알다, 지향하게 하다 magnetic field 자기장
Constitution 헌법 protest 항의하다, 반대하다

**이것도 알면 합격!**

동명사구 관용 표현들을 알아 두자.

| |
|---|
| go -ing –하러 가다 |
| be worth -ing –할 가치가 있다 |
| be busy in -ing –하느라 바쁘다 |
| on[upon] -ing –하자마자 |
| end up -ing 결국 –하다 |
| It's no use[good] -ing –해도 소용없다 |
| spend + 시간/돈 + (in) -ing –하는 데 시간/돈을 쓰다 |
| have difficulty[trouble/a problem] (in) -ing –하는 데 어려움을 겪다 |
| cannot help -ing –하지 않을 수 없다 (= have no choice but + to 부정사) |

## 06 독해 빈칸 완성 – 절 난이도 중 ●●○

**밑줄 친 부분에 들어갈 말로 가장 적절한 것은?**

The next time you face an upsetting problem, follow these steps to improve your mood. First, take a walk or engage in some type of physical activity. This can calm you down and ease your mind, which will help you think more clearly. You should try not to dwell too much on the source of your distress. Doing so will only result in more frustration. Instead, think about all the ways you might resolve the issue, and consider the potential outcomes of each option. Finally, examine your problem from a broader perspective. ______________________.

① Small worries can grow larger if not dealt with promptly
② You never know what kinds of problems other people are facing
③ Proceeding step by step can help us handle the situation in the best way
④ Recognizing how our actions harm others can be difficult

**해석**

다음에 당신을 속상하게 하는 문제에 직면했을 때, 당신의 기분을 나아지게 하기 위해 이러한 단계를 따라 해봐라. 첫째, 산책을 하거나 어떠한 형태의 신체 활동에 참여하라. 이것은 당신을 진정시키고 마음을 편하게 해 줄 수 있는데, 이는 당신이 조금 더 분명하게 생각하도록 도울 것이다. 당신은 고민의 근원에 너무 얽매이지 않아야 한다. 그렇게 하는 것은 더 큰 불만만을 야기할 뿐이다. 그보다는, 당신이 그 문제를 해결할 수 있을지도 모르는 모든 방법들에 대해 생각해 보고, 각각의 선택지에 대한 잠재적인 결과들을 고려해 보라. 마지막으로, 더 넓은 관점에서 당신의 문제를 살펴보아라. 단계를 밟아 나가는 것은 우리가 상황을 최선의 방법으로 처리하도록 도울 수 있다.

① 사소한 걱정들은 신속하게 다루어지지 않을 경우 더욱 커질 수 있다
② 당신은 어떤 종류의 문제를 다른 사람들이 직면하고 있는지 결코 알 수 없다
③ 단계를 밟아 나가는 것은 우리가 상황을 최선의 방법으로 처리하도록 도울 수 있다
④ 우리의 행동이 다른 사람들에게 해를 끼치는지 아는 것은 어려울 수 있다

**포인트 해설**

지문 처음에서 당신을 속상하게 하는 문제에 직면했을 때의 단계별 해결 방법이 있다고 제시하고 있고, 지문 중간에 고민의 근원에 너무 얽매이지 않아야 하고, 그보다는 문제의 해결 방법들과 잠재적인 결과들을 고려하라는 내용이 있으므로, '단계를 밟아 나가는 것은 우리가 상황을 최선의 방법으로 처리하도록 도울 수 있다'라고 한 ③번이 정답이다.

정답 ③

**어휘**

upsetting 속상하게 하는 engage in ~에 참여하다 ease 편하게 해 주다
dwell on ~에 얽매이다, ~을 곱씹다 distress 고민, 걱정
frustration 불만, 좌절감 potential 잠재적인 outcome 결과
perspective 관점 promptly 신속하게
proceed step by step 단계를 밟아 나가다 handle 처리하다, 다루다

## 07 독해 빈칸 완성 - 연결어 난이도 중 ●●○

**밑줄 친 (A), (B)에 들어갈 말로 가장 적절한 것은?**

When it comes to the search for extraterrestrial life, scientists at NASA are paying close attention to Europa, a moon of Jupiter. Europa has a high probability of harboring organisms; experts estimate that it holds about 3 billion cubic kilometers of water underneath its icy surface, more than twice the volume found on Earth. ___(A)___ the possibilities of exploring the frozen rock are exciting, the trip wouldn't be an easy one. The largest obstacle is distance. A journey there would take at least 6 years, if not more. ___(B)___, Europa's average dose of radiation per day is excessive. Electronics not heavily shielded would be fried within a matter of days. In the end, a lot of time and money would be spent on a mission that proves difficult to plan and may yield nothing.

| (A) | (B) |
|---|---|
| ① Since | Consequently |
| ② Because | To illustrate |
| ③ Although | In addition |
| ④ Unless | Nevertheless |

**해석**

외계 생명체의 탐색에 관한 한, NASA의 과학자들은 목성의 위성인 유러파에 주목하고 있다. 유러파는 생물을 품고 있을 확률이 높으며, 전문가들은 이것이 얼음으로 뒤덮인 표면 아래에 약 30억 세제곱킬로미터의 물을 보유하고 있을 것으로 추정하는데, 이는 지구에서 발견되는 양의 두 배가 넘는다. (A) 비록 그 얼어붙은 암석을 탐구하는 것의 가능성이 호기심을 불러일으키긴 하지만, 그 여행은 쉽지 않을 것이다. 가장 큰 장애물은 거리이다. 그곳까지의 여정은 더 많이 걸리지 않는다고 해도 최소 6년이 걸릴 것이다. (B) 게다가, 유러파의 하루 평균 방사선 선량은 엄청나다. 두껍게 감싸지지 않은 전자 기기들은 대략 며칠 만에 망가질 것이다. 결국, 계획하기 어려운 것으로 판명되며 아무런 결과도 내지 못할 수 있는 임무에 많은 시간과 돈이 들 것이다.

| (A) | (B) |
|---|---|
| ① 왜냐하면 | 결과적으로 |
| ② 왜냐하면 | 예를 들어 |
| ③ 비록 ~이지만 | 게다가 |
| ④ 만약 ~ 아니라면 | 그럼에도 불구하고 |

**포인트 해설**

(A) 빈칸이 있는 문장에 얼어붙은 암석을 탐구하는 것의 가능성이 호기심을 불러일으킨다는 내용이 있고, 빈칸이 있는 문장 뒷부분에 그 여행은 쉽지 않을 것이라는 내용이 있으므로, 빈칸에는 양보를 나타내는 연결어인 Although(비록 ~이지만)가 들어가야 한다.

(B) 빈칸 앞 문장은 유러파까지의 여정이 최소 6년이 걸릴 것이라는 내용이고, 빈칸 뒤 문장은 유러파의 하루 평균 방사선 선량이 엄청나다는 내용, 즉 유러파 탐사가 어려운 이유에 대해 첨가하는 내용이므로, 빈칸에는 첨가를 나타내는 연결어인 In addition(게다가)이 들어가야 한다.

정답 ③

**어휘**

extraterrestrial 외계의 probability 확률, 개연성 harbor 품다; 항구 obstacle 장애물 dose (방사선의) 선량 radiation 방사선 excessive 엄청난, 과도한 electronics 전자 기기 shield 감싸다, 보호하다 fry 망가지다, 튀기다 a matter of 대략, 약 yield (결과를) 내다, 산출하다

## 08 독해 내용 일치 파악 난이도 중 ●●○

**다음 글의 내용과 일치하는 것은?**

Plays that are classified as "absurdist drama" turn away from logic and realism. Their focus is rather on characters living in a perplexing world where nothing is reasonable or rational. Characters speak but their meanings often get lost or misinterpreted, so even language cannot be counted on to establish order. To some inexperienced viewers, these themes may come across as mere nonsense. Chaotic as they may seem, absurdist plays have their own system of meaning. On a related note, just because the genre's name uses the word "absurd," that does not mean the works are absurd. Indeed, the word's dictionary meaning differs from how it is applied to drama. Absurdist drama is not about silly events but about the purposelessness and futility humanity experiences in the absence of the organizing forces of religion and spirituality.

① Characters in absurdist drama prefer chaos over reason.
② Absurdist plays emphasize that language has a reliable meaning.
③ Absurdist drama has its own definition of the concept of the absurd.
④ Plays that are absurdist are just meant to be silly and fun.

**해석**

'부조리극'으로 분류되는 연극들은 논리와 사실성을 외면한다. 그것들의 주안점은 논리적이거나 이성적인 것이 아무것도 없는 당혹스러운 세계에서 살아가는 인물들에게 있다. 인물들은 말을 하지만 그것들의 의미가 대개 이해되지 않거나 잘못 해석되기 때문에, 심지어 언어조차 질서를 확립할 것이라 기대할 수 없다. 익숙하지 않은 몇몇 관객들에게는, 이런 주제가 그저 말도 안 되는 생각이라는 인상을 줄 수도 있다. 혼란스럽게 보일 수도 있지만, 부조리극에는 그것들 고유의 의미 체계가 있다. 같은 맥락에서, 장르의 이름이 '부조리'라는 단어를 사용한다고 해서, 그 작품들이 부조리하다는 의미는 아니다. 사실, 그 단어의 사전적 의미는 그것이 연극에 적용되는 방식과 다르다. 부조리극은 우스꽝스러운 사건에 대한 것이 아니라 종교와 영적인 것의 체계를 세우는 힘이 없을 때 인간이 경험하는 무의미함과 무가치에 대한 것이다.

① 부조리극의 인물들은 이성보다는 혼란을 선호한다.
② 부조리극은 언어가 확실한 의미를 가지고 있다는 것을 강조한다.
③ 부조리극은 부조리의 개념에 대한 그것 고유의 정의를 가지고 있다.
④ 부조리한 연극은 단지 우스꽝스럽고 웃긴 것으로 여겨진다.

포인트 해설

③번의 키워드인 own definition(고유의 정의)을 지문에서 바꾸어 표현한 own system of meaning(고유의 의미 체계) 주변의 내용을 통해 부조리극에는 그것들 고유의 의미 체계가 있다고 했고, 부조리(absurd)라는 단어의 사전적 의미는 그것이 연극에 적용되는 방식과 다르다고 했다. 따라서 ③ '부조리극은 부조리의 개념에 대한 그것 고유의 정의를 가지고 있다'가 지문의 내용과 일치한다.

[오답분석]

① 부조리극의 주안점이 논리적이거나 이성적인 것이 아무것도 없는 당혹스러운 세계에서 살아가는 인물들에게 있다고는 했지만, 부조리극의 인물들이 이성보다는 혼란을 선호하는지는 알 수 없다.

② 부조리극에서는 심지어 언어조차 질서를 확립할 것이라 기대할 수 없다고 했으므로, 부조리극이 언어가 확실한 의미를 가지고 있다는 것을 강조한다는 것은 지문의 내용과 다르다.

④ 부조리극은 우스꽝스러운 사건에 대한 것이 아니라 종교와 영적인 것의 체계를 세우는 힘이 없을 때 인간이 경험하는 무의미함과 무가치에 대한 것이라고 했으므로, 부조리한 연극이 단지 우스꽝스럽고 웃긴 것으로 여겨진다는 것은 지문의 내용과 다르다.

정답 ③

어휘

absurdist 부조리의 turn away from ~을 외면하다
perplexing 당혹스러운 reasonable 논리적인 rational 이성적인, 합리적인
misinterpret 잘못 해석하다 count on ~을 기대하다
come across 인상을 주다 purposelessness 무의미함
futility 무가치 chaos 혼란, 무질서 reliable 확실한, 믿을 만한

구문 분석

Chaotic as they may seem, / absurdist plays have their own system of meaning.

: 이처럼 양보를 나타내는 부사절 접속사 as는 보어(Chaotic)가 as 앞에 오면 '보어 + as + 주어 + 동사'의 어순이 되며, '주어(they) + 동사(may seem) + 보어(Chaotic)'의 순서대로 해석한다.

## 09 독해 제목 파악 난이도 중 ●●○

다음 글의 제목으로 가장 적절한 것은?

Growth hormone (GH) has been authorized to treat several conditions that impact children's physical development, but it is being used to "correct" just general short stature as well. After all, GH is guaranteed to cause small children, regardless of the origin of their smallness, to grow bigger. Physicians, however, have to ask whether they are doing good by taking otherwise normal small children and making them bigger. The answer seems to be a clear no. Short stature is not physically or psychologically damaging, and doctors should avoid treating healthy shorter children as if they are deficient for being under the average height. While GH does have the potential to help improve the lives of many whose height is an encumbrance, not being tall doesn't fit into that category.

① A New Perspective on Normal Height
② The Case for Prescribing Growth Hormone
③ How Hormones Stimulates Growth
④ When Not to Use Growth Hormone

해석

성장 호르몬(GH)은 아이들의 신체적 발달에 영향을 미치는 몇몇 질환을 치료하기 위해 인가되었지만, 이것은 보통의 작은 키를 '바로잡는' 데에도 사용되고 있다. 결국, 성장 호르몬은 왜소함의 원인과 상관없이, 작은 아이들을 더 크게 자라게 하는 것이 보장되어 있다. 하지만, 의사들은 그렇게 하지 않은 경우에도 정상인 작은 아이들을 데려다가 더 크게 만드는 것이 바람직한 일을 하고 있는 것인지에 대해 질문해야 한다. 답은 명백히 그렇지 않은 것으로 보인다. 작은 키는 신체적으로나 심리적으로 해롭지 않고, 의사들은 키가 더 작은 건강한 아이들이 평균 신장 이하라는 이유로 그들을 마치 결함이 있는 것처럼 대하는 것을 피해야 한다. 성장 호르몬은 키가 지장이 되는 많은 사람들의 생활을 개선하는 데 도움을 줄 잠재력을 갖고 있지만, 키가 크지 않다는 것은 그 범주에 속하지 않는다.

① 정상 신장에 대한 새로운 관점
② 성장 호르몬을 처방하는 사례
③ 호르몬은 어떻게 성장을 자극하는가
④ 성장 호르몬을 사용하지 말아야 할 때

포인트 해설

지문 전반에 걸쳐 작은 키는 신체적으로나 심리적으로 해롭지 않고 결함이 아니기 때문에 키가 작은 아이들을 결함이 있는 것처럼 여겨 성장 호르몬을 사용하는 것은 바람직하지 않다고 주장하고 있다. 따라서 ④ '성장 호르몬을 사용하지 말아야 할 때'가 이 글의 제목이다.

정답 ④

어휘

authorize 인가하다, 권한을 부여하다 treat 치료하다, 대하다
condition 질환, 상태 correct 바로잡다; 맞는 stature 키
guarantee 보장하다, 약속하다 physician 의사
deficient 결함이 있는 potential 잠재력 encumbrance 지장, 방해물
perspective 관점 prescribe 처방하다 stimulate 자극하다

## 10 독해 주제 파악 난이도 중 ●●○

다음 글의 주제로 가장 적절한 것은?

Nothing happens without a reason, according to the philosophical concept known as the principle of sufficient reason. The principle encapsulates our inability, as humans, to believe that an event could occur without a cause. Imagine that a glass cup on your kitchen counter abruptly burst into pieces. Now, you likely have not got the faintest idea why the glass shattered. Nevertheless, you will naturally assume that there is a logical explanation for what happened. We adhere so strongly to this idea because to accept that events could just happen without explanation would mean that anything is possible at any time. We would no longer be able to rely on an orderly reality and would therefore be unable to take any kind of effective action whatsoever.

① humans' need to see the effects of our actions
② the logical philosophical explanations for life events
③ humanity's fear of unknowingly causing disasters
④ an explanation of our basic belief in cause and effect

**해석**

충족 이유율이라고 알려진 철학 개념에 따르면, 이유 없이 일어나는 일은 없다. 그 원리는 인간으로서 우리가 사건이 이유 없이 발생할 수 있다고 믿는 것이 불가능하다고 요약한다. 당신의 부엌 조리대 위에 있는 유리컵이 갑자기 산산조각이 난다고 상상해 보아라. 이제, 당신은 아마 그 유리가 깨진 이유에 대해 전혀 짐작이 가지 않을 것이다. 그럼에도 불구하고, 당신은 일어난 일에 대해 논리적인 이유가 있을 것이라고 자연스럽게 가정할 것이다. 우리는 이 사고방식을 매우 강하게 고수하는데 사건이 원인 없이 그냥 발생할 수 있다는 것을 받아들이는 것은 언제든지 무슨 일이든 일어날 수 있다는 것을 의미하기 때문이다. 우리는 더 이상 질서 있는 현실을 신뢰할 수 없을 것이고 그에 따라 어떠한 실질적인 행동도 할 수 없게 될 것이다.

① 자신의 행동의 결과를 보고자 하는 인간의 욕구
② 일상적인 사건에 대한 논리적인 철학적 설명
③ 자신도 모르게 불행을 야기하는 것에 대한 인간의 두려움
④ 원인과 결과에 대한 우리의 기본적인 믿음에 대한 설명

**포인트 해설**

지문 전반에 걸쳐 우리는 사건이 이유 없이 발생할 수 없다고 생각하는데, 우리가 이 사고방식을 강하게 고수하는 것은 사건이 원인 없이 그냥 발생할 수 있다고 받아들이는 것이 질서 있는 현실에 대한 불신을 야기할 수 있기 때문이라고 설명하고 있다. 따라서 ④ '원인과 결과에 대한 우리의 기본적인 믿음에 대한 설명'이 이 글의 주제이다.

정답 ④

**어휘**

encapsulate 요약하다 abruptly 갑자기 shatter 깨지다, 산산이 부서지다
assume 가정하다 logical 논리적인 explanation 이유, 설명
adhere 고수하다, 고집하다 orderly 질서 있는
effective 실질적인, 효력 있는 disaster 불행, 재난

## 해커스 공무원시험연구소 총평

| | |
|---|---|
| 난이도 | 특히 문법과 독해 영역에 까다로운 문제들이 출제된 고난도 공무원 9급 시험의 난이도입니다. |
| 어휘·생활영어 영역 | 2번 문제와 같이 일상적인 대화의 문맥을 파악하는 생활영어 문제의 경우 짧은 시간 내에 문제를 풀어야 합니다. 특히 다른 영역의 난이도가 높은 회차에서는 단축된 시간을 고난도 문제에 사용할 수 있기 때문에 매우 중요합니다. |
| 문법 영역 | 3번 문제에 출제된 도치 구문 포인트는 다른 문법 포인트와 결합하여 출제되는 경우도 있으므로, 평소 충분한 문제 풀이를 통해 응용하는 능력을 길러 두어야 합니다. |
| 독해 영역 | 길이가 긴 지문들이 많아 문제를 푸는 데 시간이 소요되었을 수 있습니다. 특히 6번과 같은 내용 일치·불일치 파악 유형에서는 보기의 키워드가 지문에서 다른 형태로 등장하는 경우가 있으므로, 키워드를 바꾸어 표현한 부분이 무엇인지 빠르게 찾아낼 수 있어야 합니다. |

## 정답

| | | | | | |
|---|---|---|---|---|---|
| 01 | ② | 어휘 | 06 | ④ | 독해 |
| 02 | ④ | 생활영어 | 07 | ② | 독해 |
| 03 | ③ | 문법 | 08 | ③ | 독해 |
| 04 | ④ | 문법 | 09 | ③ | 독해 |
| 05 | ② | 어휘 | 10 | ④ | 독해 |

## 취약영역 분석표

| 영역 | 맞힌 답의 개수 |
|---|---|
| 어휘 | / 2 |
| 생활영어 | / 1 |
| 문법 | / 2 |
| 독해 | / 5 |
| TOTAL | **/ 10** |

### 01 어휘 typical = conventional 난이도 중 ●●○

**밑줄 친 부분의 의미와 가장 가까운 것은?**

The engineer was known for taking a <u>typical</u> approach to solving problems, rarely trying anything new or inventive.

① scientific ② conventional
③ clandestine ④ integral

**해석**

그 공학자는 문제들을 해결하는 데 <u>일반적인</u> 접근법을 취하는 것으로 알려졌으며, 새롭거나 독창적인 방법은 거의 시도하지 않는다.

① 과학적인 ② 극히 평범한
③ 은밀한 ④ 필수적인

정답 ②

**어휘**

typical 일반적인, 전형적인 approach 접근(법); 접근하다
inventive 독창적인 conventional 극히 평범한, 관습적인
clandestine 은밀한 integral 필수적인

**이것도 알면 합격!**

typical(일반적인)의 유의어
= customary, standard, usual, common, ordinary

### 02 생활영어 I have not heard back from any of my top choices yet. 난이도 하 ●○○

**밑줄 친 부분에 들어갈 말로 가장 적절한 것은?**

A: I got this acceptance letter in the mail today.
B: Oh, let me have a look here. They're offering you an entrance scholarship! That's wonderful! How come you're not more excited?
A: Because ____________________.
B: At least you got accepted somewhere, even if it's not one of your first picks. I'm sure those schools will be sending out notices soon, too.
A: That's true. I guess I'll have to be patient.

① I cannot apply for financial aid
② I have been considering taking a year off of school
③ I was expecting a much bigger scholarship than this
④ I have not heard back from any of my top choices yet

**해석**

A: 오늘 우편으로 이 합격 통지서를 받았어.
B: 오, 어디 한번 보자. 너에게 입학 장학금도 주는구나! 정말 멋지다! 어째서 너는 더 신나 보이지 않는 거야?

A: 왜냐하면 내가 가장 원하는 곳 중 어느 곳에서도 아직 연락을 받지 못했어.
B: 가장 가고 싶은 곳 중 하나가 아니더라도, 어쨌든 어딘가엔 합격했잖아. 그 학교들도 분명히 곧 통지서를 보낼 거야.
A: 맞아. 나는 인내심을 가져야 할 것 같아.

① 나는 학자금 지원을 신청할 수 없어
② 나는 1년 휴학하는 것을 고려해 왔어
③ 나는 이것보다 훨씬 더 많은 장학금을 기대하고 있었어
④ 내가 가장 원하는 곳 중 어느 곳에서도 아직 연락을 받지 못했어

**포인트 해설**

합격 통지서를 받은 A에게 B가 신나 보이지 않는 이유를 묻고, 빈칸 뒤에서 다시 B가 I'm sure those schools will be sending out notices soon, too(그 학교들도 분명히 곧 통지서를 보낼 거야)라고 말하고 있으므로, '내가 가장 원하는 곳 중 어느 곳에서도 아직 연락을 받지 못했어'라는 의미의 ④ 'I have not heard back from any of my top choices yet'이 정답이다.

정답 ④

**어휘**

scholarship 장학금, 학문 notice 통지서 financial aid 학자금 지원

**이것도 알면 합격!**

초조함을 느낄 때 쓸 수 있는 다양한 표현들을 알아 두자.
- I'm a little on edge right now. 지금 약간 초조해요.
- What if we should fail? 혹시 우리가 실패하면 어쩌죠?
- There's nothing I can do. 제가 할 수 있는 일이 없네요.
- I have butterflies in my stomach. 마음이 조마조마해요.

## 03 문법 능동태 | 분사 | 가정법 | 도치 구문 난이도 중 ●●○

**우리말을 영어로 잘못 옮긴 것은?**

① 그녀는 울음을 터뜨리더니 자리를 박차고 방에서 나가면서, 꽤나 극적인 퇴장을 했다.
→ She burst into tears and stomped out of the room, making quite a dramatic exit.

② 그는 마치 면접관에게 겁을 먹지 않은 것처럼 침착하고 자신 있게 말하려고 노력했다.
→ He tried to speak calmly and confidently as if he were not intimidated by the interviewer.

③ 우리가 청년들 사이에 홍보해 온 그 신상품은 우리가 기대했던 것보다 더 잘 되어가고 있다.
→ The new product we've been promoted among younger adults is doing better than we expected.

④ 항공사의 골드 등급에 도달해야만 당신은 무료 좌석 승급의 대상이 될 수 있다.
→ Only by reaching gold status with the airline can you be eligible for complimentary upgrades.

**포인트 해설**

③ **능동태·수동태 구별** 관계절의 주어 we와 동사가 '우리가 홍보해 오다'라는 의미의 능동 관계이므로 수동태 have been promoted를 능동태 have promoted로 고쳐야 한다. 참고로, 현재완료진행 시제의 have been promoting으로 고쳐도 맞다.

[오답분석]

① **분사구문의 형태** 주절의 주어(She)와 분사구문이 '그녀가 (퇴장을) 하다'라는 의미의 능동 관계이므로 현재분사 making이 올바르게 쓰였다.

② **기타 가정법** '마치 면접관에게 겁을 먹지 않은 것처럼 ~ 말하려고 노력했다'는 as if 가정법을 사용하여 '주어 + 동사 + as if + 주어 + 과거 동사'로 나타낼 수 있으므로 He tried to speak ~ as if he were not intimidated ~가 올바르게 쓰였다.

④ **도치 구문** 제한을 나타내는 부사구(Only by ~ airline)가 강조되어 문장의 맨 앞에 나오면 주어와 조동사가 도치되어 '조동사 + 주어 + 동사'의 어순이 되어야 하므로 Only by reaching gold status with the airline can you be가 올바르게 쓰였다.

정답 ③

**어휘**

burst into tears 울음을 터뜨리다 intimidate 겁주다, 협박하다
eligible ~의 대상이 되는, 자격이 있는 complimentary 무료의

**이것도 알면 합격!**

분사구문의 의미를 분명하게 하기 위해 부사절 접속사가 분사구문 앞에 올 수 있다는 것을 알아 두자.
- **After** finishing his work, he left the office.
  일을 끝내고 나서, 그는 사무실을 떠났다.

## 04 문법 병치 구문 | 명사절 | 동사의 종류 | 형용사 | 수동태 난이도 상 ●●●

**밑줄 친 부분 중 어법상 옳지 않은 것은?**

Facts ① differ from opinions in that facts pertain to things that are objectively true. What this entails is that they are measurable and observable regardless of ② several factors, including the person doing the measuring and observing. Moreover, facts will maintain their status as true even in the absence of observers. That is not to say that facts can never ③ be proven wrong, but ④ that have passed tests verifying their authenticity.

**해석**

사실은 객관적으로 진실인 것과 관련된다는 점에서 의견과 다르다. 이것이 의미하는 것은 그것들이 측정과 관찰을 하는 사람을 포함한 몇몇 요인에 관계없이 측정할 수 있고 관찰할 수 있다는 것이다. 게다가, 관찰자의 부재에도 사실은 진실로서의 상태를 유지할 것이다. 이것은 사실이 절대 틀렸음이 입증될 수 없다는 것이 아니라, 그것들이 진실성을 입증하는 시험을 통과했다는 것이다.

포인트 해설

④ **병치 구문 | 명사절 접속사** 상관접속사 not A but B로 연결된 병치 구문에서는 같은 구조끼리 연결되어야 하는데, but 앞에 명사절(that ~ wrong)이 왔으므로 but 뒤에도 명사절이 와야 한다. 이때 명사절 접속사 that 뒤에는 완전한 절이 와야 하므로, that have를 주어 they를 포함한 that they have로 고쳐야 한다.

[오답분석]

① **자동사** 동사 differ는 전치사(from) 없이 목적어(opinions)를 취할 수 없는 자동사이므로 differ from이 올바르게 쓰였다.

② **수량 표현** 복수 가산 명사(factors) 앞에 오는 수량 표현 several(몇 몇의)이 올바르게 쓰였다.

③ **능동태·수동태 구별** 동사 뒤에 목적어가 없고 주어 facts와 동사가 '사실이 입증되다'라는 의미의 수동 관계이므로 수동태 be proven이 올바르게 쓰였다.

정답 ④

어휘

pertain 관련되다, 관계하다 objectively 객관적으로
entail 의미하다, 수반하다 verify 입증하다 authenticity 진실성, 진정성

이것도 알면 **합격!**

④번의 not A but B(A가 아니라 B)와 같은 다양한 상관접속사를 알아 두자.

| |
|---|
| both A and B A와 B 둘 다 |
| not only A but (also) B A뿐만 아니라 B도 |
| either A or B A 또는 B 중 하나 |
| neither A nor B A도 B도 아닌 |
| A as well as B B뿐만 아니라 A도 |

## 05 어휘 absolute 난이도 중 ●●○

**밑줄 친 부분에 들어갈 말로 가장 적절한 것은?**

A theory is not ________ because there is always the possibility of it being disproved.

① exchangeable ② absolute
③ imperative ④ ingenious

해석

언제나 그것이 반증될 가능성이 존재하기 때문에 이론은 절대적이지 않다.

① 교환 가능한 ② 절대적인
③ 필수적인 ④ 독창적인

정답 ②

어휘

disprove 반증하다, 논박하다 exchangeable 교환 가능한
absolute 절대적인 imperative 필수적인 ingenious 독창적인, 영리한

이것도 알면 **합격!**

absolute(절대적인)의 유의어
= unquestionable, irrefutable, undeniable, indisputable

## 06 독해 내용 일치 파악 난이도 상 ●●●

**다음 글의 내용과 일치하는 것은?**

Building on previous knowledge that humor can enhance some aspects of cognition in older children, a team of French scientists looked at whether that same correlation exists in infant learning. They tested it by having two groups of 18-month-olds watch adults using tools to pick up toys. In one, the toy was played with after it was retrieved. In the other, the adult threw the toy on the floor in a comical way upon retrieval, causing the infants to break out in laughter. Those in the latter group were 42 percent more likely to successfully repeat the use of the tool than the others, indicating a correlation between humor and learning. However, why this is the case is still not clear. The most likely explanation is that the biochemical dopamine released during laughter positively contributes to cognitive processes involved in acquiring new knowledge and skills, but more research will be needed to confirm that hypothesis.

① Humor has a greater impact on infant learning than it does in older children.
② The 18-month-old participants had difficulty distinguishing between play and humor.
③ Less than half of the infants laughed when the toy was thrown onto the floor.
④ It is possible that laughter enhances infant learning because of a chemical reaction.

해석

유머가 조금 더 나이를 먹은 아이들의 인지의 일부 측면을 향상시킬 수 있다는 사전 지식을 기반으로, 프랑스의 한 과학자 팀은 유아의 학습에도 동일한 상관관계가 존재하는지를 살펴보았다. 그들은 생후 18개월이 된 두 집단의 아이들에게 도구를 사용하여 장난감을 집어 올리는 어른들을 지켜보게 함으로써 그것을 실험했다. 한쪽에서는, 장난감이 회수된 다음 놀이에 쓰였다. 다른 쪽에서는, 어른들이 회수가 이뤄지자마자 그 장난감을 웃긴 방식으로 바닥에 던졌는데, 이것은 그 유아들이 웃음을 터뜨리게 했다. 후자의 집단에 속한 이들은 다른 이들보다 42퍼센트 더 성공적으로 도구의 사용을 따라 하는 것 같았는데, 이는 유머와 학습 사이의 상관관계를 보여 준다. 하지만, 왜 그런지는 여전히 명확하지 않다. 가장 그럴듯한 설명은 웃는 동안에 방출되는 생화학 물질인 도파민이 새로운 지식과 기술을 습득하는 것과 관련된 인지 과정에 긍정적으로 기여한다는 것이지만, 그 가설을 공식화하기 위해서는 더 많은 연구가 필요할 것이다.

① 유머는 조금 더 나이를 먹은 아이들보다 유아에게 더 많은 영향을 미친다.
② 생후 18개월이 된 참가자들은 놀이와 유머를 구별하는 데 어려움이 있었다.
③ 절반 이하의 유아들이 장난감이 바닥에 던져졌을 때 웃었다.
④ 화학 반응으로 인해 웃음이 유아의 학습을 향상시키는 것이 가능하다.

**포인트 해설**

④번의 키워드인 a chemical reaction(화학 반응)을 바꾸어 표현한 지문의 biochemical(생화학 물질) 주변의 내용에서 웃는 동안에 방출되는 생화학 물질인 도파민이 새로운 지식과 기술을 습득하는 것과 관련된 인지 과정에 긍정적으로 기여한다는 가설이 있다는 것을 알 수 있다. 따라서 ④ '화학 반응으로 인해 웃음이 유아의 학습을 향상시키는 것이 가능하다'가 지문의 내용과 일치한다.

[오답분석]
① 유머가 조금 더 나이를 먹은 아이들의 인지의 일부 측면을 향상시킬 수 있다는 사전 지식을 기반으로 유아의 학습에도 동일한 상관관계가 존재하는지를 살펴보았다고는 했지만, 유머가 조금 더 나이를 먹은 아이들보다 유아에게 더 많은 영향을 미치는지는 알 수 없다.
② 생후 18개월이 된 두 집단의 아이들을 대상으로 유머와 학습의 상관관계를 알아보는 실험을 했다고는 했지만, 생후 18개월이 된 참가자들이 놀이와 유머를 구별하는 데 어려움이 있었는지는 알 수 없다.
③ 어른들이 장난감을 웃긴 방식으로 바닥에 던지는 것을 본 유아들이 웃음을 터뜨렸다고는 했지만, 절반 이하의 유아들이 장난감이 바닥에 던져졌을 때 웃었는지는 알 수 없다.

정답 ④

**어휘**

previous 사전의, 예비의 enhance 향상시키다, 강화하다
look at ~을 살펴보다 correlation 상관관계 infant 유아의; 유아
retrieve 회수하다 indicate 보여 주다 release 방출하다, 풀어 주다
contribute 기여하다 cognitive 인지의 acquire 습득하다
confirm 공식화하다 hypothesis 가설

## 07 독해 빈칸 완성 - 연결어 난이도 중 ●●○

**밑줄 친 (A), (B)에 들어갈 말로 가장 적절한 것은?**

Clouded with sediment deposits, troubled by constantly shifting levels of salinity and temperature, and tainted with oil pollution, Iraq's Shatt-al Arab River seems like an appalling place for any marine organism to live, let alone thrive. ___(A)___, one of nature's most fragile ecosystems, a living coral reef, was discovered 20 meters below the river's surface. As most coral species can only survive in warm, shallow water with little salinity and disruption, scientists have conceded that there is still a great deal to learn about resilient corals like this one. ___(B)___, they are strongly pushing for the reef's conservation, since it would allow them to conduct long-term studies on how these corals cope with such unfavorable conditions. The findings would go a long way in helping researchers better assess the prospects for related species living in disturbed environments.

| (A) | (B) |
|---|---|
| ① Until now | Ultimately |
| ② Yet | As a result |
| ③ In fact | In contrast |
| ④ Nonetheless | On the other hand |

**해석**

퇴적물들로 흐려지고, 끊임없이 변하는 염도와 온도에 시달리며, 기름에 의한 오염으로 더럽혀진, 이라크의 샤트알아랍강은 어떤 해양 생물이든 번성하는 것은 고사하고, 생존하기에조차 끔찍한 장소로 보인다. (A) 그런데도, 자연의 가장 연약한 생태계 중 하나인 살아 있는 산호초가 그 강의 수면의 20미터 아래에서 발견되었다. 대부분의 산호 종이 염도와 환경 파괴가 거의 없는 따뜻하고 얕은 물에서만 생존할 수 있기 때문에, 과학자들은 이와 같은 회복력이 있는 산호에 대해 알아내야 할 것이 여전히 많다는 것을 인정해 왔다. (B) 그 결과, 그들은 그 산호초의 보존을 강력하게 요구하는데, 그것이 그들로 하여금 그 산호가 어떻게 그러한 불리한 환경을 극복하는지에 대한 장기적인 연구를 수행할 수 있게 하기 때문이다. 그 연구 결과는 연구원들이 거친 환경에서 살아가는 관련 종의 전망을 더 잘 평가하도록 돕는 데 크게 이바지할 것이다.

| (A) | (B) |
|---|---|
| ① 지금까지 | 궁극적으로 |
| ② 그런데도 | 그 결과 |
| ③ 사실은 | 대조적으로 |
| ④ 그럼에도 불구하고 | 반면에 |

**포인트 해설**

(A) 빈칸 앞 문장은 오염으로 더럽혀진 샤트알아랍강은 해양 생물이 생존하기에 끔찍한 장소로 보인다는 내용이고, 빈칸 뒤 문장은 자연의 가장 연약한 생태계 중 하나인 살아 있는 산호초가 그 강의 수면 아래에서 발견되었다는 대조적인 내용이므로, 빈칸에는 대조를 나타내는 연결어인 Yet(그런데도)이 들어가야 한다.
(B) 빈칸 앞 문장은 과학자들이 회복력이 있는 산호에 대해 알아내야 할 것이 여전히 많다는 것을 인정해 왔다는 내용이고, 빈칸 뒤 문장은 그 산호가 어떻게 그러한 불리한 환경을 극복하는지에 대한 장기적인 연구를 수행할 수 있도록 과학자들이 그 산호초의 보존을 강력하게 요구한다는 내용이므로, 빈칸에는 결과를 나타내는 연결어인 As a result(그 결과)가 들어가야 한다.

정답 ②

**어휘**

cloud 흐리게 만들다 sediment deposit 퇴적물 salinity 염도
taint 더럽히다 appalling 끔찍한, 형편없는 fragile 연약한, 깨지기 쉬운
coral reef 산호초 disruption 환경 파괴 concede 인정하다
resilient 회복력이 있는 push for ~을 요구하다
go a long way 크게 이바지하다 assess 평가하다 disturbed 거친

## 08 독해 문장 삽입 난이도 중 ●●○

**주어진 문장이 들어갈 위치로 가장 적절한 곳은?**

One entomologist compared it to a hot nail being driven through one's leg.

The giant Asian hornet (*Vespa mandarinia*) is a member of the wasp family that lives in underground nests found in wooded and mountainous areas in East Asia. Boasting a body length of up to 50 millimeters and a wingspan of up to 76 millimeters, the world's largest hornet is truly an impressive creature. ( ① ) It feeds primarily on other insects, with honeybees being a favorite meal; a single hornet can dispatch up to 40 of them per minute. ( ② ) They are aided by a potent and powerful sting that is considerably harsher than other insect bites and that many find difficult to describe. ( ③ ) While even imagining this is painful enough, it can get a lot worse, as demonstrated by the dozens of people who are killed by the hornet each year. ( ④ ) The majority of fatalities occur due to an allergic reaction to the hornet's venom, but even those who are not especially susceptible can be killed if attacked by a large swarm.

**해석**

한 곤충학자는 그것을 다리에 때려 박히는 뜨거운 못에 비유했다.

거대한 아시아 말벌('장수말벌')은 동아시아의 나무가 우거진 곳과 산악 지대에서 발견되는 지하의 보금자리에 사는 말벌과의 한 종류이다. 50밀리미터에 달하는 몸통 길이와 76밀리미터에 달하는 날개 길이를 자랑하는, 그 세계에서 가장 큰 말벌은 정말로 인상적인 생물이다. ① 그것은 주로 다른 곤충들을 먹고 살며, 가장 좋아하는 식사는 꿀벌인데, 한 마리의 말벌이 그것들을 분당 40마리까지 해치울 수 있다. ② 그것들은 다른 곤충이 무는 것보다 상당히 더 지독하며 많은 사람들이 묘사하기 어려워하는 강력하고 매우 효과적인 침의 도움을 받는다. ③ 이것을 상상하는 것만으로도 충분히 고통스럽지만, 매년 이 말벌에 의해 사망하는 많은 사람들에 의해 입증되듯이, 그것은 훨씬 더 심할 수 있다. ④ 대부분의 죽음은 말벌의 독에 대한 알레르기 반응으로 인해 발생하지만, 특별히 민감하지 않은 사람들조차 거대한 벌떼에 의해 공격을 받는다면 사망할 수 있다.

**포인트 해설**

③번 앞 문장은 말벌들이 강력하고 매우 효과적인 침의 도움을 받는다는 내용이고, ③번 뒤 문장은 이것을 상상하는 것(imagining this)만으로도 충분히 고통스럽지만 그것은 상상보다 훨씬 더 심할 수 있다는 내용이므로, ③번 자리에 한 곤충학자는 그것(it)을 다리에 때려 박히는 뜨거운 못에 비유했다는 내용, 즉 말벌의 침의 강력함에 대해 묘사하는 주어진 문장이 나와야 지문이 자연스럽게 연결된다.

정답 ③

**어휘**

entomologist 곤충학자 drive (못 등을) 때려 박다, 운전하다 hornet 말벌
wasp 말벌 boast 자랑하다 wingspan 날개 길이
dispatch 해치우다, 급파하다 potent 강력한 sting (곤충 등의) 침
demonstrate 입증하다 fatality 죽음, 사망자 venom 독
susceptible 민감한 swarm 떼

## 09 독해 무관한 문장 삭제 난이도 중 ●●○

**다음 글의 흐름상 어색한 문장은?**

Boldly confronting segregation during a time of racial unrest, Rosa Parks justifiably earned her title as the mother of the freedom movement. In 1955, Parks was ordered to give up her seat in the Black section of a bus to a White passenger. ① Well within her legal rights to sit there, she politely refused to move and was met with swift incarceration. ② The National Association for the Advancement of Colored People represented her in court, but she was fired from her job and received threats in the mail for years after the incident. ③ The trial was presided over by Judge Eugene Carter, who was the judge in a number of civil rights trials. ④ Though she suffered greatly for her actions, the case became the spark that lit the fuse under activist groups, resulting in a boycott that led to the abolishment of divided seating on all Alabama buses.

**해석**

인종 간 불안의 시기 동안 차별에 대담하게 맞서면서, Rosa Parks는 자유 운동의 어머니라는 그녀의 칭호를 정당하게 얻었다. 1955년에, Parks는 버스의 흑인 구역 내 그녀의 좌석을 백인 승객에게 양보하라는 지시를 받았다. ① 그곳에 앉을 그녀의 법적인 권리로, 그녀는 정중하게 자리를 옮기는 것을 거부했고 즉각적인 투옥을 당했다. ② 미국 흑인 지위 향상 협회가 법정에서 그녀를 변호했지만, 그녀는 직장에서 해고되었고, 그 사건 이후 수년 동안 우편으로 협박을 받았다. ③ 그 재판은 Eugene Carter 판사에 의해 주재되었는데, 그는 많은 시민권 재판들에서 판사를 맡은 사람이었다. ④ 비록 그녀는 자신의 행동으로 인해 엄청난 고통을 받았지만, 그 사건은 운동 단체의 도화선에 불을 붙인 불꽃이 되었고, 이는 앨라배마주의 모든 버스에서 분리 좌석의 폐지를 가져온 거부 운동을 일으켰다.

**포인트 해설**

지문 앞부분에서 인종 간 불안의 시기였던, 1955년에 Rosa Parks는 버스의 흑인 구역 내 그녀의 좌석을 백인에게 양보하라는 지시를 받았다고 언급하고, ①, ②, ④번에서 Parks는 그 지시를 거부하여 투옥을 당했고, 직장에서 해고 되었으며, 우편 협박을 받았지만, 이 사건이 계기가 되어 앨라배마주의 모든 버스에서 분리 좌석이 폐지되었음을 설명하고 있다. 그러나 ③번은 'Parks의 재판을 담당한 판사의 이력'에 대한 내용으로, 지문 앞부분의 내용과 관련이 없다.

정답 ③

**어휘**

boldly 대담하게 confront 맞서다, 직면하다
segregation 차별 (정책), 분리 racial 인종 간의 unrest 불안
justifiably 정당하게 give up ~을 양보하다, 포기하다 politely 정중하게
swift 즉각적인, 신속한 incarceration 투옥 represent 변호하다, 대표하다
fire 해고하다, 불을 지르다 threat 협박, 위협 incident 사건, 사고

trial 재판, 시험 preside over ~을 주재하다, 주관하다 civil right 시민권
fuse 도화선 boycott 거부 운동 abolishment 폐지

구문 분석

Though she suffered greatly for her actions, / the case became the spark / that lit the fuse / under activist groups, (생략).
: 이처럼 접속사가 이끄는 절(접속사 + 주어 + 동사 ~)이 문장을 꾸며주는 경우, 접속사의 의미에 따라 '~이긴 하지만(though/although)', '~하는 동안(while)', '~할 때(when)' 등으로 해석한다.

## 10 독해 문단 순서 배열 난이도 중 ●●○

**주어진 글 다음에 이어질 글의 순서로 가장 적절한 것은?**

Road traffic across North America continues to increase every year, and this is bad news for wildlife. Moving cars pose a grave threat to wild animals, with approximately one million of them being killed each day in the US alone.

(A) To achieve similar results for other species, the type of crossing installed must be carefully considered. Researchers have found that bolder animals like grizzly bears and wolves prefer overpasses, whereas more discreet ones such as black bears and cougars stick to the darker tunnels.
(B) And they actually seem to be working. Since the installation of overpasses and tunnels in Canada's Banff National Park, for instance, park employees have observed a 96 percent drop in road mortality for hoofed mammals like elk and deer.
(C) The majority of them are simply trying to gain access to better habitat, mates, and food sources. In recognition of the fact that animals need to cross roads safely, special wildlife crossings are being constructed.

① (A) – (C) – (B)
② (B) – (A) – (C)
③ (C) – (A) – (B)
④ (C) – (B) – (A)

해석

북아메리카 전역에 걸친 도로 교통량은 매년 계속해서 증가하는데, 이것은 야생동물에게 좋지 않은 소식이다. 이동하는 차는 야생동물에게 심각한 위협을 제기하며, 미국에서만 약 백만 마리의 야생동물이 매일 죽임을 당하고 있다.

(A) 다른 종에서도 비슷한 결과를 달성하기 위해서는, 설치되는 건널목의 종류가 신중하게 고려되어야 한다. 연구원들은 회색곰과 늑대와 같은 더 대담한 동물들은 다리를 선호하는 반면, 흑곰과 퓨마와 같은 더 조심스러운 동물들은 더 어두운 터널을 고수한다는 것을 알아냈다.
(B) 그리고 그것들은 실제로 효과가 있는 것으로 보인다. 예를 들어, 캐나다의 밴프 국립 공원에서 다리와 터널의 설치 이후에, 공원 직원들은 엘크나 사슴 같은 발굽이 있는 포유동물의 도로 사망률에서 96퍼센트의 감소를 관찰했다.
(C) 그것들 중 대다수는 그저 더 나은 서식지, 짝, 그리고 식량 자원에 접근하려고 하는 것이다. 동물들이 도로를 안전하게 건널 필요가 있다는 사실을 인지하면서, 특별한 야생동물 건널목들이 건설되고 있다.

포인트 해설

주어진 글에서 북아메리카 전역에 걸친 도로 교통량의 증가가 야생동물에게 심각한 위협을 제기한다고 한 후, (C)에서 동물들이 도로를 안전하게 건널 필요가 있다는 사실을 인지하게 되어, 특별한 야생동물 건널목들이 건설되고 있다는 것을 알려주고 있다. 이어서 (B)에서 그것들(they)이 발굽이 있는 포유동물들의 도로 사망률을 극적으로 감소시켰다고 한 후, (A)에서 다른 종(other species)에서도 비슷한 결과를 달성하기 위해서는 야생동물마다 다른 종류의 건널목이 고려되어야 한다고 설명하고 있다. 따라서 ④ (C) - (B) - (A)가 정답이다.

정답 ④

어휘

grave 심각한 crossing 건널목 bold 대담한 overpass 다리, 육교
discreet 조심스러운 mortality 사망률 hoofed 발굽이 있는
habitat 서식지 construct 건설하다

DAY 06 하프모의고사 06회

## 해커스 공무원시험연구소 총평

**난이도** 어휘와 독해 영역에 비해 문법 영역이 어렵게 출제된 회차입니다.

**어휘·생활영어 영역** 유의어 유형의 경우 2번 문제처럼 밑줄 친 부분의 의미를 반드시 알아야만 정답을 고를 수 있게 출제되기도 합니다. 따라서 평소 충분한 양의 어휘 및 표현과 그 유의어에 대한 학습을 통해 대비하도록 합니다.

**문법 영역** 5번 문제의 ②번 보기와 같이 두 개의 문법 포인트가 함께 출제되는 경우, 문장의 어떤 요소를 근거로 정·오답 여부를 판단해야 하는지 알기 어려울 수 있습니다. 따라서 문법 문제를 풀고 난 후에는 각 보기에서 놓친 포인트가 없는지 다시 한번 확인해 보는 것이 좋습니다.

**독해 영역** 지문 및 보기의 내용을 꼼꼼히 파악해야 하는 내용 일치·불일치 파악 유형이 두 문제 출제되었지만, 지문 길이가 길지 않고 보기 순서가 지문의 단서 제공 순서와 동일했기 때문에 비교적 수월하게 풀 수 있었을 것입니다.

## 정답

| | | | | | |
|---|---|---|---|---|---|
| 01 | ④ | 어휘 | 06 | ④ | 독해 |
| 02 | ④ | 어휘 | 07 | ④ | 독해 |
| 03 | ④ | 생활영어 | 08 | ④ | 독해 |
| 04 | ③ | 문법 | 09 | ③ | 독해 |
| 05 | ④ | 문법 | 10 | ④ | 독해 |

## 취약영역 분석표

| 영역 | 맞힌 답의 개수 |
|---|---|
| 어휘 | / 2 |
| 생활영어 | / 1 |
| 문법 | / 2 |
| 독해 | / 5 |
| TOTAL | / 10 |

### 01 어휘 conquer = pull through 난이도 중 ●●○

**밑줄 친 부분의 의미와 가장 가까운 것은?**

Although doctors gave the accident victim a low chance of survival, he <u>conquered</u> his injuries and made a full recovery.

① pulled apart ② pulled off
③ pulled down ④ pulled through

**해석**

의사들은 그 사고 피해자에게 낮은 생존 가능성을 선고했지만, 그는 부상을 <u>극복하고</u> 완전히 회복되었다.

① ~을 갈라놓았다 ② ~을 벗겼다
③ ~을 끌어내렸다 ④ ~을 극복했다

정답 ④

**어휘**

give 선고하다 conquer 극복하다, 이기다 pull apart ~을 갈라놓다
pull off ~을 벗기다, (차를) 길가에 세우다 pull down ~을 끌어내리다
pull through ~을 극복하다

**이것도 알면 합격!**

conquer(극복하다)와 유사한 의미의 표현
= overcome, surmount, subdue, vanquish, triumph over

### 02 어휘 on the spot = immediately 난이도 중 ●●○

**밑줄 친 부분의 의미와 가장 가까운 것은?**

Dissertation writing is an important phase of any PhD program. First, the student does original research on a specific topic. He then defends his dissertation before a panel of scholars, who expect him to answer various questions <u>on the spot</u>.

① appropriately ② briefly
③ simultaneously ④ immediately

**해석**

논문 작성은 모든 박사 학위 프로그램의 중요한 단계이다. 먼저, 학생은 특정 주제에 대해 독창적인 연구를 수행한다. 그러고 나서 그는 학자들로 이루어진 위원단 앞에서 그의 논문을 옹호하게 되는데, 이들은 그가 여러 질문들에 <u>곧장</u> 답변하기를 기대한다.

① 적절하게 ② 간단히
③ 동시에 ④ 즉시

정답 ④

**어휘**

dissertation 논문 defend 옹호하다, 지키다
on the spot 곧장, 현장에서 appropriately 적절하게 briefly 간단히
simultaneously 동시에 immediately 즉시

이것도 알면 합격!

on the spot(곧장)과 유사한 의미의 표현
= instantly, impromptu, in real-time

## 03 생활영어 Will I need a prescription for it?

난이도 하 ●○○

**밑줄 친 부분에 들어갈 말로 가장 적절한 것은?**

A: What's causing my arm to be red and itchy?
B: Well, Mrs. Swain, it's a mild skin rash. An antibiotic ointment should clear it up.
A: Thank you, Doctor. ______________________?
B: Not at all. You can use any over-the-counter brand.
A: OK. I'll stop by the pharmacy on my way home.
B: Great. Let me know if it gets worse.

① Can you tell me if it will clear up soon
② Is there a drug store near here
③ Should I come back for a check-up
④ Will I need a prescription for it

해석

A: 무엇이 제 팔을 붉어지고 가렵게 만드는 건가요?
B: 음, Swain 씨, 그것은 가벼운 피부 발진이에요. 항생 연고가 그것을 없애 줄 겁니다.
A: 감사합니다, 선생님. 그것을 사려면 처방전이 필요할까요?
B: 아닙니다. 무엇이든 처방전 없이 살 수 있는 상품을 사용하시면 됩니다.
A: 그렇군요. 집에 가는 길에 약국에 들러야겠어요.
B: 좋아요. 그것이 더 악화되면 알려 주세요.

① 곧 그것이 없어질지 알려주시겠어요
② 이 근처에 약국이 있나요
③ 검진을 위해 다시 와야 하나요
④ 그것을 사려면 처방전이 필요할까요

포인트 해설

항생 연고가 피부 발진을 없애 줄 것이라는 B의 말에 대해 A가 대답한 후, 빈칸 뒤에서 다시 B가 Not at all. You can use any over-the-counter brand(아닙니다. 무엇이든 처방전 없이 살 수 있는 상품을 사용하시면 됩니다)라고 말하고 있으므로, '그것을 사려면 처방전이 필요할까요'라는 의미의 ④ 'Will I need a prescription for it'이 정답이다.

정답 ④

어휘

itchy 가려운 mild 가벼운 rash 발진, 많음: 경솔한
antibiotic 항생의, 항생 물질의 ointment 연고
over-the-counter 처방전 없이 살 수 있는 pharmacy 약국
prescription 처방전

이것도 알면 합격!

검진을 받은 후에 쓸 수 있는 다양한 표현들을 알아 두자.

- The results came out negative. 결과는 음성으로 나왔습니다.
- You've got a clean bill of health. 당신은 건강에 아무 이상 없습니다.
- Let me refer you to a specialist. 제가 전문의를 소개해 드릴게요.

## 04 문법 부사 | 동사의 종류 | 수동태 | 형용사

난이도 중 ●●○

**어법상 옳은 것은?**

① He had been single for many years before he married with his wife.
② Because I wore different color socks, I was made fun by my classmates.
③ Although it had poor gas mileage, it was still quite a beautiful car.
④ They will reach the ocean in only a little more miles.

해석

① 그는 아내와 결혼하기 전에 여러 해 동안 독신이었다.
② 내가 다른 색의 양말을 신었기 때문에, 나는 반 친구들에게 놀림을 받았다.
③ 그것이 좋지 않은 연비를 가지긴 했지만, 그것은 여전히 꽤 멋진 차였다.
④ 몇 마일만 더 가면 그들은 해안에 도착할 것이다.

포인트 해설

③ **강조 부사** 강조 부사 quiet은 'a(n) + 형용사(beautiful) + 명사(car)'를 앞에서 강조하므로 quite a beautiful car가 올바르게 쓰였다.

[오답분석]

① **혼동하기 쉬운 자동사와 타동사** 동사 marry는 전치사 없이 목적어(his wife)를 바로 취하는 타동사이므로 married with를 married로 고쳐야 한다.

② **동사구의 수동태** '타동사 + 명사 + 전치사'(made fun of) 형태의 동사구가 수동태가 되면 동사구의 명사(fun)와 전치사(of) 모두 수동태 동사(was made) 뒤에 그대로 남아야 하므로 was made fun을 was made fun of로 고쳐야 한다.

④ **수량 표현** miles는 가산 복수 명사이므로, 불가산 명사 앞에 오는 수량 표현 a little을 가산 복수 명사 앞에 오는 수량 표현 a few로 고쳐야 한다.

정답 ③

어휘

gas mileage (차량) 연비

이것도 알면 합격!

형용사나 부사를 강조하는 다양한 강조 부사들을 알아 두자.

| | |
|---|---|
| very 매우 | ever 항상, 도대체 |
| pretty 꽤, 제법 | too (부정적 의미로) 너무 |
| much 너무, 많이 | so (긍정적·부정적 의미로) 매우, 너무 |
| much / even / still / far / a lot / by far (비교급 앞에서) 훨씬 | |

## 05 문법 부사절 | 보어 | 형용사 | 동명사 난이도 상 ●●●

어법상 옳은 것은?

① The best way to accomplish a difficult task is broken it down into several reachable goals.

② Viewers identified a number of exist problem in the movie's story line.

③ The police accused him of steal a computer from the store.

④ I'd better write down what we need to buy lest any of the ingredients be omitted.

**해석**

① 어려운 과업을 완수하는 최고의 방법은 그것을 여러 도달 가능한 목표들로 나누는 것이다.

② 관중들은 그 영화의 줄거리에 존재하는 많은 문제들을 발견했다.

③ 경찰은 그를 가게에서 컴퓨터를 훔친 죄로 고발했다.

④ 어떤 재료도 누락되지 않도록 우리가 무엇을 사야 하는지 적는 것이 좋겠다.

**포인트 해설**

④ **부사절 접속사** 문맥상 '누락되지 않도록'이라는 의미가 되어야 자연스러운데, '~하지 않도록'은 부사절 접속사 lest를 사용하여 나타낼 수 있고, 접속사 lest가 이끄는 절의 동사는 '(should) + 동사원형'의 형태를 취하므로 lest any of the ingredients be omitted가 올바르게 쓰였다.

[오답분석]

① **보어 자리** be 동사(is)는 주격 보어를 취하는 동사인데, 보어 자리에는 명사나 형용사 역할을 하는 것이 올 수 있고, 문맥상 주어와 동사가 '최고의 방법은 그것을 ~ 나누는 것이다'라는 의미가 되어야 자연스러우므로 과거분사 broken을 명사 역할을 할 수 있는 to 부정사 to break 또는 동명사 breaking으로 고쳐야 한다.

② **수량 표현 | 형용사 자리** 가산 복수 명사 앞에 쓰이는 수량 표현 a number of가 왔으므로 단수 명사 problem을 가산 복수 명사 problems로 고쳐야 한다. 또한, 명사를 수식하는 것은 형용사이므로 동사 exist를 형용사 existing으로 고쳐야 한다.

③ **동명사의 역할** 전치사(of) 뒤에는 명사 역할을 하는 것이 와야 하므로 동사 steal을 동명사 stealing으로 고쳐야 한다. 참고로, '그를 가게에서 컴퓨터를 훔친 죄로 고발했다'라는 의미를 표현하기 위해 'A를 B의 죄로 고발하다'라는 의미의 전치사 숙어 표현 accuse A of B가 사용되었다.

정답 ④

**어휘**

break down ~을 나누다 accuse 고발하다 omit 누락시키다

**이것도 알면 합격!**

-able/-ible로 끝나는 형용사는 명사를 뒤에서 수식할 수 있다는 것을 알아두자.

- She explored every option available.
  그녀는 이용 가능한 모든 선택지를 분석했다.

## 06 독해 문단 순서 배열 난이도 중 ●●○

주어진 글 다음에 이어질 글의 순서로 가장 적절한 것은?

> The town of Abu Mena was designated a UNESCO World Heritage site in 1979 because it was built over the tomb of the Christian martyr Menas of Alexandria.

(A) Because Abu Mena is not only a historically important site but also a center for Christian pilgrimage, the government's endeavors to conserve it should be applauded.

(B) Therefore, authorities have had to reinforce building bases with sand and relocate farms to prevent further destruction.

(C) But less and less of the town remains today, largely due to a rise in the water table from agricultural activities.

① (B) – (A) – (C) ② (B) – (C) – (A)

③ (C) – (A) – (B) ④ (C) – (B) – (A)

**해석**

> 아부메나 도시는 알렉산드리아의 그리스도교 순교자 Menas의 무덤 위에 건설되었기 때문에 1979년에 유네스코 세계 문화유산으로 지정되었다.

(A) 아부메나는 역사적으로 중요한 유적일 뿐만 아니라 그리스도교 순례의 중심지이기도 하기 때문에, 그것을 보존하고자 하는 정부의 노력은 칭찬받아야 한다.

(B) 따라서, 당국은 건물의 기반을 모래로 강화해야 했고 더 이상의 파괴를 방지하기 위해 농장들을 이전시켜야 했다.

(C) 그러나 오늘날 그 도시는 점점 작아지고 있는데, 이것은 주로 농업 활동으로 인한 지하수면의 상승 때문이다.

**포인트 해설**

주어진 문장에서 아부메나 도시가 유네스코 세계 문화유산으로 지정되었다고 소개한 후, (C)에서 그러나(But) 오늘날 그 도시는 농업 활동으로 인한 지하수면의 상승 때문에 점점 작아지고 있다고 설명하고 있다. 이어서 (B)에서 당국은 더 이상의 파괴를 방지하기 위해 농장들을 이전시켰다고 설명하고, (A)에서 아부메나를 보존해야 하는 이유를 언급하면서 그것을 보존하고자 하는 정부의 노력이 칭찬받아야 한다고 주장하고 있다. 따라서 ④ (C) - (B) - (A)가 정답이다.

정답 ④

**어휘**

designate 지정하다 martyr 순교자 pilgrimage 순례 endeavor 노력 conserve 보존하다 applaud 칭찬하다 authority 당국, 권위 reinforce 강화하다 base 기반, 토대 relocate 이전시키다, 이동하다 destruction 파괴 water table 지하수면 agricultural 농업의

**구문 분석**

Because Abu Mena is not only a historically important site / but also a center for Christian pilgrimage, (생략).

: 이처럼 : 'not only A but (also) B' 구문의 A에는 기본이 되는 내용, B에는 첨가하는 내용이 나오며, 'A뿐만 아니라 B도'라고 해석한다.

## 07 독해 내용 일치 파악 난이도 중 ●●○

**다음 글의 내용과 일치하는 것은?**

Are you neglecting your daily fiber intake? It's a nutritional component that tends to go unnoticed, yet it's a crucial element for maintaining overall wellbeing. Surprisingly, a significant portion of the population falls short of meeting their recommended daily fiber intake, with statistics indicating that over 90 percent of individuals are not getting enough fiber in their diets. Fiber is essential for digestive health, regulating blood sugar levels, and promoting a feeling of fullness, aiding in weight management. So, why the deficiency? While fiber can be found in a variety of foods, it's often lacking in modern diets due to the prevalence of highly processed foods and the limited consumption of whole grains, fruits, and vegetables. Nutrition experts point out that part of the problem is that there is not enough emphasis on fiber in dietary guidelines and insufficient public awareness campaigns to underscore its importance in maintaining a healthy lifestyle.

① More than 10 percent of people consume the recommended amount of fiber.
② Individuals who don't get adequate fiber are prone to struggle with their blood sugar.
③ Fiber can't be added during the production of many types of processed foods.
④ Dietary guidelines fail to highlight the importance of fiber intake.

**해석**

당신은 일일 섬유질 섭취를 소홀히 하고 있는가? 그것은 간과되는 경향이 있는 영양 성분이지만, 전반적인 건강을 유지하는 데 있어 필수적인 요소이다. 놀랍게도, 인구의 상당한 비율이 그들의 권장 일일 섬유질 섭취량에 미치지 못하는데, 통계들은 90퍼센트 이상의 사람들이 그들의 식생활에서 충분한 섬유질을 섭취하지 못하고 있음을 보여 준다. 섬유질은 소화기 건강에 있어 필수적이며, 혈당 수치를 조절하고, 포만감을 촉진하여, 체중 관리에 도움을 준다. 그렇다면, 그 결핍의 이유는 무엇인가? 섬유질은 다양한 음식에서 발견될 수 있지만, 그것은 고도로 가공된 식품의 보급과 곡물, 과일 및 채소의 제한된 섭취로 인해 현대의 식생활에서는 종종 부족하다. 영양 전문가들은 문제의 일부가 식생활 지침에서 섬유질에 대한 충분한 강조가 없다는 것과 건강한 생활 방식을 유지하는 데 있어서 그것의 중요성을 강조하는 대중 인식 캠페인이 불충분하다는 것이라고 지적한다.

① 10퍼센트 이상의 사람들이 권장량의 섬유질을 섭취한다.
② 충분한 섬유질을 섭취하지 못하는 사람들은 그들의 혈당으로 고생하기 쉽다.
③ 많은 종류의 가공된 식품의 생산 과정에 섬유질은 추가될 수 없다.
④ 식생활 지침은 섬유질 섭취의 중요성을 강조하지 못한다.

**포인트 해설**

④번의 키워드인 Dietary guidelines(식생활 지침)가 그대로 언급된 지문 주변의 내용에서 영양 전문가들은 문제의 일부가 식생활 지침에서 섬유질에 대한 충분한 강조가 없다는 것과 섬유질의 중요성을 강조하는 대중 인식 캠페인이 불충분하다는 것이라고 지적했다고 했으므로, ④ '식생활 지침은 섬유질 섭취의 중요성을 강조하지 못한다'가 지문의 내용과 일치한다.

[오답 분석]

① 통계들이 90퍼센트 이상의 사람들이 그들의 식생활에서 충분한 섬유질을 섭취하지 못하고 있음을 보여 준다고 했으므로, 10퍼센트 이상의 사람들이 권장량의 섬유질을 섭취한다는 것은 지문의 내용과 다르다.

② 섬유질이 소화기 건강에 있어 필수적이며, 혈당 수치를 조절한다고는 했지만, 충분한 섬유질을 섭취하지 못하는 사람들이 그들의 혈당으로 고생하기 쉬운지는 알 수 없다.

③ 섬유질은 고도로 가공된 식품의 보급과 곡물, 과일 및 채소의 제한된 섭취로 인해 현대의 식생활에서 종종 부족하다고는 했지만, 많은 종류의 가공된 식품의 생산 과정에 섬유질이 추가될 수 없는지는 알 수 없다.

정답 ④

**어휘**

neglect 소홀히 하다, 방치하다 fiber 섬유질 intake 섭취(량)
nutritional 영양의 component 성분, 구성 요소 element 요소
significant 상당한, 중요한 portion 비율, 부분 population 인구
fall short of ~에 미치지 못하다 statistic 통계 digestive 소화기의
blood sugar 혈당 promote 촉진하다, 홍보하다
fullness 포만, 풍부함 deficiency 결핍 prevalence 보급, 유행
underscore 강조하다 consume 섭취하다, 소비하다 adequate 충분한
prone ~하기 쉬운 highlight 강조하다

## 08 독해 제목 파악 난이도 중 ●●○

**다음 글의 제목으로 가장 적절한 것은?**

Emperor penguins huddle together to stay warm when temperatures are freezing. While the birds appear to throng in a vaguely circular formation, closer observation has revealed otherwise. Individual penguins push their way in every 30 to 60 seconds. A single movement, creating a space as small as 2 centimeters wide, triggers a shift among the thousands of birds. The continual shuffling assures that every animal is eventually rotated through to the warmest part of the circle. But the gaps must be precise; step too widely and heat escapes, too narrowly and they cannot move. Further, the positions the penguins take never change and no individual forces their way into the middle. The result is a coordinated and highly-organized exercise.

① Huddling: Social Behavior of Penguins
② How Penguin Huddles Create Heat
③ Critical Roles in A Penguin Huddle
④ The Intricacies of Penguin Huddling

해석

황제펭귄은 날씨가 몹시 추울 때 따뜻함을 유지하기 위해 함께 떼 지어 모인다. 그 새들이 막연하게 원의 형태로 모여드는 것처럼 보이지만, 보다 면밀한 관찰이 그렇지 않다는 것을 밝혀냈다. 각각의 펭귄은 30초에서 60초에 한 번씩 밀고 나아간다. 한 번의 움직임은 2센티미터 너비 정도의 작은 공간을 만들어내면서, 수천 마리의 새들 사이에 변화를 일으킨다. 끊임없이 이리저리 움직이는 것은 모든 동물들이 결국 원의 가장 따뜻한 부분으로 순환하도록 한다. 그러나 그 간격들은 정확해야 하는데, 너무 넓게 움직이면 열이 빠져나가고, 너무 좁게 움직이면 그것들이 이동할 수 없다. 게다가, 펭귄이 차지하는 자리는 절대 변하지 않고 어떠한 구성원도 중앙으로 억지로 밀고 나아가지 않는다. 그 결과는 협조되고 고도로 조직화된 행위이다.

① 떼 지어 모이기: 펭귄의 사회적 행동
② 펭귄 떼 지어 모이기는 어떻게 열을 만들어내는가
③ 펭귄 떼 지어 모이기의 중요한 역할
④ 펭귄 떼 지어 모이기의 복잡함

포인트 해설

지문 처음에서 황제펭귄은 추울 때 따뜻함을 유지하기 위해 함께 떼 지어 모인다고 하고, 이어서 지문 전반에 걸쳐 그 새들이 막연하게 원의 형태로 모여드는 것처럼 보이지만, 실제로는 어떤 펭귄이든 원의 가장 따뜻한 부분으로 순환할 수 있도록 정확한 간격을 유지하면서 정교하게 움직이는 것이라고 설명하고 있다. 따라서 ④ '펭귄 떼 지어 모이기의 복잡함'이 이 글의 제목이다.

정답 ④

어휘

huddle 떼 지어 모이다 throng (떼를 지어) 모여들다
vaguely 막연하게, 애매하게 push one's way 밀고 나아가다
trigger 일으키다, 촉발하다 shuffle 이리저리 움직이다
rotate 순환하다, 회전하다 force one's way (억지로) 밀고 나아가다
coordinated 협조된, 통합된 intricacy 복잡함, 복잡한 사항

## 09 독해 내용 불일치 파악 난이도 중 ●●○

**다음 글의 내용과 일치하지 않는 것은?**

Acidosis is a condition in which the fluids of the human body contain a surplus of acid. The lungs and kidneys normally regulate this by keeping the blood's pH level—the balance of acids and bases—steady. However, if these organs are not functioning properly, an imbalance can occur. There are two main categories of acidosis: respiratory and metabolic. The former strikes when the lungs cannot effectively remove enough carbon dioxide from the body, raising acid levels. Metabolic acidosis happens when the kidneys have trouble removing acid or when they eliminate too much base. Sufferers of both types report confusion and sleepiness. Because the symptoms of this are similar to other ailments, it may be difficult to diagnose without blood tests.

※ acidosis: 산과다증

① The lungs and kidneys keep the blood's pH level even.
② Acidosis can be categorized as either respiratory or metabolic.
③ Metabolic acidosis occurs when the kidneys creates too much acid.
④ Similarities to other conditions make acidosis difficult to diagnose.

해석

산과다증은 사람의 체액이 과잉의 산을 포함하는 질환이다. 폐와 신장은 일반적으로 산과 염기의 균형인 혈액의 pH 수치를 고르게 유지하면서 이것을 조절한다. 하지만, 만일 이러한 장기들이 제대로 기능하지 않는다면, 불균형이 발생할 수 있다. 산과다증에는 두 가지 주요 범주가 있는데, 바로 호흡성과 대사성이다. 전자는 폐가 몸에서 충분한 이산화탄소를 효과적으로 제거하지 못하여 산 수치를 높일 때 발생한다. 대사성 산과다증은 신장이 산을 제거하는 데 어려움을 겪거나 너무 많은 염기를 없앨 때 발생한다. 두 가지 유형의 환자들은 현기증과 졸음을 호소한다. 이것의 증상은 다른 질병들과 유사하기 때문에, 혈액 검사 없이는 진단하기 어려울 수 있다.

① 폐와 신장은 혈액의 pH 수치를 일정하게 유지한다.
② 산과다증은 호흡성 혹은 대사성으로 분류될 수 있다.
③ 대사성 산과다증은 신장이 너무 많은 산을 만들어낼 때 발생한다.
④ 다른 질환들과의 유사성이 산과다증을 진단하기 어렵게 만든다.

포인트 해설

③번의 키워드인 Metabolic acidosis(대사성 산과다증)가 그대로 언급된 지문 주변의 내용에서 대사성 산과다증은 신장이 산을 제거하는 데 어려움을 겪거나 너무 많은 염기를 없앨 때 발생한다고 했으므로, ③ '대사성 산과다증은 신장이 너무 많은 산을 만들어낼 때 발생한다'가 지문의 내용과 다르다.

정답 ③

어휘

condition 질환, 상태 surplus 과잉 lung 폐 kidney 신장
regulate 조절하다 base 염기, 기초 steady 고른, 안정된
organ (신체) 장기 function 기능하다 properly 제대로
respiratory 호흡(성)의 metabolic 대사(성)의
effectively 효과적으로 carbon dioxide 이산화탄소 eliminate 없애다
sufferer 환자 confusion 현기증, 혼동 symptom 증상 ailment 질병
diagnose 진단하다

## 10 독해 빈칸 완성 - 구 난이도 하 ●○○

**밑줄 친 부분에 들어갈 말로 가장 적절한 것은?**

Many of us teach our children that it's what's on the inside that counts, but then go on to judge people based on their appearance. Why is that so? One philosopher argues that it's difficult to truly appreciate others until we respect and are satisfied with our own bodies. This includes being able to accept the aging process and the gradual changes we undergo throughout our lives, no matter how uncomfortable they may make us feel. She claims that our self-perception informs how we perceive the world and that if we're disgusted with our physical appearance, we'll be more likely to judge and reject others for how they look. In this regard, self-respect could be __________________.

① a secret key to everlasting happiness
② the only way to slow down the aging process
③ one way to achieve calmness and tranquility
④ the first step in appreciating the true value of people

**해석**

우리 중 대다수는 우리 아이들에게 중요한 것은 내면에 있는 것이라고 가르치지만, 그러고는 사람들을 그들의 외모에 근거하여 평가하기 시작한다. 그 이유는 무엇일까? 한 철학자는 우리가 자신의 신체를 존중하고 그것에 만족하기 전까지 진정으로 다른 사람들을 인정하는 것이 어렵다고 주장한다. 이것은 노화 과정과 우리가 평생에 걸쳐 겪는 점진적인 변화들이 아무리 우리의 마음을 불편하게 만들지라도, 그것들을 받아들일 수 있게 되는 것을 수반한다. 그녀는 우리의 자아 인식이 우리가 세상을 어떻게 인식하는지를 알려주며, 만약 우리가 우리의 신체적 외모를 싫어한다면, 다른 사람들을 그들이 어떻게 보이는지에 따라 판단하고 거부하게 될 가능성이 더 높을 것이라고 주장한다. 이 점에 있어서, 자기 존중은 사람들의 진정한 가치를 인정하는 첫 단계일 수도 있다.

① 영원한 행복의 숨겨진 비결
② 노화 과정을 늦추는 유일한 방법
③ 침착과 평온을 얻는 한 가지 방법
④ 사람들의 진정한 가치를 인정하는 첫 단계

**포인트 해설**

지문 앞부분에서 한 철학자는 우리가 자신의 신체를 존중하고 그것에 만족하기 전까지 진정으로 다른 사람들을 인정하는 것이 어렵다고 했고, 빈칸 앞 문장에서 만약 우리가 우리의 신체적 외모를 싫어한다면, 다른 사람들을 그들이 어떻게 보이는지에 따라 판단하고 거부하게 될 가능성이 더 높다고 설명하고 있으므로, 자기 존중이 '사람들의 진정한 가치를 인정하는 첫 단계'일 수도 있다고 한 ④번이 정답이다.

정답 ④

**어휘**

count 중요하다, 세다 appearance 외모, 겉모습
appreciate 인정하다, 감사하다 aging 노화 gradual 점진적인
undergo 겪다 self-perception 자아 인식
disgust 싫어하다, 혐오감을 유발하다 everlasting 영원한 tranquility 평온

DAY 07 하프모의고사 07회

## 해커스 공무원시험연구소 총평

**난이도** 전반적으로 평이한 난이도로 출제되었지만, 문법 영역에서 확실하게 암기해 두어야 맞힐 수 있는 문법 포인트들이 등장하여 까다롭게 느껴졌을 수 있습니다.

**어휘·생활영어 영역** 1번 문제에서는 문맥에 어울리는 단어들로 보기가 구성되었습니다. 이처럼 유의어를 고르는 유형에서는 무엇보다 밑줄 친 단어나 표현이 문장에서 어떤 의미로 쓰였는지를 확인한 후, 정답을 찾아야 합니다.

**문법 영역** 2번과 3번 모두 공무원 9급 시험에서 출제된 적 있는 문법 포인트들을 포함하고 있습니다. 그러므로 정·오답의 구별이 쉽지 않은 보기가 있었다면, 포인트 해설과 오답 분석을 꼼꼼히 확인함에 이어 기출 문제까지 짚고 넘어갑니다.

**독해 영역** 7번 문제처럼 무관한 문장에 바로 앞 문장의 내용과 연관되는 키워드(water)가 등장하여 혼동을 주는 경우가 있으므로, 무관한 문장 삭제 유형의 문제를 풀 때는 이 부분에 유의하도록 합니다.

## 정답

| 01 | ② | 어휘 | 06 | ④ | 독해 |
|---|---|---|---|---|---|
| 02 | ① | 문법 | 07 | ③ | 독해 |
| 03 | ④ | 문법 | 08 | ② | 독해 |
| 04 | ② | 어휘 | 09 | ③ | 독해 |
| 05 | ④ | 생활영어 | 10 | ④ | 독해 |

## 취약영역 분석표

| 영역 | 맞힌 답의 개수 |
|---|---|
| 어휘 | /2 |
| 생활영어 | /1 |
| 문법 | /2 |
| 독해 | /5 |
| TOTAL | /10 |

### 01 어휘 reciprocal = mutual 난이도 중 ●●○

**밑줄 친 부분의 의미와 가장 가까운 것은?**

The good will that was first present in the peace negotiations quickly disappeared as the two parties found it difficult to reach an agreement that was reciprocal.

① beneficial ② mutual
③ sensible ④ lucrative

**해석**

평화 교섭에 처음 존재했던 호의는 두 당사자가 상호 간의 합의에 도달하기 어렵다는 것을 알게 되자 빠르게 사라졌다.

① 이득이 되는 ② 상호 간의
③ 분별 있는 ④ 수익성이 좋은

정답 ②

**어휘**

good will 호의, 친선 present 존재하는, 출석한
peace negotiation 평화 교섭 disappear 사라지다
reach an agreement 합의에 도달하다 reciprocal 상호 간의
beneficial 이득이 되는, 유익한 mutual 상호 간의, 서로의
sensible 분별 있는, 합리적인 lucrative 수익성이 좋은

**이것도 알면 합격!**

reciprocal(상호 간의)의 유의어
= corresponding, complementary

### 02 문법 부사절 | 시제 | 강조 구문 | 상관접속사 | 동명사 | 조동사 난이도 중 ●●○

**우리말을 영어로 잘못 옮긴 것은?**

① 사람들은 대개 그들의 업무 분야에서 탁월해짐에 따라 더 겸손해진다.
→ People often become humbler as if they excelled in their field of work.

② 사람들에게 만년에 도움이 되는 것은 계산이 아니라 바로 문제 해결 능력이다.
→ It is not math but problem solving skills that help people later in life.

③ 그는 발표 중 실수를 했을 때 웃음거리가 된 것에 신경 쓰지 않았다.
→ He didn't mind being laughed at when he made a mistake during his presentation.

④ 당신은 기록을 더 철저하게 검토하는 데 시간을 들였어야 했다.
→ You should have taken the time to review your notes more thoroughly.

포인트 해설

① **부사절 접속사 | 시제 일치** '그들의 업무 분야에서 탁월해짐에 따라'는 부사절 접속사 as(~함에 따라)를 사용하여 나타낼 수 있으므로 '마치 ~처럼'이라는 의미의 부사절 접속사 as if를 as로 고쳐야 한다. 또한, 주절(People ~ humbler)에 현재 시제(become)가 왔으므로, 종속절에도 현재 시제가 와야 한다. 따라서 과거 시제 동사 excelled를 현재 시제 동사 excel로 고쳐야 한다.

[오답분석]

② **It - that 강조 구문 | 상관접속사** '도움이 되는 것은 계산이 아니라 바로 문제 해결 능력이다'는 It - that 강조 구문(~한 것은 바로 -이다)을 사용하여 나타낼 수 있고, '계산이 아니라 바로 문제 해결 능력이다'는 상관접속사 not A but B(A가 아니라 B)를 사용하여 나타낼 수 있으므로 It is not math but problem solving skills that ~이 올바르게 쓰였다.

③ **동명사의 형태** 동사 mind는 동명사를 목적어로 취하는데, 주어 He와 동명사가 '그가 웃음거리가 되다'라는 의미의 수동 관계이므로 동명사의 수동형 being laughed가 올바르게 쓰였다.

④ **조동사 관련 표현** '더 철저하게 검토하는 데 시간을 들였어야 했다'는 조동사 관련 표현 should have p.p.(~했었어야 했다)를 사용하여 나타낼 수 있으므로 should have taken이 올바르게 쓰였다.

정답 ①

어휘

humble 겸손한 excel 탁월하다, 뛰어나다
be laughed at ~의 웃음거리가 되다 thoroughly 철저하게

이것도 알면 **합격!**

다양한 조동사 관련 숙어들을 알아 두자.

| |
|---|
| would rather 차라리 ~하는 게 낫다 |
| would like to ~하고 싶다 |
| may well ~하는 게 당연하다 |
| may[might] as well ~하는 편이 더 낫겠다 |
| cannot ~ too 아무리 ~해도 지나치지 않다 |
| cannot (help) but ~할 수밖에 없다 |
| (= cannot help + -ing / have no choice but + to 동사원형) |

## 03 문법 조동사 | 비교 구문 | 수동태 | 부사 난이도 상 ●●●

**어법상 옳은 것은?**

① They felt their child was talented student as her classmates, if not more so.

② These pants have washed so much that they are starting to fall apart.

③ We barely never caught anything in all our years of fishing.

④ The patrons requested that the music be turned down so they could talk more easily.

해석

① 그들은 그들의 자녀가 반 친구들보다 더 뛰어나지는 않더라도, 그들만큼 재능이 있는 학생이라고 생각했다.

② 이 바지는 너무 많이 세탁되어서 망가지기 시작하고 있다.

③ 우리는 낚시를 했던 그 모든 세월 동안 거의 아무것도 잡지 못했다.

④ 그 손님들은 더 수월하게 이야기할 수 있도록 음악 소리를 낮춰 달라고 요청했다.

포인트 해설

④ **조동사 should의 생략** 주절에 요청을 나타내는 동사(request)가 오면 종속절에는 '(should +) 동사원형'이 와야 하므로, that 절의 동사 자리에 (should) be가 올바르게 쓰였다.

[오답분석]

① **원급** 문맥상 '반 친구들만큼 재능이 있는 학생'이라는 의미가 되어야 자연스러운데, '~만큼 -한'은 두 대상의 동등함을 나타내는 원급 표현 'as ~ as'를 사용하여 나타낼 수 있다. 이때 as는 'as + 형용사 + a/an + 명사'의 어순이 되어야 하므로, talented student as her classmates를 as talented a student as her classmates로 고쳐야 한다.

② **능동태·수동태 구별** 주어 These pants와 동사가 '이 바지가 세탁되다'라는 의미의 수동 관계이므로 능동태 have washed를 수동태 have been washed로 고쳐야 한다.

③ **빈도 부사** 이미 부정의 의미를 포함하고 있는 빈도 부사 barely(거의 ~ 않다)는 부정어(never)와 함께 쓰일 수 없으므로, barely never를 barely (ever) 또는 never로 고쳐야 한다.

정답 ④

어휘

talented 재능이 있는 fall apart 망가지다 patron 손님, 후원자

이것도 알면 **합격!**

다양한 빈도 부사들을 알아 두자.

| | |
|---|---|
| always 항상 | sometimes 때때로 |
| usually 보통 | frequently 종종 |
| often 자주 | never 결코 ~않다 |
| hardly / rarely / seldom / scarcely 거의 ~않다 | |

## 04 어휘 denote 난이도 중 ●●○

**밑줄 친 부분에 들어갈 말로 가장 적절한 것은?**

| |
|---|
| The crane is a traditional symbol for luck in Japan, although in modern times it ________ peace rather than good fortune. |

① ratifies ② denotes
③ protracts ④ reinforces

해석

현대에 학은 행운보다는 평화를 의미하지만, 일본에서 그것은 전통적인 행운의 상징이다.

① 승인한다 ② 의미한다
③ 연장한다 ④ 강화한다

정답 ②

어휘

crane 학, 두루미 good fortune 행운 ratify 승인하다
denote 의미하다, 나타내다 protract 연장하다, 내밀다 reinforce 강화하다

이것도 알면 합격!

denote(의미하다)와 유사한 의미의 표현
= represent, indicate, symbolize, signify, stand for

## 05 생활영어 Good jobs are hard to come by.

난이도 중 ●●○

밑줄 친 부분에 들어갈 말로 가장 적절한 것은?

A: I need your advice about work.
B: Of course. Are you having trouble?
A: Sort of. I just got a job offer, but I'm not sure if I should take it.
B: What's the problem? Is the pay too low?
A: No, the pay and the benefits are both good.
B: Sounds like a good deal to me. Give it a shot.
A: It's a great opportunity, but I'd have to postpone my plans of traveling abroad.
B: ______________________. I'd take the job and think about traveling later.

① Well, let sleeping dogs lie
② I don't mind at all
③ I'm not made of money
④ Good jobs are hard to come by

해석

A: 일자리에 관해 너의 조언이 필요해.
B: 물론이지. 무슨 문제 있어?
A: 조금. 내가 일자리 제의를 받았는데, 그것을 수락해야 할지 모르겠어.
B: 문제가 뭔데? 급여가 너무 낮아?
A: 아니, 급여와 수당 모두 좋아.
B: 나에게는 좋게 들리는데. 시도해 봐.
A: 좋은 기회이긴 한데, 그러면 나는 해외여행 계획을 미뤄야 해.
B: 좋은 일자리는 얻기 힘들어. 나라면 그 일자리를 수락하고 여행은 나중에 생각하겠어.

① 음, 긁어 부스럼 만들지 마
② 나는 전혀 상관없어
③ 나는 돈이 엄청나게 많지는 않아
④ 좋은 일자리는 얻기 힘들어

포인트 해설

해외여행 계획을 미뤄야 해서 일자리 제의를 수락해야 할지 고민이 된다는 A의 말에 대해 빈칸 뒤에서 B가 I'd take the job and think about traveling later(나라면 그 일자리를 수락하고 여행은 나중에 생각하겠어)라고 말하고 있으므로, '좋은 일자리는 얻기 힘들어'라는 의미의 ④ 'Good jobs are hard to come by'가 정답이다.

정답 ④

어휘

benefit 수당, 혜택 give ~ a shot ~을 시도해 보다 postpone 미루다
let sleeping dogs lie 긁어 부스럼 만들지 마라
be made of money 돈이 엄청나게 많다 come by 얻다, 오다

이것도 알면 합격!

일자리를 구할 때 쓸 수 있는 다양한 표현들을 알아 두자.

- I've been applying for jobs. 저는 일자리를 구하고 있어요.
- I want to get a full-time position. 저는 정규직을 얻길 원합니다.
- He offered me a slightly higher salary.
  그가 나에게 조금 더 높은 월급을 제안했어요.
- Do you have any openings for a manager?
  관리자직 자리가 있습니까?

## 06 독해 제목 파악

난이도 하 ●○○

다음 글의 제목으로 가장 적절한 것은?

Innovations in computer and smartphone technology have made our social networks more expansive than ever. Once we put aside the benefits, however, large online networks may in fact leave us more isolated than before. By dividing our limited attention among hundreds, or even thousands, of connections, the time we dedicate to direct social interaction dwindles and is frequently interrupted. Additionally, human-to-device interaction is preventing the interpersonal communication that humans benefit from through face-to-face conversations and physical touch. These experiences cannot be replicated by typed messages and emoticons in the virtual world.

① The Benefits of Actual Person-to-Person Experience
② The Relationship between Emoticons and Sensation
③ The Increased Popularity of Communication Devices
④ The Drawbacks of Overusing Online Social Networks

해석

컴퓨터와 스마트폰 기술에서의 혁신은 우리의 소셜 네트워크를 그 어느 때보다 더 광범위하게 만들었다. 하지만, 일단 우리가 그 이로움들을 제쳐놓으면, 거대한 온라인 네트워크는 사실상 우리를 이전보다 더 고립시킬지도 모른다. 우리의 한정된 주의력을 수백, 심지어는 수천의 관계로 나눔으로써, 우리가 직접적인 사회적 상호 작용에 전념하는 시간은 줄어들고 자주

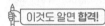

방해받게 된다. 게다가, 인간 대 기계의 상호작용은 사람과 사람 사이의 의사소통을 가로 막는데, 인간은 대면 대화와 신체적 접촉을 통해 이로움을 얻는다. 이러한 경험들은 가상의 세계에서 입력된 메시지와 이모티콘으로는 복제될 수 없다.

① 실제로 직접 대면하는 경험의 이로움
② 이모티콘과 기분 사이의 관계
③ 통신 기기의 높아진 인기
④ 온라인 소셜 네트워크를 남용하는 것의 문제점

**포인트 해설**

지문 전반에 걸쳐 온라인 네트워크로 인해 직접적인 사회적 상호 작용에 전념하는 시간이 줄어들고, 인간은 대면 대화와 신체적 접촉을 통해 이로움을 얻는데, 인간 대 기계의 상호작용이 사람과 사람 사이의 의사소통을 방해한다고 설명하고 있다. 따라서 ④ '온라인 소셜 네트워크를 남용하는 것의 문제점'이 이 글의 제목이다.

정답 ④

**어휘**

innovation 혁신 expansive 광범위한 put aside ~을 제쳐놓다
isolate 고립시키다 divide 나누다 dedicate to ~에 전념하다
direct 직접적인 interaction 상호 작용 dwindle 줄어들다
interrupt 방해하다 interpersonal 사람과 사람 사이의
replicate 복제하다 virtual 가상의 sensation 기분, 감각
drawback 문제점 overuse 남용하다

## 07 독해 무관한 문장 삭제 난이도 중 ●●○

**다음 글의 흐름상 어색한 문장은?**

An over-the-counter pill seems to be the cause of a number of trips to the emergency room. Advertised as an aid to weight loss, the tablet can come with some nasty side effects. ① According to Peter Otto, who was rushed to the hospital for palpitations after taking it, the medicine causes the heart to race and feelings of lightheadedness. ② This is likely due to the fact that users can become severely dehydrated. ③ Doctors suggest drinking at least eight glasses of water a day. ④ While most did lose weight during the first couple of weeks of taking the drug, those who had been taking it for more than a month reported suffering a host of complications like those described by Mr. Otto. Many complained of shortness of breath, as well as joint pain, which could lead to arthritis later on in life.

※ palpitation: 가슴 두근거림

**해석**

처방전 없이 살 수 있는 한 알약이 수많은 응급실 방문의 원인이 된 것으로 보인다. 체중 감량을 위한 보조물로 광고된, 그 알약은 몇 가지 위험한 부작용을 동반할 수 있다. ① 그것을 복용한 이후 가슴 두근거림 때문에 병원으로 급히 수송되었던, Peter Otto에 따르면, 그 약은 심장이 빠르게 뛰게 하고 어지러움을 느끼게 한다. ② 이것은 아마 사용자가 심한 탈수 증세를 보일 수 있다는 사실 때문일 것이다. ③ 의사들은 하루에 최소 여덟 잔의 물을 마시는 것을 제안한다. ④ 대부분이 이 약을 복용하고 처음 몇 주 동안에는 체중을 감량했지만, 이것을 한 달 이상 복용했던 사람들은 Otto 씨에 의해 설명된 것들과 같은 다수의 합병증에 시달린다고 전했다. 많은 이들이 만년에 관절염으로 이어질 수 있는 관절의 통증뿐만 아니라 숨 가쁨에 대해서도 불평했다.

**포인트 해설**

지문 앞부분에서 체중 감량을 위한 보조물로 광고된 한 알약이 몇 가지 위험한 부작용을 동반할 수 있다고 언급하고, ①번은 '약의 부작용으로 가슴 두근거림과 어지럼증을 보인 사례', ②번은 '약의 또 다른 부작용인 탈수 증상', ④번은 '약을 한 달 이상 복용한 사람들에게 확인된 부작용'에 대한 내용이다. 그러나 ③번은 '하루 권장 물 섭취량'에 대한 내용으로 지문 앞부분의 내용과 관련이 없다.

정답 ③

**어휘**

over-the-counter 처방전 없이 살 수 있는 pill 알약
advertise 광고하다 aid 보조물, 원조 nasty 위험한, 끔찍한
side effect 부작용 rush 급히 수송하다, 서두르다
lightheadedness 어지러움, 경솔함 severely 심하게, 엄격하게
dehydrated 탈수 증세를 보이는 a host of 다수의 complication 합병증
describe 설명하다, 묘사하다 complain 불평하다
shortness of breath 숨 가쁨 joint 관절 arthritis 관절염

**구문 분석**

Many complained of shortness of breath, / as well as joint pain, / which could lead to arthritis later on in life.
: 이처럼 상관접속사 'A as well as B' 구문이 쓰인 경우, 'B뿐만 아니라 A도'라고 해석한다.

## 08 독해 빈칸 완성 - 구 난이도 중 ●●○

**밑줄 친 부분에 들어갈 말로 가장 적절한 것은?**

For more than 17,000 years, paintings created by early man in the Paleolithic era have been preserved in caves near southwestern France. The cavernous walls of the Lascaux caves are adorned with drawings consisting primarily of animals verified to have once lived in the region. In 1940, a hiker stumbled across the historic paintings, and the caverns were opened for public enjoyment. The high concentration of carbon dioxide brought on by the large number of tourists, however, began to take its toll on the delicate sketches. The caves were closed for good to sightseers in 1963 as it was the only viable option to stall further deterioration. Despite this, fungus, poor ventilation systems, and the high-powered lights historians use to study the works of art have made maintaining the integrity of the drawings an uphill battle. Now, only a handful of scientists are given access, and even then, for only a few days per month ______________________.

① as a result of the danger in that specific location
② in an effort to keep the degeneration in check
③ due to the abundance of carbon dioxide inside
④ because of a declining interest in the paintings

해석

17,000년 이상, 구석기 시대의 원시인에 의해 창조된 그림들이 프랑스 남서부 인근의 동굴에 보존되어 왔다. 라스코 동굴의 동굴 벽은 주로 한때 그 지역에 살았던 것으로 확인된 동물들로 구성된 그림들로 장식되어 있다. 1940년에, 한 도보 여행자가 그 역사적인 그림들을 우연히 발견했고, 그 동굴은 대중의 즐거움을 위해 공개되었다. 하지만, 많은 관광객들에 의해 야기된 짙은 농도의 이산화탄소는 그 섬세한 그림들에 손상을 입히기 시작했다. 동굴은 1963년에 관광객들에게 영원히 폐쇄되었는데, 그것이 더 이상의 악화를 늦추기 위해 실행 가능한 유일한 선택지였기 때문이었다. 이것(폐쇄)에도 불구하고, 곰팡이, 부실한 환기 장치, 그리고 역사학자들이 미술 작품을 분석하기 위해 사용한 고성능 조명은 그림들의 온전함을 유지하는 것을 매우 힘든 일로 만들었다. 오늘날에는, 악화를 방지하기 위한 노력으로 오직 소수의 과학자들만 접근이 허용되고, 그마저도, 한 달에 불과 며칠만이 허용된다.

① 그 특정한 장소의 위험의 결과로서
② 악화를 방지하기 위한 노력으로
③ 내부의 과다한 이산화탄소 때문에
④ 그 그림들에 대한 줄어든 관심 때문에

포인트 해설

빈칸 앞부분에 동굴을 폐쇄하는 것이 더 이상의 악화를 늦추기 위해 실행 가능한 유일한 선택지였기 때문에 그 동굴이 관광객들에게 영원히 폐쇄되었지만, 이 폐쇄에도 불구하고 여러 이유로 그림들의 온전함을 유지하는 것이 매우 힘든 일이 되었다는 내용이 있으므로, '악화를 방지하기 위한 노력으로' 오직 소수의 과학자들만 접근이 허용된다고 한 ②번이 정답이다.

정답 ②

어휘

early man 원시인, 고대인 Paleolithic era 구석기 시대
cavernous 동굴의 adorn 장식하다 verify 확인하다
stumble across ~을 우연히 발견하다 concentration 농도
take its toll on 손상을 입히다 for good 영원히
viable 실행 가능한 stall 늦추다, 지연시키다 deterioration 악화
fungus 곰팡이 ventilation 환기, 통풍 integrity 온전함
uphill battle 매우 힘든 일 keep in check ~을 방지하다
degeneration 악화 decline 줄어들다

## 09 독해 내용 불일치 파악 난이도 중 ●●○

**다음 글의 내용과 일치하지 않는 것은?**

Guide dogs have been used for hundreds of years to assist visually impaired people. Although several different breeds may be trained as guide dogs, those most typically used are golden retrievers, Labradors, and German shepherds. Guide dogs go through a rigorous training period that begins when they are puppies. They learn how to obey simple commands and are introduced to public places like the mall, city buses, restaurants, and other crowded locations. Once they grow accustomed to these environments, they learn how to deal with traffic and judge height and width dimensions in relation to their owners. The typical career of a guide dog lasts around six years, after which they are sent to families to live out the remainder of their lives.

① German shepherds are commonly used to help the visually impaired.
② Young guide dogs must complete a period of systematic training.
③ The first stage of training guide dogs is having them cope with traffic.
④ Guide dogs that are retired go to live with families in their homes.

해석

안내견은 시각 장애가 있는 사람들을 돕기 위해 수백 년 동안 이용되어 왔다. 몇몇 다양한 품종이 안내견으로 훈련될 수 있지만, 가장 일반적으로 이용되는 종은 골든레트리버와 래브라도, 그리고 독일셰퍼드이다. 안내견은 강아지일 때부터 시작되는 엄격한 훈련 기간을 거친다. 그것들은 간단한 명령에 따르는 방법을 배우고 쇼핑몰, 시내버스, 음식점 그리고 다른 붐비는 장소들과 같은 공공장소를 접하게 된다. 이러한 환경들에 익숙해지면, 그것들은 교통에 대처하는 방법과 그들의 주인과 비교하여 높이와 폭의 치수를 판단하는 방법을 배운다. 일반적인 안내견의 경력은 대략 6년 정도 지속되며, 이후에는 나머지 생애를 보내기 위해 가족들에게로 보내진다.

① 독일셰퍼드는 시각 장애가 있는 사람들을 돕기 위해 흔히 이용된다.
② 어린 안내견은 반드시 체계적인 훈련 기간을 완수해야 한다.
③ 안내견을 훈련하는 첫 번째 단계는 그것들을 교통에 대처하게 하는 것이다.
④ 은퇴한 안내견은 그것들의 집에서 가족들과 함께 살게 된다.

포인트 해설

③번의 키워드인 traffic(교통)이 그대로 언급된 지문 주변의 내용에서 안내견은 간단한 명령에 따르는 방법을 배우고 공공장소를 접한 다음 이러한 환경들에 익숙해지면 교통에 대처하는 방법을 배운다고 했으므로, ③ '안내견을 훈련하는 첫 번째 단계는 그것들을 교통에 대처하게 하는 것이다'가 지문의 내용과 다르다.

정답 ③

어휘

impaired 장애가 있는 breed 품종 go through ~을 거치다
rigorous 엄격한 obey 따르다 command 명령; 명령하다
grow accustomed to ~에 익숙해지다 dimension 치수, 크기
in relation to ~과 비교하여 remainder 나머지 cope with ~에 대처하다

**10** 독해 빈칸 완성 – 절 난이도 중 ●●○

**밑줄 친 부분에 들어갈 말로 가장 적절한 것은?**

Planarian flatworms are a type of worm found in both fresh and saltwater and are notable for being able to regenerate. Even if it is decapitated, the unique animal can grow another one. As if this feat weren't amazing enough, researchers also discovered that ____________________. Scientists tested this by training some flatworms to seek out light, which they normally avoid to keep from being spotted by predators. The worms soon learned that the lighted areas in their tanks were safe and contained food. After several weeks, their heads were removed and they grew replacements. These worms with the "newborn" body part immediately headed toward the lights, recalling their previous experiences. Since recollections specifically reside in the brain, scientists are still unsure as to how this unusual species is able to pass them along once their heads are separated from their bodies.

① flatworms instinctively know lighted areas have food
② they are able to share information with each other
③ the brains of the worms are not found in their bodies
④ the regrown head possesses the same memories

**해석**

플라나리아 편형동물은 민물과 소금물 모두에서 발견되는 벌레의 한 종류이고 재생할 수 있는 것으로 유명하다. 목이 잘리더라도, 그 독특한 동물은 또 다른 것을 자라게 할 수 있다. 마치 이 재주가 충분히 놀랄 만한 것이 아니라는 것처럼, 연구원들은 또한 다시 자란 머리가 같은 기억을 보유한다는 것을 발견했다. 과학자들은 몇몇 편형동물을 빛을 찾도록 훈련시킴으로써 이를 실험했는데, 이것은 그것들이 포식자들에게 포착되지 않기 위해 일반적으로 피하는 것이다. 그 벌레는 곧 그것들의 수조 속에서 밝은 곳이 안전하고 먹이가 있다는 것을 학습했다. 몇 주 후에, 그들의 머리가 제거되었고 그것들은 대체물을 자라게 했다. '다시 태어난' 신체 부위를 가진 이 벌레들은 이전의 경험을 기억해 내고는 즉시 빛을 향해 나아갔다. 기억은 분명히 뇌에 존재하기 때문에, 과학자들은 이 특이한 종이 머리가 그것들의 몸통으로부터 분리되었을 때 그것들을 어떻게 전달할 수 있는지에 대해 여전히 확신하지 못한다.

① 편형동물은 본능적으로 밝은 곳에 먹이가 있다는 것을 안다
② 그것들은 서로 정보를 공유할 수 있다
③ 그 벌레의 뇌는 그것들의 신체 내부에서 발견되지 않는다
④ 다시 자란 머리가 같은 기억을 보유한다

**포인트 해설**

빈칸 뒷부분에 이 편형동물은 일반적으로 빛을 피하지만 과학자들은 밝은 곳이 안전하고 먹이가 있다는 것을 학습하도록 몇몇 편형동물을 훈련시켰고, 이렇게 훈련된 개체는 머리가 제거된 후 새로운 머리가 자랐을 때에도 이전의 경험을 기억해 내고는 즉시 빛을 향해 나아갔다는 내용이 있으므로, '다시 자란 머리가 같은 기억을 보유한다'라고 한 ④번이 정답이다.

정답 ④

**어휘**

flatworm 편형동물 notable 유명한 regenerate 재생하다
decapitate 목을 자르다 feat 재주, 공로 predator 포식자
replacement 대체물 recall 기억해 내다 recollection 기억
reside 존재하다, 속하다, 거주하다 pass along ~을 전달하다
instinctively 본능적으로

# DAY 08 하프모의고사 08회

## 해커스 공무원시험연구소 총평

**난이도** 다양한 난이도의 문제들이 출제되어 효율적인 시간 분배가 필요한 회차입니다.

**어휘·생활영어 영역** 계약과 관련 있는 어휘들이 1번 보기로 등장하였습니다. 함께 외워 둔다면 추후 독해 문제를 풀이하는 데에도 도움이 될 것입니다.

**문법 영역** 4번과 같이 국가직/지방직 시험에서 자주 출제되는 문법 포인트로만 구성된 문제의 경우 결코 틀려서는 안 됩니다. 기본적인 개념들 역시 간과하지 않고 꾸준히 학습해야 실수를 방지할 수 있습니다.

**독해 영역** 대체로 수월하게 풀 수 있는 문제들로 구성되었으나, 6번, 7번 문제의 경우 지문의 길이가 길어 시간이 걸릴 수 있었습니다. 이런 경우 어휘나 문법 영역 혹은 난이도가 낮은 문제들에서 단축한 시간을 활용하도록 합니다.

## 정답

| | | | | | |
|---|---|---|---|---|---|
| 01 | ② | 어휘 | 06 | ② | 독해 |
| 02 | ② | 어휘 | 07 | ④ | 독해 |
| 03 | ④ | 문법 | 08 | ② | 독해 |
| 04 | ④ | 문법 | 09 | ④ | 독해 |
| 05 | ① | 생활영어 | 10 | ④ | 독해 |

## 취약영역 분석표

| 영역 | 맞힌 답의 개수 |
|---|---|
| 어휘 | /2 |
| 생활영어 | /1 |
| 문법 | /2 |
| 독해 | /5 |
| TOTAL | /10 |

### 01 어휘 specify 난이도 중 ●●○

**밑줄 친 부분에 들어갈 말로 가장 적절한 것은?**

The contract should ________ the terms of the deal clearly.

① destroy ② specify
③ entitle ④ ban

**해석**

계약은 거래의 조건을 분명히 명시해야 한다.

① 파기하다 ② 명시하다
③ 자격을 주다 ④ 금지하다

정답 ②

**어휘**

contract 계약 terms 조건 deal 거래; 처리하다
destroy 파기하다, 파괴하다 specify (구체적으로) 명시하다
entitle 자격을 주다 ban 금지하다

**이것도 알면 합격!**

specify(명시하다)와 유사한 의미의 표현
= state clearly, detail, clarify, define

### 02 어휘 reveal = uncover 난이도 하 ●○○

**밑줄 친 부분의 의미와 가장 가까운 것은?**

An anonymous person has revealed the company's immoral practices following years of unconfirmed speculations.

① concealed ② uncovered
③ stimulated ④ featured

**해석**

수년간의 확인되지 않은 추측 끝에 익명의 한 사람이 그 회사의 부도덕한 관행을 폭로했다.

① 감추었다 ② 폭로했다
③ 자극했다 ④ 특징으로 삼았다

정답 ②

**어휘**

anonymous 익명의 reveal 폭로하다, 드러내다
practice 관행, 업무 unconfirmed 확인되지 않은 speculation 추측
conceal 감추다, 숨기다 uncover 폭로하다, 뚜껑을 열다
stimulate 자극하다, (관심을) 불러일으키다 feature 특징으로 삼다; 특징

**이것도 알면 합격!**

reveal(폭로하다)와 유사한 의미의 표현
= expose, disclose, bring to light

## 03 문법 동명사 | 가정법 | 분사 | to 부정사 난이도 중 ●●○

**우리말을 영어로 잘못 옮긴 것은?**

① 내가 올해 더 많은 고객들을 잡았다면, 나는 Jim을 제치고 승진했을지도 모른다.
→ If I had landed more clients this year, I might have gotten the promotion over Jim.

② 그녀의 숙제가 끝났기 때문에, 그녀는 마침내 쉴 시간을 가졌다.
→ With her homework finished, she finally had time to relax.

③ 직장을 그만두겠다는 그 결정은 오로지 당신의 몫이었다.
→ The decision to quit your job was yours alone.

④ 나의 부모님은 이번 여름에 홍콩에 가기를 고대하고 계신다.
→ My parents are looking forward to go to Hong Kong this summer.

**포인트 해설**

④ **동명사 관련 표현** '홍콩에 가기를 고대하다'는 동명사구 관용 표현 'look forward to -ing'(-을 고대하다)를 사용하여 나타낼 수 있으므로 전치사 to 뒤에 쓰인 동사원형 go를 동명사 going으로 고쳐야 한다.

[오답분석]

① **가정법 과거완료** 문맥상 '내가 올해 더 많은 고객들을 잡았다면, 나는 Jim을 제치고 승진했을지도 모른다'라며 과거의 상황의 반대를 가정하고 있으므로, 가정법 과거완료 'If + 주어 + had p.p., 주어 + would/should/could/might + have + p.p.'의 형태로 나타낼 수 있다. 따라서 If I had landed ~, I might have gotten ~이 올바르게 쓰였다.

② **분사구문의 역할** 이유를 나타내는 'with + 명사 + 분사' 구문에서 수식받는 명사(her homework)와 분사가 '그녀의 숙제가 끝나다'라는 의미의 수동 관계이므로 과거분사 finished가 올바르게 쓰였다.

③ **to 부정사의 역할** '그만두겠다는 그 결정'이라는 의미를 나타내기 위해 명사(The decision)를 수식할 수 있는 to 부정사 to quit이 올바르게 쓰였다.

정답 ④

**어휘**

land 잡다, 착륙하다; 육지 promotion 승진 quit 그만두다

**이것도 알면 합격!**

④번의 look forward to -ing(~을 고대하다)와 같은 '동사(구) + 전치사 to + -ing' 형태의 표현들을 알아 두자.

| |
|---|
| contribute to -ing –에 공헌하다 |
| object to -ing –에 반대하다 |
| be accustomed to -ing –에 익숙하다 |
| be opposed to -ing –에 반대하다 |
| be used to -ing –에 익숙하다 |
| be devoted to -ing –에 헌신하다 |
| be addicted to -ing –에 중독되다 |
| be dedicated to -ing –에 헌신하다 |
| be attributed to -ing –의 탓이다 |
| be exposed to -ing –에 노출되다 |
| be committed to -ing –에 전념하다 |

## 04 문법 수동태 | 부사절 | 명사절 | 분사 난이도 하 ●○○

**밑줄 친 부분 중 어법상 옳지 않은 것은?**

The reasons why we yawn are still unknown to science. ① While scientists can't explain yawning, they do know ② that it is often prompted by other yawners. This behavior, ③ called "infectious yawning," ④ has also witnessed in dogs and chimpanzees.

**해석**

우리가 하품하는 이유는 여전히 과학계에 알려져 있지 않다. 과학자들이 하품하는 것을 설명하지는 못하지만, 그들은 그것이 종종 다른 하품하는 사람들에 의해 유발된다는 것을 알고 있다. '전염성 하품'이라고 불리는, 이 행동은 개와 침팬지 사이에서도 목격되어 왔다.

**포인트 해설**

④ **능동태·수동태 구별** 주어 This behavior와 동사가 '이 행동이 목격되다'라는 의미의 수동 관계이므로 능동태 has (also) witnessed를 수동태 has (also) been witnessed로 고쳐야 한다.

[오답분석]

① **부사절 접속사** 문맥상 '과학자들이 하품하는 것을 설명하지는 못하지만'이라는 의미가 되어야 자연스러우므로, 양보를 나타내는 부사절 접속사 While(~하지만)이 올바르게 쓰였다.

② **명사절 접속사** 완전한 절(it is ~ by other yawners)을 이끌면서 동사(know)의 목적어 자리에 올 수 있는 명사절 접속사 that이 올바르게 쓰였다.

③ **현재분사 vs. 과거분사** 수식받는 명사(This behavior)와 분사가 '이 행동이 불리다'라는 의미의 수동 관계이므로 과거분사 called가 올바르게 쓰였다.

정답 ④

**어휘**

yawn 하품하다 prompt 유발하다, 촉발하다 infectious 전염성의
witness 목격하다

**이것도 알면 합격!**

명사절 접속사 that이 포함된 that절을 취하는 형용사들 또한 알아 두자.

| |
|---|
| be aware that ~을 알고 있다 |
| be sorry that ~해서 유감이다 |
| be glad/happy that ~해서 기쁘다 |
| be convinced that ~을 확신하다 |
| be sure that ~을 확신하다 |
| be afraid that 미안하지만 ~이다 |

## 05 생활영어 Please, make yourself at home and help yourself to some snacks. 난이도 하 ●○○

두 사람의 대화 중 자연스럽지 않은 것은?

① A: This house just came on the market and is for sale at a great price.
B: Please, make yourself at home and help yourself to some snacks.

② A: Why don't you come to my company's Christmas party?
B: Do I have to dress up?

③ A: I'm returning a call I received from Mr. Brown this morning. Is he available?
B: He's on the other line, so would you mind holding? Or, I can have him call you back.

④ A: Ugh. I've been having a really rough time lately.
B: Hang in there. Things are sure to look up.

**해석**

① A: 이 주택은 방금 시장에 나왔고 좋은 가격에 판매 중입니다.
B: 부디 편히 쉬시면서 간식을 마음껏 즐기세요.

② A: 우리 회사의 크리스마스 파티에 오지 않을래?
B: 옷을 갖춰 입어야 하니?

③ A: 제가 오늘 아침 Brown 씨에게 받은 전화에 회신을 드립니다. 그가 있나요?
B: 그는 다른 통화를 하고 있는데, 기다리시겠어요? 아니면, 그에게 다시 전화를 드리라고 할 수도 있어요.

④ A: 어휴. 요즘 난 정말 힘든 시간을 보냈어
B: 참고 견뎌 봐. 상황은 분명 나아질 거야.

**포인트 해설**

①번에서 A는 주택이 방금 시장에 나왔고 좋은 가격에 판매 중이라고 말하고 있으므로, 편히 쉬면서 간식을 즐기라는 B의 대답 ① 'Please, make yourself at home and help yourself to some snacks'(부디 편히 쉬시면서 간식을 마음껏 즐기세요)는 어울리지 않는다.

정답 ①

**어휘**

for sale 판매 중인 make oneself at home 편히 쉬다
dress up 옷을 갖춰 입다 rough 힘든 hang in there 참고 견디다
look up 나아지다

**이것도 알면 합격!**

누군가를 초대했을 때 혹은 초대받은 자리에서 쓸 수 있는 다양한 표현들을 알아 두자.

- Have a seat. 앉으세요.
- Glad to be here. 여기 오게 돼서 기뻐요.
- We should do this more often. 좀 더 자주 만나요.
- What a beautiful place you have! 정말 멋진 집이네요!

## 06 독해 제목 파악 난이도 중 ●●○

다음 글의 제목으로 가장 적절한 것은?

NASA experts report that roughly a million asteroids in our solar system have a tiny chance of hitting Earth and causing irreparable damage. For the sake of caution, a task force was put together to explore the options we have should a large asteroid head toward Earth. The simplest method would be to send something towards the incoming rock to deflect it; a slight nudge would be enough to shift its trajectory so that it misses Earth completely. Unfortunately, that would only work if we could detect its arrival at least a decade in advance. If the asteroid is a mere year or months away, a more difficult—and riskier—choice is blowing it up. This could be wildly unsuccessful as there are unknown factors in detonating a bomb in space. Furthermore, the fallout from an exploding nuclear device so close to the planet might be worse than the asteroid impact itself.

① The Impact of Asteroids Hitting Earth
② Options to Stop an Asteroid Collision
③ Why Asteroids Cannot be Deflected
④ Difficulty in Calculating Asteroid Orbits

**해석**

NASA의 전문가들은 우리 태양계에 있는 대략 백만 개의 소행성이 지구를 강타하여 돌이킬 수 없는 피해를 일으킬 아주 작은 가능성을 가지고 있다고 보고한다. 주의를 기하기 위해, 커다란 소행성이 지구를 향하는 경우에 우리가 갖는 선택지를 분석하기 위해 대책 본부가 만들어졌다. 가장 간단한 방법은 다가오는 암석 쪽으로 무언가를 보내서 그것의 방향을 바꾸는 것일 것이다. 약간 살짝 밀어내는 것만으로도 그것이 지구를 완전히 피하도록 그것의 궤도를 바꾸기에 충분할 것이다. 안타깝게도, 그것은 우리가 적어도 10년 전에 이것의 출현을 감지할 수 있을 때만 효과가 있을 것이다. 만약 소행성이 불과 1년 또는 몇 달 떨어진 곳에 있다면, 더 어렵고 위험한 선택은 그것을 폭파하는 것이다. 우주에서 폭탄을 폭발시키는 데는 미지의 요인들이 존재하기 때문에 이것은 걷잡을 수 없이 실패할 수 있다. 게다가, 지구와 매우 근접한 곳에서 폭발한 원자 폭탄으로부터의 방사성 낙진은 소행성 충돌 그 자체보다 더 나쁠 수 있다.

① 소행성이 지구를 강타하는 것의 영향
② 소행성 충돌을 막기 위한 선택지
③ 소행성의 방향을 바꿀 수 없는 이유
④ 소행성 궤도를 계산하는 것의 어려움

**포인트 해설**

지문 전반에 걸쳐 커다란 소행성이 지구를 향하는 경우, 우리에게 암석을 밀어서 그것의 궤도를 바꾸는 것과 그것을 폭파시키는 것이라는 두 가지 선택지가 있으며, 두 선택지 모두에 한계가 있다고 설명하고 있다. 따라서 ② '소행성 충돌을 막기 위한 선택지'가 이 글의 제목이다.

정답 ②

**어휘**

asteroid 소행성 irreparable 돌이킬 수 없는 task force 대책 본부
put together ~을 만들다, 준비하다 head toward ~을 향하다

deflect 방향을 바꾸다, 빗나가게 하다 nudge 살짝 밀기, 가볍게 찌르기
trajectory 궤도 blow up ~을 폭파하다 wildly 걷잡을 수 없이, 몹시
detonate 폭발시키다 fallout 방사성 낙진 impact 충돌, 영향
collision 충돌 orbit 궤도; 궤도를 돌다

## 07 독해 내용 일치 파악 난이도 상 ●●●

**다음 글의 내용과 일치하는 것은?**

Much of the world is now incorporating EMV technology in their debit and credit cards. Taking its name from the three major finance institutions—Europay, Mastercard, and Visa—that developed it, an EMV card has a microchip embedded on its front as well as the traditional magnetic strip on the back. The main point behind the chips is to help prevent fraud. Traditional magnetic strips are susceptible to hacking because they store unchanging data, meaning criminals can easily replicate personal information. EMV chips, however, generate a unique transaction code every time they are used which aids in keeping information secure. Experts do warn that forgery is of course still possible with the new chips, so one should not let their guard down altogether. But counterfeiting undoubtedly becomes much more difficult; instances of it were reduced by nearly 80 percent across Europe after all card corporations switched over.

① The EMV card was created specifically for the three largest credit card companies.
② Magnetic strips that are on traditional credit cards have impermanent information.
③ EMV chips are thought to be safer because they require more complicated codes.
④ Europe changing to EMV cards has drastically cut down on cases of financial fraud.

**해석**

세계의 대부분의 국가는 오늘날 EMV 기술을 그들의 직불카드와 신용카드에 포함시키고 있다. 그것을 개발한 세 개의 주요 금융 기관인 유로페이, 마스터카드, 비자에서 이름을 딴, EMV 카드에는 뒷면에 있는 기존의 자기대뿐만 아니라 앞면에 끼워 넣어진 마이크로 칩이 있다. 그 칩 이면의 핵심은 사기 예방을 돕는 것이다. 기존의 자기대는 변하지 않는 자료를 저장하기 때문에 해킹에 취약한데, 이는 범죄자들이 쉽게 개인 정보를 복제할 수 있다는 것을 의미한다. 하지만, EMV 칩은 그것들이 사용될 때마다 정보를 안전하게 보관하는 것을 돕는 독특한 거래 부호를 만들어 낸다. 전문가들은 당연하게도 새로운 칩을 가지고도 여전히 위조가 가능하므로, 완전히 경계 태세를 늦추어선 안 된다고 경고한다. 그러나 화폐 위조는 의심할 여지 없이 훨씬 더 어려워졌는데, 그것의 사례들은 모든 카드 회사들이 전환한 이후 유럽 전역에서 거의 80퍼센트 감소했다.

① EMV 카드는 세 개의 가장 큰 신용카드 회사를 위해 특별히 만들어졌다.
② 기존의 신용카드에 있는 자기대는 비영구적인 정보를 가진다.
③ EMV 칩은 더 복잡한 부호를 요구하므로 더 안전하다고 여겨진다.
④ EMV 카드로 바꾼 유럽은 금융 사기 사건을 대폭 줄여 왔다.

**포인트 해설**

④번의 키워드인 has drastically cut down(대폭 줄여 왔다)을 바꾸어 표현한 지문의 were reduced by nearly 80 percent(거의 80퍼센트 감소했다) 주변의 내용에서 유럽의 카드 회사들이 EMV 칩으로 전환한 이후 화폐 위조 사례들이 거의 80퍼센트 감소했다고 했으므로, ④ 'EMV 카드로 바꾼 유럽은 금융 사기 사건을 대폭 줄여 왔다'가 지문의 내용과 일치한다.

[오답분석]
① 세 개의 주요 금융 기관이 EMV 카드를 개발했다고는 했지만, EMV 카드가 세 개의 가장 큰 신용카드 회사를 위해 특별히 만들어졌는지는 알 수 없다.
② 기존의 자기대가 변하지 않는 자료를 저장한다고는 했지만, 기존의 신용카드에 있는 자기대가 비영구적인 정보를 가지는지는 알 수 없다.
③ EMV 칩이 매번 독특한 거래 부호를 만들어 낸다고는 했지만, EMV 칩이 더 복잡한 부호를 요구하는지는 알 수 없다.

정답 ④

**어휘**

incorporate 포함시키다 embed 끼워 넣다 magnetic strip 자기대
fraud 사기 susceptible 취약한 replicate 복제하다
transaction code 거래 부호 forgery 위조
let one's guard down 경계 태세를 늦추다
counterfeiting 화폐 위조 undoubtedly 의심할 여지 없이, 확실히
switch over 전환하다 impermanent 비영구적인 drastically 대폭

## 08 독해 빈칸 완성 - 단어 난이도 중 ●●○

**밑줄 친 부분에 들어갈 말로 가장 적절한 것은?**

According to one study, birds that are under the influence of alcohol slur their sounds in the same way that intoxicated humans do. Researchers gave one group of zebra finches grape juice and the other alcoholic cocktails. When the blood-alcohol content of the second group was 0.08, which is above the legal limit in most jurisdictions for humans to operate a motor vehicle, the birds began singing more erratically and their songs lost their typical organized ________. Notes would blend together or change rhythm. Scientists concluded that alcohol affected the areas of the brain associated with singing. They hope to use these findings to investigate in greater detail how intoxication affects learning and cognition across species, particularly in speech.

① allure ② structure
③ resonance ④ improvisation

**해석**

한 연구에 따르면, 술에 취한 새들은 술에 취한 사람이 그러는 것과 같은 방식으로 소리를 불분명하게 발음한다. 연구원들은 한 금화조 집단에는 포도

주스를 주고 다른 집단에는 알코올이 든 칵테일을 주었다. 두 번째 집단의 혈중알코올농도가 대부분의 관할 지역에서 사람들이 자동차를 운전할 수 있는 법적 제한 수치보다 높은 0.08이었을 때, 그 새들은 더 엉뚱하게 노래하기 시작했고 그들의 노래는 특유의 체계적인 구조를 상실했다. 음들은 서로 섞이거나 리듬을 바꾸었다. 과학자들은 알코올이 노래하는 것과 관련된 뇌의 부분에 영향을 주었다고 결론지었다. 그들은 이 연구 결과를 사용하여 취한 상태가 어떻게 종의 학습 및 인식, 특히 말하는 능력에 영향을 미치는지에 대해 더 세부적으로 연구하기를 바란다.

① 매력 ② 구조
③ 울림 ④ 즉흥 연주

포인트 해설

빈칸이 있는 문장에서 새들이 더 엉뚱하게 노래하기 시작했다고 했고, 빈칸 뒤 문장에 음들이 서로 섞이거나 리듬을 바꾸었다는 내용이 있으므로, 체계적인 '구조'를 상실했다고 한 ②번이 정답이다.

정답 ②

어휘

slur 불분명하게 발음하다 intoxicated 술에 취한
jurisdiction 관할 지역 erratically 엉뚱하게, 변덕스럽게 note 음
investigate 연구하다 cognition 인식 allure 매력
resonance 울림, 공명 improvisation 즉흥 연주, 즉석에서 하기

## 09 독해 문장 삽입 난이도 중 ●●○

**주어진 문장이 들어갈 위치로 가장 적절한 곳은?**

He secretly checked in under a false name and spent a week documenting everything he experienced.

Looking from the outside in isn't always the best way to get to the truth, so some determined reporters tread into dangerous territory just to get a story. ( ① ) Newspaper writer Frank Smith was one such man. ( ② ) He wanted to show the reality of patients who were committed to mental institutions. ( ③ ) But while most would have been content to take a tour and interview the staff, Smith chose a more audacious approach. ( ④ ) He even endured being strapped down into a tub of dirty water for 15 hours as part of his "treatment," all to get the scoop on life inside a psychiatric hospital.

해석

그는 몰래 가명으로 입원했고 자신이 경험한 모든 것들을 상세히 기록하면서 일주일을 보냈다.

외부에서 내부를 들여다보는 것이 언제나 진실을 알기 위한 최고의 방법은 아니기 때문에, 일부 결연한 기자들은 단지 기삿거리를 얻기 위해 위험한 영역에 발을 디딘다. ① 신문 기자 Frank Smith가 그러한 사람이었다. ② 그는 정신 병원에 수용된 환자들의 현실을 보여주길 원했다. ③ 그러나 대부분이 시찰을 하고 직원들을 인터뷰한 것에 만족했던 반면, Smith는 보다 대담한 접근법을 택했다. ④ 그는 심지어 '치료'의 일환으로 15시간 동안 더러운 물이 담긴 욕조 속에 묶여 있는 것을 견뎌냈는데, 이는 모두 정신 병원 내부 생활에 대한 특종 기사를 싣기 위해서였다.

포인트 해설

④번 앞 문장에 기자 대부분이 시찰을 하고 직원들을 인터뷰한 것에 만족했던 반면 Smith는 보다 대담한 접근법을 택했다는 내용이 있고, ④번 뒤 문장에 그는 정신 병원에 대한 특종 기사를 싣기 위해 정신 치료의 일환으로 더러운 물이 담긴 욕조 속에 묶여 있는 것도 견뎌냈다는 내용이 있으므로, ④번 자리에 그가 몰래 가명으로 입원했고 자신이 경험한 모든 것들을 기록하면서 일주일을 보냈다는 내용, 즉 Smith가 정신 병원에 수용된 환자들의 현실을 보여주기 위해 어떤 대담한 접근법을 취했는지 설명하는 주어진 문장이 나와야 지문이 자연스럽게 연결된다.

정답 ④

어휘

check in 입원하다, 호텔에 수속하다 document 상세히 기록하다; 문서
determined 결연한 tread (발을) 디디다, 밟다 territory 영역
commit 수용하다, (죄를) 범하다, 맡기다 mental institution 정신 병원
content 만족한 tour 시찰, 관광 여행 audacious 대담한 endure 견디다
strap 묶다 tub 욕조 treatment 치료 get a scoop 특종 기사를 싣다

구문 분석

(생략), so some determined reporters tread into dangerous territory / just to get a story.
: 이처럼 to 부정사구(to get a story)가 문장이나 동사를 꾸며주는 경우, '~하기 위해'라고 해석한다.

## 10 독해 문단 순서 배열 난이도 중 ●●○

**주어진 글 다음에 이어질 글의 순서로 가장 적절한 것은?**

Assimilation is a social process that results in the culture of one group coming to resemble that of another.

(A) Over time, their cultural traditions are all but replaced by those of their adoptive societies. This usually occurs by the second or third generation, when the children and grandchildren of immigrants have grown up outside their native lands. By then, the assimilation of the immigrants into society is complete.

(B) They adopt the practices of their new countries not necessarily out of the belief that their own cultures are lacking, but because assuming certain behaviors and attitudes will encourage their acceptance by society at large while providing opportunities outside of their cultural groups.

(C) It most often occurs among immigrants. As the new arrivals come into contact and start communicating with locals, they begin taking on certain elements of the native culture, such as its language and traditions.

① (A) – (C) – (B) ② (B) – (A) – (C)
③ (C) – (A) – (B) ④ (C) – (B) – (A)

해석

융화는 한 집단의 문화가 다른 집단의 문화와 유사하게 되는 것을 야기하는 사회적 과정이다.

(A) 시간이 흐르면서, 그들의 문화적 전통은 그들이 채택한 사회의 전통에 의해 거의 대체된다. 이것은 대개 2세대나 3세대에서 일어나는데, 이는 이민자들의 자식이나 손주들이 그들의 고국 밖에서 자라나는 시점이다. 그때쯤에, 이민자들의 사회로의 융화가 완료된다.
(B) 그들은 자신들의 문화가 부족하다는 생각 때문에 어쩔 수 없이 새로운 나라의 관습을 채택하는 것이 아니라, 특정 행동과 태도를 취하는 것이 자신들의 문화적 집단의 한계를 넘어선 기회를 제공하는 동시에 일반적으로 사회에 의한 그들의 수용을 촉진할 것이기 때문에 이렇게 한다.
(C) 그것은 이민자들 사이에서 가장 흔히 발생한다. 새로 온 사람이 지역 주민들과 접촉하고 소통하기 시작하면서, 그들은 언어와 전통 같은 현지의 몇몇 문화적 요소를 받아들이기 시작한다.

포인트 해설

주어진 문장에서 한 문화가 다른 문화와 유사하게 되는 융화에 대해서 정의한 후, (C)에서 그것(It)은 이민자들이 현지의 몇몇 문화적 요소를 받아들이기 시작할 때 가장 흔히 발생한다고 설명하고 있다. 이어서 (B)에서 그들(They)이 새로운 나라의 관습을 채택하는 이유를 제시하고, 뒤이어 (A)에서 시간이 흐르면서 그들의 문화적 전통(their cultural traditions)은 그들이 채택한 사회의 전통에 의해 거의 대체되며, 이때 융화가 완료된다고 설명하고 있다. 따라서 ④ (C) - (B) - (A)가 정답이다.

정답 ④

어휘

**assimilation** 융화, 동화 **resemble** 유사하다, 닮다 **all but** 거의
**adoptive** 채택한, 차용의 **immigrant** 이민자 **necessarily** 어쩔 수 없이
**assume** (태도를) 취하다, 가정하다 **acceptance** 수용, 용인
**at large** 일반적으로 **come into contact** 접촉하다
**take on** ~을 받아들이다, 떠맡다 **element** 요소

# DAY 09 하프모의고사 09회

## 해커스 공무원시험연구소 총평

**난이도** 영역별로 고난도 문제가 출제되지 않은, 대체로 평이하게 풀어낼 수 있는 난이도의 회차입니다.

**어휘·생활영어 영역** 생활영어 문제에 관용 표현들이 출제되었습니다. 관용 표현은 생활영어 영역에 꾸준히 출제되고 있으므로, 평소 다양한 관용 표현들을 외워 둔다면 도움이 될 것입니다.

**문법 영역** 4번 문제의 정답 포인트로 출제된 부정대명사는 실제 지방직 9급 시험에 출제된 적이 있는 문법 포인트이므로, 반드시 익혀두어야 합니다. '이것도 알면 합격!'을 통해 연관된 세부 개념까지 학습하도록 합니다.

**독해 영역** 9번 문제와 같이 빈칸에 들어갈 단어를 고르는 유형은 보기 어휘의 의미까지 알아야 틀리지 않을 수 있습니다. 어휘 문제에도 나올 가능성이 충분히 있으므로 생소한 보기가 있었다면 암기해 둡니다.

## 정답

| | | | | | |
|---|---|---|---|---|---|
| 01 | ③ | 어휘 | 06 | ② | 독해 |
| 02 | ③ | 어휘 | 07 | ③ | 독해 |
| 03 | ④ | 문법 | 08 | ② | 독해 |
| 04 | ③ | 문법 | 09 | ① | 독해 |
| 05 | ④ | 생활영어 | 10 | ④ | 독해 |

## 취약영역 분석표

| 영역 | 맞힌 답의 개수 |
|---|---|
| 어휘 | /2 |
| 생활영어 | /1 |
| 문법 | /2 |
| 독해 | /5 |
| TOTAL | /10 |

### 01 어휘 evade = shun 난이도 중 ●●○

**밑줄 친 부분의 의미와 가장 가까운 것은?**

> Although reporters repeatedly inquired about his involvement with the doping scandal, the sport coach continued to <u>evade</u> their questions.

① inspect ② respond
③ shun ④ overturn

**해석**

기자들이 그 도핑 스캔들에 대한 그의 개입에 관해 여러 차례 물었음에도 불구하고, 그 스포츠 코치는 그들의 질문을 계속해서 <u>피했다</u>.

① 조사하다 ② 대답하다
③ 피하다 ④ 뒤집다

정답 ③

**어휘**

repeatedly 여러 차례, 되풀이하여 inquire 묻다
involvement 개입, 연루 doping 도핑(금지 약물 복용) evade 피하다
inspect 조사하다, 검열하다 respond 대답하다 shun 피하다, 멀리하다
overturn 뒤집다

**이것도 알면 합격!**

evade(피하다)의 유의어
= sidestep, elude, circumvent, dodge

### 02 어휘 brave 난이도 하 ●○○

**밑줄 친 부분에 들어갈 말로 가장 적절한 것은?**

> Hiring the untried but promising, software programmer was a ________ move made by the team manager.

① unnecessary ② flawless
③ brave ④ ordinary

**해석**

경험이 없지만 유망한 소프트웨어 프로그래머를 고용한 것은 그 팀 매니저에 의해 이뤄진 <u>용기 있는</u> 행동이었다.

① 불필요한 ② 흠 없는
③ 용기 있는 ④ 평범한

정답 ③

**어휘**

untried 경험이 없는, 검증되지 않은 promising 유망한
unnecessary 불필요한 flawless 흠 없는 brave 용기 있는
ordinary 평범한, 일상적인

**이것도 알면 합격!**

brave(용기 있는)의 유의어
= bold, courageous, daring, fearless

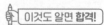

## 03 문법 관계절 | 주어 | 비교 구문 | to 부정사 난이도 중 ●●○

**우리말을 영어로 잘못 옮긴 것은?**

① 현실 세계를 재현하는 것은 유용한 컴퓨터 모델을 만드는 것의 핵심이다.
→ Simulating real world situations is the key to producing useful computer models.

② 나의 할아버지는 컴퓨터 수업을 듣기를 바라시는데, 이는 컴퓨터 기술을 배우기 위해서라기보다는 새로운 사람들을 만나기 위해서이다.
→ My grandfather wants to take a computer class, not so much to learn computer skills as to meet new people.

③ 회계 부서에서 급료 총액을 부정확하게 하는 것은 드문 일이다.
→ It's unusual for the accounting department to get the paycheck amounts incorrect.

④ 학습은 새로운 경험이 지식의 창출로 이어지는 과정이다.
→ Learning is a process in which new experiences leading to the creation of knowledge.

**포인트 해설**

④ **전치사 + 관계대명사** '전치사 + 관계대명사'(in which) 뒤에는 주어(new experiences)와 동사를 모두 갖춘 완전한 절이 와야 하므로 leading을 동사 lead로 고쳐야 한다.

[오답분석]

① **주어 자리** 주어 자리에는 명사 역할을 하는 것이 와야 하므로 동명사 Simulating이 올바르게 쓰였다.

② **원급 관련 표현** '컴퓨터 기술을 배우기 위해서라기보다는 새로운 사람들을 만나기 위해서이다'는 원급 관련 표현 not so much A as B(A라기보다는 B인)를 사용하여 나타낼 수 있으므로 not so much to learn computer skills as to meet new people이 올바르게 쓰였다.

③ **가짜 주어 구문 | to 부정사의 의미상 주어** to 부정사구(to get ~ incorrect)와 같이 긴 주어가 오면 진주어인 to 부정사구를 문장 맨 뒤로 보내고 가주어 it이 주어 자리에 대신해서 쓰인다. 이때, to 부정사의 의미상 주어는 'for + 명사'(for the accounting department)의 형태로 to 부정사 앞에 쓰이므로 It's ~ for the accounting department to get ~이 올바르게 쓰였다.

정답 ④

**어휘**

simulate 재현하다, 모의 실험하다 accounting 회계, 회계학
paycheck 급료

**이것도 알면 합격!**

다양한 원급 관련 표현들을 알아 두자.

| |
|---|
| as ~ as can be 더없이 |
| as ~ as any 무엇에도/누구에게도 못지않게 |
| never[not] so much as ~조차도 하지 않다 |

## 04 문법 대명사 | 병치 구문 | 동사의 종류 난이도 중 ●●○

**밑줄 친 부분 중 어법상 옳지 않은 것은?**

A public speaking club is an organization where members can practice getting up in front of a group of people and ① talking confidently about a topic in order to improve ② their speaking ability. Members show support for ③ another and give feedback to help all the members ④ improve their ability to present ideas and communicate effectively.

**해석**

공개 연설 동호회는 회원들이 그들의 말하기 능력을 향상시키기 위해 한 무리의 사람들 앞에 서서 어떤 주제에 관해 자신 있게 말하는 것을 연습할 수 있는 단체이다. 회원들은 서로에게 격려를 표하면서 모든 회원들이 생각을 발표하고 효율적으로 의사소통을 하는 능력을 향상시키도록 돕기 위해 의견을 준다.

**포인트 해설**

③ **부정대명사** 문맥상 '서로에게 격려를 표하다'라는 의미가 되어야 하므로 '이미 언급한 것 이외의 또 다른 하나'를 의미하는 부정대명사 another를 '서로'를 의미하는 부정대명사 each other 또는 one another로 고쳐야 한다.

[오답분석]

① **병치 구문** 접속사(and)로 연결된 병치 구문에서는 같은 구조끼리 연결되어야 하는데, and 앞에 동사 practice의 목적어로 동명사 getting이 쓰였으므로 and 뒤에도 동명사 talking이 올바르게 쓰였다.

② **인칭대명사** 명사(speaking ability) 앞에서 소유의 의미를 나타내기 위해서는 소유격 대명사가 와야 하고, 대명사가 지시하는 명사(members)가 복수이므로, 복수 소유격 대명사 their가 올바르게 쓰였다.

④ **원형 부정사를 목적격 보어로 취하는 동사** 준 사역동사 help는 to 부정사 또는 원형 부정사를 목적격 보어로 취하므로 원형 부정사 improve가 올바르게 쓰였다.

정답 ③

**어휘**

confidently 자신 있게 effectively 효율적으로, 효과적으로

**이것도 알면 합격!**

another는 '이미 언급한 것 이외의 또 다른 하나의'란 뜻의 형용사로도 쓰인다는 것을 알아 두자.

· There's **another** slice of cake in the fridge.
냉장고에 또 다른 케이크 한 조각이 있다.

## 05 생활영어 We'll wrap it up for today. 난이도 중 ●●○

밑줄 친 부분에 들어갈 말로 가장 적절한 것은?

A: Chet, you missed some notes when you played the intro.
B: I know. I'm having trouble concentrating on it.
A: Why don't you start over and try playing the song from the beginning?
B: I'm exhausted. I've already practiced for two hours today. Can we continue tomorrow?
A: Sure. ______________. Please practice on your own, and I'll see you tomorrow.
B: Great. I should be able to do much better then.

① I'm on my way
② You're telling me
③ It depends on your mood
④ We'll wrap it up for today

**해석**

A: Chet, 너는 도입부를 연주할 때 음 몇 개를 놓쳤어.
B: 저도 알아요. 그것에 집중하기가 어려워요.
A: 다시 시작해서 곡을 처음부터 연주해 보는 게 어때?
B: 저는 지칠 대로 지쳤어요. 오늘 벌써 2시간 동안이나 연습한걸요. 내일 이어서 해도 될까요?
A: 물론이지. 우리 오늘은 그만하자. 혼자서 꼭 연습해 보고, 내일 보자.
B: 좋아요. 그럼 저는 훨씬 더 잘할 수 있을 거예요.

① 나는 가는 중이야
② 내 말이 그 말이야
③ 그건 네 기분에 달려 있어
④ 우리 오늘은 그만하자

**포인트 해설**

B가 연습을 내일 이어서 해도 되는지 묻자 빈칸 뒤에서 A가 Please practice on your own, and I'll see you tomorrow(혼자서 꼭 연습해 보고, 내일 보자)라고 말하고 있으므로, '우리 오늘은 그만하자'라는 의미의 ④ 'We'll wrap it up for today'가 정답이다.

정답 ④

**어휘**

note 음, 공책; 주목하다 concentrate on ~에 집중하다
start over 다시 시작하다 exhausted 지칠 대로 지친, 진이 다 빠진
on one's way 가는 중인 depend on ~에 달려 있다, ~에 의존하다
wrap up ~을 그만하다, 마무리 짓다

**이것도 알면 합격!**

하던 일을 마무리할 때 쓸 수 있는 다양한 표현들을 알아 두자.
- call it a day ~을 그만하기로 하다
- put a period to ~을 마무리짓다
- pack in ~을 그만두다

## 06 독해 빈칸 완성 - 구 난이도 중 ●●○

밑줄 친 부분에 들어갈 말로 가장 적절한 것은?

Vowels in the English language are not distinguished from consonants arbitrarily. What sets the letters "a," "e," "i," "o," "u," and sometimes "y" apart has to do with the way your mouth moves when you say them. The sounds of consonants are always at least partially blocked by your teeth, tongue, or lips, but vowels are voiced without any interference. It's for that very reason that "y" is sometimes considered a vowel but sometimes not. When used in words like "beyond," for example, "y" is a consonant. This is because saying it requires the tongue to break from the position it is in and touch the base of the mouth. In a word like "myth" though, the mouth remains open. The "y" sound ______________, making it a vowel.

① forces the tongue downward
② is not impeded in any way
③ links the consonants nearby
④ constricts the vocal tract

**해석**

영어의 모음은 자음과 임의로 구분되지 않는다. 글자 'a,' 'e,' 'i,' 'o,' 'u,' 와 간혹 'y'를 구별하는 것은 그것들을 말할 때 당신의 입이 움직이는 방식과 관련이 있다. 자음의 소리는 적어도 이, 혀, 혹은 입술에 의해 부분적으로 항상 방해를 받지만, 모음은 어떠한 방해 없이 소리가 난다. 이것이 바로 'y'가 때로는 모음으로 간주되지만, 때로는 그렇지 않은 이유이다. 예를 들어, 'beyond'와 같은 단어에서 사용되었을 때, 'y'는 자음이다. 이는 그것을 말하는 것이 혀가 원래 있던 자리에서 빠져나오게 해서 입의 아랫부분에 닿게 하기 때문이다. 그렇지만 'myth'와 같은 단어에서는, 입이 열려 있다. 이때의 'y' 소리는 어떠한 방해도 받지 않으므로, 그것을 모음으로 만든다.

① 혀를 아래쪽으로 향하게 한다
② 어떠한 방해도 받지 않는다
③ 가까운 자음들을 연결한다
④ 성도를 수축한다

**포인트 해설**

지문 중간에서 자음의 소리는 적어도 이, 혀, 혹은 입술에 의해 부분적으로 항상 방해를 받지만, 모음은 어떠한 방해 없이 소리가 난다고 했고, 빈칸 앞 문장에 'myth'와 같은 단어에서는 입이 열려 있다는 내용이 있으므로, 이때의 'y' 소리는 '어떠한 방해도 받지 않으므로' 그것을 모음으로 만든다고 한 ②번이 정답이다.

정답 ②

**어휘**

vowel 모음 distinguish 구분하다 consonant 자음
arbitrarily 임의로, 제멋대로 set apart ~을 구별하다 interference 방해
impede 방해하다, 지연시키다 constrict 수축하다 vocal tract 성도

## 07 독해 무관한 문장 삭제 난이도 중 ●●○

**다음 글의 흐름상 어색한 문장은?**

In our recent surveys examining transportation preferences, a clear trend toward electric vehicles (EVs) has emerged among urban commuters. ① More and more city dwellers are opting for EVs as their primary mode of transportation, drawn by the environmental benefits and potential cost savings in the long run. Surprisingly, this shift hasn't led to a significant drop in the demand for traditional gasoline-powered cars. ② Our data indicates a modest reduction in gasoline-car sales, averaging around 1 percent to 2 percent, while EV adoption is on the rise. The main driving force behind this trend is the growing infrastructure and accessibility of EV charging stations, as well as government incentives promoting sustainable transportation choices. ③ The oil that produces gasoline was already regulated through the Oil Pollution Act of 1990. ④ With environmental consciousness becoming increasingly important to consumers, it appears that the shift towards EVs is here to stay.

**해석**

교통수단 선호도를 조사한 우리의 최근 조사에서, 도시 통근자들 사이에서 전기 자동차로 향하는 분명한 추세가 나타났다. ① 점점 더 많은 도시 거주자들이 전기 자동차를 그들의 주요 교통수단으로 선택하고 있는데, 이는 환경적인 이로움과 장기적으로 잠재적인 비용 절감에 이끌렸기 때문이다. 놀랍게도, 이러한 변화가 종래의 휘발유 자동차에 대한 수요의 큰 하락으로 이어지지는 않았다. ② 우리의 자료는 휘발유 자동차 판매량에서 약간의 감소를 보여주었고, 이는 평균적으로 약 1퍼센트에서 2퍼센트 수준에 불과했지만, 이와 동시에 전기 자동차의 채택은 증가하고 있다. 이러한 경향 이면의 주된 원동력은 지속 가능한 운송 수단 선택을 장려하는 정부 인센티브뿐만 아니라, 전기 자동차 충전소의 늘어나는 시설 및 접근성이다. ③ 휘발유를 생산하는 석유는 1990년의 석유 보호법을 통해 이미 규제되었다. ④ 소비자들에게 환경 의식이 점차 중요해짐에 따라, 전기 자동차로의 전환이 당분간 계속될 것으로 보인다.

**포인트 해설**

첫 문장에서 최근 도시 통근자들 사이에서 전기 자동차로 향하는 추세가 나타났다고 언급하고, ①번은 '도시 거주자들이 전기 자동차를 선택하는 이유', ②번은 '휘발유 자동차에 대한 수요와는 별개로 증가하고 있는 전기 자동차의 채택', ④번은 '전기 자동차로의 전환을 야기한 환경 의식의 제고'에 대한 내용으로 모두 첫 문장과 관련이 있다. 그러나 ③번은 '석유 보호법에 의해 규제되는 석유'에 대한 내용으로 첫 문장의 내용과 관련이 없다.

정답 ③

**어휘**

commuter 통근자 dweller 거주자 opt for ~을 선택하다
significant 큰, 상당한 drop 하락, 방울; 떨어지다
traditional 종래의, 전통적인 indicate 보여주다, 나타내다
modest 약간의, 겸손한 adoption 채택 driving force 원동력, 추진력
infrastructure (사회 기반) 시설 accessibility 접근성
charging 충전 promote 장려하다, 홍보하다 sustainable 지속 가능한
consciousness 의식

## 08 독해 내용 일치 파악 난이도 중 ●●○

**다음 글의 내용과 일치하는 것은?**

Roald Dahl is one of the most beloved children's writers of all time. His classics are adored the world over by readers of all ages. Despite being written with the young in mind, Dahl's stories are fairly gruesome. In *James and the Giant Peach*, James is the recipient of constant abuse from his two wicked aunts. Matilda in *Matilda* attends a school where the terrifying principal locks students in a cupboard filled with nails. Nearly every child protagonist in his writings has to deal with vile adults and frequently faces imminent danger or a horrible death, making for some depressing and morbid narratives. It is a testament to how wonderful and humorous his tales are that kids delight in them regardless.

① James and Matilda are the two most famous characters in Roald Dahl's stories.
② The subject matter of Dahl's books is very dark for children's literature.
③ The adults who abuse the protagonists in Dahl's stories are all relatives.
④ The content of Roald Dahl's writings can make young readers depressed.

**해석**

Roald Dahl은 역대 가장 사랑받는 아동 작가 중 한 명이다. 그의 명작들은 전 세계 모든 연령대의 독자들에게 사랑받고 있다. 아이들을 염두에 두고 쓰였음에도 불구하고, Dahl의 이야기는 상당히 섬뜩하다. 『제임스와 거대한 복숭아』에서, 제임스는 그의 사악한 두 이모들로부터 끊임없는 학대를 받는 아이이다. 『마틸다』의 마틸다는 무서운 교장이 학생들을 못으로 가득 찬 벽장에 가두는 학교에 다닌다. 그의 작품에서 거의 모든 아동 주인공들은 몹시 나쁜 어른들을 상대해야 하고 빈번하게 위급한 위험이나 끔찍한 죽음에 직면하는데, 이는 다소 우울하고 무시무시한 이야기를 만들어 낸다. 그럼에도 불구하고 아이들이 그것들을 즐긴다는 것은 그의 이야기가 얼마나 멋지고 재미있는지에 대한 증거이다.

① 제임스와 마틸다는 Roald Dahl의 이야기에서 가장 유명한 두 등장인물이다.
② Dahl의 책의 주제는 아동 문학치고는 매우 어둡다.
③ Dahl의 이야기에서 주인공들을 학대하는 어른들은 모두 친척들이다.
④ Roald Dahl의 글의 내용은 어린 독자들을 우울하게 만들 수 있다.

**포인트 해설**

②번의 키워드인 for children's literature(아동 문학치고는)를 바꾸어 표현한 지문의 Despite being written with the young in mind(아이들을 염두에 두고 쓰였음에도 불구하고) 주변의 내용에서 아이들을 염두에 두고 쓰였음에도 불구하고, Dahl의 이야기는 상당히 섬뜩하다고 했으므로, ② 'Dahl의 책의 주제는 아동 문학치고는 매우 어둡다'가 지문의 내용과 일치한다.

[오답분석]

① 제임스는 Roald Dahl의 책 『제임스와 거대한 복숭아』에, 마틸다는 『마틸다』에 등장한다고는 했지만, 제임스와 마틸다가 Roald Dahl의 이야기에서 가장 유명한 두 등장인물인지는 알 수 없다.

③ 『마틸다』의 마틸다는 무서운 교장이 학생들을 못으로 가득 찬 벽장에 가두는 학교에 다닌다고 했으므로 Dahl의 이야기에서 주인공들을 학대하는 어른들이 모두 친척들이라는 것은 지문의 내용과 다르다.

④ Dahl의 이야기가 다소 우울하고 무시무시함에도 불구하고 아이들은 그것들을 즐긴다고 했으므로, Roald Dahl의 글의 내용이 어린 독자들을 우울하게 만들 수 있다는 것은 지문의 내용과 다르다.

정답 ②

어휘

all time 역대의 adore 사랑하다 gruesome 섬뜩한
recipient 받는 사람 abuse 학대 wicked 사악한 terrifying 무서운
principal (학교의) 교장 cupboard 벽장, 찬장 protagonist 주인공
vile 몹시 나쁜, 지독한 imminent 위급한, 임박한 morbid 무시무시한
narrative 이야기 testament 증거 delight in ~을 즐기다

구문 분석

Matilda in *Matilda* attends a school / where the terrifying principal locks students in a cupboard filled with nails.

: 이처럼 관계부사가 이끄는 절(where/when/why/how + 주어 + 동사 ~)이 명사를 꾸며주는 경우, '주어가 동사하는 명사'라고 해석한다.

## 09 독해 빈칸 완성 - 단어 난이도 중 ●●○

**밑줄 친 부분에 들어갈 말로 가장 적절한 것은?**

Boxers used to fight with their bare fists until around the 19th century, when gloves were added to the sport. It is commonly presumed that their mandatory use was stipulated for safety reasons; a cushion would protect the head, face, and body. In truth, an all-out punch with gloves is extremely ____________. One doctor noted that "gloves do not lessen the force applied to the brain as it rattles inside the skull from a heavy blow. In fact, matters are made worse because they add more weight to the fist. A full-force slam to the head is comparable to being hit with a 5-kilogram wooden mallet travelling at 32 kilometers per hour." The truth of the statement can be evidenced by the fact that prior to the addition of gloves, no fatalities were recorded in bare-knuckle boxing matches. Nowadays, 3 to 4 modern boxers succumb to injuries on average per year, with many more suffering from permanent brain or head trauma.

① destructive ② expansive
③ inflammatory ④ suffocating

해석

글러브가 그 스포츠에 추가되었던, 19세기쯤까지 권투 선수들은 맨주먹으로 싸우곤 했다. 일반적으로 그것들의 의무적인 사용이 안전상의 이유 때문에 규정되었다고 여겨지는데, 쿠션이 머리, 얼굴 그리고 몸을 보호할 것이기 때문이다. 사실, 글러브를 낀 상태로 온 힘을 다한 주먹질은 극도로 파괴적이다. 한 의사는 "글러브는 뇌가 심한 타격으로 두개골 내부에서 흔들릴 때 그것에 가해지는 힘을 약하게 만들지 않습니다. 사실, 그것들이 주먹에 무게를 더하기 때문에 문제를 악화시킵니다. 전력으로 머리를 치는 것은 시간당 32킬로미터 이동하는 5킬로그램짜리 나무망치에 가격당하는 것과 비교할 수 있습니다"라고 언급했다. 이 발언의 진위는 글러브의 추가 이전에, 맨손 권투 경기에서 사망자가 기록된 적이 없었다는 사실에 의해 입증될 수 있다. 오늘날에는, 평균적으로 매년 서너 명의 현대의 권투 선수들이 부상으로 사망하며, 그보다 더 많은 사람들이 영구적인 뇌 또는 머리 외상으로 고통받는다.

① 파괴적인 ② 포괄적인
③ 격양시키는 ④ 억압적인

포인트 해설

빈칸 뒤 문장에서 글러브는 뇌가 심한 타격으로 두개골 내부에서 흔들릴 때 그것에 가해지는 힘을 약하게 만들지 않으며 오히려 주먹에 무게를 더하기 때문에 문제를 악화시킨다는 한 의사의 말을 인용하고 있으므로, 글러브를 낀 상태로 온 힘을 다한 주먹질이 극도로 '파괴적'이라고 한 ①번이 정답이다.

정답 ①

어휘

bare 맨, 벌거벗은 fist 주먹 presume 여기다, 추정하다
mandatory 의무적인 stipulate 규정하다
all-out 온 힘을 다한, 총력을 기울인 note 언급하다, 주목하다
rattle 흔들리다, 덜컹거리다 blow 타격 mallet 나무망치
evidence 입증하다 fatality 사망자 succumb 사망하다, 쓰러지다
trauma 외상 destructive 파괴적인
inflammatory 격양시키는, 염증을 일으키는 suffocating 억압적인, 숨 막히는

## 10 독해 제목 파악 난이도 중 ●●○

**다음 글의 제목으로 가장 적절한 것은?**

With millions of tourists visiting Angkor Wat each year, one might imagine that every last inch of art in the place would have been thoroughly examined by now. However, it seems at least some of it has been overlooked. A researcher visiting the ancient temple complex took photographs of some red pigment marks initially thought to be old graffiti. The images were faded and hard to make out at first. But improving their quality on his computer revealed 500-year-old depictions of deities, monkeys, people, and even the temple itself. Experts believe most of the smaller drawings were made by those making a pilgrimage to the abandoned holy site sometime after the 15th century. Other, more elaborate murals may have been drawn earlier than that during restoration attempts by locals. All in all, as many as 200 worn paintings have been enhanced, and archeologists are hoping that they will provide insight into the monument's history.

① Angkor Wat: A Tourist's Dream
② The Best of Ancient Art
③ Technologies in Art Restoration
④ Uncovering Angkor Wat's Hidden Art

**해석**

매년 앙코르와트를 방문하는 수백만 명의 관광객으로 인해, 사람들은 이곳에 있는 모든 예술 작품들이 이제는 철저하게 조사되었을 것이라고 생각할지도 모른다. 하지만, 그것 중에서 적어도 몇 가지는 간과되어 온 것 같다. 고대 사원 단지를 방문한 한 연구원은 처음에 오래된 낙서라고 생각되었던 몇몇 빨간 안료 표시의 사진을 찍었다. 그 그림들은 처음에는 색이 바래서 알아보기 어려웠다. 그러나 그의 컴퓨터에서 이것의 화질을 높인 것은 신, 원숭이, 사람들, 그리고 심지어 사원 자체에 대한 500년이 된 묘사를 보여 주었다. 전문가들은 그 작은 그림들의 대부분이 15세기 후반 어느 시점에 버려진 성지를 순례한 사람들에 의해 그려졌다고 믿는다. 다른, 더 정교한 벽화들은 그보다 더 전에 있었던 현지인들의 복구 노력 중에 그려졌을지도 모른다. 모두 합쳐, 무려 200여 개의 낡은 그림들의 화질이 높여져 왔고, 고고학자들은 그것들이 그 유적의 역사에 대한 이해를 제공하기를 기대하고 있다.

① 앙코르와트: 관광객의 이상
② 고대 예술의 백미
③ 예술 작품 복구 기술들
④ 앙코르와트의 숨겨진 예술 작품 발굴

**포인트 해설**

지문 앞부분에서 철저하게 조사되었을 것이라고 생각한 앙코르와트의 예술 작품들 중 몇 가지가 간과되어 왔다고 하고, 지문 중간에서 오래된 낙서라고 생각되었던 빨간 안료 표시가 한 연구원에 의해 500년 된 그림이라는 것이 밝혀졌으며, 과학자들은 그것들이 앙코르와트의 역사에 대한 이해를 제공할 것이라고 기대하고 있다고 했으므로 ④ '앙코르와트의 숨겨진 예술 작품 발굴'이 이 글의 제목이다.

정답 ④

**어휘**

thoroughly 철저하게 examine 조사하다 overlook 간과하다
pigment 안료, 색소 initially 처음에 graffiti 낙서 fade (색이) 바래다
make out 알아보다, 이해하다 reveal 보여 주다, 드러내다
depiction 묘사 deity 신 pilgrimage 순례 abandon 버리다
elaborate 정교한 mural 벽화 restoration 복구, 회복
local 현지인, 주민 enhance (컴퓨터로) 화질을 높이다, 강화하다
archeologist 고고학자 insight 이해, 통찰력 monument 유적, 기념물
uncover 발굴하다, 폭로하다

# DAY 10 하프모의고사 10회

## 해커스 공무원시험연구소 총평

**난이도** 문법과 독해 유형에 고난도 문제들이 출제되어 집중력이 필요한 회차입니다.

**어휘·생활영어 영역** 1번 문제의 경우 밑줄 어휘를 모르더라도 문맥 파악과 오답 소거를 통해 정답을 고를 수 있었습니다. 이처럼 유의어 유형의 문제에서는 밑줄 어휘를 모를 경우에 대비한 훈련 또한 필요합니다.

**문법 영역** 5번 문제 ④번 보기의 경우 문법적으로 올바른 문장이기 때문에 정답으로 혼동할 수 있습니다. 이처럼 문법 문제임에도 문맥을 통해 정·오답 여부가 갈리는 경우가 있으므로, 보기를 다각도에서 분석하는 능력을 길러야 합니다.

**독해 영역** 논리적 흐름 파악이 필요한 문장 삽입 유형과 문단 순서 배열 유형이 모두 출제되었지만, 두 문제 모두 정답에 대한 단서가 명확히 제공되어 풀이가 까다롭지는 않았을 것입니다. 특히 길이가 긴 추론 유형 문제를 풀 때는 단서를 빠르게 파악하는 것이 중요하다는 것을 기억해 둡니다.

## 정답

| | | | | | |
|---|---|---|---|---|---|
| 01 | ③ | 어휘 | 06 | ② | 독해 |
| 02 | ① | 어휘 | 07 | ② | 독해 |
| 03 | ③ | 생활영어 | 08 | ③ | 독해 |
| 04 | ① | 문법 | 09 | ② | 독해 |
| 05 | ③ | 문법 | 10 | ③ | 독해 |

## 취약영역 분석표

| 영역 | 맞힌 답의 개수 |
|---|---|
| 어휘 | /2 |
| 생활영어 | /1 |
| 문법 | /2 |
| 독해 | /5 |
| TOTAL | /10 |

### 01 어휘 assent = agree 난이도 중 ●●○

**밑줄 친 부분의 의미와 가장 가까운 것은?**

With over half of the workforce joining the strike, management had no choice but to assent to the union's demands.

① react ② object
③ agree ④ appeal

**해석**

절반이 넘는 노동자들이 파업에 참가하면서, 경영진은 조합의 요구에 따르지 않을 수 없었다.

① 반응하다 ② 반대하다
③ 동의하다 ④ 호소하다

정답 ③

**어휘**

strike 파업 assent (요구 등에) 따르다, 동의하다 union 조합
react 반응하다 object 반대하다 appeal 호소하다

**이것도 알면 합격!**

assent(따르다)의 유의어
= consent, approve, comply

### 02 어휘 intimate 난이도 중 ●●○

**밑줄 친 부분에 들어갈 말로 가장 적절한 것은?**

A survey revealed that many teens have "friends" on social media sites with whom they are not close; some they have never even met. In fact, only about 60 percent of their online network consists of people they have ________ relationships with.

① intimate ② weak
③ adverse ④ separate

**해석**

한 설문 조사는 많은 십 대들이 소셜 미디어 사이트에 친밀하지 않은 '친구들'을 가지고 있고, 심지어 몇몇은 만나본 적조차 없다는 것을 밝혔다. 실제로, 그들의 온라인 관계망의 약 60퍼센트만이 그들과 친밀한 관계를 가지고 있는 사람들로 이루어진다.

① 친밀한 ② 약한
③ 부정적인 ④ 분리된

정답 ①

**어휘**

reveal 밝히다, 폭로하다 close 친밀한, 가까운 intimate 친밀한, 사적인
weak 약한, 힘이 없는 adverse 부정적인 separate 분리된, 독립된

이것도 알면 **합격!**

intimate(친밀한)의 유의어
= close, familiar

## 03 생활영어 Don't let it get you down. 난이도 중 ●●○

**밑줄 친 부분에 들어갈 말로 가장 적절한 것은?**

A: I'm so frustrated about work today.
B: What's the matter?
A: I made one small error and the deal I was working on fell apart.
B: ______________________. You'll get another chance in the future.
A: I know, but it's hard to forget. This deal meant so much to me.
B: At least you learned a great lesson. You'll do better next time.

① Don't beat around the bush
② Every man for his own trade
③ Don't let it get you down
④ Don't make a mountain out of a molehill

**해석**

A: 나는 오늘 일에 좌절감을 느끼고 있어.
B: 무슨 일인데?
A: 나는 작은 실수를 했고 내가 애쓰고 있던 거래가 결렬되었어.
B: 그 일로 우울해하지 마. 넌 미래에 또 다른 기회를 얻을 거야.
A: 나도 알지만, 잊어버리기가 어렵네. 이번 거래는 내게 정말 큰 의미가 있었거든.
B: 적어도 너는 중요한 교훈을 배웠잖아. 다음번에는 더 잘할 거야.

① 빙빙 돌려서 말하지 마
② 굼벵이도 구르는 재주가 있잖아
③ 그 일로 우울해하지 마
④ 사소한 문제를 크게 만들지 마

**포인트 해설**

자신의 실수로 거래가 결렬되었다는 A의 말에 대해 빈칸 뒤에서 B가 미래에 또 다른 기회를 얻을 것이라고 말하고, 이어서 A가 I know, but it's hard to forget(나도 알지만, 잊어버리기가 어렵네)이라고 말하고 있으므로, '그 일로 우울해하지 마'라는 의미의 ③ 'Don't let it get you down'이 정답이다.

정답 ③

**어휘**

work on ~에 애쓰다 fall apart 결렬되다
beat around the bush 빙빙 돌려서 말하다
Every man for his own trade. 굼벵이도 구르는 재주가 있다.
get down ~를 우울하게 하다
make a mountain out of a molehill 사소한 문제를 크게 만들다

이것도 알면 **합격!**

격려할 때 쓸 수 있는 다양한 표현들을 알아 두자.
- Keep your spirits up. 기운 내.
- Look on the bright side. 긍정적으로 생각해 봐.
- Things will work out for the best. 결국엔 잘될 거야.
- It's not the end of the world. 세상이 끝난 것도 아니잖아.

## 04 문법 수동태 | 병치 구문 | 수 일치 | 부사절 난이도 하 ●○○

**밑줄 친 부분 중 어법상 옳지 않은 것은?**

The behavior of infants was ① documenting in order to determine how they learn to understand and ② mimic the facial expressions of adults. During a study, a variety of facial expressions ③ were made by several adults and shown to infants. In most cases, the infants accurately mimicked the expressions ④ when they saw the adults.

**해석**

유아들이 어떻게 어른들의 얼굴 표정을 이해하고 흉내 내는 법을 배우는지 알아내기 위해 그들의 행동이 기록되었다. 연구 중에, 다양한 얼굴 표정이 여러 어른들에 의해 지어졌고 유아들에게 보여졌다. 대부분의 경우, 유아들은 그들이 어른들을 보았을 때 그 표정들을 정확히 흉내 냈다.

**포인트 해설**

① **능동태·수동태 구별** 주어 The behavior와 동사가 문맥상 '유아들의 행동이 기록되다'라는 의미의 수동 관계이므로 현재분사 documenting를 be 동사(was)와 함께 수동태를 완성하는 과거분사 documented로 고쳐야 한다.

[오답분석]

② **병치 구문** 접속사(and)로 이어진 연결된 병치 구문에서는 같은 구조끼리 연결되어야 하는데, and 앞에 to 부정사(to understand)가 왔으므로 and 뒤에도 to 부정사가 와야 한다. 이때 to 부정사 병치 구문에서 두 번째 나온 to는 생략될 수 있으므로 (to) mimic이 올바르게 쓰였다.

③ **수량 표현의 수 일치** 주어 자리에 복수 취급하는 수량 표현 'a variety of + 복수 명사'(a variety of facial expressions)가 왔으므로 복수 동사 were가 올바르게 쓰였다.

④ **부사절 접속사** 문맥상 '그들이 어른들을 보았을 때'라는 의미가 되어야 자연스러우므로, '~할 때'라는 의미의 부사절 접속사 when이 올바르게 쓰였다.

정답 ①

**어휘**

infant 유아 document 기록하다; 문서 determine 알아내다, 결정하다
mimic 흉내 내다 expression 표정, 표현

이것도 알면 **합격!**

복수 취급하는 수량 표현 many가 'many a/an + 단수 명사'의 형태로 쓰이면 뒤에 단수 동사가 와야 한다는 것도 알아 두자.

- Many a traveler (**was**, ~~were~~) delighted by the picturesque scenery.
  많은 여행객들이 그 그림 같은 경치에 즐거워했다.

이것도 알면 **합격!**

-body, -one으로 끝나는 명사 역시 형용사가 뒤에서 수식한다는 것을 알아 두자.

- Is there anybody **willing** to volunteer?
  기꺼이 자원할 사람이 있나요?
- We need someone **reliable** for this important task.
  우리는 이 중요한 작업을 위해 믿을 만한 누군가가 필요하다.

## 05 문법 관계절 | 도치 구문 | 어순 | 전치사 난이도 상 ●●●

**어법상 옳은 것은?**

① Mercury's atmosphere is not conducive to sustaining human life, and neither Venus's is.

② We gathered up old everything to see if we owned anything of substantial value.

③ The back of the truck was used as a moving stage on which the actors performed.

④ Beside the type of grape used, the quality of wine is determined by the length of fermentation.

**해석**

① 수성의 대기는 사람의 생명을 유지하는 데 도움이 되지 않으며, 금성도 마찬가지이다.

② 우리는 상당한 가치를 가진 무언가를 가지고 있는지 확인하기 위해 오래된 모든 것을 그러모았다.

③ 그 트럭의 뒤쪽은 배우들이 공연하는 이동 무대로 사용되었다.

④ 사용되는 포도 종류 외에, 와인의 품질은 발효 기간에 의해 결정된다.

**포인트 해설**

③ **전치사 + 관계대명사** '전치사 + 관계대명사'에서 전치사는 선행사 또는 관계절의 동사에 따라 결정되는데, 문맥상 '배우들이 (위에서) 공연하는 이동 무대'라는 의미가 되어야 자연스러우므로 전치사 on(~ 위에서)이 관계대명사 which 앞에 와서 on which가 올바르게 쓰였다.

[오답분석]

① **도치 구문** 부정문에 등위접속사 and로 연결된 절에서, 부사 neither가 '~도 마찬가지이다'라는 의미로 쓰여 문장 앞에 오면 주어와 동사가 도치되어 '동사(is) + 주어(Venus's)'의 어순이 되어야 하므로 neither Venus's is를 neither is Venus's로 고쳐야 한다.

② **명사를 수식하는 여러 요소들의 어순** -thing으로 끝나는 명사(everything)는 형용사(old)가 뒤에서 수식하므로 old everything을 everything old로 고쳐야 한다.

④ **전치사** 문맥상 '사용되는 포도 종류 외에'라는 의미가 되어야 자연스러우므로 전치사 Beside(~ 옆에)를 전치사 Besides(~ 외에)로 고쳐야 한다.

정답 ③

**어휘**

**atmosphere** 대기 **conducive to** ~에 도움이 되는 **sustain** 유지하다
**gather up** ~을 그러모으다 **substantial** 상당한 **fermentation** 발효

## 06 독해 문단 순서 배열 난이도 중 ●●○

**주어진 글 다음에 이어질 글의 순서로 가장 적절한 것은?**

Botanist and early geneticist Barbara McClintock was ridiculed for believing that genes could change positions within chromosomes. Her theory challenged the prevailing assumption that genes were fixed in place.

(A) Failing to see the importance of McClintock's theory, her colleagues largely ignored her work. However, her 1940s discovery of "jumping genes," or transposons, would go on to have a major impact.

(B) In fact, McClintock's theories proved so important to our understanding of genetics that she was awarded the Nobel Prize in Medicine in 1983, becoming the first woman to win the prize on her own.

(C) By the 1960s and 1970s, scientists came around and finally accepted McClintock's findings that genes were not static and that their movement controlled their expression. This changed how they understood genetic regulation, evolution, and the development of complex organisms.

① (A) – (B) – (C)　② (A) – (C) – (B)
③ (B) – (A) – (C)　④ (C) – (A) – (B)

**해석**

식물학자이자 초기 유전학자인 Barbara McClintock은 유전자가 염색체 내에서 위치를 바꿀 수 있다고 생각했기 때문에 조롱받았다. 그녀의 이론은 유전자가 제자리에 고정되어 있다는 지배적인 가설에 이의를 제기했다.

(A) McClintock의 이론의 중요성을 깨닫지 못한 채, 그녀의 동료들은 대부분 그녀의 연구를 무시했다. 하지만, 그녀가 1940년대에 발견한 '점핑 유전자', 즉 트랜스포존은 나아가 큰 영향을 미칠 것이었다.

(B) 실제로, McClintock의 이론이 유전학에 대한 우리의 이해에 있어 매우 중요한 것으로 밝혀져서, 그녀는 1983년에 노벨 의학상을 수상했고, 단독으로 그 상을 받은 최초의 여성이 되었다.

(C) 1960년대와 1970년대에 이르러, 과학자들은 생각을 바꾸었고 마침내 유전자가 고정되어 있지 않고 그것들의 움직임이 그것들의 발현을 조절한다는 McClintock의 발견을 받아들였다. 이것은 그들이 유전적인 조절, 진화, 그리고 복잡한 유기체의 발달을 이해하는 방식을 변화시켰다.

포인트 해설

주어진 문장에서 식물학자이자 초기 유전학자인 Barbara McClintock은 유전자가 염색체 내에서 위치를 바꿀 수 있다고 생각했기 때문에 조롱받았다고 언급한 후, (A)에서 그녀의 동료들(her colleagues)은 McClintock의 이론의 중요성을 깨닫지 못했지만 그녀가 발견한 트랜스포존은 미래에 큰 영향을 미칠 만한 것이었다고 강조하고 있다. 이어서 (C)에서 20세기 후반에 과학자들이 마침내(finally) McClintock의 발견을 받아들이게 되었으며, 이것이 유전적인 조절, 진화, 유기체의 발달을 이해하는 방식을 변화시켰다고 하고, (B)에서 실제로 그녀의 이론이 매우 중요한 것으로 밝혀져서 그녀가 노벨 의학상을 수상했다고 설명하고 있다. 따라서 ② (A) - (C) - (B)가 정답이다.

정답 ②

어휘

botanist 식물학자 geneticist 유전학자 ridicule 조롱하다 gene 유전자
chromosome 염색체 theory 이론 challenge 이의를 제기하다, 도전하다
assumption 가설, 가정 colleague 동료 ignore 무시하다, 못 본 체하다
come around 생각을 바꾸다, 정신이 들다 static 고정된, 정적인

## 07 독해 문장 삽입 난이도 중 ●●○

**주어진 문장이 들어갈 위치로 가장 적절한 곳은?**

> Neighborhood alerts and other important information are therefore more quickly dispersed as a result of the closer connection.

> In order to more effectively engage with and protect the members of a community, police departments in some cities have established bicycle squads. ( ① ) Patrolling an area on a bicycle rather than in a car allows police to build relationships with community residents because people are more likely to approach officers on bicycles. ( ② ) In addition, officers are able to patrol areas that are inaccessible by automobiles, such as parks, trails, and crowded side streets. ( ③ ) Adopting this mode of transportation can help police intercept a crime as the bicycle is virtually noiseless and will not alert criminals to the presence of the police. ( ④ )

해석

> 그러므로 지역 경계경보와 그 밖의 중요한 정보가 더 친밀한 관계의 결과로 더 빠르게 전파된다.

더 효과적으로 지역 사회의 구성원들과 관계를 맺고 그들을 보호하기 위해, 일부 도시에 있는 경찰서들은 자전거 분대를 창설했다. ① 사람들이 자전거를 탄 경찰관들에게 다가올 가능성이 더 크기 때문에 차보다 자전거를 타고 구역을 순찰하는 것은 경찰이 지역 사회 주민들과 관계를 쌓을 수 있게 해준다. ② 게다가, 경찰관들은 공원, 오솔길, 그리고 붐비는 골목과 같이, 차로는 접근할 수 없는 구역들을 순찰할 수 있다. ③ 자전거는 거의 소음이 없어서 범죄자들이 경찰의 존재를 의식하지 못하게 할 것이기 때문에 이 교통수단을 채택하는 것은 경찰이 범죄를 저지하는 것에 도움이 될 수 있다. ④

포인트 해설

②번 앞 문장에 자전거를 타고 구역을 순찰하는 것이 경찰들로 하여금 지역 사회 주민들과 관계를 쌓을 수 있게 한다는 내용이 있으므로, ②번 자리에 그러므로(therefore) 지역 경계경보와 그 밖의 중요한 정보가 더 친밀한 관계의 결과로 더 빠르게 전파된다는 내용, 즉 지역 주민들과 관계를 쌓았을 때 생기는 이점에 대해 설명하는 주어진 문장이 나와야 지문이 자연스럽게 연결된다.

정답 ②

어휘

alert 경계경보; 의식하게 하다; 기민한 disperse 전파하다
engage 관계를 맺다, 고용하다 squad 분대, 반 patrol 순찰하다
inaccessible 접근할 수 없는 trail 오솔길, 자취
intercept 저지하다, 가로채다 virtually 거의 noiseless 소음이 없는
criminal 범죄자; 범죄의

구문 분석

Adopting this mode of transportation / can help police intercept a crime / as the bicycle is virtually noiseless (생략).
: 이처럼 동명사구(Adopting ~ transportation)가 주어 자리에 온 경우, '~하는 것은' 또는 '~하기는'이라고 해석한다.

## 08 독해 내용 불일치 파악 난이도 중 ●●○

**다음 글의 내용과 일치하지 않는 것은?**

> Machine learning is a subfield of computer science that is concerned with collecting data and making predictions from it. It is frequently used by various industries to analyze consumer statistics, and astronomers are also increasingly relying on it to catalogue information about the billions of stars in the universe. The computers they use are programmed with specific algorithms that command them to sift through huge data sets. For the purposes of astronomy, thousands of night sky images are processed through these machines. With the human eye, such tasks would take decades to complete. Once the images are analyzed, the computers can predict various traits of a given star, such as how old it is or what its metal content is. They can even identify new stellar types.

① A number of businesses also use machine learning.
② Algorithms instruct the machines to analyze information.
③ It takes decades for computers to approximate a star's age.
④ Machine learning can also aid in discovering new kinds of stars.

해석

기계 학습은 데이터를 수집하고 그것으로 예측을 하는 것과 관련이 있는 컴퓨터 공학의 하위 분야이다. 이것은 소비자 통계 자료를 분석하기 위해 다양한 산업에서 흔히 사용되며, 천문학자들 또한 우주에 있는 수십억 개의 별들에 대한 정보를 분류하기 위해 점점 더 그것에 의존하고 있다. 그들이 사용하는 컴퓨터는 방대한 데이터 세트를 꼼꼼하게 살펴 추려내도록 명령하는

특정 알고리즘으로 프로그램화되어 있다. 천문학적 목적을 위해, 수천 개의 밤하늘 영상이 이 기계들을 통해 처리된다. 인간의 눈으로는, 이러한 일이 완성되기 위해 수십 년이 걸릴 것이다. 영상이 분석되고 나면, 컴퓨터는 특정한 별의 다양한 특성을 예측할 수 있는데, 예를 들어 그것이 얼마나 오래되었는지 또는 그것의 금속 함량이 어느 정도인지와 같은 것이다. 그것들은 심지어 새로운 별의 종류까지도 식별할 수 있다.

① 다수의 기업들 또한 기계 학습을 사용한다.
② 알고리즘은 기계들이 정보를 분석하도록 지시한다.
③ 컴퓨터가 별의 나이를 계산하는 데 수십 년이 걸린다.
④ 기계 학습은 새로운 종류의 별을 발견하는 데에도 도움이 될 수 있다.

**포인트 해설**

③번의 키워드인 a star's age(별의 나이)를 바꾸어 표현한 how old it is (그것이 얼마나 오래되었는지) 주변의 내용에서 컴퓨터가 특정한 별이 얼마나 오래되었는지와 같은 다양한 특성을 예측할 수 있다고는 했지만, ③ '컴퓨터가 별의 나이를 계산하는 데 수십 년이 걸리'는지는 알 수 없다.

정답 ③

**어휘**

subfield 하위 분야 astronomer 천문학자
catalogue 분류하다 command 명령하다, 지시하다
sift through ~을 꼼꼼하게 살펴 추려내다 astronomy 천문학
trait 특성 identify 식별하다 stellar 별의 instruct 지시하다, 가르치다
approximate 계산하다

## 09 독해 제목 파악 난이도 중 ●●○

**다음 글의 제목으로 가장 적절한 것은?**

Tennis as we know it today is thought to have originated in 12th-century France, though passing references to it in literature date all the way back to the Middle Ages. The game at that time was quite different from how it is played today. For one, the ball was struck with the palms of the players' hands in lieu of rackets. In fact, the old French name for the sport meant "game of the palm." It was not until the 16th century that rackets came into use, and the name was changed to tennis. By that time, the rules had stabilized and the once-outdoor activity was moved indoors. The sport continued to remain popular all over France and other parts of Europe until it fell out of favor under English Puritanism. After a lengthy abandonment, the sport reemerged and separated into three distinct categories: racquets, squash racquets, and lawn tennis, the last of which is the tennis of modern day.

① Pitfalls of Rudimentary Tennis
② Tennis: From Infancy to Maturity
③ The Influence of Religion on sports
④ Waxing Tennis, Waning Europe

**해석**

오늘날 우리가 아는 테니스는 12세기 프랑스에서 유래한 것으로 여겨지지만, 문헌 속에서 그것에 대해 잠깐 언급한 것은 중세 시대까지 거슬러 올라간다. 당시 그 경기는 오늘날 행해지는 방식과는 상당히 달랐다. 우선, 공이 라켓 대신 선수들의 손바닥으로 쳐졌다. 사실, 그 스포츠의 옛 프랑스 이름은 '손바닥 경기'를 의미했다. 16세기가 되어서야 라켓이 쓰이게 되었고, 이름이 테니스로 바뀌었다. 그 시점에, 규칙이 안정되었고 한때 실외 활동이었던 것이 실내로 옮겨졌다. 그 스포츠는 영국의 청교도주의 아래에서 인기를 잃을 때까지 프랑스 전역과 유럽 다른 지역들에서 계속 인기가 있었다. 오랜 유기 끝에, 그 스포츠는 다시 나타났고 세 개의 다른 종류로 분리되었다. 라켓, 스쿼시 라켓, 그리고 론 테니스인데, 가장 마지막 것이 현대의 테니스이다.

① 제대로 발달하지 못한 테니스의 위험
② 테니스: 초창기부터 완성기까지
③ 종교가 스포츠에 끼치는 영향
④ 우세해지는 테니스, 쇠퇴하는 유럽

**포인트 해설**

지문 전반에 걸쳐 라켓 대신 손바닥을 사용했던 초기 형태의 테니스부터, 라켓이 쓰이기 시작하고 실내 운동으로 변경된 16세기의 테니스, 영국의 청교도주의 아래에서 쇠퇴했다가 다시 나타나 세 개의 종류로 분리된 현대의 테니스까지 테니스의 역사에 대해 설명하고 있다. 따라서 ② '테니스: 초창기부터 완성기까지'가 이 글의 제목이다.

정답 ②

**어휘**

originate 유래하다 date back ~까지 거슬러 올라가다
in lieu of ~대신에 stabilize 안정되다 fall out of favor 인기를 잃다
Puritanism 청교도주의 abandonment 유기 reemerge 다시 나타나다
pitfall 위험, 곤란 rudimentary 제대로 발달하지 못한 infancy 초창기
maturity 완성기, 성숙기 wax 우세해지다, 커지다 wane 쇠퇴하다, 약해지다

## 10 독해 빈칸 완성 - 구 난이도 상 ●●●

**밑줄 친 부분에 들어갈 말로 가장 적절한 것은?**

On the brink of the American Civil War, sitting president Zachary Taylor passed away. The official cause was spoiled food, but there were more than a few people who considered the timing of his death to be suspect. Taylor had not supported the idea of expanding slavery, which was an unpopular opinion at the time. Concerns were running so wild that major newspapers even implicated Confederate Congressman Robert Toombs in taking part in foul play. Those who were convinced that Taylor's demise was not an accident also worried about the safety of other politicians __________________. On the inauguration of Abraham Lincoln, skeptics sent letters to the man who would abolish the unfair system to be wary of the food he ate. More fuel was added to the fire when, after being re-elected for a second term, the succeeding leader was assassinated.

① in favor of the idea
② silenced by their fear
③ opposed to the practice
④ unfamiliar with the concept

**해석**

미국 남북전쟁 직전에, 재임 중이었던 대통령 Zachary Taylor가 사망했다. 공식적인 원인은 상한 음식이었지만, 그의 사망 시기가 의심스럽다고 생각하는 사람들이 적지 않았다. Taylor는 노예 제도를 확대하자는 생각을 지지하지 않았는데, 이는 당시에 평판이 나쁜 견해였다. 우려는 도를 넘어서 주요 신문사들은 심지어 남부 동맹의 국회의원인 Robert Toombs가 범죄에 가담한 것으로 연루시키기까지 했다. Taylor의 죽음이 사고가 아니었다고 확신했던 사람들은 그 관행에 반대하는 다른 정치인들의 안전 또한 염려했다. Abraham Lincoln의 취임식 날, 회의론자들은 그 부당한 체제를 폐지하고자 했던 그 남자에게 그가 먹는 음식을 조심하라는 편지를 보냈다. 그 후임 지도자가 두 번째 임기에 재선된 후 암살당했을 때, 문제는 더욱 악화되었다.

① 그 의견에 찬성하는
② 두려움으로 인해 침묵하는
③ 그 관행에 반대하는
④ 그 개념에 익숙하지 않은

**포인트 해설**

빈칸 앞부분에 재임 중에 사망한 Zachary Taylor는 노예 제도를 확대하자는 생각을 지지하지 않았는데, 이는 당시에 평판이 나쁜 견해였기 때문에 사람들은 그의 죽음이 사고가 아니었다고 의심했다는 내용이 있고, 빈칸 뒤 문장에 그 부당한 체제(노예 제도)를 폐지하고자 했던 Abraham Lincoln의 취임식 날, 회의론자들이 그에게 먹는 음식을 조심하라는 편지를 보냈다는 내용이 있으므로, '그 관행에 반대하는' 다른 정치인들의 안전 또한 염려했다고 한 ③번이 정답이다.

정답 ③

**어휘**

on the brink of ~의 직전에 spoil 상하다 suspect 의심스러운; 의심하다
unpopular 평판이 나쁜 run wild 도를 넘다, 제멋대로 전개되다
implicate 연루시키다 Confederate 남부 동맹의
Congressmen 국회의원 foul play 범죄, 살인 convinced 확신하는
demise 죽음, 사망 inauguration 취임식 skeptic 회의론자
abolish 폐지하다 wary 조심하는, 경계하는
add fuel to the fire 문제를 더욱 악화시키다, 엎친 데 덮친 격이다
assassinate 암살하다 in favor of ~에 찬성하여

# DAY 11 하프모의고사 11회

## 해커스 공무원시험연구소 총평

| | |
|---|---|
| 난이도 | 무난하게 출제된 어휘와 독해 영역에 비해, 문법 영역에 다소 까다로운 문법 포인트가 등장하였습니다. |
| 어휘·생활영어 영역 | 생활영어 영역에 지문의 길이는 길지만 익숙한 관용 표현들이 등장하여 수월하게 풀 수 있는 문제가 출제되었습니다. 이렇게 지문의 길이가 긴 경우, 빈칸 주변의 내용을 통해 빈칸이 있는 문장의 상황이나 어조를 먼저 파악함으로써 보다 빠르게 지문 내용을 파악할 수 있습니다. |
| 문법 영역 | 5번 문제의 정답으로 출제된 불가산 명사 포인트는 자주 출제되지는 않지만, 개념을 제대로 알지 못하면 어법상 옳고 그름의 여부를 판별할 수 없으므로 정확히 익혀 두어야 합니다. '이것도 알면 합격!'에 제공된 연관 개념까지 완벽하게 학습하도록 합니다. |
| 독해 영역 | 요지 파악 유형의 경우 8번 문제처럼 주제문이 지문 앞부분에 바로 나올 수 있으므로, 문제를 풀 때 이를 활용해야 합니다. 단, 매력적인 오답 보기가 있을 수 있기 때문에 모든 보기의 의미를 꼼꼼히 확인해야 합니다. |

## 정답

| | | | | | |
|---|---|---|---|---|---|
| 01 | ③ | 어휘 | 06 | ① | 독해 |
| 02 | ② | 어휘 | 07 | ③ | 독해 |
| 03 | ③ | 생활영어 | 08 | ④ | 독해 |
| 04 | ① | 문법 | 09 | ② | 독해 |
| 05 | ② | 문법 | 10 | ③ | 독해 |

## 취약영역 분석표

| 영역 | 맞힌 답의 개수 |
|---|---|
| 어휘 | /2 |
| 생활영어 | /1 |
| 문법 | /2 |
| 독해 | /5 |
| TOTAL | **/10** |

### 01 어휘 break in 난이도 중 ●●○

**밑줄 친 부분에 들어갈 말로 가장 적절한 것은?**

He did not want to ____________ on the meeting, but the matter was urgent.

① break down ② break out
③ break in ④ break through

**해석**

그는 회의 중에 끼어들고 싶지 않았지만, 그 문제는 긴급했다.

① 고장나다 ② 발생하다
③ 끼어들다 ④ 뚫고 나오다

정답 ③

**어휘**

urgent 긴급한 break down 고장나다 break out 발생하다
break in 끼어들다 break through 뚫고 나오다, 돌파구를 찾다

**이것도 알면 합격!**

break in(끼어들다)과 유사한 의미의 표현
= interfere, interrupt, intrude, barge in, cut in

### 02 어휘 abnormal = irregular 난이도 중 ●●○

**밑줄 친 부분의 의미와 가장 가까운 것은?**

She was astonished when she found out how much her home was actually worth; however, the abnormal valuation increase prompted her to seek financial advice to understand the implications for her long-term investments.

① uniform ② irregular
③ perceivable ④ efficient

**해석**

그녀는 자신의 집이 실제로 얼마만큼의 가치가 있는지 알게 되었을 때 깜짝 놀랐다. 하지만, 비정상적인 가치 상승은 그녀로 하여금 장기 투자의 결과를 이해하기 위한 재정적인 조언을 찾도록 촉구했다.

① 균일한 ② 비정상적인
③ 지각할 수 있는 ④ 효율적인

정답 ②

**어휘**

astonished 깜짝 놀란 find out ~을 알게 되다
abnormal 비정상적인 valuation 가치, 평가 prompt 촉구하다
implication 결과, 영향 investment 투자 uniform 균일한

irregular 비정상적인, 불규칙한 perceivable 지각할 수 있는
efficient 효율적인, 효과가 있는

이것도 알면 **합격!**

abnormal(비정상적인)의 유의어
= unusual, extraordinary, uncommon, exceptional

## 03 생활영어 I'll give it a shot. 난이도 하 ●○○

**밑줄 친 부분에 들어갈 말로 가장 적절한 것은?**

A: I'm unsure about taking that art class with you. I worry about being able to keep up.
B: What does that have to do with anything? We'd both be taking it to improve at our own pace.
A: I guess, but I can barely draw a straight line.
B: Well, you'll learn a lot and be much better by the time the course is over.
A: How many times a week did you say it is?
B: Three times a week on Mondays, Wednesdays, and Fridays.
A: OK. ______________________. But you have to promise not to laugh when you see how bad I am.

① You're trying my patience
② I'm glad we did
③ I'll give it a shot
④ Don't take my word for it

**해석**

A: 나는 너와 함께 그 미술 수업을 듣는 것에 대해 자신이 없어. 나는 따라갈 수 있을지 걱정돼.
B: 그게 무슨 상관이야? 우리 둘은 각자의 속도에 맞게 실력을 향상시키기 위해 수업을 듣는 거야.
A: 그렇겠지, 하지만 나는 직선도 잘 그리지 못해.
B: 음, 넌 그 수업이 끝날 때쯤 많이 배웠을 거고 훨씬 더 나아져 있을 거야.
A: 일주일에 몇 번 한다고 했지?
B: 월요일, 수요일, 그리고 금요일, 일주일에 총 세 번이야.
A: 알겠어. 시도해 볼게. 하지만 내가 얼마나 못하는지 보고 웃지 않겠다고 약속해.

① 네가 내 인내심을 시험하는구나
② 우리가 해내서 기뻐
③ 시도해 볼게
④ 그것에 대한 내 말을 믿지 마

**포인트 해설**

수업에 따라갈 수 있을지 걱정되어 미술 수업을 듣는 것에 대해 자신이 없다는 A의 말에 대해 B가 각자의 속도에 맞게 실력을 향상시키기 위해 수업을 듣는 것이라고 대답하고 있고, 빈칸 뒤에서 A가 But you have to promise not to laugh when you see how bad I am(하지만 내가 얼마나 못하는지 보고 웃지 않겠다고 약속해)이라고 말하고 있으므로, '시도해 볼게'라는 의미의 ③ 'I'll give it a shot'이 정답이다.

정답 ③

**어휘**

keep up 따라가다 try one's patience ~의 인내심을 시험하다
give a shot 시도해 보다 take one's word ~의 말을 믿다

이것도 알면 **합격!**

'shot'을 포함하는 다양한 표현들을 알아 두자.
- call the shots 지배하다, 감독하다
- a shot in the dark 억측, 막연한 추측
- shot to pieces 낭패하여, 완전히 못 쓰게 되어

## 04 문법 동사의 종류 | 조동사 | 부사절 난이도 중 ●●○

**우리말을 영어로 잘못 옮긴 것은?**

① 내가 그녀에게 연락을 할 때마다, 그녀는 내 전화를 바로 받는다.
→ Whenever I contact to her, she answers my calls immediately.

② 도서관에 그 책이 없는 걸 보니 누군가 그것을 가져간 것이 틀림없다.
→ Someone must have taken the book out because it's not in the library.

③ 나는 침묵 속에서 고통받느니 차라리 그 문제에 대해 이야기하는 게 더 낫다.
→ I would much rather talk about the problem than suffer in silence.

④ 이 프로젝트가 끝났으니까 우리는 다음 것을 계획하기 시작해야 한다.
→ Now that this project is finished, we should start planning the next one.

**포인트 해설**

① **타동사** 동사 contact는 전치사(to) 없이 목적어(her)를 바로 취하는 타동사이므로 contact to her를 contact her로 고쳐야 한다.

[오답분석]

② **조동사 관련 표현** '누군가 그것을 가져간 것이 틀림없다'는 조동사 관련 표현 must have p.p.(~했었음에 틀림없다)를 사용하여 나타낼 수 있으므로 must have taken이 올바르게 쓰였다.

③ **조동사 관련 표현** '차라리 그 문제에 대해 이야기 하는 게 더 낫다'는 조동사 관련 표현 would rather(차라리 ~하는 게 낫다)로 나타낼 수 있는데, 조동사 관련 표현 would rather 뒤에는 동사원형이 와야 하므로 would much rather talk가 올바르게 쓰였다.

④ **부사절 접속사** '이 프로젝트가 끝났으니까'를 나타내기 위해 이유를 나타내는 부사절 접속사 Now (that)(~이니까)가 올바르게 쓰였다.

정답 ①

**어휘**

immediately 바로, 즉시 silence 침묵

이것도 알면 합격!

형태가 비슷하여 혼동하기 쉬운 자동사와 타동사를 알아 두자.

| 자동사 | 타동사 |
|---|---|
| lie - lay - lain 놓여있다, 눕다<br>lie - lied - lied 거짓말하다 | lay - laid - laid<br>~을 놓다, ~을 두다, (알을) 낳다 |
| sit - sat - sat 앉다 | seat - seated - seated<br>~을 앉히다 |
| rise - rose - risen 떠오르다 | raise - raised - raised<br>~을 모으다, 올리다 |

## 05 문법 명사 | 도치 구문 | 가정법 | 부사절 난이도 상 ●●●

**어법상 옳지 않은 것은?**

① Greta has not booked her flight yet, and neither has Joanna.
② All of the machineries in the factory must be inspected for safety.
③ If we had purchased a backup generator, we would have been prepared for the blackout.
④ The meaning of the poem was so incomprehensible that it could have been in Greek.

해석

① Greta는 아직 그녀의 비행편을 예약하지 않았고, Joanna도 마찬가지였다.
② 공장에 있는 모든 기계는 안전을 위해 점검되어야 한다.
③ 만약 우리가 예비 발전기를 구매했었다면, 우리는 정전에 준비되어 있었을 것이다.
④ 그 시의 의미는 매우 이해할 수 없었기에 횡설수설일 수도 있었다.

포인트 해설

② **불가산 명사** 불가산 명사(machinery)는 복수형으로 쓸 수 없으므로 the machineries를 the machinery로 고쳐야 한다.

[오답분석]

① **도치 구문** 부정문에 등위접속사 and로 연결된 절에서, 부사 neither가 '~도 마찬가지이다'라는 의미로 쓰여 문장 앞에 오면 주어와 조동사가 도치되어 '조동사(has) + 주어(Joanna)'의 어순이 되어야 하므로 neither has Joanna가 올바르게 쓰였다.

③ **가정법 과거완료** 문맥상 '만약 우리가 ~ 구매했었다면, 우리는 정전에 준비되어 있었을 것이다'라며 과거의 상황을 반대로 가정하고 있으므로 가정법 과거완료를 사용해 나타낼 수 있다. 가정법 과거완료는 'If + 주어 + had p.p., 주어 + would + have p.p.'의 형태로 나타내므로 If we had purchased ~, we would have been ~이 올바르게 쓰였다.

④ **부사절 접속사** 문맥상 '매우 이해할 수 없었기에 횡설수설일 수도 있었다'라는 의미가 되어야 자연스러우므로 '매우 ~해서 -하다'라는 의미의 부사절 접속사 so ~ that이 올바르게 쓰였다.

정답 ②

어휘

machinery 기계 inspect 점검하다, 사찰하다 backup 예비 generator 발전기 blackout 정전 incomprehensible 이해할 수 없는 Greek 횡설수설, 그리스어

이것도 알면 합격!

불가산 명사인 물질명사는 앞에 단위 표현을 붙여 센다는 것을 알아 두자.

• They arrived at the café and ordered (two cups of coffee, ~~coffees~~).
그들은 그 카페에 도착해서 커피 두 잔을 시켰다.
→ 물질명사(coffee)는 복수형으로 쓸 수 없으므로, 복수형의 단위 표현(two cups of)을 붙여 세야 한다.

## 06 독해 빈칸 완성 - 단어 난이도 하 ●○○

**밑줄 친 부분에 들어갈 말로 가장 적절한 것은?**

> To grasp how less than two hundred Spanish conquerors led by Francisco Pizarro were able to take control of the Incan empire, which had a population of more than one million, we have to consider the state the Incan civilization was in when Pizarro arrived. A sharp increase in expansion during the 15th century made the empire difficult for the Inca rulers to manage. The supply chain was breaking down, and uprisings were occurring in remote regions and could not be easily contained. The ____________ condition of the Incan empire makes clear that while Pizarro may have hastened the end of the ancient society, it may well have withered away on its own regardless.

① deteriorating ② clandestine
③ flourishing ④ obedient

해석

Francisco Pizarro가 이끌었던 200명도 채 되지 않는 스페인 정복자들이 어떻게 백만 명 이상의 인구를 가졌던 잉카 제국을 장악할 수 있었는지 이해하기 위해서는, Pizarro가 도착했던 시점의 잉카 문명의 상태를 고려해 보아야 한다. 15세기에 있었던 영토 확장의 급격한 증가는 잉카의 통치자가 그 제국을 다스리는 것을 어렵게 만들었다. 공급망은 허물어지고 있었고, 멀리 떨어진 지역에서는 반란이 일어나고 있었으며 이는 쉽게 억제되지 않았다. 잉카 제국의 악화되어 가고 있는 상황은 Pizarro가 그 고대 사회의 멸망을 앞당겼을지 모르지만, 그와 관계없이 스스로 쇠퇴했을지도 모른다는 것을 분명히 보여 준다.

① 악화되어 가고 있는 ② 은밀한
③ 번영하는 ④ 복종하는

포인트 해설

빈칸 앞부분에서 15세기에 있었던 영토 확장의 급격한 증가가 잉카의 통치자로 하여금 그 제국을 다스리는 것을 어렵게 만들었다고 한 후, 빈칸 앞 문장에서 허물어진 공급망과 멀리 떨어진 지역에서의 억제되지 않는 반란 같

은 구체적인 상황을 언급하고 있으므로, 잉카 제국의 '악화되어 가고 있는' 상황이라고 한 ①번이 정답이다.

정답 ①

**어휘**

grasp 이해하다 conqueror 정복자 civilization 문명, 사회
expansion 영토 확장 supply chain 공급망 uprising 반란
remote 멀리 떨어진 contain 억제하다, 함유하다 hasten 앞당기다
wither 쇠퇴하다, 사라져가다 deteriorating 악화되어 가고 있는
clandestine 은밀한 flourishing 번영하는 obedient 복종하는

## 07 독해 빈칸 완성 - 구 난이도 중 ●●○

**밑줄 친 부분에 들어갈 말로 가장 적절한 것은?**

HeLa cells are virtually unknown outside of the scientific community, but they have been an important part of medicine for the past 60 years due to their role in the study of diseases. The doctor who collected them noticed that the cells were extraordinarily hardy and quite different from normal cells, which become unstable with age. After several cell divisions, normal cells weaken, form toxins, and eventually die. This is known as programmed cell death (PCD). Under laboratory conditions, most cells experience PCD after approximately fifty divisions. This is where HeLa cells are special. They have ______________. In fact, they are the only human cells that have been able to live indefinitely in a lab setting, although nobody knows for certain why they have this capability.

① a faster rate of division
② several beneficial uses in the body
③ the ability to divide endlessly
④ a means of producing toxins

**해석**

헬라 세포는 과학계 외부에는 거의 알려져 있지 않지만, 질병에 대한 연구에서 그것들의 역할 때문에 지난 60년 동안 그것들은 의학의 중요한 부분이 되어 왔다. 그것들을 수집했던 한 의사는 이 세포가 엄청나게 강하고, 노화하면서 불안정한 상태가 되는 일반 세포와 상당히 다르다는 것을 알아차렸다. 몇 번의 세포 분열 후에, 일반 세포들은 약해지고, 독소를 형성하며, 결국에는 죽는다. 이것은 세포예정사(PCD)라고 알려져 있다. 실험실의 환경에서, 대부분의 세포들은 대략 50번의 분열 후에 세포예정사를 겪는다. 바로 이 부분이 헬라 세포가 특별한 점이다. 그것들은 끊임없이 분열하는 능력을 가지고 있다. 실제로, 그것들은 실험실 환경에서 무한히 살 수 있는 유일한 인간 세포이지만, 그것들이 이러한 능력을 가지고 있는 이유에 대해서는 누구도 확실히 알지 못한다.

① 더욱 빠른 분열 속도
② 신체에서의 여러 이로운 용도
③ 끊임없이 분열하는 능력
④ 독소를 생성하는 수단

**포인트 해설**

빈칸 앞부분에 헬라 세포는 노화하면서 불안정한 상태가 되는 일반 세포와 상당히 다르며, 대부분의 세포들은 대략 50번의 분열 후에 세포예정사를 겪는다는 내용이 있고, 빈칸 뒤 문장에 헬라 세포는 실험실 환경에서 무한히 살 수 있는 유일한 인간 세포라는 내용이 있으므로, 그것들은 '끊임없이 분열하는 능력'을 가지고 있다고 한 ③번이 정답이다.

정답 ③

**어휘**

cell 세포 virtually 거의, 사실상 extraordinarily 엄청나게
hardy 강한, 튼튼한 division 분열 toxin 독소
laboratory 실험실 approximately 대략, 거의 indefinitely 무한히
capability 능력 endlessly 끊임없이 means 수단, 방법

## 08 독해 요지 파악 난이도 하 ●○○

**다음 글의 요지로 가장 적절한 것은?**

Humans rely on sight perhaps more than on any other sense. It would be alarming, then, to contemplate the idea that we in truth routinely miss the glaringly obvious all the time simply because we do not expect to see it. One of social science's most discussed studies proves just that. The Invisible Gorilla Test had participants watch a group of people playing basketball and count the number of passes they made. The participants assiduously tracked the ball's movements, keeping such a close watch that fully half of them failed to notice a man dressed in a gorilla suit wander into the game, dance around, and then wander off. The phenomenon, called inattentional blindness, makes it clear that the connection between what we see and what we actually perceive relies much more heavily on attention than previously believed.

① Even minor distractions can break our concentration.
② Sight and perception are one and the same.
③ Not everyone observes situations in the same way.
④ Unexpected events are easily overlooked.

**해석**

인간은 아마 다른 어떤 감각보다도 시각에 의존할 것이다. 그렇다면, 실제로는 우리가 눈에 띄게 분명한 것을 단순히 그것을 볼 것이라 예상하지 못했다는 이유로 항상 일상적으로 놓친다는 발상을 생각해 보는 것은 놀라울 것이다. 사회과학에서 가장 많이 논의된 연구 중 하나가 바로 그것을 입증한다. 보이지 않는 고릴라 실험은 참가자들에게 한 무리의 사람들이 농구를 하는 것을 보고, 그들이 패스하는 횟수를 세도록 시켰다. 참가자들은 부지런히 공의 움직임을 추적했는데, 너무 주의 깊게 본 나머지 그들 중 절반이 고릴라 복장을 한 사람이 그 경기에 어슬렁거리며 들어와 춤을 추다가 물러나는 것을 알아차리지 못했다. 무주의성 맹시라고 불리는, 이 현상은 우리가 보는 것과 우리가 실제로 지각하는 것 사이의 관련성이 이전에 믿어졌던 것보다 훨씬 더 많이 주의력에 의존한다는 것을 명백하게 한다.

① 아주 사소한 방해조차 우리의 집중을 깨트릴 수 있다.
② 보는 것과 지각하는 것은 동일한 것이다.
③ 모든 사람이 상황을 같은 방식으로 관찰하는 것은 아니다.
④ 예상하지 못한 일들은 쉽게 간과된다.

**포인트 해설**

지문 처음에서 우리는 눈에 띄게 분명한 것을 단순히 그것을 볼 것이라 예상하지 못한다는 이유로 놓치게 된다고 언급하고, 이어서 지문 중간에서 보이지 않는 고릴라 실험을 통해 무주의 맹시로 불리는 이러한 현상을 설명하고 있다. 따라서 ④ '예상하지 못한 일들은 쉽게 간과된다'가 이 글의 요지이다.

정답 ④

**어휘**

rely on ~에 의존하다 alarming 놀라운 contemplate 생각하다, 고려하다
routinely 일상적으로, 판에 박힌 듯 glaringly 눈에 띄게, 눈부시게
invisible 보이지 않는 assiduously 부지런히 track 추적하다, 뒤쫓다
inattentional 무주의성의, 부주의성의 blindness 맹시 overlook 간과하다

**구문 분석**

The phenomenon, / called inattentional blindness, / makes it clear / that the connection between what we see and what we actually perceive / relies much more heavily on attention than previously believed.
: 이처럼 긴 진짜 목적어를 대신해 가짜 목적어 it이 목적어 자리에 온 경우, 가짜 목적어 it은 해석하지 않고 뒤에 있는 진짜 목적어인 that이 이끄는 절(that + 주어 + 동사 ~)을 가짜 목적어 it의 자리에 넣어 '주어가 동사하다는 것을' 또는 '~하는 것을'이라고 해석한다.

## 09 독해 문단 순서 배열 난이도 하 ●○○

**주어진 글 다음에 이어질 글의 순서로 가장 적절한 것은?**

Budapest, Hungary is one of the most toured cities in the world. It is Hungary's largest city and there are numerous activities for visitors to pursue.

(A) Of all the unique cultural experiences that Budapest offers, its outdoor baths are possibly the most compelling.
(B) The water from these springs is believed to help with sore muscles and arthritis. Accordingly, tourists usually spend hours relaxing in the pools with friends and family while visiting the city.
(C) Originally, the baths were created in the 16th century out of natural mineral water springs located beneath the city.

① (A) – (B) – (C) ② (A) – (C) – (B)
③ (B) – (A) – (C) ④ (B) – (C) – (A)

**해석**

헝가리의 부다페스트는 세계에서 가장 관광객이 많은 도시 중 하나이다. 이곳은 헝가리에서 가장 큰 도시이며 방문객들이 깊이 빠져들 다양한 활동들이 존재한다.

(A) 부다페스트가 제공하는 모든 독특한 문화적 경험 중에서도 그것의 야외 온천이 아마 가장 흥미를 돋울 것이다.
(B) 이 샘에서 나온 물은 근육통과 관절염에 도움이 된다고 여겨진다. 이런 이유로, 관광객들은 대개 도시를 방문하는 동안 친구들 그리고 가족과 함께 풀장에서 휴식을 취하며 시간을 보낸다.
(C) 본래, 그 온천들은 16세기에 도시 아래에 위치한 천연 광천 샘물로 만들어졌다.

**포인트 해설**

주어진 문장에서 부다페스트에 방문객들이 깊이 빠져들 다양한 활동들이 존재한다고 언급한 후, (A)에서 부다페스트가 제공하는 모든 독특한 문화적 경험 중에서도(Of all the unique cultural experiences) 야외 온천이 가장 흥미를 돋울 것이라고 주장하고 있다. 이어서 (C)에서 그 온천들(the baths)은 도시 아래의 천연 광천 샘물로 만들어졌다고 하고, (B)에서 이 샘(these springs)에서 나온 물은 근육통과 관절염에 도움이 된다고 여겨진다고 설명하고 있다. 따라서 ② (A) - (C) - (B)가 정답이다.

정답 ②

**어휘**

pursue 깊이 빠져들다, 추구하다 bath 온천
compelling 흥미를 돋우는, 강렬한 spring 샘, 봄; 뛰어오르다
sore muscles 근육통 arthritis 관절염 beneath 아래에, 밑에

## 10 독해 내용 불일치 파악 난이도 중 ●●○

**다음 글의 내용과 일치하지 않는 것은?**

The musical genre known as klezmer is derived from two Hebrew words—"kli," which means tools, and "zemer," or melody. It is the traditional music of Jewish people descended from Eastern Europe. Klezmer music originated out of necessity; in Europe during the Middle Ages, Jews were only permitted to participate in a few occupations, and music was one of them. Klezmer can be categorized primarily as upbeat dance music. The songs themselves incorporate numerous instruments and feature animated melodies suggestive of the human voice and the various sounds it can make. The genre gained widespread recognition among Americans in the early 1900s, when large numbers of Jews began moving to the US. Today, it is often played at Jewish weddings, coming-of-age ceremonies, and other festive occasions.

① Klezmer music was invented by Jews originating from Eastern Europe.
② Jewish people had a limited number of professions in the Middle Ages.

③ Klezmer music is recognizable by its unique use of the human voice.

④ Jewish immigrants introduced klezmer music to American audiences.

해석

클레즈머로 알려져 있는 음악 장르는 도구를 의미하는 'kli'와 멜로디를 의미하는 'zemer' 두 개의 히브리어 단어에서 유래되었다. 이것은 동유럽에서 기원한 유대인의 전통 음악이다. 클레즈머 음악은 필요에 의하여 시작되었는데, 중세 유럽에서, 유대인들은 몇 안 되는 직업에만 종사하는 것이 허락되었고, 음악이 그것들 중 하나였다. 클레즈머는 주로 즐거운 댄스 음악으로 분류될 수 있다. 노래 그 자체는 많은 악기들을 포함하고 사람의 목소리와 그것이 만들어낼 수 있는 다양한 소리들을 연상시키는 활기찬 멜로디를 특징으로 한다. 그 장르는 많은 수의 유대인들이 미국으로 이주하기 시작했던 1900년대 초기에 미국인들 사이에서 광범위한 인정을 받게 되었다. 오늘날, 그것은 유대인의 결혼식, 성인식, 그리고 다른 축제 행사들에서 흔히 연주된다.

① 클레즈머 음악은 동유럽에서 기원한 유대인들에 의해 창안되었다.

② 유대인들은 중세에 제한된 수의 직업을 가졌다.

③ 클레즈머 음악은 사람의 목소리의 독특한 활용으로 분간할 수 있다.

④ 유대인 이민자들은 미국 청중들에게 클레즈머 음악을 소개했다.

포인트 해설

③번의 키워드인 human voice(사람의 목소리)가 그대로 언급된 지문 주변의 내용에서 노래 그 자체가 많은 악기들을 포함하고 사람의 목소리와 그것이 만들어낼 수 있는 다양한 소리들을 연상시키는 활기찬 멜로디를 특징으로 한다고는 했지만, ③ '클레즈머 음악이 사람의 목소리의 독특한 활용으로 분간할 수 있는'지는 알 수 없다.

정답 ③

어휘

descend 기원하다, 내려오다 originate 시작되다, 유래하다
categorize 분류하다 upbeat 즐거운, 긍정적인 incorporate 포함하다
animated 활기찬, 활발한 suggestive of ~을 연상시키는
coming-of-age ceremony 성인식 profession 직업
recognizable 분간할 수 있는, 인식할 수 있는 immigrant 이민자

# DAY 12 하프모의고사 12회

## 해커스 공무원시험연구소 총평

| | |
|---|---|
| 난이도 | 독해 영역에서 추상적인 소재에 대한 고난도 문제와 길이가 긴 지문이, 어휘 영역에서 밑줄 및 보기의 정확한 뜻을 알아야 풀 수 있는 문제가 출제되어 주어진 시간 내 정답을 확실하게 찾아내기가 어려웠을 것입니다. |
| 어휘·생활영어 영역 | 2번 문제처럼 지문이 두 문장인 경우 빈칸이 없는 문장이 정답에 대한 직접적인 단서가 되는 경우가 많으므로, 해당 문장을 유의 깊게 해석한 뒤 정답을 고르도록 합니다. |
| 문법 영역 | 3번 문제의 ①번 보기에 출제된 관계부사와 관계대명사 비교 포인트의 경우, 관계절의 동사가 자·타동사로 모두 사용될 수 있다면 목적어 유무만으로는 관계절이 완전한 절인지 여부를 파악하기 어려울 수 있는데, 이때는 문맥 파악을 통해 파악해야 합니다. |
| 독해 영역 | 7번 문제처럼 (A)의 보기에 비슷한 의미의 연결어(Thus, Therefore)가 있다면, 해당 보기들의 정·오답 여부를 먼저 확인해 보는 것이 좋습니다. 비슷한 의미의 연결어가 빈칸에 들어갈 수 없다면 나머지 보기들부터 확인함으로써 풀이 시간을 단축할 수 있습니다. |

## 정답

| | | | | | |
|---|---|---|---|---|---|
| 01 | ③ | 어휘 | 06 | ② | 독해 |
| 02 | ② | 어휘 | 07 | ③ | 독해 |
| 03 | ② | 문법 | 08 | ② | 독해 |
| 04 | ③ | 문법 | 09 | ③ | 독해 |
| 05 | ④ | 생활영어 | 10 | ② | 독해 |

## 취약영역 분석표

| 영역 | 맞힌 답의 개수 |
|---|---|
| 어휘 | /2 |
| 생활영어 | /1 |
| 문법 | /2 |
| 독해 | /5 |
| TOTAL | **/10** |

### 01 어휘 incisive = sharp　　난이도 중 ●●○

**밑줄 친 부분의 의미와 가장 가까운 것은?**

> His <u>incisive</u> commentary on the issue has made him one of the most memorable presidential candidates to date.

① voluntary　　② eloquent
③ sharp　　④ concise

**해석**

그 문제에 대한 그의 날카로운 비판이 지금까지 그를 가장 기억에 남는 대통령 후보자 중 한 사람으로 만들었다.

① 자발적인　　② 유창한
③ 날카로운　　④ 간결한

정답 ③

**어휘**

incisive 날카로운, 예리한　commentary 비판, 논평
memorable 기억에 남는　presidential 대통령의　candidate 후보자
voluntary 자발적인　eloquent 유창한　sharp 날카로운　concise 간결한

**이것도 알면 합격!**

incisive(날카로운)의 유의어
= insightful, penetrating, astute, keen, acute

### 02 어휘 embrace　　난이도 중 ●●○

**밑줄 친 부분에 들어갈 말로 가장 적절한 것은?**

> The charismatic social activist stated that people must learn to ________ any differences in age, race, gender and economic status. He believed that only then could we bring about a new era free of discriminatory divides.

① pacify　　② embrace
③ ingest　　④ entail

**해석**

그 카리스마 있는 사회 운동가는 사람들이 나이, 인종, 성별, 그리고 경제적 지위에 있어 모든 차이를 수용하는 법을 배워야 한다고 말했다. 그는 그렇게 해야만 우리가 차별적인 분열이 없는 새 시대를 불러올 수 있다고 믿었다.

① 진정시키다 ② 수용하다
③ 수집하다 ④ 일으키다

정답 ②

**어휘**

activist 운동가 race 인종 bring about 불러오다, 야기하다
discriminatory 차별적인, 불공평한 divide 분열, 분할 pacify 진정시키다
embrace 수용하다 ingest 수집하다, 삼키다 entail 일으키다, 수반하다

**이것도 알면 합격!**

embrace(수용하다)의 유의어
= accept, welcome, adopt

## 03 문법 부사절 | 관계절 | 수동태 | 부사 난이도 중 ●●○

**우리말을 영어로 가장 잘 옮긴 것은?**

① 그들이 경영했던 영화사는 더 이상 그들의 필요에 충분하지 않았다.
→ The movie studio which they had worked was no longer sufficient for their needs.

② 이 회사의 직원만 아니라면 누구든 이 상을 받을 자격이 있다.
→ Anyone is eligible to win the award provided he or she is not an employee of the company.

③ 모든 창문과 문은 누군가 들어오는 것을 막기 위해 잠겨 있었다.
→ All the windows and doors locked to prevent anyone from entering.

④ 그 집의 보증금은 막 대학을 졸업한 직장인들이 지불할 여유가 있을 수 있을 정도로 충분히 적당했다.
→ The housing deposit was enough reasonable that workers right out of college could afford it.

**포인트 해설**

② **부사절 접속사** '이 회사의 직원만 아니라면'을 나타내기 위해 조건을 나타내는 부사절 접속사 provided (that)(~ 이라면)가 올바르게 쓰였다.

[오답분석]

① **관계부사와 관계대명사 비교** 선행사 The movie studio가 장소를 나타내고 관계사 뒤에 완전한 절(they had worked)이 왔으므로, 불완전한 절을 이끄는 관계대명사 which를 장소를 나타내는 선행사와 함께 쓰이며 완전한 절을 이끄는 관계부사 where로 고쳐야 한다.

③ **능동태·수동태 구별** 주어 All the windows and doors와 동사가 '모든 창문과 문은 잠겨 있었다'라는 의미의 수동 관계이므로, 능동태 locked를 수동태 were locked로 고쳐야 한다.

④ **강조 부사** '충분히 적당했다'는 enough(충분히)를 사용하여 나타낼 수 있는데, 강조 부사 enough는 형용사(reasonable)를 뒤에서 강조하므로 enough reasonable을 reasonable enough로 고쳐야 한다.

정답 ②

**어휘**

sufficient 충분한 eligible 자격이 있는, 적합한 deposit 보증금
reasonable 적당한

**이것도 알면 합격!**

강조 부사 quite는 'a(n) + 형용사 + 명사'를 앞에서 강조한다는 것을 알아두자.

- The old mansion turned out to be **quite** a spooky place.
  그 오래된 저택은 꽤 으스스한 곳으로 드러났다.

## 04 문법 형용사 | 전치사 | 보어 | 관사 난이도 중 ●●○

**밑줄 친 부분 중 어법상 옳지 않은 것은?**

Floods ① throughout the southern parts of the region have caused catastrophic damage and a loss of hundreds of lives. However, the total death toll remains ② unknown as there are a number of ③ person still missing. The government deployed more rescue workers to the area today to try and help ④ the stranded.

**해석**

그 지역의 남부 전체에 걸쳐 홍수가 막대한 피해와 수백 명의 인명 피해를 야기했다. 하지만, 많은 사람들이 여전히 실종된 상태이기 때문에 총 사망자 수는 여전히 알려지지 않았다. 오늘 정부는 고립된 사람들을 돕기 위해 더 많은 구조대원들을 그 지역에 배치했다.

**포인트 해설**

③ **수량 표현** 수량 표현 a number of(많은)는 가산 복수 명사 앞에 오는 수량 표현이므로 단수 명사 person을 복수 명사 people로 고쳐야 한다.

[오답분석]

① **전치사** 명사구(the southern parts of the region) 앞에 '~ 전체에 걸쳐'라는 의미의 전치사 throughout이 올바르게 쓰였다.

② **보어 자리** 동사 remain은 주격 보어를 취하는 동사인데, 보어 자리에는 형용사나 명사 역할을 하는 것이 올 수 있으므로 형용사 unknown이 올바르게 쓰였다.

④ **정관사 the** 문맥상 '고립된 사람들을 돕기 위해'라는 의미가 되어야 자연스럽고, '고립된 사람들'은 'the + 형용사'(~한 사람들)을 사용하여 나타낼 수 있으므로 the stranded가 올바르게 쓰였다.

정답 ③

**어휘**

catastrophic 막대한, 비극적인 death toll 사망자 수 missing 실종된
deploy 배치하다 rescue worker 구조대원 stranded 고립된, 묶인

**이것도 알면 합격!**

가산·불가산 명사 앞에 모두 올 수 있는 수량 표현들을 알아 두자.

| | |
|---|---|
| no 어떤 ~도 -아니다 | other 다른 |
| more 더 많은 | all 모든 |
| any 어떤 | |

## 05 생활영어 You have my word. 난이도 하 ●○○

밑줄 친 부분에 들어갈 말로 가장 적절한 것은?

A: Can you take care of our houseplants while we're away?
B: Sure, I'd be happy to. What type of care do they need?
A: Just come over once a week and water them.
B: How many plants do you have?
A: We have six, and they're all by the front door. Don't forget, OK?
B: ________________. I'll be there every week to water them.

① I wouldn't think twice
② I haven't heard a word about it
③ You don't have a clue
④ You have my word

**해석**

A: 우리가 없는 동안 화초를 돌봐 줄 수 있어?
B: 물론이지, 기꺼이 할게. 그것들을 어떻게 돌봐 주면 돼?
A: 그냥 일주일에 한 번씩 와서 그것들에 물을 주면 돼.
B: 화분을 몇 개나 가지고 있는데?
A: 6개 있고, 모두 현관 옆에 있어. 잊지 마, 알았지?
B: 약속할게. 매주 그것들에 물을 주러 갈게.

① 나는 재고하지 않을 거야
② 나는 그것에 대해 한마디도 듣지 못했어
③ 너는 전혀 알지 못해
④ 약속할게

**포인트 해설**

자신이 없는 동안 화초를 돌봐 달라는 A의 부탁에 대해 빈칸 뒤에서 B가 I'll be there every week to water them(매주 그것들에 물을 주러 갈게)이라고 말하고 있으므로, '약속할게'라는 의미의 ④ 'You have my word'가 정답이다.

정답 ④

**어휘**

houseplant 화초 water 물을 주다 front door 현관, 정문
do not have a clue 전혀 알지 못하다, 짐작도 못 하다

**이것도 알면 합격!**

도움을 요청할 때 쓸 수 있는 다양한 표현들을 알아 두자.

- Can I ask you for a favor? 부탁 하나만 해도 될까?
- I don't have enough hands. 나는 남는 손이 없어요.
- I want you to back me up. 당신이 날 뒷받침해 주길 바랍니다.
- Could you tell me how this works? 이게 어떻게 작동하는지 좀 알려 주시겠어요?

## 06 독해 문장 삽입 난이도 중 ●●○

주어진 문장이 들어갈 위치로 가장 적절한 곳은?

And this flexibility has proven to be incredibly popular with workers in the job markets in many places.

The rise of the gig economy, a system in which workers are hired for freelance work or short-term contracts, has transformed the nature of employment. Gig work offers workers a greater degree of freedom. ( ① ) Under this system, they are able to diversify their income streams, taking on side jobs for extra money as desired, and can work around their personal schedules, taking as many or as few jobs as they choose. ( ② ) Studies show that nearly two-thirds of the working-age population in Europe and the U.S. takes part in gig work. ( ③ ) However, critics allege that the benefits of working in the gig economy may be outweighed by the dangers it poses for gig workers, especially those on the lower end of the socioeconomic spectrum who do not enjoy the statutory protections, job security, or benefits packages of traditional employees. ( ④ ) If the gig economy is going to continue to expand, finding solutions to these problems and protecting workers will have to become a chief concern for policymakers.

**해석**

그리고 이러한 유연성은 여러 곳의 고용 시장에서 근로자들에게 엄청나게 인기 있는 것으로 입증되었다.

근로자들이 프리랜서 일이나 단기 계약을 위해 고용되는 제도인 긱 경제의 발흥은 고용의 본질을 바꾸어 놓았다. 긱 경제 근무는 근로자들에게 더 큰 자유를 제공한다. ① 이 제도 하에서, 그들은 수입의 흐름을 다양화하면서, 원하는 만큼 추가 수입을 위해 부업을 할 수 있으며, 그들의 개인적인 일정을 피해, 그들이 선택한 많거나 적은 일을 할 수 있다. ② 연구들은 유럽과 미국에 있는 생산 가능 인구의 거의 3분의 2가 긱 경제 근무에 참여한다는 것을 보여 준다. ③ 하지만, 비평가들은 긱 경제에서 일하는 것의 이점이 긱 근로자들, 특히 종래의 근로자들에 대한 법에 명시된 보호, 고용 안정성, 또는 복리후생 제도를 누리지 못하는 사회경제적 스펙트럼의 하위 계층에 있는 사람들에게 미치는 위험에 의해 상쇄될지 모른다고 주장한다. ④ 긱 경제가 계속해서 확장되려면, 이러한 문제에 대한 해결책을 찾고 근로자들을 보호하는 것이 정책 입안자들의 주된 관심사가 되어야 할 것이다.

**포인트 해설**

②번 앞 문장에 긱 경제 근무의 근로자들은 원하는 만큼 추가 수입을 위해 부업을 할 수 있으며, 그들의 개인적인 일정을 피해 그들이 선택한 많거나 적은 일을 할 수 있다는 내용이 있고, ②번 뒤 문장에 유럽과 미국에 있는 생산 가능 인구의 거의 3분의 2가 긱 경제 근무에 참여한다는 내용이 있으므로, ②번 자리에 이러한 유연성(this flexibility)이 여러 곳의 고용 시장에서 근로자들에게 엄청나게 인기 있는 것으로 입증되었다는 내용, 즉 긱 경제 근무에 참여하는 근로자들이 많은 이유를 설명하는 주어진 문장이 나와야 지문이 자연스럽게 연결된다.

정답 ②

어휘

flexibility 유연성 short-term 단기의 contract 계약
diversify 다양화하다 income 수입 stream 흐름, 개울
critic 비평가 allege 주장하다, 단언하다 outweigh 상쇄하다, 능가하다
socioeconomic 사회경제적인 statutory 법에 명시된 security 안정성
benefits package 복리후생 제도 traditional 종래의, 전통적인
expand 확장되다, 확대되다 chief 주된; 최고위자
concern 관심사, 걱정 policymaker 정책 입안자

## 07 독해 빈칸 완성 – 연결어 난이도 중 ●●○

**밑줄 친 (A), (B)에 들어갈 말로 가장 적절한 것은?**

Advancements in medicine have come a long way over the years, and childhood illnesses like the mumps and measles have been all but eradicated in developed nations. ___(A)___, these diseases are resurfacing in wealthier societies thanks to a small but vocal group of parents who oppose vaccinating their children. The ramifications of not being vaccinated can lead to serious lifelong debilities and even death. But for hardliners, such dire warnings are shrugged off as exaggerated medical claims and government propaganda. ___(B)___, they invoke often-discredited arguments that the shots weaken the immune system and are related in some way to cognitive delays. They question the medical community about the effectiveness of vaccination in comparison to homeopathic remedies that bolster the body's own natural defenses.

※ homeopathic remedy: 유사 요법

| (A) | (B) |
|---|---|
| ① Thus | Nevertheless |
| ② For example | As a result |
| ③ However | Instead |
| ④ Therefore | Moreover |

해석

의학의 진보는 수년간 크게 발전해 왔으며, 볼거리와 홍역 같은 아동기 질환은 선진국에서 거의 근절되었다. (A) 하지만, 아이들에게 예방 주사를 맞히는 것에 반대하는 소규모이지만 의견을 강경하게 밝히는 부모들의 집단 때문에 부유한 사회에서 이러한 질병들이 다시 떠오르고 있다. 예방 주사를 맞지 않는 것의 영향은 평생 동안의 심각한 쇠약과 심지어 죽음을 초래할 수 있다. 그러나 강경파들에게, 이러한 무서운 경고는 의료계의 과장된 주장이자 정부의 허위 선전이라고 대수롭지 않게 여겨진다. (B) 대신, 그들은 주사가 면역 체계를 약화시키고 어떤 점에서는 인지 지체와 관련되어 있다는 대개는 신빙성이 없는 주장을 한다. 그들은 신체 자체의 자연적인 방어를 강화하는 유사 요법에 비교하여 의학계에 예방 접종의 유효성에 대해 의문을 제기한다.

| (A) | (B) |
|---|---|
| ① 그러므로 | 그럼에도 불구하고 |
| ② 예를 들어 | 결과적으로 |
| ③ 하지만 | 대신 |
| ④ 그러므로 | 게다가 |

포인트 해설

(A) 빈칸 앞부분은 아동기 질환이 선진국에서 거의 근절되었다는 내용이고, 빈칸 뒤 문장은 부유한 사회에서 이러한 질병들이 다시 떠오르고 있다는 대조적인 내용이다. 따라서 빈칸에는 대조를 나타내는 연결어인 However(하지만)가 들어가야 한다.

(B) 빈칸 앞 문장은 강경파들에게 예방 주사를 맞지 않는 것의 영향에 대한 무서운 경고가 의료계의 과장된 주장이자 정부의 허위 선전이라고 대수롭지 않게 여겨진다는 내용이고, 빈칸 뒤 문장은 강경파들이 주사가 해롭다는 신빙성이 없는 주장을 한다는 것으로 앞 문장의 내용을 전환하는 내용이다. 따라서 전환을 나타내는 연결어인 Instead(대신)가 들어가야 한다.

정답 ③

어휘

come a long way 크게 발전하다 mump 볼거리
measles 홍역 eradicate 근절하다 resurface 다시 떠오르다
vocal (의견을) 강경하게 밝히는 vaccinate 예방 주사를 맞히다
ramification 영향 debility 쇠약 hardliner 강경파 dire 무서운
shrug off ~을 대수롭지 않게 여기다 exaggerate 과장하다
propaganda 허위 선전 discredit 신빙성을 없애다 cognitive 인지의
effectiveness 유효성 bolster 강화하다

## 08 독해 빈칸 완성 – 구 난이도 상 ●●●

**밑줄 친 부분에 들어갈 말로 가장 적절한 것은?**

Literary scholar Harold Bloom published *The Anxiety of Influence: A Theory of Poetry* in 1973 in order to take a more critical look at the relationship between poets and creative originality. In it, he argued that many poets throughout history have been negatively impacted by the overt influences of their predecessors. Learning and drawing inspiration from the masters aside, Bloom feels that looking back at past poets has only resulted in derivative and weak art that will undoubtedly fail to stand the test of time. From his point of view, this occurs because poets too often merely reinterpret previous creations, losing any trace of uniqueness in their pieces. Therefore, he claims that the legacy of writers will depend on how much stylistic distance is maintained between themselves and former artists. If they can actively throw away the trappings of former artists and ____________________, they may be able to achieve a body of work that lasts through the ages.

① defer wholly to their forerunners
② forge their own distinctive voice
③ emulate their work in an exact way
④ merge various styles together

해석

문학 학자인 Harold Bloom은 시인과 창조적인 독창성의 관계에 대해 더욱 비판적인 시각을 취하기 위해 1973년에 『영향에 대한 불안: 시론』을 출간했다. 그것에서, 그는 역사를 통틀어 수많은 시인들이 그들의 선배들의 공공연한 영향력에 의해 부정적으로 영향을 받아 왔다고 주장했다. 거장들에게서 배우고 영감을 이끌어 내는 것은 둘째치고, Bloom은 과거의 시인들을 되돌아보는 것이 분명히 오랜 세월을 버티지 못할 독창적이지 않고 표현력이 약한 작품을 낳을 뿐이라고 생각했다. 그의 관점에서, 이것은 시인들이 너무 자주 이전의 창작물들을 단순히 재해석하여, 그들의 작품에서 모든 독특함의 흔적을 상실해 버리기 때문에 일어나는 것이다. 그러므로, 그는 작가들의 유산은 그들과 이전의 예술가 사이의 양식상의 간격이 얼마나 유지되고 있는지에 달려 있을 것이라고 주장한다. 만약 그들이 이전 예술가들의 덫을 능동적으로 떨쳐 내고 그들 자신만의 특색 있는 표현을 구축할 수 있다면, 그들은 여러 세대에 걸쳐 지속되는 작품을 얻을 수 있을지도 모른다.

① 그들의 선배를 전적으로 따르다
② 그들 자신만의 특색 있는 표현을 구축하다
③ 그들의 작품을 정확한 방법으로 모방하다
④ 다양한 양식을 함께 융합하다

포인트 해설

빈칸 앞부분에 시인들이 독창적이지 않은 작품을 만들어 내는 것은 그들이 이전의 창작물들을 단순히 재해석하여 그들의 작품에서 모든 독특함의 흔적을 상실해 버리기 때문이라고 했으므로, '그들 자신만의 특색 있는 표현을 구축할' 수 있다면 세대에 걸쳐 지속되는 작품을 얻을 수 있을지도 모른다고 한 ②번이 정답이다.

정답 ②

어휘

originality 독창성 impact 영향을 주다 overt 공공연한, 명백한
derivative 독창적이 아닌, 모방한 trace 흔적 legacy 유산
stylistic 양식상의, 문체상의 defer 따르다 forerunner 선배, 전임자
forge 구축하다 distinctive 특색 있는 voice 표현, 목소리
emulate 모방하다 merge 융합하다

구문 분석

Therefore, he claims / that the legacy of writers will depend on / how much stylistic distance is maintained / between themselves and former artists.

: 이처럼 의문사가 이끄는 절(how much/how/when/where/who/what/why + 주어 + 동사 ~)이 쓰인 경우, '얼마나/어떻게/언제/어디서/누가/무엇을/왜 주어가 동사하는지' 또는 '주어가 동사하는 방법/때/곳/사람/것/이유'라고 해석한다.

09 독해 내용 일치 파악 난이도 중 ●●○

다음 글의 내용과 일치하는 것은?

The history of hammams, or Turkish public baths, has its origins in ancient Greece and Rome, where communal bathing was used both for hygiene and as a means of relaxation and socialization. Later, during the Islamic Era, which started in the 7th century, hammams became more popular, as the religion encouraged regular bathing and purification rituals. Under the Ottoman Empire, hammams became more elaborate, often featuring multiple rooms for bathing, relaxation, and massage. Today, with modern plumbing, the necessity of the public baths has waned. However, for many in Türkiye and the Middle East, the hammam remains an essential part of life.

① The ancient Greeks and Romans adopted the Turkish practice of public bathing.
② Religious laws forbade people from using hammams during the Islamic Era.
③ The structure of the hammam grew larger under the Ottoman Empire.
④ Modern plumbing has caused people in Türkiye and the Middle East to abandon hammams.

해석

튀르키예의 공중목욕탕인, 함맘의 역사는 고대 그리스와 로마에 기원을 두는데, 그곳에서 공동 목욕은 위생을 위해서일 뿐만 아니라 휴식 및 사교의 수단으로도 사용되었다. 이후, 7세기에 시작된 이슬람 시대에는, 함만이 더욱 인기를 얻었는데, 이는 그 종교가 정기적인 목욕과 정화 의식을 장려했기 때문이다. 오스만 제국 하에서, 함맘은 더욱 복잡해졌으며, 목욕, 휴식, 그리고 마사지를 위한 여러 방들을 주된 특징으로 삼았다. 오늘날, 현대식 배관으로 인해, 대중목욕탕의 필요성은 시들해져 왔다. 하지만, 튀르키예와 중동의 많은 사람들에게, 함맘은 삶의 필수적인 부분으로 남아 있다.

① 고대 그리스인들과 로마인들은 튀르키예식 공중 목욕의 관행을 채택했다.
② 종교법은 이슬람 시대에 사람들이 함맘을 사용하는 것을 금지했다.
③ 함맘의 구조는 오스만 제국 아래에서 더욱 커졌다.
④ 현대식 배관은 튀르키예와 중동에 사는 사람들이 함맘을 버리게 했다.

포인트 해설

③번의 키워드인 the Ottoman Empire(오스만 제국)가 그대로 언급된 지문 주변의 내용에서 오스만 제국 하에서 함맘이 더욱 복잡해졌으며, 목욕, 휴식, 그리고 마사지를 위한 여러 방들을 주된 특징으로 삼았다고 했으므로, ③ '함맘의 구조는 오스만 제국 아래에서 더욱 커졌다'가 지문의 내용과 일치한다.

[오답 분석]

① 함맘의 역사가 고대 그리스와 로마에 기원을 두었다고 했으므로, 고대 그리스인들과 로마인들이 튀르키예식 공중 목욕의 관행을 채택했다는 것은 지문의 내용과 다르다.

② 이슬람 시대에는 함맘이 더욱 인기를 얻었다고 했으므로, 종교법이 이슬람 시대에 사람들이 함맘을 사용하는 것을 금지했다는 것은 지문의 내용과 다르다.

④ 현대식 배관으로 인해 대중목욕탕의 필요성이 시들해졌지만, 튀르키예와 중동의 많은 사람들에게 함맘은 삶의 필수적인 부분으로 남아 있다고 했으므로, 현대식 배관이 튀르키예와 중동에 사는 사람들이 함맘을 버리게 했다는 것은 지문의 내용과 다르다.

정답 ③

어휘

bath (공중) 목욕탕, 목욕, 욕조 origin 기원 ancient 고대의
communal 공동의 hygiene 위생 means 수단, 방법
relaxation 휴식 socialization 사교, 사회화 era 시대
religion 종교 purification 정화 ritual 의식 empire 제국
elaborate 복잡한, 정교한 plumbing 배관 wane 시들해지다
adopt 채택하다, 입양하다 forbid 금지하다 abandon 버리다, 떠나다

## 10 독해 요지 파악 난이도 중 ●●○

**다음 글의 요지로 가장 적절한 것은?**

The increasing cultivation of genetically modified organisms (GMOs) for food, medicine, and fuel has many people concerned about what could happen if any of them were to enter the natural environment. For example, if cross-pollination were to occur between an ordinary weed and a plant that has been modified to resist pesticides, an invasive weed could be created. In line with these concerns, researchers have created a so-called safe GMO. They manipulated the DNA of a certain type of bacteria so that it cannot grow without a specific, synthetic substance. The benefit of this novel technique is that even if a GMO were to escape into the wild, it would eventually die without the artificial growth substance.

① Unintentional introductions of GMOs into nature could result in uncontrollable weeds.
② A new approach in genetics may lessen any environmental harm from escaped GMOs.
③ Genetically modified organisms are being used more and more for various purposes.
④ People are worried that genetically modified organisms may escape into the wild.

해석

식품, 약, 그리고 연료를 위한 유전자 변형 생물(GMOs)의 늘어난 배양은 많은 사람들로 하여금 그것들 중 무언가가 자연환경에 유입될 경우 발생할 수 있는 일에 대해 우려하게 했다. 예를 들어, 평범한 잡초와 살충제의 영향을 받지 않도록 변형된 식물 사이에 타가 수분이 일어난다면, 침습성 잡초가 생겨날 수 있다. 이러한 우려에 따라, 연구원들은 이른바 안전한 유전자 변형 생물을 만들어 냈다. 그들은 특정 종류의 박테리아 DNA를 조작해서 그것이 특정 합성 물질 없이는 자랄 수 없게 했다. 이 새로운 기술의 장점은 유전자 변형 생물이 자연으로 빠져나가더라도, 인공 성장 물질 없이는 결국 죽게 된다는 것이다.

① 유전자 변형 생물의 의도되지 않은 자연으로의 도입은 통제할 수 없는 잡초를 초래할 수 있다.
② 유전학의 새로운 접근법은 탈출한 유전자 변형 생물로 인한 환경적인 피해를 줄일지도 모른다.
③ 유전자 변형 생물은 다양한 목적으로 점점 더 많이 사용되고 있다.
④ 사람들은 유전자 변형 생물이 자연으로 빠져나갈 수도 있다는 것을 염려한다.

포인트 해설

지문 뒷부분에서 유전자 변형 생물이 자연으로 빠져나가더라도 인공 성장 물질 없이는 결국 죽게 된다는 것이 이 새로운 기술의 장점이라고 설명하고 있으므로, ② '유전학의 새로운 접근법은 탈출한 유전자 변형 생물로 인한 환경적인 피해를 줄일지도 모른다'가 이 글의 요지이다.

정답 ②

어휘

cultivation 배양, 재배 ordinary 평범한 weed 잡초, 수초
resist 영향을 받지 않다, 저항하다 pesticide 살충제
invasive 침습성의, 침략적인 manipulate 조작하다 synthetic 합성의
novel 새로운 artificial 인공의

# DAY 13 하프모의고사 13회

## 해커스 공무원시험연구소 총평

| | |
|---|---|
| 난이도 | 전반적으로 평이한 공무원 9급 시험 난이도로 출제된 회차입니다. |
| 어휘·생활영어 영역 | 1번 문제처럼 '타동사 + 부사 + 전치사'로 이루어진 동사구 표현이 출제된 경우, 해당 표현들의 의미를 모르더라도 각 보기에 사용된 타동사/부사/전치사의 의미를 통해 어느 정도 유추해 볼 수 있습니다. |
| 문법 영역 | 5번 문제의 정답으로 다소 지엽적인 문법 포인트가 출제되었지만, 나머지 보기들이 익숙한 포인트들을 다루고 있어 정답을 고르는 것은 어렵지 않았습니다. |
| 독해 영역 | 일상생활에서 접할 수 있는 소재를 다루는 지문들로 구성되어, 풀이가 수월했을 것입니다. 단, 10번 문제처럼 각 문단에 직접적 단서가 되는 대명사나 연결어가 등장하지 않는 경우 지문 전체를 읽어야 하므로, 빠르게 지문의 전반적인 맥락을 파악하는 것이 관건입니다. |

## 정답

| | | | | | |
|---|---|---|---|---|---|
| 01 | ① | 어휘 | 06 | ④ | 독해 |
| 02 | ③ | 어휘 | 07 | ② | 독해 |
| 03 | ① | 생활영어 | 08 | ② | 독해 |
| 04 | ② | 문법 | 09 | ① | 독해 |
| 05 | ③ | 문법 | 10 | ① | 독해 |

## 취약영역 분석표

| 영역 | 맞힌 답의 개수 |
|---|---|
| 어휘 | /2 |
| 생활영어 | /1 |
| 문법 | /2 |
| 독해 | /5 |
| TOTAL | **/10** |

### 01 어휘 shy away from  난이도 중 ●●○

**밑줄 친 부분에 들어갈 말로 가장 적절한 것은?**

After recovering from a bout of food poisoning, he tried to ___________ spicy and fatty dishes because his stomach was still sensitive.

① shy away from  ② clamp down on
③ run over to  ④ break up with

**해석**

한차례의 식중독에서 회복한 후, 그는 위가 여전히 민감했기 때문에 맵고 기름진 음식을 피하려고 노력했다.

① ~을 피하다  ② ~을 엄하게 단속하다
③ ~에 잠시 들르다  ④ ~와 헤어지다

정답 ①

**어휘**

recover 회복하다 bout 한차례, 한바탕 sensitive 민감한
shy away from ~을 피하다 clamp down on ~을 엄하게 단속하다
run over to ~에 잠시 들르다 break up with ~와 헤어지다

**이것도 알면 합격!**

shy away from(~을 피하다)과 유사한 의미의 표현
= evade, avoid, steer clear of

### 02 어휘 invincible = unbeatable  난이도 중 ●●○

**밑줄 친 부분의 의미와 가장 가까운 것은?**

Rowing being a sport that requires great power and endurance, the rowers are subjected to punishing workouts meant to make them invincible at the Olympics.

① imperceptible  ② frail
③ unbeatable  ④ skeptical

**해석**

조정은 많은 힘과 인내를 요구하는 스포츠이기 때문에, 조정 선수들은 올림픽에서 그들을 무적으로 만들기 위해 의도된 극도로 힘든 훈련을 받는다.

① 감지할 수 없는  ② 노쇠한
③ 패배시킬 수 없는  ④ 회의적인

정답 ③

**어휘**

rowing 조정 endurance 인내 be subjected to ~을 받다, ~의 대상이다
punishing 극도로 힘든 invincible 무적의 imperceptible 감지할 수 없는
frail 노쇠한, 허약한 unbeatable 패배시킬 수 없는 skeptical 회의적인

**이것도 알면 합격!**

invincible(무적의)의 유의어
= indomitable, unconquerable, invulnerable, unassailable

## 03 생활영어 Is there anything fragile in it? 난이도 하 ●○○

**밑줄 친 부분에 들어갈 말로 가장 적절한 것은?**

A: Here is your boarding pass, Mr. Ling. Your flight leaves at Gate 72.
B: Thank you. I'd also like to check this bag, please.
A: Sure. ____________________?
B: A couple of things, but I packed them securely. Will they be OK?
A: They should be fine. However, please be aware that we're not responsible for broken items.

① Is there anything fragile in it
② How many carry-on bags do you have
③ May I see your passport
④ What is your seat number

### 해석

A: 여기 고객님의 탑승권입니다, Ling 씨. 비행기는 72번 탑승구에서 출발합니다.
B: 감사합니다. 그리고 저는 이 가방을 부치고 싶은데요.
A: 알겠습니다. 그 안에 손상되기 쉬운 것이 들어 있나요?
B: 몇 가지 들어 있지만, 그것들을 안전하게 포장했습니다. 괜찮을까요?
A: 괜찮을 거예요. 하지만, 저희는 부서진 물품에 대해 책임지지 않는다는 점을 알아주시기를 바랍니다.

① 그 안에 손상되기 쉬운 것이 들어 있나요
② 휴대용 가방은 몇 개나 있으신가요
③ 여권을 보여 주시겠어요
④ 좌석 번호가 어떻게 되시나요

### 포인트 해설

가방을 부치고 싶다는 B의 요청에 대해 A가 대답한 후, 빈칸 뒤에서 다시 B가 A couple of things, but I packed them securely(몇 가지 들어 있지만, 그것들을 안전하게 포장했습니다)라고 말하고 있으므로, '그 안에 손상되기 쉬운 것이 들어 있나요'라는 의미의 ① 'Is there anything fragile in it'이 정답이다.

정답 ①

### 어휘

boarding pass 탑승권 check 부치다, 조사하다 fragile 손상되기 쉬운

### 이것도 알면 합격!

비행기를 탈 때 쓸 수 있는 다양한 표현들을 알아 두자.

- I'm glad our flight made it on time.
  우리 비행기가 제시간에 도착해서 기쁘네요.
- I'm stuck here because of mechanical problems.
  기계 결함 때문에 이곳에서 꼼짝도 못 하고 있어요.
- The flight has a brief stopover in Dallas.
  이 비행기는 댈러스에서 잠시 중간 기착합니다.

## 04 문법 수 일치 | 관계절 | 명사절 | 조동사 난이도 중 ●●○

**밑줄 친 부분 중 어법상 옳지 않은 것은?**

Large vehicles as well as anything ① that exceeds 12 feet in height ② is not permitted under the bridge. If you are unsure about ③ whether your vehicle fits the maximum height allowance, you ④ should consult the manufacturer for the exact dimensions.

### 해석

무엇이든 12피트의 높이를 초과하는 것뿐만 아니라 큰 차들도 다리 아래로 들어갈 수 없다. 만약 당신의 차가 최대 허용 높이에 적합한지 아닌지 불확실하다면, 당신은 정확한 치수를 위해 제조사에 정보를 구해야 한다.

### 포인트 해설

② **접속사로 연결된 주어의 수 일치** A as well as B(B뿐만 아니라 A도)로 연결된 주어는 A(Large vehicles)에 동사를 수 일치시켜야 하므로 단수 동사 is를 복수 동사 are로 고쳐야 한다.

[오답분석]

① **관계대명사 | 주격 관계절의 수 일치** 선행사(anything)가 사물이고 관계절 내에서 동사 exceeds의 주어 역할을 하므로 주격 관계대명사 that이 올바르게 쓰였고, 관계절의 동사는 선행사에 수 일치시켜야 하므로 단수 동사 exceeds가 올바르게 쓰였다.

③ **명사절 접속사** 전치사(about) 뒤에는 명사 역할을 하는 것이 와야 하는데, 문맥상 '적합한지 아닌지'라는 의미가 되어야 자연스러우므로 '~인지 아닌지'를 나타내는 명사절 접속사 whether가 올바르게 쓰였다.

④ **조동사 should** 문맥상 '제조사에 정보를 구해야 한다'라는 의미가 되어야 자연스러운데, '~해야 한다'는 조동사 should를 사용하여 나타낼 수 있고, 조동사 뒤에는 동사원형이 나와야 하므로 should consult가 올바르게 쓰였다.

정답 ②

### 어휘

vehicle 차, 탈것 exceed 초과하다 height 높이 allowance 허용 consult ~에 정보를 구하다, 상담하다 dimension 치수, 차원

### 이것도 알면 합격!

다음 명사들은 주어 자리에 와서 하나의 집단을 의미할 때는 단수 동사가 오고, 집단의 여러 구성원들을 의미할 때는 복수 동사가 온다는 것을 알아 두자.

| | | |
|---|---|---|
| family 가족 | committee 위원회 | class 학급 |
| team 팀 | audience 청중 | crew 승무원 |
| staff 직원 | crowd 무리 | |

ex) Her family **was** about to leave. 그녀의 가족은 막 떠나려던 참이었다.
→ 주어(family)가 하나의 집단(한 집단으로서의 가족)을 의미하므로 단수 동사 was가 온다.

All my family **enjoy** travelling abroad.
우리 가족 모두가 해외여행을 즐긴다.
→ 주어(family)가 집단의 여러 구성원들(가족 구성원들)을 의미하므로 복수 동사 enjoy가 온다.

## 05 문법 동사의 종류 | 비교 구문 | 관계절 | 어순 난이도 중 ●●○

어법상 옳지 않은 것은?

① We have to discover the source of the error before it causes even more problems.

② My upcoming presentation was the only thing I was able to think about.

③ I consider homework as to be an important part of education.

④ The man was such a good example of a well-rounded athlete.

**해석**

① 그것이 훨씬 더 많은 문제를 일으키기 전에 우리는 그 오류의 원인을 찾아내야 한다.

② 다가오는 나의 발표는 내가 생각할 수 있는 유일한 것이었다.

③ 나는 숙제가 교육의 중요한 부분이라고 생각한다.

④ 그 남자는 다재다능한 운동선수의 아주 좋은 본보기였다.

**포인트 해설**

③ **목적어 뒤에 as나 to be를 취하는 동사** 동사 consider는 목적어(homework) 뒤에 'as + 명사' 또는 'to be + 명사'를 취하므로 as to be를 as 또는 to be로 고쳐야 한다.

[오답분석]

① **비교급 강조 표현** even은 비교급(more)을 앞에서 강조하는 강조 부사이므로 even more가 올바르게 쓰였다.

② **관계대명사 that** 선행사(the only thing)에 the only가 포함되어 있고, 관계절(I ~ about) 내에서 전치사(about)의 목적어 역할을 하고 있으므로 목적격 관계대명사 that이 쓰여야 한다. 이때 목적격 관계대명사는 생략할 수 있으므로, the only thing (that) I was ~ think about이 올바르게 쓰였다.

④ **혼동하기 쉬운 어순** such는 형용사(good)와 함께 쓰일 때 'such + a + 형용사 + 명사'의 어순이 되어야 하므로 such a good example이 올바르게 쓰였다.

정답 ③

**어휘**

upcoming 다가오는 well-rounded 다재다능한

**이것도 알면 합격!**

enough는 '형용사/부사 + enough + to 부정사' 순으로 와서 '~하기에 충분히 -하다'는 의미로 쓰인다는 것을 알아 두자.

- She is **skilled enough to win** the cooking competition prize.
  그녀는 요리 대회 상을 타기에 충분히 솜씨가 좋다.

## 06 독해 빈칸 완성 - 단어 난이도 중 ●●○

밑줄 친 부분에 들어갈 말로 가장 적절한 것은?

> News these days reaches millions in a matter of minutes thanks to technology, which has long since changed the field of journalism into a breakneck race. In fact, it's this atmosphere that prompted one reporter to nearly cause the bankruptcy of a major US airline. The journalist came across information stating that the company was in the red. Wanting to be the first one to break the story, he hastily relayed what he knew to a major finance news outlet, who subsequently reported it nationally. The airline's stock immediately plummeted by 75 percent and 15 million shares were dumped by traders. Had the reporter not been so ________, he would have figured out that his "news" occurred 6 years before he wrote the story; the airliner was actually doing fine.

① vile ② astute
③ overt ④ rash

**해석**

기술 덕분에 요즘의 뉴스는 몇 분 안에 수백만 명에게 도달하는데, 이것이 언론 업계를 무모한 경쟁으로 바꾸어 놓은 지는 이미 오래되었다. 실제로, 이러한 분위기는 한 기자가 하마터면 미국의 한 주요 항공사의 파산을 야기할 뻔하도록 부추겼다. 그 기자는 그 회사가 적자라는 것을 명시하는 정보를 우연히 발견했다. 이 소식을 알린 최초의 사람이 되길 원했기에, 그는 급히 그가 알고 있는 것을 주요 금융 언론 매체에 전달했고, 이어서 그들은 그것을 전국적으로 보도했다. 그 항공사의 주식은 즉시 75퍼센트 급락했고 1,500만 주의 주식이 증권업자에 의해 헐값에 팔렸다. 그 기자가 그렇게 성급하지 않았더라면, 그의 '뉴스'가 그가 그 기사를 쓰기 6년 전에 일어난 일이었음을 알아냈을 것이다. 그 항공사는 사실 잘 운영되고 있었다.

① 극도로 불쾌한 ② 영악한
③ 공공연한 ④ 성급한

**포인트 해설**

지문 전반에 걸쳐 언론 업계는 빠르게 뉴스를 전달하기 위해 서로 경쟁하게 되었는데, 이러한 분위기에서 한 기자는 뉴스를 빨리 전달하려다가 틀린 정보를 전달해서 한 항공사를 위험에 처하게 했다고 이야기하고 있으므로, '성급한'이라고 한 ④번이 정답이다.

정답 ④

**어휘**

breakneck 무모한, 아주 빠른 race 경쟁, 경주 atmosphere 분위기, 대기
prompt 부추기다, 자극하다 bankruptcy 파산
come across ~을 우연히 발견하다 in the red 적자로
break 알리다, 부수다 hastily 급히 relay 전달하다
subsequently 이어서, 그 후 stock 주식 plummet 급락하다
dump 헐값으로 팔다 vile 극도로 불쾌한, 비열한 astute 영악한, 눈치 빠른
overt 공공연한 rash 성급한

## 07 독해 내용 불일치 파악 난이도 하 ●○○

**다음 글의 내용과 일치하지 않는 것은?**

Off the shores of Newfoundland is an area that scientists call "Iceberg Alley" because of the numerous icebergs that can be found there. These massive towers of ice threaten sea vessels that travel through the area. Though the use of radar systems, satellite photos, and assistance from aircraft has made the waters safer for ships, icebergs are still a hazard because they sometimes flip over and cause tsunami-like waves. In addition, smaller icebergs known as "growlers" are particularly difficult to locate even with high-tech instruments as they are only a meter high, but are capable of sinking large ships.

① Iceberg Alley is known for the large number of icebergs floating in the waters.
② Both large and small icebergs are dangerous to those living near the Newfoundland coast.
③ The reason that large icebergs are a threat is that they create very large waves.
④ "Growlers" can be dangerous because machines cannot detect them as easily.

**해석**

뉴펀들랜드의 앞바다에는 그곳에서 발견되는 수많은 빙산 때문에 과학자들이 '빙산 골목'이라 부르는 지역이 있다. 이 거대한 빙탑들은 그 지역을 지나 항해하는 해양 선박들을 위협한다. 레이더 장치, 위성 사진, 그리고 항공기 지원의 활용이 그 바다를 선박들에게 더 안전하게 만들어 주었지만, 빙산은 때때로 뒤집어지고 쓰나미 같은 파도를 일으키기 때문에 여전히 위험 요소이다. 게다가, 'growlers'라고 알려진 더 작은 빙산은 1미터 높이에 불과하여 첨단 기계로도 정확한 위치를 찾아내기가 특히 어렵지만, 대형 선박을 가라앉힐 수 있다.

① 빙산 골목은 바다에 떠다니는 많은 수의 빙산들로 알려져 있다.
② 크고 작은 빙산 모두 뉴펀들랜드 해안 가까이에 사는 사람들에게 위험하다.
③ 큰 빙산들이 위협인 이유는 그것들이 매우 큰 파도를 만들어내기 때문이다.
④ 'Growlers'는 기계들이 그것들을 쉽게 감지할 수 없기 때문에 위험할 수 있다.

**포인트 해설**

지문 앞부분에서 뉴펀들랜드의 앞바다에 있는 거대한 빙탑들이 그 지역을 지나 항해하는 해양 선박들을 위협한다고 했고, 지문 뒷부분에서 'growlers'라고 알려진 작은 빙산이 대형 선박을 가라앉힐 수 있다고는 했지만 ② '크고 작은 빙산 모두 뉴펀들랜드 해안 가까이에 사는 사람들에게 위험한'지는 알 수 없다.

정답 ②

**어휘**

off the shore 앞바다에 iceberg 빙산 threaten 위협하다, 협박하다
vessel 선박, 배 satellite 위성 aircraft 항공기 hazard 위험 요소
flip over 뒤집어지다 sink 가라앉히다 detect 감지하다

## 08 독해 빈칸 완성 – 구 난이도 중 ●●○

**밑줄 친 부분에 들어갈 말로 가장 적절한 것은?**

Many are upset about how important standardized testing has become in schools across the US. Besides potentially narrowing down education so that it only teaches towards tests, the exams ________________________.
This has been verified over and over by data collected since the 1960s. For instance, one of the ways standardized testing does this is by making the questions based off of only certain textbooks. These workbooks are updated each year, and children who learn from them excel on the examinations. Kids who are well-off attend private schools that have the funds to afford these newer books every year. Those whose families are struggling financially, though, have no choice but to go to institutions using unsuitable material that in no way prepares them for the tests.

① damage a child's interest in a particular subject
② penalize students from low-income backgrounds
③ hinder creative development for gifted children
④ widen the wage gap between the poor and wealthy

**해석**

많은 사람들은 표준화된 시험이 미국 전역의 학교에서 얼마나 중요해졌는지에 대해 걱정한다. 오직 시험을 위해서만 가르치도록 교육의 범위를 잠재적으로 좁힌다는 점 외에도, 그 시험은 저소득층의 학생들을 불리하게 만든다. 이것은 1960년대부터 수집된 자료에 의해 여러 번 입증되었다. 예를 들어, 표준화된 시험이 이것을 실현하는 방법 중 하나는 특정 교재만을 기반으로 한 문제를 만드는 것이다. 이러한 문제집은 매년 개정되고, 그것들로 학습하는 아이들은 그 시험에서 뛰어나다. 유복한 아이들은 매년 새로운 책들을 제공할 자금이 있는 사립 학교에 다닌다. 그렇지만, 재정적으로 어려움을 겪고 있는 가정의 아이들은 그들을 그 시험에 대비하게 할 수 없는 부적절한 자료를 사용하는 시설에 다닐 수밖에 없다.

① 특정 과목에 대한 아이의 흥미를 훼손한다
② 저소득층의 학생들을 불리하게 만든다
③ 재능이 있는 아이들의 창의적인 발달을 저해한다
④ 빈민층과 상류층의 임금 격차를 넓힌다

**포인트 해설**

빈칸 뒷부분에 표준화된 시험은 특정 교재를 기반으로 문제가 출제되는데, 이 교재는 매년 개정되기 때문에, 매년 새로운 책들을 이용할 수 없는 재정적으로 어려운 가정의 아이들은 시험에 대비할 수 없다는 내용이 있으므로, '저소득층의 학생들을 불리하게 만든다'라고 한 ②번이 정답이다.

정답 ②

**어휘**

standardized 표준화된 narrow down 범위를 좁히다
verify 입증하다 workbook 문제집 excel 뛰어나다 well-off 유복한
institution 시설 unsuitable 부적절한 penalize 불리하게 만들다, 처벌하다
hinder 저해하다 gifted 재능이 있는 wage 임금

## 09 독해 내용 일치 파악 난이도 중 ●●○

**다음 글의 내용과 일치하는 것은?**

The latest increase in a sin tax on tobacco has given rise to conflicting claims between government and the health industry. The government's health department has consistently claimed that the increase will produce a win-win situation for the entire country. They say earlier increases have curbed the use of tobacco products by as much as eight percent and helped deal with tobacco-related medical issues, providing monetary support to campaigns against smoking. However, analysts in the health industry say that these goals have not been actually achieved. They claim that there is no hard evidence pointing to a decrease in the incidence of diseases related to using tobacco products. Additionally, a recent investigation revealed that those who cannot afford medical treatments are excluded from the government funded programs that are aimed at benefitting smokers.

① Officials maintain that tobacco sin taxes have reduced smoking rates.
② Increasing sin taxes has curbed the production of tobacco products.
③ Health experts claim that everyone benefits from sin taxes.
④ The percentage of diseases ascribable to smoking has dropped.

**해석**

최근 담배에 대한 죄악세의 증세는 정부와 건강 산업 사이에 상반되는 주장을 불러일으켰다. 정부의 보건부는 지속적으로 그 증세가 나라 전체를 위해 모두에게 이익이 되는 상황을 낳을 것이라고 주장해 왔다. 그들은 이전의 증세가 담배 제품의 사용을 8퍼센트만큼 크게 억제했고 담배와 관련한 의학적인 문제들을 다루는 데 도움을 주었으며, 흡연에 반대하는 운동에 금전적 지원을 제공했다고 말한다. 그러나, 건강 산업의 분석가들은 이 목표들이 실제로 달성되지 않았다고 말한다. 그들은 담배 제품을 사용하는 것과 관련된 질병의 발생률에서 감소를 나타내는 구체적인 증거가 없다고 주장한다. 게다가, 최근 조사는 의학적인 치료를 할 형편이 되지 않는 사람들이 흡연자들에게 도움이 되는 것을 목적으로 한 정부의 자금 지원 프로그램에서 배제되어 있다고 밝혔다.

① 공무원들은 담배 죄악세가 흡연율을 줄였다고 주장한다.
② 죄악세를 증세하는 것은 담배 제품의 생산을 억제했다.
③ 건강 전문가들은 모든 사람이 죄악세로부터 이득을 볼 수 있다고 주장한다.
④ 흡연에 기인하는 질병의 비율은 감소했다.

**포인트 해설**

①번의 키워드인 smoking rates(흡연율)를 바꾸어 표현한 지문의 the use of tobacco products(담배 제품의 사용) 주변의 내용에서 정부의 보건부는 담배 죄악세의 증세가 담배 제품의 사용을 억제했다고 주장해 왔다고 했으므로, ① '공무원들은 담배 죄악세가 흡연율을 줄였다고 주장한다'가 지문의 내용과 일치한다.

[오답분석]

② 죄악세의 증세가 담배 제품의 사용을 억제했다고는 했지만, 죄악세를 증세하는 것이 담배 제품의 생산을 억제했는지는 알 수 없다.
③ 건강 산업의 분석가들은 담배와 관련된 의학적인 문제를 다루거나 흡연에 반대하는 운동에 금전적 지원을 제공한다는 죄악세 증세의 목표들이 실제로 달성되지 않았다고 말한다고 했으므로, 건강 전문가들이 모든 사람이 죄악세로부터 이득을 볼 수 있다고 주장한다는 것은 지문의 내용과 다르다.
④ 담배 제품을 사용하는 것과 관련된 질병의 발생률에서 감소를 나타내는 구체적인 증거가 없다고 했으므로, 흡연에 기인하는 질병의 비율이 감소했는지는 알 수 없다.

정답 ①

**어휘**

sin tax 죄악세 give rise to ~을 불러일으키다 conflicting 상반되는
win-win 모두에게 이익이 되는 curb 억제하다 monetary 금전적인
incidence 발생률 investigation 조사 exclude 배제하다
maintain 주장하다 ascribable to ~에 기인하는

**구문 분석**

They say earlier increases have curbed the use of tobacco products / by as much as eight percent / and helped deal with tobacco-related medical issues, (생략).
: 이처럼 'as … as ~' 구문이 두 대상의 동등함을 나타내는 경우, '~만큼 …하게' 또는 '~만큼 …한'이라고 해석한다.

## 10 독해 문단 순서 배열 난이도 중 ●●○

**주어진 글 다음에 이어질 글의 순서로 가장 적절한 것은?**

Conflict in a relationship doesn't always have to be a bad thing. It can even lead to mutual understanding and a stronger bond, but only if handled in the proper way.

(A) When a disagreement arises, defer your initial reactions in favor of relaxation and self-reflection. This may involve breathing exercises or writing in a journal. If you express your immediate anger, tensions might increase beyond control.
(B) Now that both parties have talked about what is bothering them, discuss some options for a fair and reasonable solution. Remember that you and your partner should be willing to yield a little in order to resolve the issue successfully.
(C) After you've calmed down, listen to the other person express how they feel. It's crucial not to interrupt while they accomplish this. Once they're done, communicate why you are upset and confused without assigning blame.

① (A) – (C) – (B) ② (B) – (A) – (C)
③ (C) – (A) – (B) ④ (C) – (B) – (A)

해석

관계에서 갈등이 항상 나쁜 일이 될 필요는 없다. 그것은 상호 간의 이해와 더 강한 유대로 이어질 수도 있는데, 그것이 적절한 방법으로 다루어졌을 때만 그렇다.

(A) 의견 충돌이 발생하면, 기분 전환과 자기반성을 위해 초기의 대응을 미루어라. 이것은 숨쉬기 운동이나 일기를 쓰는 것을 포함할 수 있다. 만약 당신이 즉각적인 분노를 표출한다면, 갈등은 걷잡을 수 없이 커질지도 모른다.

(B) 이제 두 당사자가 무엇이 그들을 괴롭히는지에 대해 이야기했으므로, 공정하고 합리적인 해결을 위한 몇 가지 선택지에 대해 의논해라. 당신과 당신의 상대는 그 문제를 성공적으로 해결하기 위해 조금씩 양보할 의향이 있어야 한다는 것을 명심하라.

(C) 흥분을 가라앉힌 후에, 상대방이 어떻게 느끼는지에 대해 표현하는 것을 듣도록 하라. 그들이 이것을 완수하는 동안 방해하지 않는 것이 중요하다. 그들이 다 끝내면, 책임을 돌리지 않으면서 당신이 화가 나고 혼란스러운 이유를 이야기하라.

포인트 해설

주어진 글에서 적절한 방법으로 다루어지면 갈등이 상호 간의 이해와 더 강한 유대로 이어질 수도 있다고 한 후, (A)에서 의견 충돌이 발생했을 때 초기의 대응을 미루어야 한다고 알려주고 있다. 이어서 (C)에서 흥분을 가라앉힌 후 상대방이 어떻게 느끼는지에 대해 표현하는 것을 듣고 책임을 돌리지 않으면서 자신이 화가 나고 혼란스러운 이유를 설명해야 한다고 한 후, (B)에서 대화를 통해 알게 된 것들을 토대로 공정하고 합리적인 해결책을 찾기 위해 서로 조금씩 양보해야 한다고 말하고 있다. 따라서 ① (A) - (C) - (B)가 정답이다.

**정답 ①**

어휘

**conflict** 갈등 **mutual** 상호 간의 **bond** 유대
**handle** 다루다, 처리하다 **disagreement** 의견 충돌 **arise** 발생하다
**defer** 미루다 **initial** 초기의, 처음의 **self-reflection** 자기반성
**tension** 갈등, 긴장 **reasonable** 합리적인 **yield** 양보하다, 산출하다
**resolve** 해결하다 **interrupt** 방해하다 **assign blame** (~에게) 책임을 돌리다

# DAY 14 하프모의고사 14회

## 해커스 공무원시험연구소 총평

**난이도** 독해 영역에 생소한 소재의 지문이 있었으나, 나머지 영역은 평이하게 출제된 회차입니다.

**어휘·생활영어 영역** 1번 문제의 경우 밑줄 친 표현으로 등장한 어휘가 생소했을 수 있지만, 문맥 파악을 통해 오답 보기를 모두 소거할 수 있으므로 정답을 고르기 어렵지 않았을 것입니다.

**문법 영역** 4번과 5번 문제 모두 문장 구조의 정확한 분석이 필요했습니다. 명사절 접속사와 관계대명사는 서로 쓰임을 혼동하기 쉬우므로, 차이점을 확실하게 정리하고 넘어갑니다.

**독해 영역** 10번 문제와 같은 제목 파악 유형에서는 주제문을 가장 잘 바꾸어 표현한 보기를 정답으로 선택합니다. 이때 주제와 관련된 단어가 사용되었지만 전혀 다른 내용을 나타내고 있거나, 주제문의 내용을 일부만 포함하고 있는 오답을 고르지 않도록 주의합니다.

## 정답

| | | | | | |
|---|---|---|---|---|---|
| 01 | ② | 어휘 | 06 | ④ | 독해 |
| 02 | ③ | 어휘 | 07 | ① | 독해 |
| 03 | ② | 생활영어 | 08 | ① | 독해 |
| 04 | ④ | 문법 | 09 | ② | 독해 |
| 05 | ① | 문법 | 10 | ④ | 독해 |

## 취약영역 분석표

| 영역 | 맞힌 답의 개수 |
|---|---|
| 어휘 | /2 |
| 생활영어 | /1 |
| 문법 | /2 |
| 독해 | /5 |
| TOTAL | /10 |

### 01 어휘 benevolent = generous 난이도 중 ●●○

**밑줄 친 부분의 의미와 가장 가까운 것은?**

The new supervisor is well-respected for his leadership and benevolent treatment of all employees.

① rational ② generous
③ familiar ④ impartial

**해석**

그 새로운 관리자는 그의 리더십과 모든 직원에 대한 인자한 대우로 높이 평가받는다.

① 합리적인 ② 관대한
③ 친숙한 ④ 공정한

정답 ②

**어휘**

supervisor 관리자, 감독관 well-respected 높이 평가받는
benevolent 인자한 rational 합리적인, 이성적인
generous 관대한, 너그러운 familiar 친숙한 impartial 공정한

**이것도 알면 합격!**

benevolent(인자한)의 유의어
= charitable, benign, considerate, gracious

### 02 어휘 commendable = praiseworthy 난이도 중 ●●○

**밑줄 친 부분의 의미와 가장 가까운 것은?**

The commendable initiative of the community in the beach cleanup drive was widely recognized.

① tactful ② inconsiderate
③ praiseworthy ④ legitimate

**해석**

해변 정화 운동에 대한 지역 사회의 칭찬할 만한 계획이 널리 인정받았다.

① 요령 있는 ② 사려 깊지 못한
③ 칭찬할 만한 ④ 정당한

정답 ③

**어휘**

commendable 칭찬할 만한 initiative 계획 recognize 인정하다
tactful 요령 있는 inconsiderate 사려 깊지 못한
praiseworthy 칭찬할 만한 legitimate 정당한, 합법적인

**이것도 알면 합격!**

commendable(칭찬할 만한)의 유의어
= admirable, laudable, meritorious

## 03 생활영어 You have a strong position in the company. 난이도 중 ●●○

**밑줄 친 부분에 들어갈 말로 가장 적절한 것은?**

A: I've been thinking about applying elsewhere. There aren't many opportunities for growth here, and I need to advance my career.
B: Don't forget that the next round of promotions is just around the corner.
A: I doubt that I would be considered. I never get any feedback on my performance.
B: ______________________________.
A: Thanks, but how would you know? We haven't worked together.
B: The boss mentioned that your last project was outstanding.

① Go back to the drawing board
② You have a strong position in the company
③ Everything is in full swing
④ You need to go the extra mile

**해석**

A: 나 다른 곳으로 지원하는 것에 대해서 생각해 보는 중이야. 이곳에는 많은 성장의 기회가 없고, 나는 내 경력을 향상할 필요가 있어.
B: 다음 승진이 임박했다는 것을 잊지 마.
A: 내가 고려될 수 있을지 의심스러워. 나는 내 성과에 대해 어떠한 의견을 받아 본 적이 없어.
B: 너는 회사에서 탄탄한 입지를 갖고 있어.
A: 고마워, 그렇지만 네가 어떻게 알아? 우리는 같이 일한 적이 없잖아.
B: 상사가 너의 최근 프로젝트가 매우 뛰어났다고 말했어.

① 처음부터 다시 시작해
② 너는 회사에서 탄탄한 입지를 갖고 있어
③ 모든 것이 한창 진행 중이야
④ 너는 한층 더 노력해야 할 필요가 있어

**포인트 해설**

자신이 승진에 고려될 수 있을지 의심스럽다는 A의 말에 대해 B가 대답하고, 빈칸 뒤에서 다시 A가 B에게 그렇게 생각하는 이유를 묻자, B가 The boss mentioned that your last project was outstanding(상사가 너의 최근 프로젝트가 매우 뛰어났다고 말했어)이라고 말하고 있으므로, '너는 회사에서 탄탄한 입지를 갖고 있어'라는 의미의 ② 'You have a strong position in the company'가 정답이다.

정답 ②

**어휘**

apply 지원하다 advance 향상하다 promotion 승진
around the corner 임박하여 performance 성과 outstanding 뛰어난
go back to the drawing board 처음부터 다시 시작하다
position 입지, 위치 in full swing 한창 진행 중인
go the extra mile 한층 더 노력하다

**이것도 알면 합격!**

회사 업무와 관련하여 쓸 수 있는 다양한 표현들을 알아 두자.
- Put it on the back burner. 그 일은 보류하세요.
- The ball is in your court. 이제 당신의 결정에 달려 있어요.
- Let's not reinvent the wheel. 쓸데없이 시간을 낭비하지 맙시다.
- We need to play it by ear. 우리는 그때그때 봐서 처리해야 해요.

## 04 문법 명사절 | 비교 구문 | to 부정사 | 부사절 난이도 중 ●●○

**어법상 옳지 않은 것은?**

① By the end of the lecture, the audience had a much clearer idea of the speaker's ideology.
② We expected the young child to run away from our large dog, but instead she approached fearlessly.
③ The building was so worn down that it appeared as if it had been abandoned.
④ It has been speculated what the territory will seek independence from the nation.

**해석**

① 강의가 끝날 무렵, 관객들은 그 강연자의 사상에 대한 훨씬 더 명확한 생각을 갖게 되었다.
② 우리는 그 어린아이가 우리의 커다란 개로부터 도망칠 것이라고 예상했지만, 오히려 그녀는 무서워하지 않고 다가갔다.
③ 그 건물은 매우 낡아서 마치 버려졌던 것처럼 보였다.
④ 그 자치령이 국가로부터 독립을 시도할 것이라고 추측되어 왔다.

**포인트 해설**

④ **what vs. that** 명사절 접속사 what은 완전한 절(the territory ~ the nation)을 이끌 수 없으므로 what을 완전한 절을 이끌면서 가주어 it 뒤의 진주어 자리에 올 수 있는 명사절 접속사 that으로 고쳐야 한다.

[오답분석]

① **비교급 강조 표현** 비교급(clearer)을 강조하기 위해 비교급 표현 앞에 강조 표현 much가 올 수 있으므로 much clearer가 올바르게 쓰였다.

② **to 부정사를 취하는 동사** 동사 expect는 to 부정사를 목적격 보어를 취하는 동사이므로 to 부정사 to run이 올바르게 쓰였다.

③ **부사절 접속사** 문맥상 '매우 낡아서 마치 버려졌던 것처럼 보였다'는 의미가 되어야 자연스러운데, '매우 ~해서 -하다'는 부사절 접속사 so ~ that(매우 ~해서 -하다)을 사용하여 나타낼 수 있으므로 so worn down that ~이 올바르게 쓰였다. 또한 '마치 버려졌던 것처럼'을 나타내기 위해 부사절 접속사 as if(마치 ~처럼)도 올바르게 쓰였다.

정답 ④

**어휘**

ideology 사상, 이념 wear 낡다, 입고 있다 abandon 버리다
speculate 추측하다 territory 자치령, 속령 independence 독립

이것도 알면 **합격!**

to 부정사 관용 표현들을 알아 두자.

too ~ to 너무 ~해서 -할 수 없다
be supposed to ~하기로 되어 있다
enough to ~하기에 충분히 -하다
be projected to ~하기로 되어 있다
be inclined to ~하는 경향이 있다

## 05 문법 관계절 | 부사 | 병치 구문 | 형용사 난이도 중 ●●○

**밑줄 친 부분 중 어법상 옳지 않은 것은?**

The young basketball player, ① <u>who has</u> incredible talent was ② <u>largely</u> overlooked by both scouts and coaches for more than three years because of his small stature, has finally been picked up from the amateur league and ③ <u>was signed</u> to a professional team under ④ <u>a four-year</u> contract.

**해석**

그 젊은 농구 선수는, 작은 키 때문에 3년 넘게 스카우트들과 감독들에게 그의 놀라운 재능이 크게 간과되었지만, 마침내 아마추어 리그에서 선발되었고 프로팀에 4년 계약으로 고용되었다.

**포인트 해설**

① **관계대명사** 관계절(who has ~ stature) 내에 두 개의 동사(has, was)는 올 수 없고, 선행사(The young basketball player)가 관계절 내에서 incredible talent가 누구의 것인지 나타내므로 사람을 가리키는 주격 관계대명사와 동사가 함께 쓰인 who has를 소유격 관계대명사 whose로 고쳐야 한다.

[오답분석]

② **부사 자리** 수동태 동사(was overlooked)를 수식할 때 부사는 '조동사 + p.p.' 사이나 그 뒤에 와야 하므로 was와 overlooked 사이에 largely가 올바르게 쓰였다.

③ **병치 구문** 접속사(and)로 연결된 병치 구문에서는 같은 구조끼리 연결되어야 하는데, and 앞에 수동태 동사 has (finally) been picked up이 왔으므로 and 뒤에도 수동태 동사 was signed가 올바르게 쓰였다.

④ **수량 표현** '수사 + 하이픈(-) + 단위 표현'이 명사(contract)를 수식하는 경우, 단위 표현은 단수형이 되어야 하므로 a four-year가 올바르게 쓰였다.

**정답 ①**

**어휘**

incredible 놀라운, 믿을 수 없는 talent 재능, 재주 overlook 간과하다
stature 키, 지명도 sign 고용하다, 서명하다 contract 계약

이것도 알면 **합격!**

진행형·완료형 동사를 수식할 때도 부사는 '조동사 + -ing/p.p.' 사이나 그 뒤에 온다는 것을 알아 두자.

- The elderly couple <u>is</u> <u>living</u> **happily**. (조동사 -ing)
  그 노부부는 행복하게 살고 있다.
- The issues <u>have</u> **effectively** <u>been addressed</u>. (조동사 p.p.)
  그 문제들은 효과적으로 처리되었다.

## 06 독해 빈칸 완성 - 구 난이도 중 ●●○

**밑줄 친 부분에 들어갈 말로 가장 적절한 것은?**

People who hold fast to their beliefs or refuse to stray from a course of action may inspire admiration, but if they focus only on evidence that supports their stance while ignoring anything that contradicts it, then they are engaging in cherry picking. Although individuals sometimes use this logical fallacy without being aware of it, it is frequently utilized in a deliberate way in media, politics and research. For instance, a journalist who does not agree with the phenomenon of global warming may learn from research that there is a nearly universal agreement among scientists on warming and that just one percent disagree. In his article, he writes, "A recent study found that plenty of scientists disagree with global warming." He has violated the principle of total evidence and misled the public by ________________.

① looking over unrelated research material
② taking all available information into account
③ coming to an independent conclusion
④ presenting only a part of the data

**해석**

자신의 신념을 계속 고수하거나 행동 방침에서 벗어나기를 거부하는 사람들은 감탄을 불러일으킬 수 있지만, 만약 그들이 그것과 모순되는 무언가를 무시하는 동시에 자신의 입장을 뒷받침하는 증거에만 집중한다면, 그들은 자기에게 유리한 것만 고르는 일을 하고 있는 것이다. 개인들은 그것을 인식하지 못한 상황에서 이따금 이 논리적 오류를 사용하는 것이지만, 그것은 언론, 정치, 그리고 연구에서 의도적인 방식으로 자주 활용된다. 예를 들어, 지구 온난화 현상에 동의하지 않는 기자는 연구로부터 과학자들 사이에 온난화에 대한 거의 전반적인 합의가 존재하고 단 1퍼센트만이 동의하지 않는다는 것을 알게 될 수 있다. 그의 기사에서, 그는 "최근의 한 연구는 많은 과학자들이 지구 온난화에 동의하지 않는다는 것을 발견했다"라고 적는다. 그는 완전한 증거의 원칙을 위반했고, <u>정보의 일부분만을 제시함</u>으로써 대중을 현혹했다.

① 관련 없는 연구 자료를 검토함
② 이용 가능한 모든 정보를 고려함

③ 독자적인 결론에 도달함
④ 정보의 일부분만을 제시함

포인트 해설

빈칸 앞부분에 지구 온난화 현상에 동의하지 않는 기자는 연구로부터 온난화에 대해 단 1퍼센트의 과학자들만이 동의하지 않는다는 것을 알게 되었음에도, 그의 기사에 최근의 한 연구가 많은 과학자들이 지구 온난화에 동의하지 않는다는 것을 발견했다고 적는다는 내용이 있으므로, 그 기자는 완전한 증거의 원칙을 위반했고 '정보의 일부분만을 제시함'으로써 대중을 현혹했다고 한 ④번이 정답이다.

정답 ④

어휘

hold fast to ~을 계속 고수하다 stray from ~에서 벗어나다, 빗나가다
a course of action 행동 방침 inspire 불러일으키다 admiration 감탄
stance 입장, 자세 contradict 모순되다, 반박하다
cherry pick 자기에게 유리한 것만 고르다 fallacy 오류 utilize 활용하다
deliberate 의도적인, 신중한 phenomenon 현상
universal 전반적인, 보편적인 violate 위반하다, 침해하다
principle 원칙, 주의 mislead 현혹하다 look over ~을 검토하다
take into account ~을 고려하다 independent 독자적인, 독립한
present 제시하다; 현재의

## 07 독해 문장 삽입 난이도 하 ●○○

**주어진 문장이 들어갈 위치로 가장 적절한 곳은?**

> But it being a variation of a recurring virus means that it is capable of cropping up again.

> You start to feel a bit queasy and develop a fever. Once the spots appear and you begin itching, the diagnosis is clear: chickenpox. Most people contract this highly contagious illness only once when they are young children. ( ① ) Therefore, it's entirely possible for you to catch chickenpox a second time around as an adult. ( ② ) If you do, the risk of developing complications becomes greater the older you are. ( ③ ) Pneumonia and encephalitis have been known to occur, as well as inflammation of the kidneys and pancreas. ( ④ ) While it is rare to develop these more serious conditions, those who come down with the disease again should be mindful of the potential issues.

※ encephalitis: 뇌염

해석

> 그러나 그것이 재발하는 바이러스의 변종이라는 것은 그것이 다시 발생할 수 있다는 것을 의미한다.

당신은 약간 메스껍고 열이 나기 시작한다. 반점들이 생기고 가려워진다면, 진단은 명확하다. 바로 수두이다. 대부분의 사람들은 그들이 어린아이일 때 단 한 번 이 전염성이 높은 병에 걸린다. ① 그러므로, 당신이 어른일 때 두 번째로 수두에 걸리는 것은 전적으로 가능하다. ② 그렇게 될 경우, 당신이 나이가 많을수록 합병증에 걸릴 위험이 더 커진다. ③ 신장과 췌장의 염증뿐만 아니라, 폐렴과 뇌염 또한 발생하는 것으로 알려져 있다. ④ 이렇게 더 심각한 질환이 발병하는 것은 드물지만, 그 병에 다시 걸린 사람들은 잠재적인 문제에 유념해야 한다.

포인트 해설

①번 앞 문장에 대부분의 사람들이 어린아이일 때 이 전염성이 높은 병에 걸린다는 내용이 있고, ①번 뒤 문장에 어른일 때 두 번째로 수두에 걸리는 것이 전적으로 가능하다는 내용이 있으므로, ①번 자리에 수두가 재발하는 바이러스의 변종이라는 것은 그것이 다시 발생할 수 있다는 것을 의미한다는 내용, 즉 수두가 재발할 수 있는 이유에 대해 설명하는 주어진 문장이 나와야 지문이 자연스럽게 연결된다.

정답 ①

어휘

variation 변종, 변형 recur 재발하다 crop up 발생하다
queasy 메스꺼운 diagnosis 진단 contract 걸리다
contagious 전염성이 높은 complication 합병증 pneumonia 폐렴
inflammation 염증 pancreas 췌장 come down with ~에 걸리다

## 08 독해 빈칸 완성 - 절 난이도 상 ●●●

**밑줄 친 부분에 들어갈 말로 가장 적절한 것은?**

> Why is it that something so critical to our very survival, like water, costs so little in comparison to things we don't necessarily need, like diamonds? This is the classic diamond-water paradox, or the paradox of value. Two factors underlie this puzzle. One is scarcity, which is how accessible a product is, and the other is marginal utility, or the feeling of satisfaction that one receives from having more units of that product. People generally have a low marginal utility for water because it's relatively abundant, whereas they feel like they gain more from owning diamonds, since they're rare. In other words, scarce products with high marginal utility tend to be more highly valued. However, ____________________. If one were dying of thirst, a second drink of water would be much more valuable to that person than another diamond.

① it takes only one factor to change everything
② marginal utility is more important than scarcity
③ this paradox only applies to water and diamonds
④ the reverse rarely happens in the real world

해석

물과 같이 우리의 생존 자체에 매우 중요한 것들은 왜 다이아몬드와 같이 우리가 반드시 필요하지 않은 것들에 비해 값이 매우 저렴할까? 이것은 고전적인 다이아몬드-물 역설, 즉 가치의 역설이다. 두 가지 요소가 이 수수께끼의 기초가 된다. 하나는 희소성으로, 이것은 하나의 산물이 얼마나 얻기 쉬운가 하는 것이고, 또 다른 하나는 한계 효용, 즉 그 산물의 더 많은 단위를 가짐으로써 한 사람이 얻는 만족감이다. 사람들은 물이 상대적으로 풍부하기 때문에 그것에 대해서는 일반적으로 낮은 한계 효용을 갖는 반면, 다이

아몬드를 소유하는 것에서는 더 많은 것을 얻는다고 느끼는데, 이는 그것들이 희귀하기 때문이다. 다시 말해서, 높은 한계 효용을 가진 희소한 산물들이 더 높이 평가되는 경향이 있다. 하지만, 모든 것을 바꾸는 데에는 한 가지 요소만 있으면 된다. 만약 한 사람이 갈증으로 죽을 지경이라면, 그 사람에게는 물 한 모금이 또 하나의 다이아몬드보다 훨씬 더 가치가 클 것이다.

① 모든 것을 바꾸는 데에는 한 가지 요소만 있으면 된다
② 한계 효용은 희소성보다 더 중요하다
③ 이 역설은 물과 다이아몬드에만 적용된다
④ 그 반대는 현실 세계에서 좀처럼 일어나지 않는다

포인트 해설

빈칸 앞 문장에 사람들은 물이 상대적으로 풍부하기 때문에 그것에 대해서는 일반적으로 낮은 한계 효용을 갖는 반면, 다이아몬드를 소유하는 것에서는 더 많은 것을 얻는다고 느끼는데, 이는 그것들이 희귀하기 때문이라는 내용이 있고, 빈칸 뒤 문장에 갈증으로 죽을 지경인 사람에게는 물 한 모금이 다이아몬드보다 훨씬 더 가치가 클 것이라는 상반되는 내용이 있으므로, '모든 것을 바꾸는 데에는 한 가지 요소만 있으면 된다'고 한 ①번이 정답이다.

정답 ①

어휘

paradox 역설 underlie ~의 기초가 되다, 기저를 이루다
scarcity 희소성 accessible 얻기 쉬운 marginal utility 한계 효용
satisfaction 만족 abundant 풍부한 scarce 희소한 reverse 반대

## 09 독해 문단 순서 배열 난이도 중 ●●○

**주어진 글 다음에 이어질 글의 순서로 가장 적절한 것은?**

Before applying to a graduate school, it is vital that you gather information and do extensive research in order to plan your advanced academic journey. Two of the most important aspects to research are reputation and statistics of each university.

(A) There are numerous resources to help potential graduate students decide which school is right for them. Search online and find rankings of the countless master's programs in the world.
(B) Each profile contains quotes from hiring managers and interviews with former students of the program, both of whom will give honest opinions of the value of the program. This can help ensure that you find a school providing an education that is respected in the market.
(C) The rankings are based on multiple factors, including cost, financial aid, facilities, and reputation. They often include detailed profiles on each school, with information on the student body, professors, admissions statistics, and local surroundings.

① (A) – (B) – (C) ② (A) – (C) – (B)
③ (B) – (A) – (C) ④ (B) – (C) – (A)

해석

대학원에 지원하기 전, 당신의 심화된 학업 여정을 계획하기 위해 정보를 모으고 광범위한 조사를 하는 것은 필수적이다. 조사해야 하는 가장 중요한 측면들 중 두 가지는 각 대학들의 평판과 통계 자료이다.

(A) 잠재적인 대학원생들이 어떤 학교가 그들에게 적절한지 결정하는 데 도움이 되는 여러 자료들이 있다. 온라인으로 검색하여 세계의 셀 수 없이 많은 석사 학위 프로그램들의 순위를 찾아보라.
(B) 각각의 개요는 채용 담당자들의 발언과 그 프로그램의 이전 학생들의 인터뷰를 포함하는데, 양쪽 모두 그 프로그램의 가치에 대해 솔직한 의견을 줄 사람들이다. 이것은 당신이 시장에서 존중받는 교육을 제공하는 학교를 찾는 것을 보장하도록 도울 수 있다.
(C) 그 순위는 등록금, 학자금 지원, 시설, 그리고 명성을 포함한 여러 요소에 근거한다. 그것들은 흔히 학생 총수, 교수진, 입학 통계, 그리고 지역 환경에 대한 정보와 함께 각 학교에 대한 상세한 개요를 포함한다.

포인트 해설

주어진 글에서 대학원에 지원하기 전 조사해야 하는 가장 중요한 측면으로 각 대학들의 평판과 통계 자료를 언급하고, (A)에서 어떤 학교가 그들에게 적절한지 결정하는 데 도움이 되는 여러 자료들이 있다고 하며, 온라인으로 검색하여 석사 학위 프로그램들의 순위를 찾아보라고 제안하고 있다. 이어서 (C)에서 그 순위(The rankings)는 등록금 등을 포함한 여러 요소들에 근거하는데, 그것들은 각 학교에 대한 상세한 개요를 포함한다고 한 뒤, (B)에서 각각의 개요(Each profile)에는 채용 담당자들의 발언과 그 프로그램의 이전 학생들의 인터뷰가 포함되어 있다고 설명하고 있다. 따라서 ② (A) – (C) – (B)가 정답이다.

정답 ②

어휘

graduate school 대학원 vital 필수적인, 생명의
extensive 광범위한, 넓은 journey 여정 reputation 평판, 명성
master's (degree) 석사 학위 quote 발언, 인용문
student body (대학 등의) 학생 총수 admission 입학, 들어감
surroundings 환경

구문 분석

This can help ensure / that you find a school providing an education / that is respected / in the market.
: 이처럼 원형 부정사(ensure)가 보어 자리에 와서 목적어의 의미를 보충해 주는 경우, '목적어가 ~하도록' 또는 '목적어가 ~하게'라고 해석한다.

## 10 독해 제목 파악 난이도 중 ●●○

다음 글의 제목으로 가장 적절한 것은?

Consider the following situation. An ancient explorer once sailed around the world on a great ship. Over time, the wooden vessel began to decay, so the broken pieces were changed out one by one. Eventually, every last part of the ship was substituted for another. Can it still be claimed as the same ship? If not, when did it cease to be so? These questions are baffling because every seven years or so, we undergo a similar process. We are composed of cells that are constantly being expended and regenerated; and with each unique and novel experience we have, our persona is being modified little by little. Bearing this in mind, are we still the same entity that we were seven years ago? What in particular defines us as us?

① The Reasons We Change
② Philosophy Versus Biology
③ Mankind's Greatest Mystery
④ The Dilemma of Identity

**해석**

다음의 상황을 생각해 보라. 고대의 한 탐험가가 거대한 배를 타고 한동안 전 세계를 항해했다. 시간이 흐르면서, 나무로 만들어진 선박이 썩기 시작했고, 그에 따라 부서진 조각들이 하나씩 교체되었다. 결국, 그 배의 모든 부분이 다른 것으로 교체되었다. 이것은 여전히 동일한 배라고 주장될 수 있을까? 그렇지 않다면, 언제 그렇지 않게 된 것일까? 우리가 7년마다 비슷한 과정을 겪기 때문에 이런 질문들은 당황스럽다. 우리는 끊임없이 소모되고 다시 재생되는 세포들로 이루어져 있다. 그리고 우리가 경험하는 각각의 독특하고 새로운 경험으로 인해, 우리의 외적 인격은 조금씩 바뀌고 있다. 이것을 염두에 두었을 때, 우리는 여전히 7년 전의 우리와 동일한 독립체인가? 특히 무엇이 우리를 우리로 정의하는가?

① 우리가 바뀌는 이유
② 철학 대 생물학
③ 인류의 최대 수수께끼
④ 정체성의 딜레마

**포인트 해설**

지문 전반에 걸쳐 시간이 흘러 모든 부분이 다른 것으로 교체된 배를 이전과 동일한 배라고 주장할 수 있는지에 대해 의문을 제기하면서, 인간의 세포와 외적 인격 역시 앞서 언급된 배처럼 조금씩 바뀐다는 것을 고려했을 때, 우리가 이전의 우리와 동일한 독립체라고 주장할 수 있는지를 묻고 있다. 따라서 ④ '정체성의 딜레마'가 이 글의 제목이다.

정답 ④

**어휘**

decay 썩다 substitute 교체하다 baffling 당황스러운
expend 소모하다 regenerate 재생하다 persona 외적 인격
modify 바꾸다, 변경하다 entity 독립체 identity 정체성

# DAY 15 하프모의고사 15회

## 해커스 공무원시험연구소 총평

**난이도** 모든 영역에 고난도 문제가 포함되어, 실제 공무원 9급 시험보다 체감 난이도가 높은 회차입니다.

**어휘·생활영어 영역** 2번 문제와 같이 동사구 표현의 의미를 묻는 문제는 공무원 9급 시험에 꾸준히 출제되고 있으므로, 여러 동사구 표현들을 튼튼이 정리하여 암기해 두어야 합니다.

**문법 영역** 4번 문제의 경우 명사, 관사 등 문장을 꼼꼼히 보아야 정·오답 여부를 가려낼 수 있는 문법 포인트들이 출제되었습니다. 특히 우리말에는 없는 개념인 가산·불가산 명사는 헷갈리기 쉬운 문법 포인트 중 하나이므로, 기본서의 관련 부분을 꼼꼼히 익혀두도록 합니다.

**독해 영역** 비교적 길이가 짧은 지문들을 빠르게 풀어서 길이가 긴 지문들을 풀 시간을 확보해야 했습니다. 특히 7번 문제는 지문 앞부분의 내용을 통해 중심 내용을 유추할 수 있었습니다.

## 정답

| | | | | | |
|---|---|---|---|---|---|
| 01 | ③ | 어휘 | 06 | ④ | 독해 |
| 02 | ② | 어휘 | 07 | ④ | 독해 |
| 03 | ① | 문법 | 08 | ① | 독해 |
| 04 | ③ | 문법 | 09 | ④ | 독해 |
| 05 | ③ | 생활영어 | 10 | ③ | 독해 |

## 취약영역 분석표

| 영역 | 맞힌 답의 개수 |
|---|---|
| 어휘 | /2 |
| 생활영어 | /1 |
| 문법 | /2 |
| 독해 | /5 |
| TOTAL | /10 |

### 01 어휘 mitigate 난이도 중 ●●○

**밑줄 친 부분에 들어갈 말로 가장 적절한 것은?**

When asked a series of probing questions by the prosecutor, the defendant was unable to offer any additional details that might have __________ his accused actions. Consequently, this lack of explanatory information significantly weakened his defense in the eyes of the court.

① disclosed ② satisfied
③ mitigated ④ contradicted

**해석**

검사에 의해 진실을 캐기 위한 일련의 질문들을 받았을 때, 피고는 기소된 그의 행동을 가볍게 했을지도 모르는 어떠한 추가적인 세부 사항도 제공할 수 없었다. 결과적으로, 해명하기 위한 정보의 부족은 법정의 시각에서 그의 변호를 상당히 약화시켰다.

① 폭로했다 ② 충족시켰다
③ 가볍게 했다 ④ 반박했다

정답 ③

**어휘**

probing 진실을 캐기 위한 prosecutor 검사 defendant 피고
accuse 기소하다, 고발하다 explanatory 해명하기 위한, 설명하기 위한
weaken 약화시키다 defense 변호, 방어, 수비 court 법정, 법원
disclose 폭로하다 satisfy 충족시키다 mitigate 가볍게 하다
contradict 반박하다

**이것도 알면 합격!**

mitigate(가볍게 하다)의 유의어
= ease, alleviate, relieve, moderate

### 02 어휘 take in = delude 난이도 상 ●●●

**밑줄 친 부분의 의미와 가장 가까운 것은?**

Nowadays, there are a lot of villains who <u>take in</u> the elderly and cheat them of their savings and valuables.

① scrutinize ② delude
③ dismantle ④ curtail

**해석**

요즘에는, 중장년층을 속여 그들의 예금과 귀중품을 빼앗는 악한들이 많다.

① 자세히 조사하다 ② 속이다
③ 분해하다 ④ 축소하다

정답 ②

어휘

villain 악한, 악당 take in ~를 속이다, 섭취하다 scrutinize 자세히 조사하다
delude 속이다 dismantle 분해하다 curtail 축소하다, 짧게 줄이다

이것도 알면 **합격!**

take in(~을 속이다)과 유사한 의미의 표현
= deceive, swindle, defraud, fool, take A for a ride

## 03 문법 동명사 | 조동사 | 부사절 | 어순 | 비교 구문 | 병치 구문 난이도 중 ●●○

**우리말을 영어로 잘못 옮긴 것은?**

① 독소를 만들어내는 동물들은 포식자를 피하는 데 어려움을 덜 겪는다.
→ Animals that produce toxins have less trouble to avoid predators.

② 당신의 여권이 월말까지 갱신되어야 한다는 점이 매우 중요합니다.
→ It is crucial that your passport be renewed by the end of the month.

③ 학생들은 그 여행에서 매우 즐거운 시간을 보내서 몇 주 동안 그것에 대해 이야기했다.
→ The students had such a great time on the trip that they talked about it for weeks.

④ 사과할 때는, 네가 어떻게 사과하는지가 네가 무엇을 말하는지만큼 중요하다.
→ When apologizing, how you do it is as important as what you say.

포인트 해설

① **동명사 관련 표현** '포식자를 피하는 데 어려움을 덜 겪는다'는 동명사구 관용 표현 'have trouble (in) -ing'(-하는 데 어려움을 겪다)의 형태로 나타낼 수 있으므로, to 부정사 to avoid를 동명사 avoiding으로 고쳐야 한다.

[오답분석]

② **조동사 should의 생략** 주절에 의무를 나타내는 형용사 crucial이 오면 종속절에는 '(should +) 동사원형'이 와야 하므로, 종속절에 (should) be가 올바르게 쓰였다.

③ **부사절 접속사 | 혼동하기 쉬운 어순** '매우 즐거운 시간을 보내서 ~ 이야기했다'는 부사절 접속사 such ~ that(매우 ~해서 -하다)을 사용하여 나타낼 수 있는데, such는 'such + a(n) + 형용사 + 명사'의 어순이 되어야 하므로 such a great time on the trip that ~이 올바르게 쓰였다.

④ **원급 | 병치 구문** '네가 무엇을 말하는지만큼 중요하다'는 원급 표현 'as + 형용사의 원급 + as'(~만큼 -한)를 사용하여 나타낼 수 있는데, 비교 구문에서 비교의 대상은 같은 구조끼리 연결되어야 하므로 명사절 how you do it과 what you say가 올바르게 쓰였다.

정답 ①

어휘

produce 만들어내다 toxin 독소 predator 포식자
renew 갱신하다 apologize 사과하다

이것도 알면 **합격!**

동사 suggest와 insist가 제안과 주장의 의미가 아닌 '암시하다', '~라는 사실을 주장하다'라는 의미를 나타낼 때는 종속절에 (should+) 동사원형을 쓸 수 없다는 것을 알아 두자.

- The data strongly suggests that she made(과거 동사) an error. [O]
  자료는 그녀가 실수를 했음을 강하게 암시했다.
  The data strongly suggests that she make(동사원형) an error. [X]
- I insisted that the contract contained(과거 동사) unacceptable terms. [O]
  나는 그 계약서가 받아들일 수 없는 조항들을 포함하고 있다고 주장했다.
  I insisted that the contract contain(동사원형) unacceptable terms. [X]

## 04 문법 관사 | 수 일치 | 형용사 | 명사 | 동사의 종류 난이도 상 ●●●

**어법상 옳은 것은?**

① Paid vacation days are one of the perks of my current job.
② I think there are only a few, if any, slice of pizza left for you.
③ A series of digits is displayed on each South Korean citizen's ID card.
④ She walked briskly to reach at the top of the mountain before noon.

해석

① 유급 휴가 기간은 내 현재 일자리의 특전 중 하나이다.
② 만일 너를 위해 남겨진 피자 조각들이 있다고 해도 몇 조각 없을 것 같다.
③ 각각의 대한민국 국민의 신분증에는 일련의 숫자가 표시되어 있다.
④ 그녀는 정오 이전에 산의 정상에 도달하기 위해 힘차게 걸었다.

포인트 해설

③ **부정관사 a(n) | 주어와 동사의 수 일치** '일련의'는 부정관사 관련 숙어 표현 a series of를 사용하여 나타낼 수 있고, 주어 자리의 series는 단수와 복수가 동일한 형태이므로 A series of digits가 단수 동사 is와 올바르게 쓰였다.

[오답분석]

① **주어와 동사의 수 일치** 기간·가격·길이·무게 등을 나타내는 명사구 주어에는 단수 동사가 와야 하는데, 주어 자리에 기간을 나타내는 명사구(Paid vacation days)가 왔으므로 복수 동사 are를 단수 동사 is로 고쳐야 한다.

② **수량 표현 | 가산 명사** 가산 복수 명사 앞에 쓰이는 수량 표현 a few가 왔고, 가산 명사 slice는 복수형일 때 slices의 형태로 쓰이므로 slice를 slices로 고쳐야 한다.

④ **타동사** 동사 reach는 전치사 없이 목적어를 바로 취하는 타동사이므로 reach at을 reach로 고쳐야 한다.

정답 ③

어휘

perk 특전 digit 숫자 display 표시하다 briskly 힘차게

**이것도 알면 합격!**

다양한 부정관사 관련 숙어 표현들을 알아 두자.

| | |
|---|---|
| a part of 일부분의 | a variety of 다양한 |
| a range of 다양한 | a bit of 약간의 |
| a portion of 일부의 | |

## 05 생활영어 on the mend 난이도 중 ●●○

**밑줄 친 부분에 들어갈 말로 가장 적절한 것은?**

A: How's Jake? I haven't seen him lately.
B: Didn't you hear? He was in a car accident. He had a lot of bruises and a few broken bones.
A: That's terrible! Is he OK?
B: He's getting better. He was in bad shape for a while, but now he's ______________.
A: That's good to hear. Is he in the hospital?
B: No. He's resting at home.

① in a rut
② ill at ease
③ on the mend
④ good for nothing

**해석**

A: Jake는 어때? 나는 최근에 그를 보지 못했어.
B: 너 못 들었어? 그는 교통사고를 당했어. 멍이 많이 들고 뼈가 몇 개 부러졌대.
A: 정말 안됐다! 그는 괜찮은 거야?
B: 그는 점점 나아지고 있어. 한동안 상태가 좋지 않았지만, 지금은 회복 중이야.
A: 그건 다행이네. 그가 병원에 있니?
B: 아니. 그는 집에서 쉬고 있어.

① 틀에 박힌 생활을 하는
② 불편해하는
③ 회복 중인
④ 아무짝에도 쓸모없는

**포인트 해설**

Jake가 괜찮은지 묻는 A의 질문에 대해 빈칸 앞에서 B가 He's getting better(그는 점점 나아지고 있어)라고 말하고 있으므로, '회복 중인'이라는 의미의 ③ 'on the mend'가 정답이다.

정답 ③

**어휘**

bruise 멍, 타박상 be in bad shape (상태가) 좋지 않다
rut 틀에 박힌 생활 ill at ease 불편해하는 on the mend 회복 중인

**이것도 알면 합격!**

유감을 표할 때 쓸 수 있는 다양한 표현들을 알아 두자.

- What a pity! 안됐네요!
- I feel so sorry for them. 그들이 정말 안쓰러워요.
- I'm sorry to hear that. 유감이에요.
- My heart goes out to you. 당신의 심정 이해해요.

## 06 독해 내용 일치 파악 난이도 상 ●●●

**다음 글의 내용과 일치하는 것은?**

The original purpose of Stonehenge has puzzled archaeologists for decades. While a complete answer has yet to be found, an incredible discovery may shed some light on the mystery. Investigators used ground-penetrating radar to look three meters below the surface in the area surrounding the structure. Everything detected was then represented using 3-D underground mapping technology. This revealed a previously undetected underground complex that includes almost 100 massive stones arranged in a line, as well as burial mounds, shrines, and buildings. Most remarkably, they suspect that it predates Stonehenge by about 500 years. If this is true, it means that Stonehenge was a later addition to a grander landscape rather than an isolated monument as has been thought. Furthermore, experts believe that the deliberate burial of the structures represents a major social or religious shift.

① An answer to the reason Stonehenge was erected is finally complete.
② Researchers penetrated the ground three meters to look for a structure.
③ Stonehenge was added to now-buried stones about 500 years ago.
④ The construction of Stonehenge may have succeeded a change in beliefs.

**해석**

스톤헨지의 본래 용도는 수십 년 동안 고고학자들을 당황하게 했다. 아직 완전한 답이 밝혀지진 않았지만, 한 놀라운 발견이 그 수수께끼에 실마리를 던져 줄지도 모른다. 연구원들은 그 구조물의 주변 지역에서 지표면 아래 3미터까지 조사하기 위해 지하투과레이더를 사용했다. 그런 다음 발견된 모든 것이 입체 지하 지도 제작 기술을 사용하여 묘사되었다. 이것은 분묘, 신전, 그리고 건물들뿐만 아니라 한 줄로 정렬된 거의 100개에 달하는 거대한 돌들을 포함한 이전에 발견되지 않았던 지하 단지를 드러내 보였다. 무엇보다도, 그들은 그것이 스톤헨지보다 약 500년 앞선다고 짐작한다. 만약 이것이 사실이라면, 그것은 스톤헨지가 생각되어온 바와 같이 고립된 기념비라기보다는 더 웅장한 경관에 더하여 이후 증축된 부분이라는 것을 의미한다. 그뿐만 아니라, 전문가들은 그 구조물의 의도적인 매장이 주요한 사회적 또는 종교적 변화를 나타낸다고 생각한다.

① 스톤헨지가 건립된 이유에 대한 해답은 마침내 완성되었다.
② 연구원들은 구조물을 탐구하기 위해 지면을 3미터 뚫고 들어갔다.
③ 스톤헨지는 약 500년 전에 현재 묻혀 있는 돌에 추가되었다.
④ 스톤헨지의 건설은 종교에서의 변화의 뒤를 이었을지도 모른다.

**포인트 해설**

지문 마지막에서 전문가들은 스톤헨지 아래에서 발견된 구조물의 의도적인 매장이 주요한 사회적 또는 종교적 변화를 나타낸다고 생각한다고 했으므로, ④ '스톤헨지의 건설은 종교에서의 변화의 뒤를 이었을지도 모른다'가 지문의 내용과 일치한다.

[오답분석]

① 스톤헨지의 본래 용도는 아직 완전한 답이 밝혀지지 않았다고 했으므로, 스톤헨지가 건립된 이유에 대한 해답이 마침내 완성되었다는 것은 지문의 내용과 일치하지 않는다.

② 연구원들은 지표면 아래 3미터까지 조사하기 위해 지하투과레이더를 사용했다고 했으므로, 연구원들이 구조물을 탐구하기 위해 지면을 3미터 뚫고 들어갔다는 것은 지문의 내용과 다르다.

③ 전문가들은 지하 단지 즉, 현재 묻혀 있는 구조물이 스톤헨지보다 약 500년 앞선다고 짐작한다고는 했지만, 스톤헨지가 약 500년 전에 현재 묻혀 있는 돌에 추가되었던 것인지는 알 수 없다.

정답 ④

**어휘**

puzzle 당황하게 하다 archaeologist 고고학자
incredible 놀라운, 믿을 수 없는 shed light on ~에 실마리를 던지다
detect 발견하다 represent 묘사하다, 나타내다
burial mound 분묘, 무덤 shrine 신전 predate 앞서다
monument 기념비 deliberate 의도적인 burial 매장 shift 변화
erect 건립하다, 세우다 succeed ~의 뒤를 잇다, 성공하다

**구문 분석**

This revealed a previously undetected underground complex / that includes almost 100 massive stones / arranged in a line, (생략).

: 이처럼 주격 관계대명사가 이끄는 절(that/who/which + 동사 ~)이 명사를 꾸며주는 경우, '동사하는 명사' 또는 '동사한 명사'라고 해석한다.

## 07 독해 주제 파악 난이도 중 ●●○

**다음 글의 주제로 가장 적절한 것은?**

Globalization is an ongoing process. The term was coined in the 1970s, making it seem like a relatively new concept, but it began much earlier—people, money, material goods, and ideas crossed borders even in ancient times. The Silk Road—the ancient network of trade routes that encompassed China, Central Asia, and the Mediterranean beginning in 50 B.C.E—was an early example of globalization. It expanded during the Age of Exploration, when the magnetic compass allowed seafarers to establish maritime trade routes. Globalization would then intensify with the Age of Revolution, as political systems became more stable and shared notions of economic freedom made open trade possible; the Industrial Age then powered it with the invention of railways, steamboats, cars, airplanes and factories. Nothing, however, has spurred globalization more than the digital revolution, which has made an interdependent global village a reality.

① The positive impact of globalization through the centuries
② Means of transportation used during the different stages of globalization
③ The groundbreaking beliefs of people that inspired global progress
④ The evolution of globalization from the ancient times to the present

**해석**

세계화는 지속적인 과정이다. 그 용어는 1970년대에 만들어졌고, 이는 그것을 비교적 새로운 개념처럼 보이게 만들지만, 그것은 훨씬 더 이전에 시작되었으며, 심지어 고대에서도 사람, 돈, 물적 재화, 그리고 발상이 국경을 건넜다. 기원전 50년부터 중국, 중앙아시아, 그리고 지중해를 아우르는 고대 무역로의 연결망이었던 실크로드는 세계화의 초기 예시이다. 그것은 대항해 시대 중에 확장되었는데, 그 시대에는 자기 나침반이 선원들로 하여금 해상 무역로를 확립하게 해 주었다. 세계화는 혁명의 시대와 함께 더욱 격렬해졌는데, 이는 정치 제도가 더 안정적이게 되고 경제적 자유라는 공유된 개념이 개방적인 무역을 가능하게 했기 때문이고, 이후에는 산업 시대가 철도, 증기선, 자동차, 비행기, 그리고 공장의 발명으로 그것에 동력을 공급했다. 하지만, 어떤 것도 상호 의존적인 지구촌을 현실로 만든 디지털 혁명보다 세계화에 박차를 가한 것은 없었다.

① 수 세기에 걸친 세계화의 긍정적인 영향
② 세계화의 여러 단계에서 사용된 교통수단들
③ 세계적인 진보에 영감을 준 사람들의 획기적인 생각
④ 고대에서 현재까지의 세계화의 발전

**포인트 해설**

지문 앞부분에서 세계화는 지속적인 과정이라고 언급하고, 이어서 지문 전반에 걸쳐 고대에서부터 디지털 시대까지 세계화가 지속적으로 확장되고 발전되어 온 과정을 설명하고 있다. 따라서 ④ '고대에서 현재까지의 세계화의 발전'이 이 글의 주제이다.

정답 ④

**어휘**

ongoing 지속적인 term 용어 coin (새로운 낱말 어구를) 만들다
material goods 물적 재화 border 국경
encompass 아우르다, 포함하다 the Age of Exploration 대항해 시대
magnetic 자기의, 자석의 compass 나침반 seafarer 선원
establish 확립하다, 설립하다 maritime 해상의, 바다의
intensify 격렬해지다, 강화하다 railway 철도 steamboat 증기선
spur 박차를 가하다 interdependent 상호 의존적인
groundbreaking 획기적인 evolution 발전, 진화

## 08 독해 제목 파악 난이도 중 ●●○

**다음 글의 제목으로 가장 적절한 것은?**

In Chernobyl, the abandoned site of one of the worst nuclear disasters in history, wildlife has been thriving. The region has been devoid of humans since more than 100,000 people were evacuated from the 4,100 square kilometers of land after the accident. The empty town, inhospitable and polluted as it is, has turned into an unexpected haven for wild creatures. Large herbivores and predators abound, including species that had not been seen in the area for more than a century. As surprising as it seems, this type of "accidental" reserve is not an isolated incident. The demilitarized zone between the two Koreas—a dangerous place for humans to stray due to it being littered with landmines—has provided a peaceful sanctuary for endangered species for more than half a century. It is home to the rare, red-crowned crane and some ecologists speculate that the precious Siberian tiger may even reside there.

① Nature Flourishing in Places Abandoned by Humans
② The Impact of Nuclear Energy on the Environment
③ Evacuation: Often the Safest Measure for Humanity
④ A Surprising Effort to Protect Endangered Wildlife

**해석**

역사상 최악의 원자력 재난 중 하나가 일어나 버려진 장소인 체르노빌에서는, 야생동물이 번영해 오고 있다. 그 사고 이후 10만 명 이상의 사람들이 그 4,100 평방 킬로미터의 땅에서 대피했기 때문에 그 지역에는 사람이 전혀 없었다. 그 텅 빈 마을은, 사람이 살기 힘들고 오염되어 있지만, 야생동물들에게는 뜻밖의 안식처가 되었다. 한 세기가 넘도록 그 지역에서 보이지 않았던 종들을 포함하여, 큰 초식동물들과 포식자들이 아주 많다. 그것이 놀라워 보일지 모르지만, 이런 유형의 '우연한' 보호 구역은 유례없는 사건이 아니다. 지뢰가 흩어져 있기 때문에 사람이 돌아다니기에 위험한 지역인, 두 한국 사이의 비무장 지대는 반세기 이상 멸종 위기에 처한 종들에게 평화로운 보호 구역을 제공해 왔다. 이곳은 희귀한 두루미의 서식지이고 일부 생태학자들은 심지어 귀한 시베리아호랑이가 그곳에 살지도 모른다고 추측한다.

① 사람들에 의해 버려진 장소에서 번성하는 자연
② 핵 에너지가 환경에 미치는 영향
③ 대피: 흔히 인류에게 가장 안전한 조치
④ 멸종 위기에 처한 야생동물을 보호하기 위한 놀라운 노력

**포인트 해설**

지문 앞부분에서 원자력 재난 이후 사람이 전혀 없었던 체르노빌에서 야생동물이 번영해 오고 있다고 하고, 지문 뒷부분에서 사람이 돌아다니기에 위험한 지역인 남북한 사이의 비무장 지대가 반세기 이상 멸종 위기에 처한 종들에게 보호 구역을 제공해 왔다고 언급하고 있다. 따라서 ① '사람들에 의해 버려진 장소에서 번성하는 자연'이 이 글의 제목이다.

정답 ①

**어휘**

abandon 버리다, 그만두다 nuclear 원자력의, 핵의 disaster 재난, 재해
thriving 번영하는 be devoid of ~이 전혀 없다 evacuate 대피시키다
inhospitable 사람이 살기 힘든 haven 안식처, 피난처 herbivore 초식동물
abound 아주 많다 accidental 우연한, 돌발적인
reserve 보호 구역; 예약하다 isolated 유례없는, 고립된
demilitarized zone 비무장 지대 stray 돌아다니다 litter 흩어지다
landmine 지뢰 sanctuary 보호 구역 endangered 멸종 위기에 처한
ecologist 생태학자 speculate 추측하다, 짐작하다 precious 귀한, 값비싼
reside 살다, 거주하다 protect 보호하다

## 09 독해 빈칸 완성 - 단어 난이도 하 ●○○

**밑줄 친 부분에 들어갈 말로 가장 적절한 것은?**

To achieve their intended goals, it is necessary for charitable organizations to collect funds from various sources. But is it ________ for them to accept gifts from those that do not share their values? For example, consider a non-profit environmental group that works to conserve forests. If a lumber company were to offer it a large sum of money, should it be accepted? Many people would say that accepting it would be immoral, as the benefactor contributes in large part to the degradation of the very resource the group is attempting to protect. Some non-profit leaders, however, would argue that the potential good that can be done with such gifts outweighs any harm in receiving them.

① biased ② courageous
③ stubborn ④ ethical

**해석**

의도된 목표를 이루기 위해서, 자선 단체는 다양한 출처로부터 기금을 모아야 할 필요가 있다. 그러나 그들이 자신들과 가치관을 공유하지 않는 사람들로부터 기증품을 받는 것은 윤리적일까? 예를 들어, 삼림을 보존하기 위해 노력하는 비영리 환경 단체를 생각해 보자. 만약 목재 회사가 이들에게 거액의 돈을 제공한다면, 그것은 받아들여져야 할까? 많은 사람들은 그것을 받아들이는 것이 비도덕적이라고 말할 것인데, 이는 그 후원자가 그 단체가 보호하고자 하는 바로 그 자원의 악화에 크게 기여하기 때문이다. 하지만, 일부 비영리 단체의 대표들은 이러한 기증품으로 이뤄질 수 있는 잠재적인 좋은 결과가 그것들을 받는 것으로 인한 그 어떤 해악보다 더 크다고 주장할 것이다.

① 편향된 ② 용감한
③ 완고한 ④ 윤리적인

**포인트 해설**

빈칸 뒷부분에 목재 회사는 비영리 환경 단체가 보존하고자 삼림의 악화에 크게 기여하기 때문에, 환경 단체가 목재 회사로부터 거액의 돈을 제공받는 일이 비도덕적이라는 비판이 있을 수 있지만, 일부 비영리 단체의 대표들은 잠재적인 좋은 결과가 그것들을 받는 것으로 인한 그 어떤 해악보다 더 크

다고 주장할 것이라고 했으므로, 자선 단체가 자신들과 가치관을 공유하지 않는 사람들로부터 기증품을 받는 것이 '윤리적'일지 묻는 ④번이 정답이다.

정답 ④

어휘

intend 의도하다 charitable 자선의 conserve 보존하다 lumber 목재
immoral 비도덕적인 benefactor 후원자, 은인
contribute 기여하다, 공헌하다 degradation 악화
potential 잠재적인, 가능성 있는 outweigh ~보다 더 크다, 상쇄하다
biased 편향된 stubborn 완고한 ethical 윤리적인

## 10 독해 요지 파악 난이도 중 ●●○

**다음 글의 요지로 가장 적절한 것은?**

Students bound for college are expected to be well acquainted with academic vocabulary, which can be loosely defined as the language that appears in lectures, textbooks, and examinations. There are two main categories of academic vocabulary: instructional and discipline-specific. Instructional vocabulary consists of general words, such as "evaluate" and "theory," and is common in the instruction of all subjects. Meanwhile, the vocabulary of a discipline is made up of specialized, technical terms like "chromosome" in biology and "metaphor" in literature. There is strong evidence that student performance is impeded by poor proficiency in academic language. Since it differs from the English that is used on a daily basis, it may be difficult to learn all at once. Thus, it should be taught more actively in secondary school. To accomplish this, teachers should ask students to "translate" complicated texts into simpler ones. They could also have students read diverse content from different disciplines to become more familiar with the terminology.

① There is a distinct difference between everyday English and academic language.
② Students ought to use academic language outside the classroom regularly.
③ Academic language must be taught since it is critical for upper-level education.
④ Students will not perform well unless they memorize specialized terms.

해석

대학을 목표로 하는 학생들은 강의, 교과서, 그리고 시험에 나오는 언어로 느슨하게 정의될 수 있는 학문적 어휘를 잘 숙지하고 있을 것이라 기대된다. 학문적 어휘에는 두 가지 주요 범주가 있는데, 바로 교육용 어휘와 학문별 어휘이다. 교육용 어휘는 '평가하다'와 '이론'과 같은 일반적인 단어로 이루어져 있고, 모든 과목의 교육에서 공통적이다. 한편, 학문 어휘는 생물학의 '염색체'와 문학의 '은유'와 같이 전문적이고 기술적인 용어로 구성되어 있다. 학생의 성적이 학문적 어휘에서의 부족한 기량으로 인해 저해된다는 명백한 증거가 있다. 이것은 일상적으로 사용되는 영어와 달라서, 한 번에 전부 배우는 것이 어려울 수 있다. 따라서, 이것은 중등학교에서 더 적극적으로 가르쳐져야 한다. 이것을 달성하기 위해, 교사들은 학생들에게 복잡한 글을 더 간단한 것으로 '고치라'고 요구해야 한다. 또한 그들은 학생들이 용어에 더 친숙해지도록 여러 학문의 다양한 내용을 읽게 할 수 있다.

① 일상적인 영어와 학문적 언어 사이에는 뚜렷한 차이가 있다.
② 학생들은 교실 밖에서 정기적으로 학문적 언어를 사용해야 한다.
③ 학문적 언어는 고등 교육에 중요하기 때문에 반드시 가르쳐져야 한다.
④ 학생들은 전문적인 용어를 암기하지 못한다면 잘 성취해 내지 못할 것이다.

포인트 해설

지문 중간에서 학생의 성적은 학문적 어휘에서의 부족한 기량으로 인해 저해되는데, 학문적 어휘는 일상적으로 사용되는 영어와 달라서 한 번에 전부 배우는 것이 어렵기 때문에 중등학교에서 더 적극적으로 가르쳐져야 한다고 주장하고 있다. 따라서 ③ '학문적 언어는 고등 교육에 중요하기 때문에 반드시 가르쳐져야 한다'가 이 글의 요지이다.

정답 ③

어휘

acquaint with ~을 숙지시키다 loosely 느슨하게, 막연히
instructional 교육용의 discipline 학문, 훈련, 억제
specialized 전문적인 chromosome 염색체 metaphor 은유
impede 저해하다 proficiency 기량, 능숙도 secondary school 중등학교
translate 고치다, 번역하다 terminology 용어 memorize 암기하다

# 하프모의고사 16회

## 해커스 공무원시험연구소 총평

| | |
|---|---|
| 난이도 | 특별히 까다로운 문제가 없어 무난한 회차입니다. |
| 어휘·생활영어 영역 | 1번 문제의 경우 모든 보기의 형태가 비슷하여 혼동을 줄 수는 있었으나, 문맥 파악을 통해 오답 소거가 가능하고, 익숙한 어휘가 밑줄로 제시되어 비교적 수월하게 풀 수 있었습니다. |
| 문법 영역 | 3번, 4번 문제에 모두 출제된 수동태는 거의 매 시험 출제되는 빈출 포인트이므로, 관련된 세부 사항들까지 모두 학습해두어야 합니다. 특히 4번 문제의 5형식 동사의 수동태는 5형식 동사에 대한 개념을 완전히 이해한 후에 학습할 수 있으므로, 애매한 부분이 있었다면 기본서를 통해 5형식 동사의 개념부터 확실히 익혀보도록 합니다. |
| 독해 영역 | 7번과 10번 문제는 지문의 길이가 길었지만, 7번의 경우 정답 보기의 키워드가 지문에 그대로 언급되었고, 10번의 경우 지문 첫 문장을 통해 정답을 유추할 수 있으므로 풀이 시간이 오래 걸리지는 않았을 것입니다. 이처럼 길이가 긴 지문의 경우 모든 내용을 읽기보다는 필요한 부분들을 위주로 파악해야 합니다. |

## 정답

| | | | | | |
|---|---|---|---|---|---|
| 01 | ① | 어휘 | 06 | ③ | 독해 |
| 02 | ② | 어휘 | 07 | ③ | 독해 |
| 03 | ② | 문법 | 08 | ② | 독해 |
| 04 | ② | 문법 | 09 | ④ | 독해 |
| 05 | ② | 생활영어 | 10 | ② | 독해 |

## 취약영역 분석표

| 영역 | 맞힌 답의 개수 |
|---|---|
| 어휘 | /2 |
| 생활영어 | /1 |
| 문법 | /2 |
| 독해 | /5 |
| TOTAL | /10 |

### 01 어휘 validate = corroborate 난이도 중 ●●○

밑줄 친 부분의 의미와 가장 가까운 것은?

All signs point to a remote part in the Amazon as the site of the initial infection, although medical experts have yet to validate the information.

① corroborate ② contemplate
③ complicate ④ consolidate

**해석**

의료 전문가들이 그 정보를 아직 입증하지 못했음에도 불구하고, 모든 징후가 아마존의 외딴 지역을 초기 감염의 장소로 가리킨다.

① 입증하다 ② 고려하다
③ 복잡하게 만들다 ④ 강화하다

정답 ①

**어휘**

initial 초기의 infection 감염 validate 입증하다 corroborate 입증하다
contemplate 고려하다 consolidate 강화하다

**이것도 알면 합격!**

validate(입증하다)의 유의어
= verify, confirm, prove, substantiate

### 02 어휘 look after 난이도 하 ●○○

밑줄 친 부분에 들어갈 말로 가장 적절한 것은?

Many elderly people live in poverty and are not properly provided for. As a society, we must seek a better way to ____________ our oldest citizens.

① look for ② look after
③ look back ④ look on

**해석**

많은 노인들이 가난 속에 살며 제대로 부양받지 못한다. 공동체로서, 우리는 나이 든 시민들을 돌보기 위한 더 좋은 방법을 찾아야만 한다.

① ~을 찾다 ② ~을 돌보다
③ ~을 되돌아보다 ④ ~을 구경하다

정답 ②

**어휘**

elderly people 노인, 고령자 poverty 가난, 빈곤
properly 제대로, 적절히 provide for ~을 부양하다
citizen 시민, 주민 look for ~을 찾다 look after ~을 돌보다
look back ~을 되돌아보다 look on ~을 구경하다

이것도 알면 **합격!**

look after(~을 돌보다)와 유사한 의미의 표현
= care for, watch over, attend

## 03 문법 분사 | 수동태 | 시제 | 어순 난이도 중 ●●○

**우리말을 영어로 잘못 옮긴 것은?**

① 신입사원을 위한 훈련 프로그램의 시행이 지난주에 발표되었다.
→ The implementation of a training program for new employees was announced last week.

② 그 허리케인의 피해자들에게 제공된 많은 도움은 영국과 프랑스로부터 왔다.
→ A lot of the aid is offered to the hurricane victims came from England and France.

③ 그녀는 교통수단이 없어 집에서 꼼짝 못 하고 있었다.
→ She has been stuck at home with no means of transportation.

④ 당신의 제안을 수정하고 그것을 점심시간 전까지 저의 메일 수신함으로 다시 보내주세요.
→ Revise your proposal and send it back to my inbox before lunchtime.

**포인트 해설**

② **분사의 역할 | 현재분사 vs. 과거분사** 문장에 이미 동사(came)가 있으므로 형용사처럼 명사 the aid를 뒤에서 수식할 수 있는 분사가 와야 한다. 이때 수식받는 명사(the aid)와 분사가 '도움이 제공되다'라는 의미의 수동 관계이므로 is offered를 과거분사 offered로 고쳐야 한다.

[오답분석]

① **능동태·수동태 구별** 주어 The implementation과 동사가 '시행이 발표되었다'라는 의미의 수동 관계이므로 수동태 was announced가 올바르게 쓰였다.

③ **현재완료 시제** '꼼짝 못 하고 있었다'라며 과거에 시작된 일이 현재까지 이어져 온 것을 나타내고 있으므로 현재완료 시제 has been stuck이 올바르게 쓰였다.

④ **어순** 명령문은 주어를 생략하고 동사원형으로 문장을 시작하므로 동사원형 Revise와 send가 올바르게 쓰였다.

**정답 ②**

**어휘**

implementation 시행 aid 도움 victim 피해자, 희생자
be stuck 꼼짝 못 하다 means 수단 transportation 교통, 수송
revise 수정하다 proposal 제안 inbox 메일 수신함, 받은 편지함

이것도 알면 **합격!**

감정을 나타내는 분사가 수식 또는 보충 설명하는 대상이 감정을 일으키는 주체인 경우 현재분사를, 감정을 느끼는 대상인 경우 과거분사를 쓴다는 것을 알아 두자.

- The movie about space exploration appears **captivating**.
  우주 탐사에 관한 그 영화는 매력적으로 보인다.
- The **exhausted** travelers finally reached their destination.
  지친 여행객들은 마침내 그들의 목적지에 도착했다.

## 04 문법 가정법 | 조동사 | 수동태 | 명사 난이도 중 ●●○

**어법상 옳은 것은?**

① He used to wandering around the forest every night to observe animals.

② If the postman had notified me, I would have stayed home to sign for the package.

③ Employees are not allowed to storing key informations of the company on their home computers.

④ Unfortunately, her appeal for the decision on compensation has dismissed.

**해석**

① 그는 동물들을 관찰하기 위해 매일 밤 그 숲의 여기저기를 돌아다니곤 했다.
② 만약 집배원이 내게 통지했었다면, 나는 소포를 수령했다고 서명하기 위해 집에 머물렀을 것이다.
③ 임직원들은 회사의 중요 정보를 그들의 자택 컴퓨터에 저장하는 것이 허용되지 않는다.
④ 유감스럽게도, 배상 판결에 대한 그녀의 항소는 기각되어 왔다.

**포인트 해설**

② **가정법 과거완료** 문맥상 '집배원이 ~ 통지했었다면, 나는 ~ 머물렀을 것이다'라며 과거의 상황을 반대로 가정하고 있으므로 가정법 과거완료를 사용해 나타낼 수 있다. 가정법 과거완료는 'if + 주어 + had p.p., 주어 + would + have p.p.'의 형태로 나타내므로 If the postman had notified ~, I would have stayed가 올바르게 쓰였다.

[오답분석]

① **조동사 관련 표현** 조동사처럼 쓰이는 표현 used to(~하곤 했다) 뒤에는 동사원형이 와야 하므로 동명사 wandering을 동사원형 wander로 고쳐야 한다.

③ **5형식 동사의 수동태 | 불가산 명사** to 부정사를 목적격 보어로 취하는 5형식 동사 allow가 수동태가 되면 목적격 보어로 쓰인 to 부정사가 수동태 동사(are not allowed) 뒤에 그대로 남아야 하므로 to storing을 to store로 고쳐야 한다. 또한, 불가산 명사(information)는 복수형으로 쓸 수 없으므로 informations를 information으로 고쳐야 한다.

④ **능동태·수동태 구별** 주어 her appeal과 동사가 '그녀의 항소가 기각되다'라는 의미의 수동 관계이므로, 능동태 has dismissed를 수동태 has been dismissed로 고쳐야 한다.

**정답 ②**

**어휘**

wander 돌아다니다, 방랑하다 postman 집배원, 우편 배달부
notify 통지하다, 통보하다 appeal 항소, 상고 compensation 배상, 보상
dismiss 기각하다, 일축하다

이것도 알면 **합격!**

가정법 문장은 if로 시작하는 직설법 문장과 구별해야 한다는 것을 알아 두자.

- 가정법

If it **were** not dark, we **could go** for a walk.
날이 어둡지 않다면, 우리는 산책할 수 있을 텐데.

- 조건절

If you **are** lost, you **can ask** for directions.
길을 잃었다면, 당신은 길을 물어볼 수 있어요.

→ 두 번째 문장과 같이 어떤 일을 실제 사실로 받아들이고 말하는 경우를 직설법이라 하며, 이때의 if절을 조건절이라고 한다. 현재 상황의 반대를 나타낼 때 과거 시제를, 과거 상황의 반대를 나타낼 때 과거완료 시제를 쓰는 가정법과 달리, 조건절에서는 현재를 나타낼 때는 현재 시제를, 과거를 나타낼 때는 과거 시제를 쓴다.

## 05 생활영어 spread oneself too thin 난이도 중 ●●○

**밑줄 친 부분에 들어갈 말로 가장 적절한 것은?**

A: I heard you need some help with your project.
B: I do, but aren't you ____________?
A: Do you think so?
B: You're already doing three other assignments.
A: Actually, four. I took up another one today.
B: That's more than enough work. Don't overdo it.

① falling behind the times
② spreading yourself too thin
③ rocking the boat
④ feeling under the weather

해석

A: 네 프로젝트에 도움이 조금 필요하다고 들었어.
B: 맞아, 그렇지만 너는 한꺼번에 많은 일을 하려고 하는 것이 아닐까?
A: 그렇게 생각해?
B: 너는 이미 다른 프로젝트를 세 개나 하고 있잖아.
A: 사실, 네 개야. 오늘 또 한 가지를 시작했어.
B: 그건 너무 많은 일이야. 무리하지 마.

① 시대에 뒤떨어지는 것
② 한꺼번에 많은 일을 하려고 하는 것
③ 평온을 깨트리는 것
④ 몸이 좋지 않은 것

포인트 해설

프로젝트를 도와주겠다고 제안하는 A에게 B가 대답하고, 빈칸 뒤에서 다시 B가 이미 다른 프로젝트를 세 개나 하고 있지 않느냐고 물으며 That's more than enough work. Don't overdo it(그건 너무 많은 일이야. 무리하지 마)이라고 말하고 있으므로, '한꺼번에 많은 일을 하려고 하는 것'이라는 의미의 ② 'spreading yourself too thin'이 정답이다.

정답 ②

어휘

overdo 무리하다 spread oneself too thin 한꺼번에 많은 일을 하려고 하다
rock the boat 평온을 깨트리다 under the weather 몸이 좋지 않은

이것도 알면 **합격!**

'thin'을 포함하는 다양한 표현들을 알아 두자.

- tread on thin ice 위험한 행동을 하다
- through thick and thin 좋을 때나 안 좋을 때나
- the thin end of the wedge 심각한 일의 시작이 되는 사건

## 06 독해 빈칸 완성 – 절 난이도 중 ●●○

**밑줄 친 부분에 들어갈 말로 가장 적절한 것은?**

Hand dryers have been heralded as a more sanitary alternative to traditional paper towels. But according to new research the opposite may be true. Rubbing wet hands with a paper towel removes more germs than a hand dryer. The hot-air dryer actually blows bacteria back onto the body. As a result, it is quite possible that ____________. Moreover, the heat generated from the outlet nozzle is the perfect temperature to encourage microbial growth. Some studies even suggest that a hand blower can increase the number of disease-carrying organisms in a restroom by an astonishing 255 percent.

① electric blowers use more energy than paper towels
② paper towels do a much better job drying your hands faster
③ hand dryers can make your hands dirtier, not cleaner
④ more bacteria are killed by a hand dryer

해석

손 건조기는 종래의 종이 타월보다 더 위생적인 대안으로 알려져 왔다. 그렇지만 새로운 연구에 의하면 그 반대가 사실일지도 모른다. 젖은 손을 종이 타월로 문지르는 것은 손 건조기보다 더 많은 세균을 없앤다. 실제로 온풍 건조기는 세균을 다시 몸으로 날려 보낸다. 그 결과, 손 건조기가 당신의 손을 더 깨끗하게 만드는 것이 아니라 더 더럽게 만들 수 있다는 것은 얼마든지 있을 수 있는 일이다. 게다가, 배출구 끝에서 발생된 열은 미생물의 성장을 촉진하기에 완벽한 온도이다. 몇몇 연구는 심지어 손 건조기가 화장실에 있는 질병을 옮기는 미생물의 수를 놀랄 만한 수치인 255퍼센트까지 증가시킬 수 있다고 시사한다.

① 전기 송풍기가 종이 타월보다 더 많은 에너지를 사용한다
② 종이 타월이 당신의 손을 더 빠르게 말리는 것을 훨씬 잘 해낸다
③ 손 건조기가 당신의 손을 더 깨끗하게 만드는 것이 아니라 더 더럽게 만들 수 있다
④ 더 많은 세균이 손 건조기에 의해 죽는다

포인트 해설

빈칸 앞 문장에 온풍 건조기가 세균을 다시 몸으로 날려 보낸다는 내용이 있고, 빈칸 뒷부분에 건조기의 배출구 끝에서 발생된 열은 미생물의 성장을 촉진하기에 완벽한 온도이기 때문에 화장실에 있는 질병을 옮기는 미생물의 수를 크게 증가시킬 수 있다는 내용이 있으므로, '손 건조기가 당신의 손을 더 깨끗하게 만드는 것이 아니라 더 더럽게 만들 수 있다'고 한 ③번이 정답이다.

정답 ③

어휘

herald 알리다, 예고하다 sanitary 위생적인
alternative 대안; 대안의 opposite 반대 germ 세균
generate 발생하다 outlet 배출구 encourage 촉진하다, 조장하다
microbial 미생물의, 세균의 astonishing 놀랄 만한

## 07 독해 내용 불일치 파악 난이도 중 ●●○

**다음 글의 내용과 일치하지 않는 것은?**

Venezuela is home to a phenomenon called Catatumbo lightning. Occurring only in a small area at the mouth of the Catatumbo River where it empties into Lake Maracaibo, more than a thousand bolts of lightning strike every hour for up to ten hours on approximately 260 nights out of the year. Scientists believe the reason it occurs so often has to do with a combination of geography and wind patterns in the area. The Andes Mountain Range, which surrounds Lake Maracaibo on three sides, traps warm air blowing in from the Caribbean. As warm air rises, however, the cold air cascading off the mountains crashes into it. These unstable conditions are perfect for the formation of the thunderclouds that unleash an electrical storm. Essentially, the irregularities of the terrain ensure the fairly consistent wind patterns that result in Catatumbo's near-perpetual storm.

① Catatumbo lightning occurs in the same area each time.
② Catatumbo lightning can occur for several hours at a time.
③ The Andes Mountain Range cuts Lake Maracaibo off from the river.
④ Cold mountain air collides with warm wind from the sea.

해석

베네수엘라는 카타툼보 번개라고 불리는 현상의 근원지이다. 이것은 마라카이보호수로 흐르는 카타툼보강 어귀의 작은 지역에서만 발생하며, 1년 중 대략 260일의 밤에 최대 10시간 동안 1,000개 이상의 번개가 매시간 친다. 과학자들은 그것이 그렇게 자주 발생하는 이유가 그 지역의 지형과 바람 패턴의 결합과 관련이 있다고 생각한다. 마라카이보호수를 삼면으로 둘러싼 안데스산맥은 카리브해로부터 불어오는 따뜻한 공기를 가둔다. 하지만, 따뜻한 공기가 상승하면서, 산으로부터 폭포처럼 흐르는 차가운 공기가 그것과 충돌한다. 이러한 불안정한 환경은 뇌우를 촉발시키는 뇌운의 형성에 안성맞춤이다. 근본적으로, 그 지형의 불규칙성은 카타툼보의 거의 끊임없이 계속되는 폭풍을 일으키는, 상당히 일관된 바람 패턴을 보장한다.

① 카타툼보 번개는 매번 같은 지역에서 발생한다.
② 카타툼보 번개는 한 번에 몇 시간 동안 발생할 수 있다.
③ 안데스산맥은 마라카이보호수를 강으로부터 차단한다.
④ 차가운 산의 공기는 바다로부터 불어온 따뜻한 공기와 충돌한다.

포인트 해설

③번의 키워드인 The Andes Mountain Range(안데스산맥)이 그대로 언급된 지문 주변의 내용에서 마라카이보호수를 삼면으로 둘러싼 안데스산맥이 카리브해로부터 불어오는 따뜻한 공기를 가둔다고는 했지만, ③ '안데스산맥이 마라카이보호수를 강으로부터 차단하는'지는 알 수 없다.

정답 ③

어휘

phenomenon 현상 empty into ~으로 흐르다
have to do with ~와 관련이 있다 geography 지형
surround 둘러싸다, 포위하다 trap 가두다 cascade 폭포처럼 흐르다
crash 충돌하다 unstable 불안정한 thundercloud 뇌운
unleash 촉발시키다, 풀다 terrain 지형 perpetual 끊임없이 계속되는
collide 충돌하다

## 08 독해 빈칸 완성 - 단어 난이도 하 ●○○

**밑줄 친 부분에 들어갈 말로 가장 적절한 것은?**

Richard and his brother Bill both graduated from a good college. Richard began working right away for low wages at a store, but Bill refused to take a job that didn't pay well. "I've got a great education and I deserve a good job," he thought. Meanwhile, Richard worked full time at the store and waited for better opportunities. A year later, the owner called Richard into his office. He told Richard he was impressed with his hard work and made him a manager. Soon, Richard was hired by a large clothing company to oversee its regional stores. Bill saw how his brother's __________ paid off and realized it was arrogant to want success without working for it.

① ignorance ② diligence
③ curiosity ④ hesitation

해석

Richard와 그의 남동생 Bill은 둘 다 좋은 대학을 졸업했다. Richard는 곧바로 낮은 임금을 받으며 한 상점에서 일하기 시작했지만, Bill은 보수가 좋지 않은 일을 하는 것을 거부했다. 그는 '나는 좋은 교육을 받았으니 좋은 직업을 가질 자격이 있어'라고 생각했다. 그동안에, Richard는 상점에서 정규직으로 일하며 더 좋은 기회를 기다렸다. 일 년 후, 주인은 Richard를 그의 사무실로 불렀다. 그는 Richard에게 그의 노력에 감명을 받았다고 말하며 그를 관리자로 삼았다. 곧, Richard는 큰 의류업체에 고용되어 지역 상점들을 감독했다. Bill은 형의 근면함이 어떻게 결실을 얻었는지를 보고 그것을 위해 노력하지도 않으면서 성공을 원했던 것이 오만했다는 것을 깨달았다.

① 무지 ② 근면함
③ 호기심 ④ 망설임

포인트 해설

지문 전반에 걸쳐 Richard는 좋은 대학을 졸업했음에도, 한 상점에서 낮은 임금을 받고 일하면서 더 좋은 기회를 기다렸고, 그의 노력에 감명을 받은 상점 주인이 그를 관리자로 삼았다고 말하고 있으므로, '근면함'이라고 한 ②번이 정답이다.

정답 ②

어휘

refuse 거부하다 deserve ~을 가질 자격이 있다 meanwhile 그동안에
impress 감명을 주다 oversee 감독하다 regional 지역의
pay off 결실을 얻다 arrogant 오만한, 거만한 ignorance 무지
diligence 근면함

## 09 독해 무관한 문장 삭제 난이도 중 ●●○

다음 글의 흐름상 어색한 문장은?

> The impact of flooding along rivers and streams may be a boon for species diversity. ① Scientists have made this observation by studying various flora and fauna in what are called riparian zones. ② These areas run alongside rivers and streams and are often flooded when water levels rise after a heavy rainfall. ③ The increase in groundwater caused by the seasonal floods provides richer soil for plants and increased levels of nitrogen, which is beneficial to fish populations. ④ Vegetation buffers should not be planted in these zones because they could severely impact the diversity. As the current overflows the riverbank, nutrients released into the environment give rise to a flourishing ecosystem.

해석

강과 시내를 따라 미치는 홍수의 영향은 종의 다양성에 이익이 될 수 있다. ① 과학자들은 강기슭 지역이라 불리는 곳에 있는 다양한 식물상과 동물상을 연구함으로써 이러한 관찰을 했다. ② 이러한 지역들은 강과 시내를 따라 이어져 있으며 폭우 이후 수위가 상승할 때 종종 침수된다. ③ 계절적 홍수에 의해 야기된 지하수의 증가는 식물에 더 비옥한 토양을 제공하고 어류 개체군에 이로운 증가된 질소 수준을 제공한다. ④ 초목 완충물은 다양성에 심각하게 영향을 미칠 수 있기 때문에 이러한 지역들에 심어져서는 안 된다. 흐르는 물이 강둑을 범람하여, 주변의 환경으로 방출된 영양분은 번창하는 생태계가 생기게 한다.

포인트 해설

첫 문장에서 강과 시내의 홍수가 종의 다양성에 이익이 될 수 있다고 언급하고, ①번은 과학자들이 강기슭의 다양한 식물상과 동물상을 연구하여 이러한 관찰을 했다는 내용, ②번은 강기슭이 종종 폭우로 침수된다는 내용, ③번은 홍수에 의해 야기된 지하수의 증가가 식물에 더 비옥한 토양과 어류에 이로운 질소를 제공한다는 내용으로, 모두 첫 문장과 관련이 있다. 그러나 ④번은 '초목 완충물이 종의 다양성에 미칠 수 있는 악영향'에 대한 내용으로 첫 문장의 내용과 관련이 없다.

정답 ④

어휘

boon 이익 diversity 다양성 observation 관찰, 관측 flora 식물상
fauna 동물상 riparian 강기슭의 groundwater 지하수 nitrogen 질소
buffer 완충물 overflow 범람하다, 넘치다 riverbank 강둑
flourishing 번창하는

구문 분석

The increase in groundwater / caused by the seasonal floods / provides richer soil for plants (생략).
: 이처럼 과거분사(caused ~)가 명사를 꾸며주는 경우, '~된 명사' 또는 '~해진 명사'라고 해석한다.

## 10 독해 주제 파악 난이도 중 ●●○

다음 글의 주제로 가장 적절한 것은?

> Germany has made sincere attempts to apologize for crimes against humanity committed by the Nazi regime during World War II. In 1970, the then chancellor of West Germany, Willy Brandt, fell to his knees in repentance at a commemoration for Jewish victims of the Holocaust in Poland. Since that time, the German government has paid billions in compensation to Jewish and Israeli Holocaust survivors. In addition, the German Medical Association put forth a direct apology for the cruel acts of doctors during the war and asked for forgiveness. It even stated that rather than being forced to support the Nazi agenda, as has commonly been believed, many physicians willingly took part in the sterilizations and mass killings. Clearly, Germany's citizenry and its elected officials have held the view that in order for true reconciliation to occur, it was important to come to terms with the nation's horrendous wartime acts. These diplomatic overtures do not erase the past, but they have allowed the country to formally atone to other European nations who were victims of its atrocities.

※ sterilization: 불임 수술

① the forgotten chronicles of war revisited
② making amends for historical misconduct
③ the unbreakable connection between guilt and memory
④ punishing individuals for their wartime crimes

해석

독일은 제2차 세계대전 동안 나치 정권에 의해 저질러진 반인륜적인 범죄에 대해 사과하기 위해 진실된 노력을 해 왔다. 1970년에, 그 당시 서독의 수상이었던 Willy Brandt는 폴란드에서 있었던 홀로코스트의 유대인 희생자들을 위한 기념행사에서 참회하며 무릎을 꿇었다. 그때부터, 독일 정부는 유대인과 이스라엘 홀로코스트 생존자들에게 수십억을 보상금으로 지급

해 왔다. 게다가, 독일 의사회는 전쟁 중에 의사들이 한 잔인한 행위들에 대해 직접적인 사과를 발표하고 용서를 구했다. 그것은 심지어 많은 의사들이 일반적으로 믿어지는 것처럼 나치의 계획을 지원하도록 강요당했다기보다, 자발적으로 불임 수술과 집단 살상에 가담했던 것이라고 진술하기까지 했다. 의심할 여지 없이, 독일의 시민과 선출된 공무원들은 진정한 화해가 일어나기 위해서, 그 국가의 끔찍한 전쟁 중 행위를 인정하는 것이 중요하다는 견해를 지녀왔다. 이 외교적인 제안들이 과거를 지우는 것은 아니지만, 그것들은 이 나라가 잔혹 행위의 희생자였던 다른 유럽 국가들에 공식적으로 속죄하도록 했다.

① 다시 논의된 전쟁의 잊혀진 기록
② 역사적 불법 행위에 대해 보상하기
③ 죄책감과 기억 사이의 깨부술 수 없는 연결
④ 전쟁 중 범죄를 이유로 개인들을 처벌하기

포인트 해설

지문 앞부분에서 독일은 나치 정권에 의해 저질러진 반인륜적인 범죄에 대해 사과해 왔다고 하고, 이어서 지문 전반에 걸쳐 홀로코스트 생존자들 위한 보상금 지급, 독일 의사회의 사과 성명 발표 등 독일 정부와 시민들의 구체적인 보상 노력에 대해 설명하고 있다. 따라서 ② '역사적 불법 행위에 대해 보상하기'가 이 글의 주제이다.

**정답 ②**

어휘

**sincere** 진실된 **regime** 정권 **chancellor** 수상 **repentance** 참회, 후회
**commemoration** 기념행사 **compensation** 보상금
**put forth** ~을 발표하다, 제시하다 **forgiveness** 용서
**agenda** 계획, 행동 강령 **physician** 의사 **willingly** 자발적으로
**citizenry** 시민 **elect** 선출하다 **reconciliation** 화해
**come to terms with** ~을 인정하다 **horrendous** 끔찍한, 참혹한
**diplomatic** 외교적인 **overture** 제안, 접근 **atone** 속죄하다
**atrocity** 잔혹 행위 **chronicle** 기록, 연대기 **revisit** 다시 논의하다
**make amends** 보상하다 **misconduct** 불법 행위, 비행
**unbreakable** 깨부술 수 없는 **punish** 처벌하다

# DAY 17 하프모의고사 17회

## 해커스 공무원시험연구소 총평

**난이도** 전반적으로 큰 어려움 없이 풀 수 있는 회차이지만, 문법과 독해 영역에 집중력을 필요로 하는 문제가 출제되어 변별력을 높였습니다.

**어휘·생활영어 영역** 1번 문제의 밑줄 표현인 get cold feet은 지방직 9급 시험에 출제되었던 적이 있는 표현이므로, 그 의미와 유의어까지 함께 익혀 두어야 합니다.

**문법 영역** 3번 문제의 정답 포인트인 복합관계대명사는 자주 출제되는 문법 포인트는 아니지만, 간간이 지방직과 법원직 9급 공무원 시험에 출제되고 있습니다. 빈출 포인트가 아니더라도 언제든 다시 나올 수 있으므로 이론을 포괄적으로 학습해야 합니다.

**독해 영역** 6번 문제와 같은 글의 감상 유형은 출제되지 않는 추세를 보이다가 최근 국가직 9급 시험에 다시 등장했습니다. 이 유형은 보기에 쓰인 어휘들의 의미를 먼저 파악한 후 글을 읽으면 오답을 더 쉽게 소거할 수 있습니다.

## 정답

| | | | | | |
|---|---|---|---|---|---|
| 01 | ① | 어휘 | 06 | ④ | 독해 |
| 02 | ③ | 생활영어 | 07 | ③ | 독해 |
| 03 | ② | 문법 | 08 | ④ | 독해 |
| 04 | ② | 문법 | 09 | ① | 독해 |
| 05 | ② | 어휘 | 10 | ④ | 독해 |

## 취약영역 분석표

| 영역 | 맞힌 답의 개수 |
|---|---|
| 어휘 | /2 |
| 생활영어 | /1 |
| 문법 | /2 |
| 독해 | /5 |
| TOTAL | **/10** |

### 01 어휘 get cold feet = lose courage 난이도 중 ●●○

**밑줄 친 부분의 의미와 가장 가까운 것은?**

Immediately before her presentation, she thought of giving up, but her colleagues comforted her by saying that it is normal to get cold feet.

① lost courage ② felt excitement
③ was not prepared ④ became impatient

**해석**

발표 직전에, 그녀는 포기하는 것을 생각했지만, 그녀의 동료들은 주눅이 드는 것이 정상이라고 말하며 그녀를 위로했다.

① 용기를 잃었다 ② 흥분했다
③ 준비가 되지 않았다 ④ 조급해졌다

정답 ①

**어휘**

comfort 위로하다 get cold feet 주눅이 들다, 겁을 내다

**이것도 알면 합격!**

get cold feet(주눅이 들다)와 유사한 의미의 표현
= chicken out, feel timid

### 02 생활영어 Would you prefer a window or an aisle seat? 난이도 하 ●○○

**밑줄 친 부분에 들어갈 말로 가장 적절한 것은?**

A: Hello. Is this East Asian Airlines?
B: Yes, it is. How may I help you today?
A: I need to reserve a ticket for a flight to Beijing next month.
B: ____________________?
A: Either is fine with me, as long as it's not a middle seat.
B: No problem. We have a lot of availability throughout the whole month.

① Would you like to upgrade your seat
② Will you be using your frequent flyer miles
③ Would you prefer a window or an aisle seat
④ Will you need a special in-flight meal

**해석**

A: 안녕하세요. East Asian Airlines인가요?
B: 네, 맞습니다. 제가 오늘 어떻게 도와드릴까요?
A: 저는 다음 달에 북경으로 가는 비행기 표를 예약해야 해요.

B: 창가 좌석을 선호하시나요, 아니면 통로 좌석을 선호하시나요?
A: 중앙에 있는 좌석만 아니면, 어느 자리나 괜찮아요.
B: 문제없습니다. 저희는 그달 전체에 걸쳐 이용 가능한 좌석이 있습니다.

① 좌석을 업그레이드하시겠어요
② 항공 마일리지를 사용하시겠어요
③ 창가 좌석을 선호하시나요, 아니면 통로 좌석을 선호하시나요
④ 특별 기내식이 필요하신가요

**포인트 해설**

A가 비행기 표를 예약해야 한다고 말한 다음, 빈칸 뒤에서 다시 Either is fine with me, as long as it's not a middle seat(중앙에 있는 좌석만 아니면, 어느 자리나 괜찮아요)이라고 말하고 있으므로, '창가 좌석을 선호하시나요, 아니면 통로 좌석을 선호하시나요'라는 의미의 ③ 'Would you prefer a window or an aisle seat'이 정답이다.

정답 ③

**어휘**

reserve 예약하다 frequent flyer miles 항공 마일리지 aisle 통로
in-flight meal 기내식

**이것도 알면 합격!**

공항을 이용할 때 쓸 수 있는 다양한 표현들을 알아 두자.
- I have two suitcases to check in. 부칠 가방이 두 개 있습니다.
- I've got nothing to declare. 저는 (세관에) 신고할 것이 없습니다.
- Is this the baggage claim area? 이곳이 수하물 찾는 장소인가요?
- Could you help me fill out this customs form?
  세관 심사 서류 작성하는 것을 도와주실 수 있나요?

## 03 문법 명사절 | 수동태 | 전치사 | 시제 난이도 중 ●●○

**밑줄 친 부분 중 어법상 옳지 않은 것은?**

The manager of the accounting department ① was determined to give the upcoming promotion to ② whichever he thought was the right person for the job, ③ regardless of how long he or she ④ had been with the company or his or her academic background.

**해석**

회계 부서의 관리자는 회사에 얼마나 오래 있었는지나 학력에 관계없이, 누구든 그가 생각하기에 그 직무에 적합한 사람에게 곧 있을 승진을 시켜주기로 결심했다.

**포인트 해설**

② 복합관계대명사 문맥상 '누구든 그가 생각하기에 그 직무에 적합한 사람에게'라는 의미가 되어야 자연스러우므로 사물을 가리키는 복합관계대명사 whichever(어느 것이든)를 사람을 가리키는 복합관계대명사 whoever(누구든)로 고쳐야 한다. 참고로, 복합관계대명사 뒤에 주어가 없는 불완전한 절(he thought ~ for the job)이 왔으므로 주격 복합관계대명사가 왔다. 이때 복합관계대명사 바로 뒤에 삽입된 he thought는 복합관계대명사의 격 선택에 아무런 영향을 미치지 않는다.

**[오답분석]**

① 5형식 동사의 수동태 동사 determine은 '~이 -하도록 결심시키다'라는 의미를 나타낼 때 목적격 보어로 to 부정사를 취하는 5형식 동사인데, 문맥상 주어와 동사가 '회계 부서의 관리자가 결심했다'라는 의미의 수동 관계이므로 수동태 was determined가 올바르게 쓰였다. 참고로, 목적격 보어로 쓰인 to 부정사는 수동태 동사(was determined) 뒤에 그대로 남아야 하므로 to 부정사 to give가 왔다.

③ 기타 전치사 문맥상 '회사에 얼마나 오래 있었는지나 학력에 관계없이'라는 의미가 되어야 자연스럽고, 명사절(how long ~ with the company)과 명사구(his or her academic background) 앞에는 전치사가 올 수 있으므로 '~에 관계없이'라는 의미의 전치사 regardless of가 올바르게 쓰였다.

④ 과거완료 시제 '회사에 있었던' 것은 '관리자가 승진을 시켜주기로 결심한' 특정 과거 시점보다 이전에 일어난 일이므로 과거완료 시제 had been이 올바르게 쓰였다.

정답 ②

**어휘**

accounting 회계 department 부서 upcoming 곧 있을
promotion 승진 academic background 학력

**이것도 알면 합격!**

복합관계대명사가 주격인지 목적격인지는 복합관계대명사가 이끄는 명사절 내에서 그것이 하는 역할에 따라 결정된다는 것을 알아 두자.
- A bonus will be given to (whoever, ~~whomever~~) meets their quarterly sales target.
  누구든 분기별 매출 목표를 달성하는 사람에게 보너스가 지급될 것이다.
  → 명사절 내에서 동사 meets의 주어 역할을 하므로 주격 복합관계대명사 whoever를 쓴다.

## 04 문법 동명사 | 수동태 | 형용사 | 명사절 | 부사절 난이도 상 ●●●

**우리말을 영어로 잘못 옮긴 것은?**

① 기분은 호르몬, 화학 물질, 그리고 스트레스와 같은 많은 무의식적인 요소들에 의해 영향을 받는다.
→ Moods are influenced by many unconscious factors, such as hormones, chemicals, and stress.

② 나는 절차를 간단히 요약하는 것보다 설명하는 것을 선호한다.
→ I prefer being explained the procedure rather than summarizing it briefly.

③ 그는 누군가 그에게 메시지를 보냈는지 확인하기 위해 5분마다 한 번씩 전화기를 확인하지 않을 수 없었다.
→ He couldn't resist checking his phone every five minutes to see if anyone had sent him a message.

④ 그 학교는 명성을 높여 왔기 때문에, 그곳에 합격하는 것은 더 어려워졌다.
→ Since the school has been improving its reputation, getting accepted to it is more difficult.

포인트 해설

② **동명사의 형태** 주어 I와 동명사가 '내가 설명하다'라는 의미의 능동 관계이므로 동명사의 수동형 being explained를 동명사의 능동형 explaining으로 고쳐야 한다. 참고로, 동사 prefer는 동명사와 to 부정사를 둘 다 목적어로 취할 수 있으며, 이때 의미의 차이는 없다.

[오답분석]

① **능동태·수동태 구별** 주어 Moods와 동사가 '기분이 영향을 받는다'라는 의미의 수동 관계이므로 수동태 are influenced가 올바르게 쓰였다.

③ **동명사를 목적어로 취하는 동사 | 수량 표현 | 명사절 접속사** 동사 resist는 동명사를 목적어로 취하는 동사이고, every는 특정한 숫자(five)와 함께 오면 '~ 마다 한 번씩'이라는 의미로 복수 명사(minutes) 앞에 올 수 있으므로 couldn't resist checking ~ every five minutes가 올바르게 쓰였다. 또한 '누군가 그에게 메시지를 보냈는지'라는 불확실한 사실에 대해 확인했다는 의미이므로 불확실한 사실을 나타내는 명사절 접속사 if가 올바르게 쓰였다.

④ **부사절 접속사** '그 학교는 명성을 높여 왔기 때문에'를 나타내기 위해 이유를 나타내는 부사절 접속사 Since(~기 때문에)가 올바르게 쓰였다.

정답 ②

어휘

mood 기분, 감정 unconscious 무의식적인 procedure 절차, 수술
reputation 명성, 평판

이것도 알면 **합격!**

동명사가 목적어일 때와 to 부정사가 목적어일 때 의미가 동일한 동사들을 알아 두자.

| | | |
|---|---|---|
| 시작하다 /계속하다 | begin 시작하다<br>continue 계속하다 | start 시작하다 |
| 좋아하다 /싫어하다 | like 좋아하다<br>hate 싫어하다 | love 좋아하다 |

## 05 어휘 accomplishment 난이도 하 ●○○

**밑줄 친 부분에 들어갈 말로 가장 적절한 것은?**

The young journalist was initially hesitant to accept the task of interviewing the notoriously demanding CEO, but now it's a great ______________. He was consequently given several other important assignments.

① promotion ② accomplishment
③ misunderstanding ④ concern

해석

그 어린 기자는 처음에 악명 높게 요구가 많은 그 CEO를 인터뷰하는 업무를 수락하기를 망설였지만, 지금 그것은 대단한 성과이다. 그는 그 결과 몇몇의 다른 중요한 임무를 받았다.

① 승진 ② 성과
③ 오해 ④ 걱정

정답 ②

어휘

journalist 기자 initially 처음에 hesitant 망설이는
notoriously 악명 높게 demanding 요구가 많은, 부담이 큰
consequently 그 결과 assignment 임무 promotion 승진, 홍보
accomplishment 성과 misunderstanding 오해
concern 걱정, 관심; 걱정스럽게 만들다, 관련되다

이것도 알면 **합격!**

accomplishment(성과)의 유의어
= achievement, attainment, feat

## 06 독해 글의 감상 난이도 하 ●○○

**다음 글에 나타난 화자의 심경으로 가장 적절한 것은?**

Back then I was living above a nail salon in a crowded one bedroom with Samantha and her fox terrier. We were still living like undergraduates, eating take-out and borrowing money from our parents. I delivered pizzas. Samantha spent most of her time sitting on the floor threading necklaces out of plastic beads. The beads! The beads multiplied in our living room like crazy. They filled our wine glasses and bowls. We had a good thing going in those days, but the feeling got buried somewhere beneath all the clutter: the dirty laundry and recycling, the drawers filled with takeout menus, and the beads, beads, beads. It's odd that I look back on those little objects with such fondness when they drove me mad at the time.

① anxious ② enthusiastic
③ gloomy ④ nostalgic

해석

그 당시에 나는 Samantha와 그녀의 폭스테리어와 함께 네일샵 위에 있는 혼잡한 방 한 칸에서 살고 있었다. 우리는 포장 음식을 먹고 부모님께 돈을 빌리며, 여전히 대학생처럼 살고 있었다. 나는 피자를 배달했다. Samantha는 바닥에 앉아 플라스틱 구슬로 목걸이를 꿰면서 대부분의 시간을 보냈다. 그 구슬들! 구슬들은 우리 거실에서 무서운 기세로 늘어났다. 그것들은 우리의 포도주잔과 그릇을 채웠다. 당시에는 좋았지만, 그 감정은 더러운 빨래와 재활용품, 포장 음식 메뉴로 채워진 서랍, 그리고 끝이 없는 구슬과 같은 잡동사니 아래 어딘가에 묻혔다. 그 당시에 그것들이 나를 화나게 했음에도 내가 그 작은 물건들을 이렇게 애정을 가지고 회상하다니 이상한 일이다.

① 불안한 ② 열정적인
③ 음울한 ④ 향수에 젖은

포인트 해설

지문 전반에 걸쳐 화자가 Samantha와 함께 살았던 당시에는 그녀가 목걸이를 꿰는 데 사용했던 구슬들이 그를 화나게 했었지만, 지금은 그 구슬들을 애정을 가지고 회상하고 있다고 이야기하고 있다. 따라서 화자의 심경을 '향수에 젖은'이라고 표현한 ④번이 정답이다.

정답 ④

어휘

undergraduate 대학생 thread (실 등을) 꿰다 bead 구슬
multiply 늘다, 곱하다 clutter 잡동사니 odd 이상한 fondness 애정
enthusiastic 열정적인 gloomy 음울한 nostalgic 향수에 젖은

## 07 독해 내용 불일치 파악 난이도 중 ●●○

**다음 글의 내용과 일치하지 않는 것은?**

Dioxins are some of the most toxic chemicals in the world. They enter the environment when they are unintentionally produced through the burning of waste and agricultural byproducts. Because dioxins accumulate in fat cells, they are primarily found in animals and humans. People ingest them mostly when they consume meat and dairy products. Some dioxins have toxicity rates that are second only to nuclear waste. The most harmful property of these chemicals is that they are carcinogenic, meaning that they are known to cause cancer in humans. Exposure to dioxins has also been linked to birth defects, breathing difficulties, skin lesions, and mental disabilities.

① Fat cells store dioxins in the bodies of humans and other animals.

② Dioxins are absorbed into body when people consume animal products.

③ Dioxins have toxicity rates higher than those of nuclear waste.

④ Encountering dioxins can cause cancer, birth defects, and skin problems.

해석

다이옥신은 세상에서 가장 유독한 화학물질 중 일부이다. 그것들은 폐기물과 농업 부산물의 소각을 통해 의도치 않게 생산되어 자연환경에 유입된다. 다이옥신은 지방 세포에 축적되기 때문에, 그것들은 주로 동물들과 사람들에게서 발견된다. 사람들은 주로 육류와 유제품을 먹을 때 그것들을 섭취한다. 일부 다이옥신은 핵폐기물에 버금가는 독성률을 가지고 있다. 이 화학물질의 가장 해로운 특성은 그것들이 발암성이라는 것인데, 이는 그것들이 사람에게 암을 유발하는 것으로 알려져 있다는 것을 의미한다. 다이옥신에 노출되는 것은 또한 선천적 장애, 호흡 곤란, 피부 손상, 그리고 정신적 장애와 연관되어 있다.

① 지방 세포는 인간과 다른 동물들의 체내에 다이옥신을 축적시킨다.

② 다이옥신은 사람들이 축산물을 먹을 때 인체에 흡수된다.

③ 다이옥신은 핵폐기물보다 더 높은 독성률을 가지고 있다.

④ 다이옥신과 접하는 것은 암, 선천적 장애, 피부 질환을 야기할 수 있다.

포인트 해설

③번의 키워드인 toxicity rates(독성률)가 그대로 언급한 지문 주변의 내용에서, 일부 다이옥신은 핵폐기물에 버금가는 독성률을 가지고 있다고 했으므로, ③ '다이옥신은 핵폐기물보다 더 높은 독성률을 가지고 있다'가 지문의 내용과 다르다.

정답 ③

어휘

toxic 유독한 unintentionally 의도치 않게, 무심코 agricultural 농업의
byproduct 부산물 accumulate 축적되다, 모이다 primarily 주로
ingest 섭취하다 dairy product 유제품
second only to ~에 버금가는 carcinogenic 발암성의
birth defect 선천적 장애 lesion 손상, 상해 absorb 흡수하다
encounter 접하다, 마주하다

## 08 독해 문단 순서 배열 난이도 중 ●●○

**주어진 글 다음에 이어질 글의 순서로 가장 적절한 것은?**

Many people want to quit their jobs to look for new career opportunities. However, they aren't sure how to do it or even where to begin.

(A) Once you've settled on an occupation and you've made the necessary preparations, look for opportunities in the job market. When the right position comes along, you'll be ready to leave your old job behind.

(B) After you decide on an objective, take steps to prepare yourself for your new career. For example, if you need to learn a particular skill for the job you want, you can enroll in online classes or buy some books that you can study.

(C) One of the first things you should do is determine what your ultimate career goal is. It's important to think about why you want to change jobs and what you really want to do.

① (B) – (A) – (C) ② (B) – (C) – (A)
③ (C) – (A) – (B) ④ (C) – (B) – (A)

해석

많은 사람들이 새로운 직업의 기회를 찾기 위해 그들의 직장을 그만두고 싶어 한다. 하지만, 그들은 그것을 어떻게 하는지, 심지어 어디에서부터 시작해야 하는지조차 모른다.

(A) 당신이 직업을 정했고 필요한 준비를 마쳤다면, 구직 시장에서 기회를 찾아보아라. 적절한 자리가 나타나면, 당신은 이전의 직장을 뒤로하고 떠날 준비가 될 것이다.

(B) 목표를 정한 후, 당신의 새 직업을 위해 자신을 준비시키는 단계를 밟아라. 예를 들어, 만약 당신이 원하는 직업을 위해 특정 기술을 배워야 한다면, 당신은 온라인 수업에 등록하거나 공부할 수 있는 책 몇 권을 구매할 수 있다.

(C) 당신이 가장 먼저 해야 할 일 중 하나는 당신의 궁극적인 직업 목표가 무엇인지를 결정하는 것이다. 당신이 왜 직업을 바꾸고 싶은지와 진짜 하고 싶은 것이 무엇인지에 대해 생각하는 것은 중요하다.

**포인트 해설**

주어진 문장에서 많은 사람들이 새로운 직업의 기회를 찾기 위해 그들의 직장을 그만두고 싶어 하지만 방법을 모른다고 한 후, (C)에서 이를 위해 가장 먼저 해야 할 일 중 하나(One of the first thing)는 자신의 궁극적인 직업 목표가 무엇인지를 결정하는 것이라고 설명하고 있다. 이어서 (B)에서 목표(an objective)를 정한 후 원하는 직업을 위해 공부를 하는 등 준비를 해야 한다는 것을 알려주고, (A)에서 직업(an occupation)을 정하고 필요한 준비를 마쳤다면, 구직 시장에서 기회를 찾아보아야 한다고 조언하고 있다. 따라서 ④ (C) - (B) - (A)가 정답이다.

정답 ④

**어휘**

settle on ~을 정하다 occupation 직업 come along 나타나다, 생기다
objective 목표 enroll 등록하다 determine 결정하다 ultimate 궁극적인

## 09 독해 빈칸 완성 - 절 난이도 상 ●●●

**밑줄 친 부분에 들어갈 말로 가장 적절한 것은?**

The market for lemons is an economic theory concerning commodity quality. It states that the marketplace will inevitably be flooded with lemons, or subpar goods, because ______________________. The concept is often demonstrated with the example of used cars. Imagine a secondhand car salesman. He takes advantage of the fact that buyers are not privy to the real condition of his merchandise, so he asks high prices for low-quality vehicles. Meanwhile, customers are aware they don't really know if the car is good or bad, so they only want to pay very little to avoid being cheated. The salesman then offers even worse cars at slightly lower costs in the hopes of making a profit, making patrons suspicious again. The disparity of what is known and not known between the two causes the cycle to continue until nothing but bad products are sold.

① the seller and buyer have differing information
② lower-standard merchandise is cheaper to make
③ customers are not familiar with quality goods
④ buyers and sellers both try to cheat each other

**해석**

레몬 시장은 상품의 품질과 관련된 경제 이론이다. 이것은 판매자와 구매자가 다른 정보를 가지고 있기 때문에, 시장이 필연적으로 레몬, 즉 수준 이하의 상품들로 넘쳐나게 될 것이라고 말한다. 그 개념은 종종 중고차의 예시로 설명된다. 중고차 판매원을 생각해 보자. 그는 구매자들이 그의 상품의 실제 상태에 대해 잘 알지 못한다는 사실을 이용하여, 품질이 낮은 자동차에 대해 높은 가격을 요구한다. 한편, 고객들은 그 자동차가 좋은지 나쁜지를 정말로 알지 못한다는 것을 인지하고 있기 때문에, 사기당하는 것을 피하고자 아주 적은 돈만을 내고 싶어 한다. 그러면 판매원은 이윤을 내기를 기대하며 훨씬 더 나쁜 자동차를 약간 더 낮은 가격에 내놓게 되고, 고객들이 다시 의심스러워하게 만든다. 둘 사이의 알고 있는 것과 알지 못하는 것의 차이는 오직 나쁜 상품들만 팔릴 때까지 이 순환이 계속되게 한다.

① 판매자와 구매자가 다른 정보를 가지고 있다
② 수준이 낮은 상품은 만드는 것이 더 저렴하다
③ 고객들은 질이 좋은 상품에 익숙하지 않다
④ 구매자와 판매자는 모두 서로를 속이기 위해 노력한다

**포인트 해설**

지문 처음에서 레몬 시장은 상품의 품질과 관련된 경제 이론이라고 언급하고, 이어서 지문 전반에 걸쳐 중고차 시장을 예시로 들어 중고차 판매원은 구매자가 상품의 상태에 대해 잘 알지 못한다는 사실을 이용하여 품질이 낮은 자동차에 대해 높은 가격을 요구하고, 구매자는 자동차가 좋은지 나쁜지를 알지 못한다는 것을 인지하고 있기 때문에 사기당하는 것을 피하고자 적은 돈만을 내고 싶어 하는데, 이와 같이 둘 사이의 알고 있는 것과 알지 못하는 것의 차이가 시장에서 나쁜 상품들만 팔리게 한다고 이론의 내용을 설명하고 있으므로, '판매자와 구매자가 다른 정보를 가지고 있다'고 한 ①번이 정답이다.

정답 ①

**어휘**

quality 품질 inevitably 필연적으로 subpar 수준 이하의
demonstrate 설명하다, 보여 주다 secondhand 중고의
take advantage of ~을 이용하다 privy 잘 알고 있는 cheat 사기 치다
patron 고객 suspicious 의심스러워하는 disparity 차이

## 10 독해 주제 파악 난이도 중 ●●○

**다음 글의 주제로 가장 적절한 것은?**

Every time people post photos on the Internet from a smartphone or WiFi-enabled digital camera, they may be giving away more information than they realize. Most photo files include geotags, or GPS coordinates, that pinpoint where it was taken. While this feature might be convenient for organizing pictures in albums, it can unfortunately be used maliciously. For example, many celebrities who upload snapshots have inadvertently revealed their home addresses, making it easy for fans and stalkers to find them. And one study found that those who sell items online become a sitting duck for thieves who can figure out where the item is located. The best way to prevent such acts is to turn off location sharing when it is not absolutely necessary and to eliminate geotags from picture files with special removal software before putting them online.

① common applications of GPS data
② disadvantages of large social networks

③ hidden security threats of taking photos
④ concerns over inadvertent location sharing

해석

사람들이 스마트폰 혹은 와이파이가 가능한 디지털카메라로 인터넷에 사진을 게시할 때마다, 그들은 인식하는 것보다 더 많은 정보를 드러내고 있는 것일지도 모른다. 대부분의 사진 파일은 위치 정보 태그, 혹은 GPS 좌표를 포함하는데, 이는 그것이 어디에서 찍혔는지 정확히 보여 준다. 이러한 특징은 앨범에서 사진들을 정리하기에는 편리할 수 있지만, 안타깝게도 악의적으로 이용될 수 있다. 예를 들어, 스냅 사진을 업로드하는 많은 유명 인사들은 무심코 그들의 집 주소를 드러내서, 팬과 스토커들이 그들을 찾는 것을 쉽게 만든다. 그리고 한 조사는 온라인에서 물건을 파는 사람들이 그 물건이 어디에 있는지 알아낼 수 있는 도둑들에게 공격하기 쉬운 대상이 된다는 것을 확인했다. 이러한 행위를 방지하는 최선의 방법은 위치 공유가 반드시 필요한 경우가 아니라면 그것을 끄고 온라인에 사진을 올리기 전에 특수한 제거 프로그램으로 사진 파일에서 위치 정보 태그를 제거하는 것이다.

① GPS 데이터의 일반적인 응용
② 거대한 사회적 연결망의 약점
③ 사진 촬영에 숨겨진 보안 위협
④ 무심코 한 위치 공유에 대한 우려

포인트 해설

지문 전반에 걸쳐 인터넷에 게시하는 대부분의 사진 파일은 위치 정보 태그를 포함하는데 이것이 악의적으로 이용될 수 있다고 한 후, 이에 대한 예시로 많은 유명 인사들이 무심코 그들의 집 주소를 드러내서 팬과 스토커들이 그들을 쉽게 찾을 수 있게 된다는 것과 온라인에서 물건을 파는 사람들이 그 물건의 위치를 알아낼 수 있는 도둑들에게 공격하기 쉬운 대상이 된다는 것을 제시하고 있다. 따라서 ④ '무심코 한 위치 공유에 대한 우려'가 이 글의 주제이다.

정답 ④

어휘

give away ~을 드러내다 coordinate 좌표 pinpoint 정확히 보여 주다
organize 정리하다 maliciously 악의적으로 inadvertently 무심코
a sitting duck 공격하기 쉬운 대상 figure out ~을 알아내다
eliminate 제거하다

구문 분석

The best way / to prevent such acts / is to turn off location sharing (생략).

: 이처럼 to 부정사(to prevent ~)가 명사를 꾸며주는 경우, '~할 명사' 또는 '~하는 명사'라고 해석한다.

DAY 18 하프모의고사 18회

## 해커스 공무원시험연구소 총평

| | |
|---|---|
| 난이도 | 어휘·생활영어 유형에 고난도 어휘 및 표현이 등장했기 때문에, 어휘 영역이 다소 어렵게 느껴졌을 수 있습니다. |
| 어휘·생활영어 영역 | 1번 문제에 생소할 수 있는 관용 표현들이 출제되기는 했지만, 정답 보기의 의미는 관용 표현에 쓰인 단어들을 통해 유추하는 것이 가능했습니다. '이것도 알면 합격!'에 제시되어 있는 표현들까지 함께 암기해 두도록 합시다. |
| 문법 영역 | 3번 문제에 출제된 수 일치는 주로 출제되는 문법 포인트 중 하나이므로, 주어 자리에 오는 것에 따른 수 일치 형태의 변화를 모두 익혀 두어야 합니다. |
| 독해 영역 | 8번 문제와 같이 빈칸에 들어갈 연결어를 고르는 유형은 빈칸 바로 앞뒤에 있는 문장만으로는 둘 사이의 논리적 관계를 파악하기 어려울 수 있습니다. 이 경우 전반적인 글의 흐름에 비추어 빈칸 전후의 논리적 관계를 파악해야 합니다. |

## 정답

| | | | | | |
|---|---|---|---|---|---|
| 01 | ③ | 생활영어 | 06 | ④ | 독해 |
| 02 | ③ | 문법 | 07 | ② | 독해 |
| 03 | ④ | 어휘 | 08 | ② | 독해 |
| 04 | ② | 문법 | 09 | ③ | 독해 |
| 05 | ③ | 어휘 | 10 | ③ | 독해 |

## 취약영역 분석표

| 영역 | 맞힌 답의 개수 |
|---|---|
| 어휘 | /2 |
| 생활영어 | /1 |
| 문법 | /2 |
| 독해 | /5 |
| TOTAL | **/10** |

### 01 생활영어 mend one's way 난이도 상 ●●●

**밑줄 친 부분에 들어갈 말로 가장 적절한 것은?**

A: Hey, where have you been?
B: Getting my yearly physical. It really opened my eyes. I think it's time I ________________.
A: You've said that before.
B: I mean it this time. No more drinking or eating junk. I'm going to turn over a new leaf.
A: I'll believe it when I see it.

① took the cake
② stepped out of line
③ mended my ways
④ cut a fine figure

**해석**

A: 어봐, 어디 갔다 왔어?
B: 연례 건강 검진을 받고 왔어. 눈이 정말 휘둥그레졌어. 이제는 생활 습관을 고쳐야 할 때인 것 같아.
A: 전에도 그렇게 말했었잖아.
B: 이번에는 진심이야. 더 이상 술을 마시거나 인스턴트 음식을 먹지 않을 거야. 새사람이 될 거야.
A: 보기 전까진 믿지 않을래.

① 단연 뛰어나다
② 규칙을 어기다
③ 생활 습관을 고치다
④ 두각을 나타내다

**포인트 해설**

건강 검진을 받고 눈이 휘둥그레졌다는 B에게 빈칸 뒤에서 A가 전에도 그렇게 말했었다고 하자, B가 다시 No more drinking or eating junk(더 이상 술을 마시거나 인스턴트 음식을 먹지 않을 거야)라고 대답하고 있으므로, '생활 습관을 고치다'라는 의미의 ③ 'mended my ways'가 정답이다.

정답 ③

**어휘**

physical 건강 검진; 육체의 turn over a new leaf 새사람이 되다
take the cake 단연 뛰어나다 step out of line 규칙을 어기다
mend one's ways 생활 습관을 고치다 cut a fine figure 두각을 나타내다

**이것도 알면 합격!**

'way'를 포함하는 다양한 표현들을 알아 두자.
- make one's way 나아가다, 출세하다
- lead the way 앞장서다, 솔선하다
- out of harm's way 아무런 피해를 당하지 않도록
- in a big way 대대적으로

## 02 문법 관계절 | 비교 구문 | 분사 | 부사절 | 수 일치
난이도 중 ●●○

**어법상 옳지 않은 것은?**

① A sheet of music can be as expressive as a great poem.

② She felt so elated by the news that she had to sit down to contain her excitement.

③ He opened the computer to look at the motherboard, which he found the problem.

④ The initial results from the trial test show a lot of promise.

**해석**

① 악보 한 장은 훌륭한 시만큼 표현이 풍부할 수 있다.

② 그녀는 그 소식에 너무 신이 나서 앉아서 흥분을 억눌러야 했다.

③ 그는 본체 기판을 살펴보기 위해 컴퓨터를 열었고, 그곳에서 문제를 발견했다.

④ 시범 검사의 초기 결과는 많은 가능성을 보여 준다.

**포인트 해설**

③ **관계부사와 관계대명사 비교** 선행사 the motherboard가 장소를 나타내고 관계사 뒤에 완전한 절(he found the problem)이 왔으므로, 불완전한 절을 이끄는 관계대명사 which를 장소를 나타내는 선행사와 함께 쓰이며 완전한 절을 이끄는 관계부사 where 또는 '전치사 + 관계대명사' 형태인 in which로 고쳐야 한다.

[오답분석]

① **원급** 문맥상 '훌륭한 시만큼 표현이 풍부할 수 있다'라는 의미가 되어야 자연스러운데, '~만큼 -한'은 두 대상의 동등함을 나타내는 원급 표현 'as + 형용사의 원급 + as'를 사용하여 나타낼 수 있으므로 as expressive as가 올바르게 쓰였다.

② **현재분사 vs. 과거분사 | 부사절 접속사** 감정을 나타내는 분사가 보충 설명하는 대상이 감정을 일으키는 주체인 경우 현재분사를, 감정을 느끼는 대상인 경우 과거분사를 쓰는데, 주어(She)가 '그녀가 신이 나다'라는 의미로 감정을 느끼는 대상이므로 과거분사 elated가 올바르게 쓰였다. 또한 문맥상 '너무 신이 나서 ~ 억눌러야 했다'라는 의미가 되어야 자연스러우므로 부사절 접속사 so ~ that(너무 ~해서 -하다)이 올바르게 쓰였다.

④ **주어와 동사의 수 일치** 주어 자리에 복수 명사 The initial results가 왔으므로 복수 동사 show가 올바르게 쓰였다. 참고로, 주어와 동사 사이의 수식어 거품(from the trial test)은 동사의 수 결정에 영향을 주지 않는다.

정답 ③

**어휘**

expressive 표현이 풍부한 elated 신이 난, 의기양양한
contain 억누르다, 함유하다 motherboard 본체 기판 promise 가능성

**이것도 알면 합격!**

원급 표현 '배수사 + as + 원급 + as'는 '~배만큼 -하다'라는 의미를 나타낸다는 것도 알아 두자.

- The new smartphone has a battery life that is **twice as long as** its predecessor.
  새 스마트폰은 그것의 이전 모델보다 두 배만큼 긴 배터리 수명을 가지고 있다.

## 03 어휘 humble
난이도 중 ●●○

**밑줄 친 부분에 들어갈 말로 가장 적절한 것은?**

Although the actor is one of the fastest-rising stars in Hollywood, his colleagues describe him as being ____________.

① talkative ② forgetful
③ melancholic ④ humble

**해석**

그 배우는 할리우드에서 가장 빠르게 떠오르는 스타 중 한 명인데도 불구하고, 그의 동료들은 그가 겸손하다고 말한다.

① 수다스러운 ② 잘 잊어먹는
③ 우울한 ④ 겸손한

정답 ④

**어휘**

colleague 동료 describe 말하다, 묘사하다 talkative 수다스러운
forgetful 잘 잊어먹는, 건망증이 있는 melancholic 우울한 humble 겸손한

**이것도 알면 합격!**

humble(겸손한)의 유의어
= modest, unpretentious, down-to-earth, unassuming

## 04 문법 전치사 | 수 일치 | 수동태 | to 부정사 | 동사의 종류 | 보어
난이도 중 ●●○

**밑줄 친 부분 중 어법상 옳지 않은 것은?**

The number of automobile accidents that occurred near Willow Elementary School ① was revealed yesterday morning at a local school board meeting. ② Though the addition of crosswalks and traffic signs this year, the number of accidents still remains high. Concerned parents and school officials plan ③ to have another meeting on Thursday to discuss further options to keep the area around the school ④ safe for children.

**해석**

Willow 초등학교 근처에서 발생한 자동차 사고 건수가 어제 아침 지역 학교 이사회에서 밝혀졌다. 올해 횡단보도와 교통 표지판이 추가되었음에도 불구하고, 사고 건수는 여전히 높다. 염려하는 부모들과 학교 관계자들은 학교 주변 지역을 아이들에게 안전하게 유지하기 위한 추가 방안을 논의하기 위해 목요일에 또 다른 회의를 가질 계획이다.

**포인트 해설**

② **전치사 자리** 명사구(the addition ~ this year) 앞에 올 수 있는 것은 부사절 접속사가 아닌 전치사이므로 부사절 접속사 Though(~에도 불구하고)를 양보를 나타내는 전치사 Despite(~에도 불구하고) 또는 In spite of(~에도 불구하고)로 고쳐야 한다.

[오답분석]

① **수량 표현의 수 일치 | 능동태·수동태 구별** 주어 자리에 단수 취급하는 수량 표현 'the number of + 명사'(The number of automobile accidents)가 왔으므로 단수 동사 was가 올바르게 쓰였고, 주어와 동사가 '자동차 사고 건수가 밝혀졌다'라는 의미의 수동 관계이므로 수동태 was revealed가 올바르게 쓰였다.

③ **to 부정사를 취하는 동사** 동사 plan은 to 부정사를 목적어로 취할 수 있으므로 plan의 목적어 자리에 to 부정사 to have가 올바르게 쓰였다.

④ **5형식 동사 | 보어 자리** 동사 keep은 '~을 (어떤 상태로) 유지하다'라는 의미를 나타낼 때 목적어와 목적격 보어를 취하는 5형식 동사이고, 목적격 보어 자리에는 형용사 역할을 하는 것이 올 수 있으므로 형용사 safe가 올바르게 쓰였다.

정답 ②

어휘

board meeting 이사회 crosswalk 횡단보도 traffic sign 교통 표지판

이것도 알면 **합격!**

to 부정사를 취하는 명사와 형용사들을 알아 두자.

| | |
|---|---|
| 명사 + to 부정사 | chance to ~할 기회<br>time to ~할 시간<br>right to ~할 권리<br>opportunity to ~할 기회<br>way to ~할 방법 |
| 형용사 + to 부정사 | be able to ~할 수 있다<br>be likely to ~할 것 같다<br>be willing to 기꺼이 ~하다<br>be about to 막 ~하려 하다 |

## 05 어휘 exquisite = impeccable 난이도 상 ●●●

**밑줄 친 부분의 의미와 가장 가까운 것은?**

In anticipation of the royal family's visit, the chef put together an exquisite multi-course meal made with only the finest ingredients.

① zealous ② prosaic
③ impeccable ④ unsavory

해석

왕실의 방문을 기대하고, 그 요리사는 오직 최고급 재료들만을 가지고 만든 더없이 훌륭한 다양한 코스의 식사를 준비했다.

① 열성적인 ② 평범한
③ 흠잡을 데 없는 ④ 맛없는

정답 ③

어휘

in anticipation of ~을 기대하고 put together ~을 준비하다
exquisite 더없이 훌륭한 zealous 열성적인 prosaic 평범한
impeccable 흠잡을 데 없는 unsavory 맛없는, 불쾌한

이것도 알면 **합격!**

exquisite(더없이 훌륭한)의 유의어
= elegant, excellent, outstanding, magnificent

## 06 독해 빈칸 완성 - 구 난이도 중 ●●○

**밑줄 친 부분에 들어갈 말로 가장 적절한 것은?**

Most people hear a woodpecker before they see one; the tapping sound against wood as the tiny bird pecks at trees to find a meal is unmistakable. Perhaps one of the most fascinating aspects about this unusual hunting method is that the birds can ______________________. By all accounts, it shouldn't be physically possible. The woodpecker hits a trunk roughly 1,200 times a minute, and the speed at which it does so can be as high as 7 meters per second. Yet the little flier can strike its head against a hard surface again and again—up to 12,000 times in a single day—without any repercussions. What should rightly be putting enormous stress and injury on the bird's neck, skeleton, and face in fact does no damage to it at all.

① continue to strike trees even after being wounded
② increase their pecking speed whenever they want
③ penetrate hard surfaces faster than all other animals
④ withstand repeated blows without hurting themselves

해석

대부분의 사람들은 딱따구리를 보기 전에 소리를 먼저 듣게 되는데, 그 작은 새가 먹이를 찾기 위해 나무를 쫄 때 그 나무를 두드리는 소리는 오해의 여지가 없다. 아마도 이 독특한 사냥 방식에 관한 가장 흥미로운 측면 중 하나는 그 새들이 스스로를 다치게 하지 않으면서 반복되는 타격을 견딜 수 있다는 것이다. 모든 면에서, 그것은 물리적으로 가능하지 않아야 한다. 딱따구리는 나무의 몸통을 대략 일 분에 1,200번 때리며, 그것을 하는 속도는 초속 7미터만큼이나 빠를 수 있다. 그런데도 그 작은 하늘을 나는 것은 어떠한 영향도 없이 하루에 최대 12,000번까지 계속해서 단단한 표면에 머리를 부딪칠 수 있다. 그 새의 목, 골격 그리고 얼굴에 마땅히 가해져야 하는 막대한 압력과 부상은 실제로는 전혀 손상을 입히지 않는다.

① 심지어 부상을 입은 후에도 나무에 계속해서 부딪치다
② 그들이 원할 때마다 쪼는 속도를 올릴 수 있다
③ 다른 모든 동물들보다 더 빠르게 단단한 표면을 관통하다
④ 스스로를 다치게 하지 않으면서 반복되는 타격을 견디다

포인트 해설

빈칸 뒷부분에 딱따구리는 신체에 어떠한 영향도 없이 하루에 최대 12,000번까지 단단한 나무 표면에 머리를 부딪칠 수 있으며, 이로 인한 손상을 전혀 입지 않는다는 내용이 있으므로 '스스로를 다치게 하지 않으면서 반복되는 타격을 견딜' 수 있다고 한 ④번이 정답이다.

정답 ④

어휘

peck 쪼다 unmistakable 오해의 여지가 없는, 틀림없는
fascinating 흥미로운 trunk 나무의 몸통 flier 하늘을 나는 것
strike 부딪치다 repercussion 영향 penetrate 관통하다 blow 타격

## 07 독해 제목 파악 난이도 하 ●○○

**다음 글의 제목으로 가장 적절한 것은?**

A new study has determined that on the whole, the earth's ice has been melting at an alarming rate. However, the masses of ice and ice sheets in Antarctica and the Arctic Ocean have increased substantially in the past few years, leading researchers to believe that these gains are atypical within the larger context of global warming. Although several theories have been proposed, none of them fully explain the exact causes of these discrepancies. What scientists know for sure is that climate systems are complex, and the overall warming trend brings with it adjustments in the weather patterns in some areas.

① Attempts to Restore Ice Masses in the Face of Climate Change
② A Mysterious Relationship Between Ice Sheets and Global Warming
③ Frightening Changes in Earth's Polar Ecosystems
④ Reasons Scientists Theorize that a New Ice Age is Coming Up

해석

새로운 연구는 전반적으로, 지구의 얼음이 심상치 않은 속도로 녹고 있다는 것을 발견했다. 하지만, 남극 대륙과 북극해에 있는 얼음덩어리와 대륙 빙하는 지난 몇 년간 상당히 증가해 왔고, 이는 연구원들로 하여금 이러한 증가가 지구 온난화라는 더 큰 맥락에서 이례적인 것이라고 생각하게 했다. 몇몇 이론들이 제시되어 왔지만, 그것들 중 무엇도 이러한 모순의 원인을 완벽하게 설명하지 못한다. 과학자들이 확실하게 아는 것은 기후 체계가 복잡하고, 전체적인 온난화 추세가 몇몇 지역의 기후 패턴에 변화를 가져온다는 것이다.

① 기후 변화에 직면하여 얼음덩어리들을 복구하려는 시도
② 대륙 빙하와 지구온난화 사이의 불가사의한 관계
③ 지구 극지방 생태계의 무서운 변화
④ 과학자들이 새로운 빙하기가 다가오고 있다는 이론을 제시하는 이유

포인트 해설

지문 앞부분에서 지구의 얼음이 심상치 않은 속도로 녹고 있지만, 남극 대륙과 북극해의 얼음덩어리와 대륙 빙하가 지난 몇 년간 증가해 왔다고 하고, 이어서 지문 중간에서 이는 지구 온난화라는 큰 맥락에서 이례적인 것으로 여겨지며, 몇몇 이론들이 제시되어 왔지만 그것들 중 무엇도 이러한 모순의 원인을 완벽하게 설명하지 못한다고 했으므로, ② '대륙 빙하와 지구온난화 사이의 불가사의한 관계'가 이 글의 제목이다.

정답 ②

어휘

alarming 심상치 않은 ice sheet 대륙 빙하 Antarctica 남극 대륙
substantially 상당히 gain 증가, 증대 atypical 이례적인
discrepancy 모순, 불일치 adjustment 변화, 적응

## 08 독해 빈칸 완성 – 연결어 난이도 중 ●●○

**밑줄 친 (A), (B)에 들어갈 말로 가장 적절한 것은?**

Most people know there are forbidden words and expressions in each language. Yet, as languages are constantly evolving to reflect the attitudes of the time, the list of words that fall into this category continues to change. ___(A)___, some formerly taboo swear words have become acceptable in everyday speech. Most people are not offended by their use in casual conversation and few are shocked to hear them in movies or even on TV. ___(B)___, take the word "fat." For much of its history, the word was an innocuous descriptor, a mundane adjective used to characterize somebody or something. In today's image-conscious society, however, the word has become taboo. Calling a person fat is no longer permitted in polite society and using it will likely garner looks of disapproval.

| (A) | (B) |
|---|---|
| ① In addition | Consequently |
| ② For example | Conversely |
| ③ As a result | Subsequently |
| ④ Nevertheless | Similarly |

해석

대부분의 사람들은 각 언어에 금지된 단어와 표현이 있다는 것을 알고 있다. 그렇지만, 언어는 당대의 사고방식을 반영하기 위해 끊임없이 발전하기 때문에, 이 범주에 속하는 단어의 목록은 계속해서 바뀐다. (A) 예를 들어, 이전에 금기시되었던 일부 욕설들이 일상적인 담화에서 용인되어 왔다. 대부분의 사람들은 격식을 차리지 않는 대화에서 그것들의 사용으로 인해 감정이 상하지 않으며 영화나 텔레비전에서 그것들을 듣고 충격을 받는 이들은 거의 없다. (B) 대조적으로, '뚱뚱한'이라는 단어를 보자. 역사상 오랫동안, 그 단어는 어떤 사람 또는 어떤 것의 특징을 묘사하기 위해 사용된 일상적인 형용사로써, 악의 없는 기술어였다. 하지만, 오늘날의 외형을 의식하는 사회에서, 그 단어는 금기가 되었다. 어떤 사람을 뚱뚱하다고 하는 것은 교양 있는 집단에서 더 이상 허용되지 않으며 그것을 사용하는 것은 분명히 비난의 눈초리를 받을 것이다.

| (A) | (B) |
|---|---|
| ① 게다가 | 결과적으로 |
| ② 예를 들어 | 대조적으로 |
| ③ 그 결과 | 그 후에 |
| ④ 그럼에도 불구하고 | 마찬가지로 |

포인트 해설

(A) 빈칸 앞 문장은 언어가 끊임없이 발전하기 때문에 금지된 단어와 표현에 속하는 단어의 목록 역시 계속해서 바뀐다는 내용이고, 빈칸 뒤 문장은 이전에 금기시되었던 일부 욕설들이 일상적인 담화에서 용인되어 왔다는 예시를 드는 내용이므로, 빈칸에는 예시를 나타내는 연결어인 For example(예를 들어)이 들어가야 한다.

(B) 빈칸 앞부분은 이전에 금기시되었던 일부 욕설들이 일상적인 담화에서 용인되는 사례에 대한 내용이고, 빈칸 뒷부분은 오랫동안 악의 없이 사용되었던 '뚱뚱한'이라는 단어가 오늘날의 사회에서는 금기가 되었다는 대조적인 내용이므로, 빈칸에는 대조를 나타내는 연결어인 Conversely(대조적으로)가 들어가야 한다.

정답 ②

어휘

forbid 금지하다 constantly 끊임없이, 항상
evolve 발전하다, 진화하다 reflect 반영하다, 반사하다
attitude 사고방식, 태도 formerly 이전에
taboo 금기시되는, 금기의; 금기 swear word 욕설 acceptable 용인되는
offend 감정을 상하게 하다 innocuous 악의 없는
descriptor 기술어 mundane 일상적인 adjective 형용사
characterize 특징을 묘사하다 conscious 의식하는 permit 허용하다
garner 받다, 얻다 disapproval 비난, 반감

## 09 독해 무관한 문장 삭제 난이도 중 ●●○

다음 글의 흐름상 어색한 문장은?

A key component to making a computer run smoothly is the "kernel" used in the operating system (OS). It connects the codes of a computer's software with the processes carried out by the machine's hardware. For example, it manages how much processing power the hardware can use to run a program. ① The kernel is also responsible for deciding which programs have access to the computer's memory at a given time, since multiple connections can slow down performance. ② Finally, the kernel requests system calls that cause the processor to change modes, according to the demands of running programs. ③ The choice of an operating system is dependent upon what the user will mostly do on the computer. ④ In short, the better programmed the kernel is, the faster and more efficient the computer's operating system will be. Consequently, it is essential to purchase a computer with an advanced kernel.

해석

컴퓨터가 원활하게 작동하게 만드는 핵심 구성 요소는 운영 체제(OS)에서 사용되는 '커널'이다. 그것은 컴퓨터 소프트웨어의 코드들을 그 기계의 하드웨어에 의해 수행되는 프로세스와 연결한다. 예를 들면, 그것은 하드웨어가 하나의 프로그램을 실행하기 위해 어느 정도의 처리 능력을 사용할 수 있는지를 관리한다. ① 또한 커널은 정해진 시간에 어떤 프로그램이 컴퓨터의 기억 장치에 접근할지를 결정하는 것을 맡는데, 이는 다중 접속이 수행 속도를 늦출 수 있기 때문이다. ② 마지막으로, 커널은 실행 중인 프로그램의 필요에 따라, 프로세서가 모드를 변경하도록 시스템 호출을 요청한다. ③ 운영 체제의 선택은 사용자가 컴퓨터로 주로 무엇을 할 것인지에 달려 있다. ④ 요컨대, 커널이 더 잘 프로그래밍되어 있을수록, 컴퓨터의 운영 체제는 더 빠르고 효율적일 것이다. 따라서, 고급 커널을 가진 컴퓨터를 구매하는 것이 중요하다.

포인트 해설

지문 앞부분에서 컴퓨터가 원활하게 작동하게 만드는 핵심 구성 요소인 '커널'에 대해 언급하고, ①, ②번은 커널이 수행하는 역할에 대한 내용, ④번은 커널이 더 잘 프로그래밍되어 있을수록 컴퓨터의 운영 체제가 더 빠르고 효율적일 것이라는 내용이므로, 지문 앞부분의 내용과 관련이 있다. 그러나 ③번은 '사용자의 컴퓨터 사용 목적에 따른 운영 체제의 선택'에 대한 내용으로 지문 앞부분의 내용과 관련이 없다.

정답③

어휘

component (구성) 요소, 부품 run 작동하다, 실행하다
operating system 운영 체제 carry out ~을 수행하다
processing power 처리 능력 efficient 효율적인 advanced 고급의

구문 분석

In short, / the better programmed the kernel is, / the faster and more efficient the computer's operating system will be.
: 이처럼 'the 비교급 …, the 비교급 ~' 구문이 두 대상의 비례적인 관계를 나타내는 경우, '더 …할수록, 더 ~하다'라고 해석한다.

## 10 독해 제목 파악 난이도 하 ●○○

다음 글의 제목으로 가장 적절한 것은?

Rainforests are subject to extreme warmth and moisture, and often receive hundreds of centimeters of rainfall every year. The combination of heat and humidity allows for millions of different organisms to flourish in this environment. In fact, rainforests are home to more than 50 percent of the world's plant and animal species. Despite this incredible amount of biodiversity, rainforests cover less than 5 percent of the earth's surface, which is why deforestation poses a serious threat. With around 26 hectares of rainforest being wiped out per minute, conservation activists fear that we will destroy the unique habitat of millions of different species.

① The Impact of Habitat Destruction on Plants
② Weather Changes in Rainforests Worldwide
③ The Possible Loss of Precious Ecosystems
④ The Future of Logging in Forests

해석

열대 우림은 극심한 온기와 습기의 영향을 받고, 매년 보통 수백 센티미터의 비가 내린다. 열과 습도의 결합은 수백만의 다양한 생물들이 이 환경에서 번성하게 한다. 실제로, 열대 우림은 50퍼센트 이상의 세계 식물과 동물

종의 서식지이다. 이 엄청난 양의 생물의 다양성에도 불구하고, 열대 우림은 지구 표면의 5퍼센트 미만을 차지하고 있는데, 이것이 삼림 벌채가 심각한 위협을 제기하는 이유이다. 1분마다 약 26헥타르의 열대 우림이 파괴됨에 따라, 환경 보존 운동가들은 우리가 수백만에 달하는 다양한 종의 유일한 서식지를 파괴할 것이라고 우려한다.

① 식물에 미치는 서식지 파괴의 영향
② 전 세계 열대 우림의 기후 변화
③ 발생 가능한 귀중한 생태계의 상실
④ 삼림 벌목의 미래

**포인트 해설**

지문 중간에서 열대 우림은 50퍼센트 이상의 세계 식물과 동물 종의 서식지이지만 지구 표면의 5퍼센트 미만을 차지하기 때문에 이곳에서의 삼림 벌채는 심각한 위협이 된다고 하고, 지문 마지막에서 1분마다 약 26헥타르의 열대 우림이 파괴됨에 따라 환경 보존 운동가들은 수백만에 달하는 다양한 종의 유일한 서식지가 파괴될 것이라고 우려하고 있다고 언급하고 있다. 따라서 ③ '발생 가능한 귀중한 생태계의 상실'이 이 글의 제목이다.

**정답 ③**

**어휘**

**warmth** 온기 **humidity** 습도 **organism** 생물, 유기체
**flourish** 번성하다, 잘 자라다 **biodiversity** 생물의 다양성
**deforestation** 삼림 벌채 **pose** 제기하다 **wipe out** ~을 파괴하다
**habitat** 서식지 **impact** 영향, 효과 **logging** 벌목

# 하프모의고사 19회

## 해커스 공무원시험연구소 총평

| | |
|---|---|
| 난이도 | 독해 영역에 생소할 수 있는 소재들이 등장하기는 했지만, 정답의 근거가 명확하여 대체로 수월하게 풀 수 있었습니다. |
| 어휘·생활영어 영역 | 2번과 같이 유의어를 찾는 문제의 경우 종종 문맥에 어울리는 오답 보기들이 출제되기도 하므로, 정확한 보기를 고르도록 평소 충분한 양의 어휘 학습이 필요합니다. |
| 문법 영역 | 5번 문제의 ②번 보기에 전치사 for와 during의 쓰임을 구분하는 다소 지엽적인 포인트가 등장하여 정답으로 혼동할 수 있었습니다. 따라서 문법 학습을 할 때는 기본서의 '고득점 포인트'까지 모두 학습해 두어야 완벽한 실전 대비가 가능합니다. |
| 독해 영역 | 9번과 같은 내용 일치·불일치 파악 유형의 경우 대체로 지문 길이가 길고 특정 소재에 대해 세부적으로 다루기 때문에 내용 파악에 시간이 걸릴 수 있습니다. 각 보기의 내용을 키워드 위주로 파악한 후 지문을 읽어내려 가면 보다 신속히 지문의 내용을 파악할 수 있습니다. |

## 정답

| | | | | | |
|---|---|---|---|---|---|
| 01 | ③ | 어휘 | 06 | ④ | 독해 |
| 02 | ③ | 어휘 | 07 | ① | 독해 |
| 03 | ① | 생활영어 | 08 | ② | 독해 |
| 04 | ② | 문법 | 09 | ③ | 독해 |
| 05 | ① | 문법 | 10 | ② | 독해 |

## 취약영역 분석표

| 영역 | 맞힌 답의 개수 |
|---|---|
| 어휘 | /2 |
| 생활영어 | /1 |
| 문법 | /2 |
| 독해 | /5 |
| TOTAL | **/10** |

### 01 어휘 fall through 난이도 중 ●●○

**밑줄 친 부분에 들어갈 말로 가장 적절한 것은?**

I was supposed to go for a camping trip with my friends, but my plans ________ because of a sudden snowstorm.

① broke away ② eased off
③ fell through ④ died down

**해석**

나는 친구들과 캠핑 여행을 가기로 되어 있었지만, 갑작스러운 눈보라로 인해 나의 계획은 실현되지 못했다.

① 달아났다 ② 완화되었다
③ 실현되지 못했다 ④ 차츰 잦아들었다

정답 ③

**어휘**

break away 달아나다 ease off 완화되다 fall through 실현되지 못하다
die down 차츰 잦아들다

**이것도 알면 합격!**

fall through(실현되지 못하다)와 유사한 의미의 표현
= fail, be unsuccessful, break down

### 02 어휘 scrupulous = upright 난이도 중 ●●○

**밑줄 친 부분의 의미와 가장 가까운 것은?**

The scrupulous detective, known for his unwavering commitment to justice, always tried to do the right thing.

① compulsive ② frigid
③ upright ④ competent

**해석**

정의에 대한 변함없는 헌신으로 유명한, 그 양심적인 형사는 항상 옳은 일을 하려고 노력했다.

① 강제적인 ② 냉담한
③ 정직한 ④ 유능한

정답 ③

**어휘**

scrupulous 양심적인, 세심한 unwavering 변함없는
commitment 헌신, 전념 justice 정의 compulsive 강제적인, 강박적인
frigid 냉담한, 혹한의 upright 정직한, 올바른 competent 유능한, 충분한

**이것도 알면 합격!**

scrupulous(양심적인)의 유의어
= honest, conscientious, moral

## 03 생활영어 on the tip of one's tongue 난이도 중 ●●○

**밑줄 친 부분에 들어갈 말로 가장 적절한 것은?**

A: Hey, do you know of any good flower shops?
B: Yes, there's one not far from here. Now, what was it called? ____________________.
A: I'm sure it'll come to you soon. Can you tell me where it's located?
B: Over on Park and Willow avenue in that new glass building. It starts with an L.
A: Oh wait, are you talking about Lily's Floral?
B: Bingo! That's it!

① It's on the tip of my tongue
② If memory serves me right
③ That's the way it goes
④ No one knows for sure

**해석**

A: 저기, 괜찮은 꽃집 알아?
B: 응, 여기서 멀지 않은 곳에 하나 있어. 그런데, 이름이 뭐였더라? 기억이 날 듯 말 듯해.
A: 분명히 곧 생각날 거야. 그것이 어디에 위치해 있는지 내게 말해 줄 수 있어?
B: Park가와 Willow가의 건너편에 있는 새 유리 빌딩에 있어. L로 시작해.
A: 아, 혹시 Lily's Floral을 말하는 거야?
B: 맞아! 거기야!

① 기억이 날 듯 말 듯 해
② 내 기억이 맞다면
③ 어쩔 수 없는 일이야
④ 아무도 확실히 몰라

**포인트 해설**

괜찮은 꽃집을 아는지 묻는 A의 질문에 대해 B가 꽃집 하나를 알기는 하지만 그 꽃집의 이름이 무엇인지 모르겠다고 대답하고, 빈칸 뒤에서 다시 A가 I'm sure it'll come to you soon(분명히 곧 생각날 거야)이라고 말하고 있으므로, '기억이 날 듯 말 듯 해'라는 의미의 ① 'It's on the tip of my tongue'이 정답이다.

정답 ①

**어휘**

on the tip of one's tongue 기억이 날 듯 말 듯 한
That's the way it goes. 어쩔 수 없는 일이야.

**이것도 알면 합격!**

신체 부위를 포함하는 다양한 표현들을 알아 두자.

- keep an eye on ~을 계속 지켜보다
- cost an arm and a leg 큰돈이 들다
- put one's foot in one's mouth 실언을 하다

## 04 문법 부사절 | 비교 구문 | 조동사 | 형용사 난이도 중 ●●○

**어법상 옳은 것은?**

① She enjoyed virtually all musical genres no other than classical and country.
② Employees should practice evacuating the building twice a year so that they know what to do in case of fire.
③ If patrons wish to avoid incurring late fines, they must to return library materials by the due date.
④ The number of force necessary to move an object depends on its mass and weight.

**해석**

① 그녀는 클래식과 컨트리 음악을 제외한 거의 모든 음악 장르를 즐겼다.
② 직원들은 화재가 발생할 시에 무엇을 해야 하는지를 알고 있도록 일 년에 두 번 건물에서 대피하는 것을 연습해야 한다.
③ 연체료를 물게 되는 것을 피하고 싶다면, 고객들은 기한까지 도서관 자료를 반납해야 한다.
④ 물체를 움직이는 데 필요한 힘의 양은 그것의 질량과 무게에 달려 있다.

**포인트 해설**

② **부사절 접속사** 문맥상 '화재가 발생할 시에 무엇을 해야 하는지를 알고 있도록'이라는 의미가 되어야 자연스러우므로 부사절 접속사 so that (~하도록)이 올바르게 쓰였다.

[오답분석]

① **비교급 관련 표현** 문맥상 '클래식과 컨트리 음악을 제외한'이라는 의미가 되어야 하는데 '~을 제외한'은 비교급 관련 표현 other than을 사용하여 나타낼 수 있으므로 no other than을 other than으로 고쳐야 한다.

③ **조동사 must** 조동사 must 뒤에는 동사원형이 와야 하므로 to 부정사 to return을 동사원형 return으로 고쳐야 한다.

④ **수량 표현** 명사 force는 '힘'이라는 의미로 쓰일 때 불가산 명사이므로 가산 명사 앞에 오는 수량 표현 The number of를 불가산 명사 앞에 오는 수량 표현 The amount of로 고쳐야 한다.

정답 ②

**어휘**

virtually 거의, 사실상 evacuate 대피하다 incur (돈 등을) 물게 되다
mass 질량, 부피

**이것도 알면 합격!**

다양한 부사절 접속사들을 알아 두자.

as if, as though 마치 ~처럼
(just) as, (just) like ~처럼
except that, but that ~을 제외하고
lest ~하지 않도록
for fear (that) ~할까 (두려워서)

## 05 문법 목적어 | 전치사 | 동사의 종류 | 부사 | 대명사 난이도 상 ●●●

**우리말을 영어로 가장 잘 옮긴 것은?**

① 그 웹사이트는 도시에 있는 자원봉사 단체를 찾는 것을 쉽게 해 준다.
→ The website makes it easy to find volunteer groups in the town.

② 대부분의 사막 동물들은 낮 동안에 잠을 자고 날씨가 시원해지는 밤에 사냥하기 위해 밖으로 나온다.
→ Most desert animals sleep for the day and come out at night to hunt when it is cooler.

③ 시장이 아닌 그의 대변인이 식장에 나타날 계획이다.
→ Not the mayor but his spokesperson is planning to appear the ceremony.

④ 아이들은 그들의 숙제를 하는 동안 거의 떠들지 않았다.
→ The children scarcely didn't make some noise while doing their homework.

**포인트 해설**

① **목적어 자리** to 부정사구 목적어(to find ~ in the town)가 목적격 보어(easy)와 함께 오면 진짜 목적어를 목적격 보어 뒤로 보내고 목적어가 있던 자리에 가짜 목적어 it을 써서 '가짜 목적어 it + 목적격 보어 + 진짜 목적어'의 형태가 되어야 하므로, makes it easy to find ~가 올바르게 쓰였다.

[오답분석]

② **전치사** '~ 동안'이라는 의미로 명사(the day) 앞에 와서 '언제 일어나는가'를 나타내는 전치사는 during이므로, 숫자를 포함한 시간 표현 앞에 와서 '얼마나 오래 지속되는가'를 나타내는 전치사 for를 during으로 고쳐야 한다.

③ **자동사** 동사 appear는 전치사 없이 목적어(the ceremony)를 취할 수 없는 자동사이므로, appear를 appear at으로 고쳐야 한다.

④ **빈도 부사 | 부정대명사** 빈도 부사 scarcely(거의 ~하지 않다)는 이미 부정의 의미를 포함하고 있으므로 부정어(not)와 함께 올 수 없고, 부정문과 함께 쓰이는 부정형용사는 some이 아닌 any이므로, scarcely didn't make some noise를 scarcely made any noise로 고쳐야 한다.

정답 ①

**어휘**

mayor 시장 spokesperson 대변인

**이것도 알면 합격!**

자동사로 착각하기 쉬운 타동사들을 알아 두자.

| | |
|---|---|
| discuss ~에 대해 토론하다 | explain ~에 대해 설명하다 |
| address ~에게 연설하다 | join ~에 합류하다 |
| accompany ~와 함께하다 | survive ~보다 오래 살다 |
| affect ~에 영향을 미치다 | resemble ~와 닮다 |
| attend ~에 참석하다 | inhabit ~에 살다 |
| greet ~에게 인사하다 | obey ~에 복종하다 |

## 06 독해 빈칸 완성 - 구 난이도 중 ●●○

**밑줄 친 부분에 들어갈 말로 가장 적절한 것은?**

Floating over 200 miles above the Earth, the International Space Station, or ISS, orbits our planet as it has done for over 20 years since its initial launch in 1998. The space station is the largest object in low Earth orbit, as well as the most expensive device ever produced. The project originally started with the Russian space station Mir-2, which was later joined by the American Freedom and the European Columbus to create the ISS in 1993. As established by the Space Station Intergovernmental Agreement, each country is responsible for committing to some part of the station. Contributions include Russia's three docking ports, Europe's laboratories, and Japan's robotic arms. Despite the tension that persists between some of these nations on Earth, it seems that while the researchers are in space, the desire for scientific gain overrides ______________________. The ISS is the perfect habitat in which to forget clashes and focus on benefiting the whole of humanity. Truly, the ISS has been an opportunity to bring countries together.

① the intergovernmental agreement
② technological advancements
③ a lack of competitiveness
④ any political quarrels

**해석**

지구 상공으로 200마일 이상 떨어진 곳에서 떠다니고 있는, 국제 우주 정거장, 즉 ISS는 1998년의 최초 발사 이래로 그것이 20년 넘게 그리해 온 것처럼 지구의 궤도를 돌고 있다. 우주 정거장은 지금까지 만들어진 가장 비싼 기기일 뿐만 아니라, 지구 저궤도에서 가장 큰 물체이다. 그 프로젝트는 본래 러시아의 우주 정거장 Mir-2로 시작되었고, 이후 1993년에 ISS를 만들기 위해 미국의 Freedom과 유럽의 Columbus가 결합되었다. 정부간 우주 정거장 협정에 의해 확정된 바에 따라, 각각의 국가는 그 정거장의 일부분을 담당할 책임이 있다. 분담은 러시아의 세 곳의 도킹 포트, 유럽의 실험실, 그리고 일본의 로봇 팔을 포함한다. 지구에서 이들 중 일부 국가들 사이에 지속되고 있는 긴장 상태에도 불구하고, 연구원들이 우주에 있는 동안에는, 과학적 결실에 대한 열망이 모든 정치적 다툼을 중단시키는 것으로 보인다. ISS는 대립을 잊고 인류 전체를 유익하게 하는 데 집중할 수 있는 완벽한 장소이다. 정말로, ISS는 국가들을 한데 모을 기회가 되어 왔다.

① 정부 간 협정
② 기술적 진보
③ 경쟁력 부족
④ 모든 정치적 다툼

**포인트 해설**

빈칸 뒤 문장에 ISS는 대립을 잊고 인류 전체를 유익하게 하는 데 집중할 수 있는 완벽한 장소라는 내용이 있으므로, 과학적 결실에 대한 열망이 '모든 정치적 다툼'을 중단시키는 것으로 보인다고 한 ④번이 정답이다.

정답 ④

어휘

float 떠다니다, 흘러가다 orbit 궤도를 돌다 initial 최초의
launch 발사, 개시 device 기기 intergovernmental 정부간의
docking 도킹(우주 공간에서 2개 이상의 우주선을 결합하는 일)
laboratory 실험실 tension 긴장 상태
override 중단시키다, ~보다 더 중요하다 habitat 장소, 서식지
clash 대립, 충돌 competitiveness 경쟁력 quarrel 다툼

## 07 독해 빈칸 완성 - 단어 난이도 중 ●●○

**밑줄 친 부분에 들어갈 말로 가장 적절한 것은?**

Over the last few years, Belarusian students have shown more interest in learning how to speak their native language. Currently, no more than 10 percent of the general population claim to speak it on a daily basis, but this number may be increasing as younger people show an interest in studying it. Some commentators see this ________ among young people as being a counteracting force to the cultural influence of its largest neighbor, Russia. Nationalists claim that the increase of its usage among students is key to salvaging cultural traditions, building community, and preserving an autonomous identity. For this to occur, however, more universities must offer instruction solely in Belorussian, and more books need to be published in it.

① revival ② mistake
③ heritage ④ hearsay

해석

지난 몇 년 동안, 벨라루스 학생들은 그들의 모국어를 말하는 법을 배우는 것에 더 많은 관심을 보여 왔다. 현재, 일반 대중의 불과 10퍼센트만이 매일 그것을 사용한다고 주장하지만, 젊은 사람들이 그것을 공부하는 데 흥미를 보이기 때문에 이 수치는 증가하고 있을지도 모른다. 몇몇 논평가들은 젊은 사람들 사이의 이러한 부흥을 이 나라의 가장 큰 이웃인 러시아의 문화적 영향력에 대응하는 힘으로 보고 있다. 민족주의자들은 학생들 사이에서의 그 언어 사용의 증가가 문화적 전통을 지키고, 공동체를 이루며, 자주적인 정체성을 보존하는 것의 핵심이라고 주장한다. 하지만, 이것이 일어나기 위해서는, 더 많은 대학교들이 오직 벨라루스어만으로 교육을 제공해야 하고, 더 많은 책들이 그 언어로 출판되어야 한다.

① 부흥 ② 실수
③ 유산 ④ 소문

포인트 해설

지문 전반에 걸쳐 지난 몇 년 동안 벨라루스 학생들이 그들의 모국어를 말하는 법을 배우는 것에 더 많은 관심을 보여 왔는데, 이와 같은 학생들 사이에서의 모국어 사용의 증가가 문화적 전통을 지키고, 공동체를 이루며, 자주적인 정체성을 보존하는 데 도움이 될 것이라고 설명하고 있으므로, '부흥'이라고 한 ①번이 정답이다.

정답 ①

어휘

commentator 논평가 counteract 대응하다 nationalist 민족주의자
salvage 지키다 preserve 보존하다 autonomous 자주적인
revival 부흥, 부활 heritage 유산 hearsay 소문, 평판

## 08 독해 문단 순서 배열 난이도 중 ●●○

**주어진 글 다음에 이어질 글의 순서로 가장 적절한 것은?**

No one aims to look bad in their passport, but inevitably, almost everyone has experienced taking a terrible picture. While you may not always have control of how your photo turns out, there are some things you can do to minimize the chances of being stuck with a regrettable snapshot.

(A) Avoid a situation like this by sticking to any other hue that flatters you. Just remember that solid colors, not patterns, and more formal wear, like a dress shirt, are your safest bet for a favorable look.
(B) Perhaps one of the most important things to consider is what you should wear. Nearly every nation's passport requires the photo be taken against a white or off-white background.
(C) This means that if you are wearing your favorite ivory-colored sweater, it will blend into the background and make your face more pronounced, or worse, make you appear pale or sickly.

① (B) – (A) – (C) ② (B) – (C) – (A)
③ (C) – (B) – (A) ④ (C) – (A) – (B)

해석

여권에서 못나 보이려고 애쓰는 사람은 없지만, 불가피하게, 거의 모든 사람은 형편없는 사진을 찍는 경험을 해봤을 것이다. 사진이 어떻게 나올지 항상 제어할 수는 없겠지만, 후회되는 스냅 사진 때문에 쩔쩔맬 가능성을 최소화하기 위해 당신이 할 수 있는 몇 가지가 있다.

(A) 당신을 돋보이게 하는 다른 색상을 고수하여 이와 같은 상황을 피하라. 호감을 주는 모습을 위해서는 무늬가 없는 단색과 드레스 셔츠 같은 더 격식을 차린 옷이 성공할 가능성이 가장 크다는 것을 기억하라.
(B) 아마 고려해야 할 가장 중요한 것 중 하나는 당신이 무엇을 입어야 하는가일 것이다. 거의 모든 국가의 여권은 흰색이나 미색의 바탕을 배경으로 찍힌 사진을 요구한다.
(C) 이것은 당신이 가장 좋아하는 상아색의 스웨터를 입는 경우, 그것이 바탕색과 섞여 당신의 얼굴을 더욱 두드러지게 만들거나, 더 심하게는, 당신을 창백해 보이거나 병약해 보이게 만들 수 있다는 것을 의미한다.

포인트 해설

주어진 글에서 후회되는 여권 스냅 사진을 찍을 가능성을 최소화하기 위해 할 수 있는 몇 가지가 있다고 한 뒤, (B)에서 가장 중요한 것 중 하나(one of the most important things)는 무엇을 입어야 하는가이며, 거의 모든 국

가의 여권이 흰색이나 미색의 바탕을 배경으로 찍힌 사진을 요구한다고 언급하고 있다. 이어서 (C)에서 이것(This)은 상아색의 옷을 입는 경우, 그 색이 배경색과 섞여 얼굴을 두드러지게 만들거나 창백해 보이게 만들 수 있다는 것을 의미한다고 하고, (A)에서 당신을 돋보이게 하는 다른 색상을 고수하여 이와 같은 상황(a situation like this)을 피하라고 조언하고 있다. 따라서 ② (B) - (C) - (A)가 정답이다.

정답 ②

어휘

inevitably 불가피하게, 필연적으로 minimize 최소화하다
regrettable 후회되는, 유감스러운 hue 색상, 색조
flatter 돋보이게 하다, 아첨하다 safe bet 성공할 가능성이 큰 것
favorable 호감을 주는 off-white 미색의, 황백색의
pronounced 두드러지는, 뚜렷한 sickly 병약한

## 09 독해 내용 일치 파악 난이도 중 ●●○

다음 글의 내용과 일치하는 것은?

The food discarded by most of the developed world amounts to roughly one-third of the total generated for human consumption. This underlines the serious issue that the sustenance available in wealthier places is excessive, with most of it going to waste. And the fact that so much of it is thrown away is not the only problem that comes from a surplus supply. For instance, large amounts of fuel had to be burned in order to process, transport, and refrigerate the food products, effectively contributing to the already high levels of $CO_2$ in the air. In addition, harmful chemical pesticides and fertilizers—which can pollute the soil and water—are used unnecessarily for growing food that people end up throwing away. It begs the question, what is really gained from having a few extra varieties of cereal and chips on the already overstocked shelves of the supermarkets?

① Approximately a third of all food produced is consumed in developed nations.
② Even rich countries have difficulty providing nourishment to their citizens.
③ Excessive food production is worsening the problem of carbon dioxide emission.
④ Artificial chemicals must be used to produce food due to polluted farmlands.

해석

대부분의 선진국에서 버려지는 음식물은 인간의 소비를 위해 생산된 총량에서 거의 3분의 1에 달한다. 이것은 부유한 지역에서 이용할 수 있는 음식물이 지나치게 많으며, 그것의 대부분이 낭비된다는 심각한 문제를 분명히 보여 준다. 그리고 그렇게 많은 양이 버려진다는 사실이 잉여 공급으로부터 기인하는 유일한 문제인 것은 아니다. 예를 들어, 식료품을 가공하고, 운반하고, 냉장하기 위해 많은 양의 연료가 낭비되어야 했고, 이는 이미 높은 공기 중 이산화탄소 수치에 실질적으로 기여한다. 게다가, 사람들이 결국 버리게 될 식량을 재배하기 위해, 토양과 물을 오염시킬 수 있는 해로운 화학 살충제와 비료가 불필요하게 사용된다. 이는 '이미 재고 과잉인 슈퍼마켓의 선반에 시리얼과 과자를 몇 종류 더 놓는 것으로부터 실제로 얻어지는 것이 무엇인가?'라는 질문을 하게 만든다.

① 생산된 총 식량에서 대략 3분의 1은 선진국에서 소비된다.
② 부유한 국가들조차 그들의 국민들에게 음식을 제공하는 데 어려움이 있다.
③ 과도한 식량 생산은 이산화탄소 배출 문제를 더욱 악화시키고 있다.
④ 오염된 농지 때문에 식량 생산에 인공 화학 물질이 반드시 사용되어야만 한다.

포인트 해설

③번의 키워드인 carbon dioxide(이산화탄소)를 바꾸어 표현한 $CO_2$(이산화탄소) 주변의 내용에서 음식물의 많은 양이 버려진다는 사실이 잉여 공급으로부터 기인하는 유일한 문제인 것은 아니라고 한 후, 식료품을 가공하고, 운반하고, 냉장하기 위해 많은 양의 연료가 낭비되고, 이는 이미 높은 공기 중 이산화탄소 수치에 기여한다고 하고 있으므로, ③ '과도한 식량 생산은 이산화탄소 배출 문제를 더욱 악화시키고 있다'가 지문의 내용과 일치한다.

[오답 분석]
① 선진국에서 버려지는 음식물이 인간의 소비를 위해 생산된 총량에서 거의 3분의 1에 달한다고는 했지만, 생산된 총 식량에서 대략 삼분의 일이 선진국에서 소비되는지는 알 수 없다.
② 부유한 지역에서 이용할 수 있는 음식물이 지나치게 많다고 했으므로, 부유한 국가들조차 그들의 국민들에게 음식을 제공하는 데 어려움이 있다는 것은 지문의 내용과 다르다.
④ 식량 재배를 위해 토양과 물을 오염시킬 수 있는 해로운 화학 살충제와 비료가 사용된다고는 했지만, 오염된 농지 때문에 식량 생산에 인공 화학 물질이 반드시 사용되어야만 하는지는 알 수 없다.

정답 ③

어휘

discard 버리다 amount to ~에 달하다 underline 분명히 보여 주다
sustenance 음식물, 자양물 excessive 지나치게 많은, 과도한
surplus 잉여의 supply 공급(량) refrigerate 냉장하다, 냉각시키다
effectively 실질적으로, 효과적으로 pesticide 살충제 fertilizer 비료
overstock 재고 과잉이다 approximately 대략, 거의 emission 배출
artificial 인공의

구문 분석

This underlines the serious issue / that the sustenance available in wealthier places is excessive, / with most of it going to waste.
: 이처럼 'with + 명사 + 현재분사' 구문이 온 경우 동시 상황을 강조하는데, 이때는 '~하며'라고 해석한다.

## 10 독해 제목 파악 난이도 하 ●○○

**다음 글의 제목으로 가장 적절한 것은?**

A parliamentary democracy is a form of government consisting of a legislature, or parliament, which is in charge of introducing, debating, and passing laws. Members of this representative body belong to different political parties and are elected by popular vote to uphold the views of their constituencies. The leader of the majority party automatically assumes the function of the head of state. This procedure differs from other systems of executive leadership such as a monarchy or the presidential system, which derive their power and legitimacy from something outside the legislature. Historically, the system was first established by the Kingdom of Great Britain in the beginning of the 18th century. Since then, it has been widely emulated throughout the world.

① The Role of the Legislature in England
② Understanding Parliamentary Democracy
③ Pros and Cons of Parliamentary Rule
④ The Rise of Parliamentary Government

**해석**

의회 민주주의는 법을 도입하고, 검토하고, 가결하는 것을 담당하는 입법부, 또는 의회로 구성되는 정부의 한 형태이다. 이 대의 기관의 구성원들은 서로 다른 정당에 속하며 그들의 유권자들의 의견을 옹호하기 위해 국민투표로 선출된다. 다수당의 대표는 자동적으로 국가 원수의 역할을 맡는다. 이 절차는 권력과 정당성이 입법부 외부의 무언가로부터 비롯되는 군주제나 대통령제와 같은 다른 행정지도부 체제와는 다르다. 역사적으로, 그 체제는 18세기 초에 대영제국에 의해 처음으로 수립되었다. 그 이후로, 그것은 전 세계적으로 널리 모방되어 왔다.

① 영국에서 입법부의 역할
② 의회 민주주의에 대한 이해
③ 의회 통치의 장단점
④ 의회 정부의 기원

**포인트 해설**

지문 처음에서 의회 민주주의는 법을 도입하고, 검토하고, 가결하는 것을 담당하는 의회로 구성되는 정부의 한 형태라고 설명한 후, 이어서 지문 전반에 걸쳐 의회 구성원 및 국가 원수의 선출 방법, 다른 행정지도부 체제와의 차이점, 처음으로 시행한 국가 등을 순차적으로 언급하고 있다. 따라서 ② '의회 민주주의에 대한 이해'가 이 글의 제목이다.

정답 ②

**어휘**

parliamentary 의회의 legislature 입법부
representative body 대의 기관 popular vote 국민투표
uphold 옹호하다, 확인하다 constituency 유권자, 지지층
assume 맡다, 가정하다 monarchy 군주제 derive 비롯되다
legitimacy 정당성, 합법성 establish 수립하다, 설립하다 emulate 모방하다
pros and cons 장단점

# DAY 20 하프모의고사 20회

## 해커스 공무원시험연구소 총평

| | |
|---|---|
| 난이도 | 평균적인 공무원 9급 시험의 난이도와 비슷하게 출제된 회차입니다. |
| 어휘·생활영어 영역 | 2번 문제와 같이 정답 어휘(mediocre)의 반의어(magnificent)가 오답 보기로 출제되는 경우가 있으므로, 어휘 학습을 할 때에는 반의어도 함께 암기하는 것이 좋습니다. |
| 문법 영역 | 전치사와 함께 쓰이는 타동사나 전치사 숙어 표현의 경우 암기하지 않으면 문제를 풀 수 없으므로, 평소 충분히 학습해 두어야 합니다. 만약 암기하지 않은 표현들이 출제되었다면, 다른 보기의 정·오답 여부부터 먼저 파악하여 오답을 소거하는 방식으로 문제를 풀어야 합니다. |
| 독해 영역 | 7번과 같은 무관한 문장 삭제 유형에서는 대명사·연결어·반복되는 어구 등이 주로 문제 해결의 단서가 되지만, 때때로 두드러지는 단서가 주어지지 않는 경우도 있습니다. 이에 대비하여 첫 문장에서 제시된 중심 소재를 바탕으로 전반적인 흐름을 파악하는 연습이 필요합니다. |

## 정답

| | | | | | |
|---|---|---|---|---|---|
| 01 | ③ | 어휘 | 06 | ② | 독해 |
| 02 | ③ | 어휘 | 07 | ① | 독해 |
| 03 | ④ | 생활영어 | 08 | ② | 독해 |
| 04 | ④ | 문법 | 09 | ③ | 독해 |
| 05 | ② | 문법 | 10 | ③ | 독해 |

## 취약영역 분석표

| 영역 | 맞힌 답의 개수 |
|---|---|
| 어휘 | /2 |
| 생활영어 | /1 |
| 문법 | /2 |
| 독해 | /5 |
| TOTAL | /10 |

### 01 어휘 make for = induce 난이도 중 ●●○

밑줄 친 부분의 의미와 가장 가까운 것은?

Open and honest communication can make for stronger and more trusting relationships.

① strengthen ② impede
③ induce ④ diminish

**해석**

개방적이고 정직한 의사소통은 더 굳건하고 신뢰할 수 있는 관계를 낳는다.

① 강화하다 ② 지연시키다
③ 유발하다 ④ 줄이다

정답 ③

**어휘**

make for ~을 낳다, ~에 도움이 되다 strengthen 강화하다
impede 지연시키다, 방해하다 induce 유발하다 diminish 줄이다

**이것도 알면 합격!**

make for(~을 낳다)와 유사한 의미의 표현
= contribute to, serve, lead to

### 02 어휘 mediocre = inferior 난이도 중 ●●○

밑줄 친 부분의 의미와 가장 가까운 것은?

The couple visited their favorite restaurant to celebrate their anniversary, but they were surprised by how mediocre the food and service were compared to their past experiences.

① terminal ② sufficient
③ inferior ④ magnificent

**해석**

그 부부는 그들의 기념일을 축하하기 위해 가장 좋아하는 식당에 방문했지만, 그들의 과거 경험과 비교했을 때 음식과 서비스가 너무 그저 그래서 놀랐다.

① 종말의 ② 충분한
③ 조악한 ④ 훌륭한

정답 ③

**어휘**

celebrate 축하하다, 기념하다 anniversary 기념일
mediocre 그저 그런, 보통 밖에 안 되는 terminal 종말의, 말기의
inferior 조악한, 열등한 magnificent 훌륭한, 장대한

**이것도 알면 합격!**

mediocre(그저 그런)의 유의어
= moderate, ordinary, normal, plain, indifferent

## 03 생활영어 sell down the river 난이도 중 ●●○

**두 사람의 대화 중 가장 자연스러운 것은?**

① A: Where are you going on vacation?
B: Hard work pays off.
② A: Have you been living here long?
B: It serves you right.
③ A: Do you know where I can catch the bus?
B: Where there's a will there's a way.
④ A: Why are you upset with John?
B: He sold me down the river.

**해석**

① A: 넌 휴가 때 어디에 갈 예정이니?
B: 힘든 일에는 보상이 있어.
② A: 너 이곳에서 오랫동안 살았니?
B: 꼴 좋다.
③ A: 어디에서 버스를 탈 수 있는지 아니?
B: 뜻이 있는 곳에 길이 있어.
④ A: 너는 왜 John에게 화가 났니?
B: 그가 나를 홀대했어.

**포인트 해설**

④번에서 A는 John에게 화가 난 이유를 묻고 있으므로 그 이유를 나타내는 B의 대답 ④ 'He sold me down the river'(그가 나를 홀대했어)는 자연스럽다.

정답 ④

**어휘**

pay off 보상이 있다 It serves you right. 꼴 좋다.
Where there's a will there's a way. 뜻이 있는 곳에 길이 있다.
sell down the river ~를 홀대하다

**이것도 알면 합격!**

배신과 관련된 다양한 표현들을 알아 두자.

- stab in the back ~를 배신하다
- put a person's pot on ~를 고자질하다
- turn against ~에게 등을 돌리다

## 04 문법 전치사 | 시제 | 도치 구문 | 수 일치 | to 부정사 난이도 중 ●●○

**밑줄 친 부분 중 어법상 옳지 않은 것은?**

The city government ① is using up its annual budget for maintenance faster than expected this year. With a shortage of funds ② come announcements of cutbacks to planned construction and repair projects. One such cutback includes a plan ③ to repave the main thoroughfare in an effort to patch up cracks and holes ④ comparable by those left following the historic ice storm of 1998.

**해석**

올해 시 정부는 예상했던 것보다 더 빠르게 보수 관리를 위한 연간 예산을 다 써버리고 있다. 자금 부족으로 인해 계획된 건설과 보수 사업에 대한 삭감 발표가 나오고 있다. 이러한 삭감 중 하나는 1998년의 역사적인 눈보라의 결과로 남겨진 것에 필적하는 균열과 구덩이를 수리하기 위해 주요 간선도로를 다시 포장하는 계획을 포함한다.

**포인트 해설**

④ **기타 전치사** 문맥상 '남겨진 것에 필적하는 균열과 구덩이'라는 의미가 되어야 자연스러운데, '~에 필적하는'은 전치사 숙어 표현 comparable to를 사용하여 나타낼 수 있으므로 comparable by를 comparable to로 고쳐야 한다.

[오답분석]

① **현재진행 시제** 현재 시점(this year)에 진행되고 있는 일을 표현하고 있으므로 현재진행 시제 is using up이 올바르게 쓰였다.
② **도치 구문 | 주어와 동사의 수 일치** 부사구(With a shortage of funds)가 도치되어 문장의 맨 앞에 나오면 주어와 동사가 도치되어 '동사 + 주어'의 어순이 되는데, 주어 자리에 복수 명사 announcements가 왔으므로 복수 동사 come이 올바르게 쓰였다.
③ **to 부정사를 취하는 명사** 명사 plan은 to 부정사를 취하는 명사이므로 to 부정사 to repave가 올바르게 쓰였다.

정답 ④

**어휘**

use up ~을 다 써버리다 maintenance 보수 관리 cutback 삭감, 축소
repave 다시 포장하다 thoroughfare 간선 도로
patch up ~을 수리하다, 때우다

**이것도 알면 합격!**

다양한 전치사 숙어 표현들을 알아 두자.

| | |
|---|---|
| appeal to ~에 호소하다 | renowned for ~으로 유명한 |
| identical to ~와 똑같은 | sensitive to ~에 민감한 |
| exposure to ~에의 노출 | absent from ~에 결석한 |
| consist of ~로 구성되다 | add A to B A를 B에 더하다 |
| attribute A to B A를 B의 결과로 보다 | |
| transform A into B A를 B로 변화시키다 | |

## 05 문법 형용사 | 가정법 | 수동태 | 동사의 종류 난이도 중 ●●○

어법상 옳지 않은 것은?

① Were it not for my alarm clock, I would never wake up on time.

② I will attend a three-days conference in the capital city.

③ He was selected as the captain to lead the team, but his coach didn't like it.

④ The picture reminds me of that road trip across the country we took last year.

**해석**

① 만약 내 자명종이 없다면, 나는 절대 제시간에 일어나지 못할 것이다.

② 나는 수도에서 열리는 3일간의 회의에 참석할 것이다.

③ 그는 그 팀을 이끌 주장으로 선택되었지만, 그의 코치는 그것을 좋아하지 않았다.

④ 그 사진은 내게 우리가 작년에 함께 갔던 국토 횡단 자동차 여행을 상기시켜 준다.

**포인트 해설**

② **수량 표현** '수사 + 하이픈(-) + 단위 표현'이 명사(conference)를 수식하는 형용사로 쓰이는 경우 단위 표현은 반드시 단수형이 되어야 하므로 three-days를 three-day로 고쳐야 한다.

[오답분석]

① **가정법 도치** if절에 if가 생략된 가정법 과거 구문 Were it not for (~가 없다면)가 왔으므로, 주절에도 가정법 과거를 만드는 '주어 + would + 동사원형'의 형태인 I would never wake up이 올바르게 쓰였다.

③ **능동태·수동태 구별** 문맥상 주어(He)와 동사가 '그가 선택되다'라는 의미의 수동 관계이므로 수동태 was selected가 올바르게 쓰였다.

④ **타동사** 동사 remind는 전치사 of와 함께 'remind A of B'(A에게 B를 상기시키다)의 형태로 쓰이므로 reminds me of that road trip이 올바르게 쓰였다.

정답 ②

**어휘**

capital city 수도 remind A of B A에게 B를 상기시키다

**이것도 알면 합격!**

Were it not for와 Had it not been for는 if not for, but for, without으로 바꿔 쓸 수 있다는 것을 알아 두자.

- **Were it not for(= If not for / But for / Without)** her guidance, I would feel lost in the unfamiliar city.
  그녀의 안내가 없다면, 나는 그 익숙하지 않은 도시에서 어찌할 바를 모를 것이다.

## 06 독해 제목 파악 난이도 중 ●●○

다음 글의 제목으로 가장 적절한 것은?

Recently, a coal-powered plant in Oregon started using mercury scrubbers to reduce the amount of the deadly toxin they released into the air. As such factories account for nearly 50 percent of mercury emissions in the US, the move helped to decrease large quantities of it in the atmosphere. What no one had foreseen was that a different problem was being straightened out concurrently. During a study of totally different airborne pollutants called PAHs and how they travelled, it was found that their levels had dropped drastically—more than 70 percent—within the span of a single year. After much digging around, the source of the cleansing turned out to be the mercury scrubbers. Without anyone knowing, they were cleaning up two messes instead of just one.

① Why Mercury Scrubbers Are the Best Cleaners

② An Unexpected Benefit of Mercury Scrubbers

③ Different Ways Mercury Scrubbers Can Be Used

④ A Closer Look at Mercury Scrubbers' Purpose

**해석**

최근에, 오리건주의 석탄을 동력으로 사용하는 한 공장은 대기에 방출한 치명적인 독소의 양을 줄이기 위해 수은 가스 세정기를 사용하기 시작했다. 이러한 공장들이 미국 내 수은 배출의 약 50퍼센트를 차지하고 있으므로, 그 움직임은 대기에 존재하는 그것의 많은 양을 줄이는 데 도움이 되었다. 아무도 예견하지 못했던 것은 다른 문제가 동시에 해결되고 있었다는 것이었다. PAHs라고 불리는 완전히 다른 공기 매개 오염 물질과 그것들이 어떻게 이동하는지에 대한 연구 중에, 그것들의 수치가 단 한 해 만에 70퍼센트 이상 급격히 감소했다는 것이 발견되었다. 이리저리 연구한 끝에, 그 정화의 원인이 수은 가스 세정기인 것으로 밝혀졌다. 아무도 모르게, 그것들은 하나가 아닌 두 가지의 더러운 것들을 정화하고 있었다.

① 수은 가스 세정기가 최고의 청소기인 이유

② 수은 가스 세정기의 뜻밖의 이점

③ 수은 가스 세정기가 사용될 수 있는 다른 방식들

④ 수은 가스 세정기의 용도를 자세히 살펴보기

**포인트 해설**

지문 앞부분에서 오리건주의 한 공장이 대기에 방출되는 독소의 양을 줄이기 위해 수은 가스 세정기를 사용하기 시작했다고 하고, 지문 뒷부분에서 이것(수은 가스 세정기)은 대기에 존재하는 독소의 양을 감소시켰을 뿐만 아니라 PAHs라는 공기 매개 오염 물질의 수치도 감소시켰다고 했으므로, ② '수은 가스 세정기의 뜻밖의 이점'이 이 글의 제목이다.

정답 ②

**어휘**

mercury 수은 scrubber 가스 세정기 toxin 독소 emission 배출
foresee 예견하다, 예지하다 straighten 해결하다, 곧게 하다
concurrently 동시에, 함께 airborne 공기 매개의, 공기로 운반되는
pollutant 오염 물질 dig 연구하다, 탐구하다

## 07 독해 무관한 문장 삭제 난이도 중 ●●○

**다음 글의 흐름상 어색한 문장은?**

Much of documented history has been recorded and viewed from the point of the victor. For example, we study the conquests of Columbus as opposed to how Native Americans dealt with European invaders. Yet no story is single-sided, and more and more scholars espouse the need for incorporating a variety of sources when learning about the past. ① Historical events have nearly always been chronicled with bias, which means all of the data catalogued must be regarded as erroneous. ② Looking at history in a multifaceted way has done much to benefit the voice of previously marginalized groups. ③ The perspective of the minority adds a depth to historical narrative that fleshes out the true atmosphere of the times. ④ What's more, it is in piecing together the evidence of multiple accounts whereby the most accurate version of an event begins to emerge. Examining history in this manner is without a doubt arduous, but only by doing so can a richer understanding of the past be gained.

**해석**

기록된 역사의 대부분은 승자의 관점에서 기록되고 검토되어 왔다. 예를 들어, 우리는 아메리칸 인디언들이 유럽의 침략자에 대처한 방법이 아니라 Columbus의 정복을 배운다. 그러나 어떤 이야기도 한쪽 면만 있지 않으며, 점점 더 많은 학자들이 과거에 대해 공부할 때 다양한 자료를 포함할 필요성을 지지한다. ① 역사적인 사건들은 거의 항상 편향적으로 기록되어 왔는데, 이는 분류된 모든 자료가 잘못된 것으로 간주되어야 한다는 것을 의미한다. ② 다면적인 방식으로 역사를 바라보는 것은 이전에 사회적으로 무시되었던 집단들의 의견에 도움이 되는 많은 일을 해 왔다. ③ 소수집단의 관점은 당시의 실제 분위기를 구체화하는 역사적 서술에 깊이를 더한다. ④ 게다가, 다양한 이야기들의 증거를 종합함으로써 사건의 가장 정확한 형태가 나타나기 시작한다. 이러한 방식으로 역사를 검토하는 것은 의심할 여지 없이 몹시 힘들지만, 이렇게 해야만 과거에 대한 더 풍부한 이해가 얻어질 수 있다.

**포인트 해설**

지문 앞부분에서 과거에 대해 공부할 때 다양한 자료를 포함할 필요성이 있다고 언급하고, ②, ③, ④번에서 다면적으로 역사를 바라보는 것은 소수집단들의 의견에 도움이 되고, 소수집단의 관점은 당시의 실제 분위기를 구체화하는 역사적 서술에 깊이를 더하며, 다양한 이야기들의 증거가 종합되었을 때 사건의 가장 정확한 형태가 나타난다고 주장하고 있다. 그러나 ①번은 '편향적으로 기록된 역사 자료들의 오류'에 대한 내용으로, 지문 앞부분의 내용과 관련이 없다.

정답 ①

**어휘**

document 기록하다 victor 승자, 정복자 conquest 정복, 점령
as opposed to ~이 아니라 invader 침략자 espouse 지지하다, 옹호하다
incorporate 포함하다 chronicle (연대순으로) 기록하다 bias 편향, 편견
catalogue 분류하다 erroneous 잘못된 multifaceted 다면적인
marginalize 사회적으로 무시하다 perspective 관점
minority 소수집단, 소수자 narrative 서술, 묘사 flesh out ~을 구체화하다
piece together ~을 종합하다 arduous 몹시 힘든

## 08 독해 빈칸 완성 – 단어 난이도 하 ●○○

**밑줄 친 부분에 들어갈 말로 가장 적절한 것은?**

The gladiator games of ancient Rome, known as *munera*, were an important cultural aspect of Roman society for several centuries. They were a popular form of entertainment with citizens, similar to the way the public enjoys professional sports in modern times. However, the competitions also had a(n) __________ role in Roman society. In fact, the Latin word *munera* means "duties" or "services" rendered to individuals of high status. The purpose of the first recorded gladiator game, which occurred in 264 BC, was to commemorate the death of a respected official. Most historians agree that the *munera* were traditionally a part of funeral rites to honor important individuals, and they were considered a gift to those who had passed.

① insignificant ② ceremonial
③ decorative ④ superficial

**해석**

'munera'로 알려진, 고대 로마의 검투사 경기는 수 세기 동안 로마 사회의 중요한 문화적 측면이었다. 그것들은 시민들 사이에서 인기 있는 오락거리의 형태였는데, 이는 현대에 대중이 프로 스포츠를 즐기는 방식과 비슷하다. 하지만, 그 시합은 로마 사회에서 의식적인 역할을 하기도 했다. 실제로, 'munera'라는 라틴어는 높은 지위의 사람에게 바치는 '의무' 또는 '봉사'를 의미한다. 기원전 264년에 일어난, 최초로 기록된 검투사 경기의 목적은 한 훌륭한 고위 관리의 죽음을 기리기 위함이었다. 대부분의 역사학자는 'munera'가 전통적으로 중요한 사람을 예우하기 위한 장례 의식의 일부였고, 그것들이 망자를 위한 선물로 여겨졌다는 것에 동의한다.

① 사소한 ② 의식적인
③ 장식용의 ④ 표면적인

**포인트 해설**

빈칸 뒤 문장에서 'munera'라는 라틴어는 높은 지위의 사람에게 바치는 '의무' 또는 '봉사'를 의미한다고 했고, 지문 마지막에서 대부분의 역사학자는 'munera'가 중요한 사람을 예우하기 위한 장례 의식의 일부였다는 것에 동의한다는 내용이 있으므로, 'munera' 시합은 로마 사회에서 '의식적인' 역할을 했다고 한 ②번이 정답이다.

정답 ②

**어휘**

gladiator 검투사 aspect 측면, 양상 competition 시합, 대회, 경쟁
duty 의무 render 바치다, 주다 commemorate 기리다, 기념하다
respected 훌륭한 official (고위) 관리, 공무원 traditionally 전통적으로
funeral 장례의; 장례식 rite 의식 honor 예우하다, 존중하다
insignificant 사소한, 하찮은 ceremonial 의식적인, 의식에서 사용되는
decorative 장식용의, 장식적인 superficial 표면적인, 얄팍한

## 09 독해 문단 순서 배열 난이도 중 ●●○

**주어진 문장 다음에 이어질 글의 순서로 가장 적절한 것은?**

Certainly, when we consider the realm of tool-making, humans undeniably excel beyond the limited tool usage observed in other primates.

(A) While the sophistication of human tool-making undoubtedly arises from our species-specific traits, it's worth acknowledging that certain non-human species do display remarkable problem-solving abilities when presented with novel challenges in controlled environments.
(B) Our ability to conceptualize, design, and craft intricate tools for various purposes sets us apart in the animal kingdom. Even our closest relatives among primates exhibit a far more basic understanding of tool use, primarily relying on simple implements for basic tasks.
(C) These instances hint at the potential for more complex tool-related behaviors in the animal world, even if they remain distinct from the unparalleled ingenuity of human tool-making.

① (A) – (B) – (C) ② (A) – (C) – (B)
③ (B) – (A) – (C) ④ (B) – (C) – (A)

**해석**

틀림없이, 우리가 도구 제작의 범위를 고려할 때, 인간은 부인하기 어려울 정도로 다른 영장류에서 관찰되는 제한된 도구 활용을 능가한다.

(A) 인간의 도구 제작의 정교함이 의심할 여지 없이 우리 종에 한정된 특성에서 비롯되는 것이기는 하지만, 통제된 환경에서 새로운 도전이 주어졌을 때 인간이 아닌 특정 종들이 놀라운 문제 해결 능력을 보여 준다는 것은 인정할 가치가 있다.
(B) 다양한 목적을 위해 복잡한 도구를 개념화하고, 설계하고, 제작하는 우리의 능력은 동물계에서 우리를 눈에 띄게 한다. 영장류 중에서 우리와 가장 가까운 동물들조차 도구 사용에 대해 아주 기본적인 이해만을 보이며, 기본적인 작업을 위해 주로 간단한 도구들에만 의존한다.
(C) 이러한 사례들이 인간의 도구 제작의 비할 데 없는 독창성과 뚜렷이 구별된다고 할지라도, 그것들은 동물의 세계에서 더 복잡한 도구 관련 행동의 가능성을 암시한다.

**포인트 해설**

주어진 문장에서 도구 제작의 측면에서 인간이 부인하기 어려울 정도로 다른 영장류보다 뛰어나다고 하고, (B)에서 도구를 개념화하고, 설계하고, 제작하는 우리의 능력(Our ability)은 동물계에서 우리를 눈에 띄게 하며, 영장류에서 우리와 가장 가까운 동물들조차 도구 사용에 대해 아주 기본적인 이해만을 보인다고 하고 있다. 이어서 (A)에서 그럼에도 새로운 도전이 주어졌을 때 특정 종들이 놀라운 문제 해결 능력을 보여 준다는 것은 인정할 가치가 있다고 하고, (C)에서 이러한 사례들(These instances)이 동물의 세계에서 더 복잡한 도구 관련 행동의 가능성을 암시한다고 설명하고 있다. 따라서 ③ (B) – (A) – (C)가 정답이다.

정답 ③

**어휘**

realm 범위, 영역 undeniably 부인하기 어려울 정도로 excel 능가하다
primate 영장류 sophistication 정교함 undoubtedly 의심할 여지 없이
arise from ~에서 비롯되다 trait 특성 acknowledge 인정하다
display 보여 주다 remarkable 놀라운 present with ~을 주다
novel 새로운 conceptualize 개념화하다 craft 제작하다
intricate 복잡한 set apart ~을 눈에 띄게 하다
relative (공통의 계통을 갖는) 동물, 친척 primarily 주로
implement 도구; 시행하다 hint 암시하다 potential 가능성, 잠재력
distinct 뚜렷이 구별되는 unparalleled 비할 데 없는 ingenuity 독창성

## 10 독해 요지 파악 난이도 중 ●●○

**다음 글의 요지로 가장 적절한 것은?**

Now that the funding originally intended to provide for children and traditional families is being limited to discourage people from claiming benefits instead of working, some British stay-at-home parents feel they have no choice but to return to the workforce. It's simply too difficult to afford the cost of living without the extra help. While there are those who think this is for the best, given that welfare fraud is on the rise, politicians need to concede that not everyone views child benefit payments as an attractive alternative to working outside the home. In fact, there are plenty of parents out there who chose to give up highly rewarding careers in order to raise well-adjusted children. Their decision to not work is a sign of their devotion, not a criminal act.

① There are many good reasons that people may decide to exit the workforce.
② Welfare fraud is an emerging problem that must be severely dealt with.
③ Britain's recent policies unreasonably affect parents that prioritize nurturing over their careers.
④ Additional funds should be allocated to supporting families with children.

**해석**

본래 아이들과 종래의 가정을 부양하려는 의도였던 재정 지원이 오늘날 사람들이 일하는 대신 수당을 신청하는 것을 막기 위해 제한되면서, 영국의 가사에만 전념하는 일부 부모들은 직장으로 돌아가는 것 외엔 선택지가 없다고 생각한다. 그것은 단지 추가 지원 없이 생활비를 감당하기가 너무 어렵기 때문이다. 복지 사기가 증가하고 있다는 것을 고려하면 이것이 최선이라고 생각하는 사람들도 있지만, 정치인들은 모든 사람들이 육아 수당 지급을 집 밖에서 일하는 것에 대한 매력적인 대안으로 간주하지 않는다는 것을 인정해야 한다. 실제로, 잘 적응하는 아이들을 키우기 위해 매우 돈을 많이 버는 직업을 포기하기로 결정한 부모들이 많이 있다. 그들이 일하지 않기로 한 것은 헌신의 표시이지, 범죄 행위가 아니다.

① 사람들이 노동 인구에서 떠나기로 결심하는 데에는 여러 타당한 이유들이 있다.
② 복지 사기는 심각하게 다뤄져야 하는, 떠오르는 문제이다.
③ 영국의 최근 정책들은 경력 대신 양육을 우선시하는 부모들에게 불합리하게 영향을 미친다.
④ 자녀를 둔 가정들을 지원하는 데 추가 자금이 할당되어야 한다.

포인트 해설

지문 처음에서 사람들이 일하는 대신 수당을 신청하는 것을 막기 위해 아이들을 위한 재정 지원이 제한되면서, 영국의 가사에만 전념하는 일부 부모들이 직장으로 돌아가야 하는 상황이 발생했다고 하고, 지문 후반에서 모든 사람들이 육아 수당 지급을 집 밖에서 일하는 것에 대한 매력적인 대안으로 간주하는 것은 아니며, 실제로 많은 부모들이 아이들을 키우기 위해 돈을 많이 버는 직업들을 포기했다고 주장하고 있다. 따라서 ③ '영국의 최근 정책들은 경력 대신 양육을 우선시하는 부모들에게 불합리하게 영향을 미친다'가 이 글의 요지이다.

정답 ③

어휘

funding 재정 지원 provide for ~를 부양하다
discourage 막다, 낙담시키다 claim 신청하다, 주장하다
afford 감당하다, 여유가 되다 welfare 복지 fraud 사기
concede 인정하다, 수긍하다 child benefit 육아 수당 attractive 매력적인
alternative 대안 rewarding 돈을 많이 버는, 보람 있는
well-adjusted 잘 적응하는 devotion 헌신 exit 떠나다, 나가다
workforce 노동 인구, 노동력 emerging 떠오르는, 신흥의
severely 심각하게 unreasonably 불합리하게 prioritize 우선시하다
nurture 양육하다 allocate 할당하다

구문 분석

It's simply too difficult / to afford the cost of living / without the extra help.

: 이처럼 'too … to ~' 구문이 정도를 나타내는 경우, '~하기에 너무 … 하다'라고 해석한다.

DAY 21

# 하프모의고사 21회

## 해커스 공무원시험연구소 총평

**난이도** 전반적으로 수월하게 풀 수 있는 회차입니다.

**어휘·생활영어 영역** 3번과 같이 보기에 관용적으로 사용되는 생활영어 표현이 등장하는 경우에 대비하여, 평소 상황별로 쓰이는 표현들을 외워 두는 것이 좋습니다.

**문법 영역** 5번 문제의 정답으로 출제 빈도가 낮은 지엽적인 문법 포인트가 출제되었지만, 오답 보기를 비교적 쉽게 소거할 수 있었으므로 풀이가 어렵지는 않았을 것입니다.

**독해 영역** 7번 지문과 같이 철학과 관련된 주제가 등장하면 어려움부터 느끼는 수험생들이 많습니다. 하지만 어떤 주제에든 당황하지 않고 유형에 맞는 문제 풀이 전략을 적용함으로써 정답에 접근할 수 있습니다.

## 정답

| | | | | | |
|---|---|---|---|---|---|
| 01 | ③ | 어휘 | 06 | ③ | 독해 |
| 02 | ② | 어휘 | 07 | ③ | 독해 |
| 03 | ④ | 생활영어 | 08 | ① | 독해 |
| 04 | ① | 문법 | 09 | ④ | 독해 |
| 05 | ② | 문법 | 10 | ② | 독해 |

## 취약영역 분석표

| 영역 | 맞힌 답의 개수 |
|---|---|
| 어휘 | /2 |
| 생활영어 | /1 |
| 문법 | /2 |
| 독해 | /5 |
| TOTAL | **/10** |

### 01 어휘 groundbreaking = revolutionary 난이도 중 ●●○

밑줄 친 부분의 의미와 가장 가까운 것은?

Researchers at the university made a groundbreaking discovery that may lead to a cure for cancer. A press conference is scheduled for next week during which the details of the new finding will be discussed.

① widespread ② dysfunctional
③ revolutionary ④ trivial

**해석**

그 대학의 연구원들은 암의 치료로 이어질 수 있는 획기적인 발견을 했다. 그 새로운 발견의 세부 사항들이 논의될 기자 회견이 다음 주에 예정되어 있다.

① 광범위한 ② 제대로 기능하지 않는
③ 획기적인 ④ 사소한

정답 ③

**어휘**

groundbreaking 획기적인 discovery 발견
press conference 기자 회견 discuss 논의하다 widespread 광범위한
dysfunctional 제대로 기능하지 않는, 고장 난
revolutionary 획기적인, 혁명적인 trivial 사소한

**이것도 알면 합격!**

groundbreaking(획기적인)의 유의어
= innovative, pioneering, monumental, unprecedented

### 02 어휘 coordinate = arrange 난이도 중 ●●○

밑줄 친 부분의 의미와 가장 가까운 것은?

For the big day, the wedding planner needed to coordinate seating layouts, catering, and music.

① portray ② arrange
③ withdraw ④ identify

**해석**

중요한 날을 위해, 그 웨딩 플래너는 좌석 배치, 음식 공급, 그리고 음악을 조정해야 했다.

① 묘사하다 ② 정리하다
③ 취소하다 ④ 확인하다

정답 ②

어휘

coordinate 조정하다, 협동하다 layout 배치(도), 설계(법)
catering 음식 공급, 음식 조달 portray 묘사하다, 그리다
arrange 정리하다, 배열하다 withdraw 취소하다, 철회하다
identify 확인하다, 동일시하다

이것도 알면 **합격!**

coordinate(조정하다)의 유의어
= organize, orchestrate, manage, handle

## 03 생활영어 It'll be cutting it close. 난이도 중 ●●○

**밑줄 친 부분에 들어갈 말로 가장 적절한 것은?**

A: Can you make it to the party on your own?
B: I thought you were dropping by my place to pick me up.
A: I know I said I'd give you a ride, but I'm running behind.
B: Hmm. ________________. I have to bring the cake. But if I leave now, I can probably make it.
A: Sorry for the last-minute change. I think I'll get to Sandy's around 20 minutes late.
B: No problem. I'll let her know.

① Don't be long
② I'll be back in a jiffy
③ Count me in
④ It'll be cutting it close

해석

A: 너 혼자 파티에 시간 맞춰 갈 수 있니?
B: 나는 네가 나를 태우기 위해 우리 집에 들른다고 생각했는데.
A: 내가 너를 태워다줄 거라고 말했다는 건 알고 있지만, 내가 늦어지고 있어.
B: 흠. 아슬아슬하겠네. 나는 케이크를 가지고 가야 하거든. 하지만 내가 만약 지금 출발한다면, 나는 아마 시간에 맞춰 갈 수 있을 거야.
A: 막판에 바꾸어서 미안해. 나는 20분 정도 늦게 Sandy의 집에 도착할 것 같아.
B: 문제없어. 내가 그녀에게 알려 줄게.

① 너무 기다리게 하지 마
② 쏜살같이 돌아올게
③ 나도 끼워 줘
④ 아슬아슬하겠네

포인트 해설

A가 B에게 혼자 파티에 시간 맞춰 갈 수 있는지 묻고, 빈칸 뒤에서 B가 자신은 케이크를 가지고 가야 하지만 지금 출발한다면 시간에 맞춰 갈 수 있을 것이라고 대답하고 있으므로, '아슬아슬하겠네'라는 의미의 ④ 'It'll be cutting it close'가 정답이다.

정답 ④

어휘

make it 시간 맞춰 가다, 참석하다 run behind 늦어지다, 뒤처지다
the last-minute 막판 Don't be long. 너무 기다리게 하지 마.
I'll be back in a jiffy. 쏜살같이 돌아올게. Count me in. 나도 끼워 줘.
cut it close 아슬아슬하다, 절약하다

이것도 알면 **합격!**

약속 시간에 대해 말할 때 쓸 수 있는 다양한 표현들을 알아 두자.
- Be on time. 제시간에 오세요.
- I'm on my way. 가는 중이야.
- You're just in time. 딱 맞춰 왔네.
- I got there in the nick of time. 거기에 아슬아슬하게 맞춰 도착했어.

## 04 문법 형용사 | 시제 | 수동태 | 수 일치 난이도 중 ●●○

**밑줄 친 부분 중 어법상 옳지 않은 것은?**

Police have received a report that ① few teenagers have been making prank phone calls to a shop in the town over the past few days. A deliveryman who ② had delivered pizza to a fabricated address notified the police of the case. Two of the youths in question and their parents are ③ being contacted by authorities. We will provide updates as more information ④ comes in.

해석

경찰은 몇몇 십대 청소년들이 지난 며칠 동안 마을의 한 상점에 장난 전화를 걸어왔다는 신고를 받았습니다. 가짜 주소에 피자를 배달했던 배달원이 경찰에 그 사건을 알렸습니다. 문제의 아이 중 두 명과 그들의 부모는 정부 당국으로부터 연락을 받고 있습니다. 추가 정보가 들어오는 대로 최신 정보를 알려드리겠습니다.

포인트 해설

① **수량 표현** 문맥상 '몇몇 십대 청소년들'이라는 의미가 되어야 자연스러우므로 few(거의 없는)를 a few(몇몇의)로 고쳐야 한다.

[오답분석]

② **과거완료 시제** 문맥상 '배달원이 가짜 주소로 피자를 배달했던' 시점이 '배달원이 경찰에 그 사건을 알린' 특정 과거 시점보다 이전에 일어난 일이므로 과거완료 시제 had delivered가 올바르게 쓰였다.

③ **능동태·수동태 구별** 주어(Two of the youths ~ and their parents)와 동사가 '문제의 아이 중 두 명과 그들의 부모가 연락을 받다'라는 의미의 수동 관계이므로 be 동사와 함께 현재진행 수동태를 완성하는 being contacted가 올바르게 쓰였다.

④ **현재 시제 | 주어와 동사의 수 일치** 시간을 나타내는 부사절(as more information ~ in)에서는 미래를 나타내기 위해 미래 시제 대신 현재 시제를 사용하므로 현재 시제 comes가 올바르게 쓰였다. 또한, 주어 자리에 불가산 명사 information이 왔으므로 단수 동사 comes가 올바르게 쓰였다.

정답 ①

어휘

prank 장난 fabricated 가짜의, 허구의 notify 알리다
in question 문제의, 의심스러운 contact 연락하다, 접촉하다
authorities 정부 당국

이것도 알면 **합격!**

과거완료 시제가 쓰인 '주어 + had not p.p. + before[when] + 주어 + 과거 동사'는 '~하지도 않아 - 했다'라고 해석된다는 것을 알아 두자.

- **I had not taken** a single step outside **before(= when) it started** to rain.
  내가 채 한 발도 밖으로 나가지 않았는데 비가 오기 시작했다.

## 05 문법 동사의 종류 | 보어 | 비교 구문 난이도 중 ●●○

**우리말을 영어로 잘못 옮긴 것은?**

① 올해 교육업계의 취업 전망은 희망적이다.
→ Job prospects in the field of education are bright for this year.

② Dante는 이야기하는 것을 사람들이 불멸을 성취하는 방법이라고 부른다.
→ Dante refers storytelling as a means by which people can achieve immortality.

③ 오늘날 젊은 사람들은 다른 선택지들보다 전자 형식의 오락물을 더 좋아한다.
→ Young people today prefer electronic forms of entertainment to other options.

④ 내겐 다른 어떤 것도 가족보다 중요하지 않다.
→ Nothing is more important to me than my family.

포인트 해설

② **목적어 뒤에 as나 to be를 취하는 동사** 동사 refer는 '~을 -이라고 부르다'라는 의미로 쓰일 때 전치사 to와 함께 'refer to + 목적어 + as + 명사'의 형태로 쓰이므로 refers storytelling as a means를 refers to storytelling as a means로 고쳐야 한다.

[오답분석]

① **보어 자리** be 동사(are)는 주격 보어를 취하는데, 보어 자리에는 명사나 형용사 역할을 하는 것이 올 수 있으므로 형용사 bright가 올바르게 쓰였다.

③ **비교급** '다른 선택지들보다 전자 형식의 오락물을 더 좋아한다'는 than 대신 to를 쓰는 비교 표현 prefer A to B(B보다 A를 더 좋아하다)를 사용하여 나타낼 수 있으므로 prefer electronic forms of entertainment to other options가 올바르게 쓰였다.

④ **비교급 형태로 최상급 의미를 만드는 표현** '다른 어떤 것도 가족보다 중요하지 않다'는 비교급 형태로 최상급 의미를 만드는 표현 'nothing ~ 비교급 + than'(다른 어떤 -도 ~보다 더 ~하지 않다)을 사용하여 나타낼 수 있으므로, Nothing is more important ~ than my family가 올바르게 쓰였다.

정답 ②

어휘

prospect 전망 means 방법 achieve 성취하다 immortality 불멸
entertainment 오락물

이것도 알면 **합격!**

②번의 refer to처럼 목적어 뒤에 'as + 명사'를 취하는 다양한 동사들을 알아 두자.

| | |
|---|---|
| regard ~을 -으로 여기다<br>describe ~을 -으로 묘사하다<br>define ~을 -으로 정의하다<br>identify ~을 -으로 확인하다<br>think of ~에 대해 -이라고 생각하다<br>conceive of ~을 -이라고 생각하다 | + 목적어 + as + 명사 |

## 06 독해 제목 파악 난이도 중 ●●○

**다음 글의 제목으로 가장 적절한 것은?**

Patients with chronic pain live every day enduring its physical symptoms, which unfortunately do not go away with ample rest or even medication. And because the pain usually increases with activity, sufferers tend to want to remain stationary. However, this is counterproductive. Inertia might bring temporary relief for patients but worsens the condition in the long term, while moving around can be painful but builds stamina and strength to handle the ailment better. The trick is finding a happy medium. Sufferers need to challenge themselves by slowly doing more frequent and intense exercises daily. At the same time, they should refrain from pushing themselves too hard to avoid further damage to their bodies. With continued practice and self-adjustment toward developing a routine that is right for them, individuals can lead full and active lives in spite of perpetual discomfort.

① What a Patient with Chronic Pain Can Endure
② Exercises That Help Relieve Chronic Pain
③ Movement: A Way to Manage Chronic Pain
④ How Does Chronic Pain Change over Time?

해석

만성 통증을 가진 환자들은 매일 그것의 신체적 증상을 견디며 살아가는데, 이것은 불행하게도 충분한 휴식이나 심지어 약물 치료에도 사라지지 않는다. 그리고 통증이 일반적으로 활동과 함께 증가하기 때문에, 환자들은 움직이지 않는 채로 있기를 원하는 경향이 있다. 그러나, 이것은 역효과를 낳는다. 무활동은 환자들에게 일시적인 완화를 가져올지 모르지만 장기적으로 상태를 악화시키는 반면, 여기저기 움직이는 것은 고통스러울 수 있지만 그 질병을 더 잘 다스릴 수 있는 체력과 힘을 길러 준다. 그 비결은 중도를 찾는 것이다. 환자들은 더욱 빈번하고 격렬한 운동을 매일 천천히 함으로써 그들 자신에 도전해야 한다. 동시에, 그들은 신체의 추가적인 손상을

피하기 위해 너무 혹독하게 자신을 밀어붙이는 것을 삼가야 한다. 그들에게 맞는 루틴을 개발하기 위한 계속된 연습과 자기 조정을 통해, 개개인은 끊임없이 계속되는 고통에도 불구하고 충만하고 활동적인 삶을 살 수 있다.

① 만성 통증을 가진 환자가 견딜 수 있는 것
② 만성 통증을 완화하는 것을 돕는 운동들
③ 움직임: 만성 통증을 관리하는 방법
④ 만성 통증은 시간이 지나면서 어떻게 변화하는가?

**포인트 해설**

지문 중간에 무활동은 만성 통증이 있는 환자들에게 일시적인 완화를 가져올지 모르지만 장기적으로 상태를 악화시키는 반면, 여기저기 움직이는 것은 고통스러울 수 있지만 그 질병을 더 잘 다스릴 수 있는 체력과 힘을 길러 준다고 설명하고 있다. 따라서 ③ '움직임: 만성 통증을 관리하는 방법'이 이 글의 제목이다.

정답 ③

**어휘**

chronic 만성의 endure 견디다 ample 충분한
medication 약물 치료 stationary 움직이지 않는
counterproductive 역효과를 낳는 inertia 무활동, 무력함
relief 완화, 경감 stamina 체력 ailment 질병 trick 비결, 재주
happy medium 중도 refrain from ~을 삼가다
perpetual 끊임없이 계속되는

## 07 독해 문단 순서 배열 난이도 중 ●●○

**주어진 글 다음에 이어질 글의 순서로 가장 적절한 것은?**

One cannot deny the advantages of using drones and robots on the battlefront. They would help keep troops out of harm's way, and the precision of mechanized devices would lead to a reduction in civilian casualties.

(A) When the last vestige of humanity is replaced by artificiality, we will be confronting a future wherein a robot that cannot differentiate between a child and an enemy is sent into battle. The tin soldier possesses neither pity nor understanding.

(B) In the face of its indifference will we realize that we have exchanged empathy for accuracy. And in the long run, it is mortal compassion and not cold calculation that is needed to end the destruction.

(C) What appears to be a win-win situation for all involved, though, really isn't. For we must consider that with every machine we send into warfare, the human element diminishes that much more.

① (A) – (C) – (B)  ② (B) – (A) – (C)
③ (C) – (A) – (B)  ④ (C) – (B) – (A)

**해석**

누구도 전선에서 드론과 로봇을 사용하는 것의 이점을 부정할 수 없다. 그것들은 군대가 아무런 피해를 당하지 않도록 도울 것이며, 기계화된 장비의 정확성은 민간인 사상자의 감소로 이어질 것이다.

(A) 인간성의 마지막 흔적이 인공물로 대체될 때, 우리는 어린아이와 적을 구별할 수 없는 로봇이 전장에 투입되는 미래를 직면하게 될 것이다. 그 양철 군인은 연민도 이해도 지니지 않는다.
(B) 그것의 냉담함에 직면하고 나서야 우리는 공감을 정확성과 맞바꿨다는 것을 깨닫게 될 것이다. 그리고 장기적으로, 파괴를 끝내기 위해 필요한 것은 냉정한 계산이 아닌 인간의 연민이다.
(C) 그렇지만, 관련된 모두에게 유리한 상황으로 여겨지는 것이 실제로는 그렇지 않다. 우리는 우리가 전투에 내보내는 모든 기계로 인해, 그만큼 더 많은 인간적인 요소가 줄어든다는 것을 고려해야 하기 때문이다.

**포인트 해설**

주어진 글에서 전선에 드론과 로봇을 사용하는 것의 이점에 관해서 설명한 후, (C)에서 그렇지만(though) 이것은 인간적인 요소가 줄어든다는 것을 의미한다는 점에서 반드시 유리한 것은 아니라는 상반되는 입장을 나타내고 있다. 이어서 (A)에서 어린아이와 적을 구별할 수 없는 로봇은 연민도 이해도 지니지 않는다고 하며 드론과 로봇 사용에 반대하는 이유를 알려주고, (B)에서 그것의 냉담함(its indifference)에 직면하고 나서야 우리는 공감을 정확성과 맞바꿨다는 것을 깨닫게 될 것이라고 주장하고 있다. 따라서 ③ (C)-(A)-(B)가 정답이다.

정답 ③

**어휘**

battlefront 전선 out of harm's way 아무런 피해를 당하지 않도록
precision 정확성 device 장비, 기기 casualty 사상자
vestige 흔적 artificiality 인공물 differentiate 구별하다 tin 양철
pity 연민 indifference 냉담함, 무관심함
empathy 공감 accuracy 정확성 mortal 인간의 compassion 연민
destruction 파괴 warfare 전투 diminish 줄어들다

**구문 분석**

In the face of its indifference / will we realize / that we have exchanged empathy for accuracy.
: 이처럼 부사구가 문장 앞에 와서 도치가 일어난 경우, 주어와 동사가 무엇인지 빠르게 파악한 다음 '주어 + 동사 + 부사구' 또는 '부사구 + 주어 + 동사'의 순서대로 해석한다.

## 08 독해 빈칸 완성 - 단어 난이도 중 ●●○

**밑줄 친 부분에 들어갈 말로 가장 적절한 것은?**

After roughly 40 years of stability in the middle of the 20th century, Afghanistan experienced a series of political upheavals. In 1973, a coup overthrew the reigning king, transforming the government from a monarchy into a republic. Five years later, the newly established president was deposed and replaced. In 1979 and 1980, the Cold War began to play out in Afghanistan as the Soviets removed the president and installed a new one sympathetic to their cause. The next decade was marked by fighting by resistance forces, which eventually drove out the Soviet occupation and toppled the Afghan regime. However, this vacuum of power led to struggles by disparate resistance groups vying for control of the nation. Thus, the government of Afghanistan has experienced a ___________ recent history that remains just out of reach of stability.

① turbulent ② progressive
③ majestic ④ conventional

**해석**

20세기 중반의 대략 40년간의 안정 이후, 아프가니스탄은 일련의 정치적 격변을 겪었다. 1973년에, 쿠데타가 정권을 잡고 있던 왕을 끌어내렸고, 정부를 군주제에서 공화제로 바꾸었다. 5년 뒤, 새롭게 취임한 대통령이 면직되어 교체되었다. 1979년과 1980년에는, 소련이 대통령을 몰아내고 그들의 대의에 동조하는 새로운 대통령을 취임시킴에 따라 아프가니스탄에 냉전이 자리 잡기 시작했다. 그다음 10년은 저항 세력에 의한 투쟁으로 특징지어지는데, 이는 결국 소련의 점령을 몰아내고 아프간 정권을 무너뜨렸다. 하지만, 이 권력의 공백은 국가의 통제권을 두고 경쟁한 서로 다른 저항 집단들 사이의 투쟁으로 이어졌다. 그러므로, 아프가니스탄의 정부는 안정성의 영역에서 벗어나 격동의 근래 역사를 경험했다.

① 격동의 ② 진보적인
③ 위엄 있는 ④ 전통적인

**포인트 해설**

지문 전반에 걸쳐 20세기 중반 이후 쿠데타와 저항 세력의 투쟁, 체제의 붕괴와 권력의 공백 등 아프가니스탄이 겪은 정치적 격변에 대해 설명하고 있으므로 아프가니스탄의 정부가 '격동의' 근래 역사를 경험했다고 한 ①번이 정답이다.

정답 ①

**어휘**

roughly 대략 stability 안정, 안정성 upheaval 격변 coup 쿠데타
overthrow 끌어내리다, 전복시키다 monarchy 군주제 republic 공화제
depose 면직시키다 sympathetic 동조하는, 동정하는 resistance 저항
drive out ~을 몰아내다 occupation 점령, 직업
topple 무너뜨리다, 넘어뜨리다 regime 정권, 체제
vacuum 공백, 진공 disparate 서로 다른, 이질적인 vie 경쟁하다
turbulent 격동의, 거친 progressive 진보적인
majestic 위엄 있는 conventional 전통적인

## 09 독해 빈칸 완성 - 절 난이도 중 ●●○

**밑줄 친 부분에 들어갈 말로 가장 적절한 것은?**

Austerity measures are sometimes taken as a last resort when a country has a significant deficit and is in danger of defaulting on its loans. To save capital and pay off its debts, the government raises taxes and curtails its public spending, stopping development in its tracks. While there are those who support austerity, saying that the end justify the means, a great many people say that reducing public spending is not an effective approach. This is because government-subsidized development creates jobs, but by no longer spending in this area, unemployment rises. With the number of people eligible to pay income taxes drastically decreased, ___________________________.

① implementing sterner austerity is the only option
② the economy will recover after a period of growth
③ low-income earners are disproportionately affected
④ reducing the deficit becomes harder than ever

**해석**

긴축 정책은 국가가 상당한 적자를 가지고 있고 융자금에 대한 채무를 이행하지 못할 위험에 처해 있을 때 마지막 수단으로 이따금 사용된다. 자본을 모으고 부채를 청산하기 위해, 정부는 세금을 올리고 공공 지출을 삭감하는데, 이는 개발을 즉각 중단하게 한다. 목적이 수단을 정당화한다고 말하며, 긴축을 지지하는 사람들이 있지만, 아주 많은 사람들은 공공 지출을 줄이는 것이 효과적인 접근법이 아니라고 말한다. 이는 정부 보조의 개발이 일자리를 창출하는데, 이 분야에 더 이상 지출하지 않음으로써, 실업률이 증가하기 때문이다. 소득세를 납부할 수 있는 사람의 수가 급격히 감소하므로, 적자를 줄이는 것이 그 어느 때보다 더 어려워진다.

① 더 엄격한 긴축을 시행하는 것이 유일한 선택지이다
② 경제는 성장 기간이 지난 후에 회복될 것이다
③ 저소득자는 불균형적으로 영향을 받는다
④ 적자를 줄이는 것이 그 어느 때보다 더 어려워진다

**포인트 해설**

지문 전반에 걸쳐 국가가 상당한 적자를 가지고 있고 융자금에 대한 채무를 이행하지 못할 위험에 처해 있을 때 정부는 이를 해결하기 위해 세금을 올리고 공공 지출을 삭감하는 긴축 정책을 사용하지만, 이것은 정부 보조의 개발이 창출하는 일자리를 줄여 소득세를 납부할 수 있는 사람의 수를 감소시킨다고 설명하고 있으므로, '적자를 줄이는 것이 그 어느 때보다 더 어려워진다'라고 한 ④번이 정답이다.

정답 ④

**어휘**

austerity measure 긴축 정책 resort 수단, 방편 deficit 적자, 부족액
default 채무를 이행하지 않다 capital 자본 curtail 삭감하다
in one's tracks 즉각 effective 효과적인
government-subsidized 정부 보조의 eligible 할 수 있는
implement 시행하다 stern 엄격한 disproportionately 불균형적으로

## 10 독해 내용 불일치 파악 난이도 하 ●○○

**다음 글의 내용과 일치하지 않는 것은?**

Since the rise of e-commerce, companies have come under the scrutiny of customers, who often provide feedback online. Up to 70 percent of people consult the Internet before buying a product or signing up for a service, and these online comments can influence buyers' choices. Experts say business profits can rise significantly with just a slight increase in consumer rating. As a result, some companies now hire people to devise false reviews. These fake reviewers will post glowing compliments about a company or complaints about their competitors. While business owners have a lot of incentive to hire these people, this practice can deceive customers into paying for something that has been misrepresented. So the next time you come across an online evaluation that seems too good to be true, it is wise to be cautious.

① The majority of people check web reviews before purchasing something.

② Rises in affirmative ratings result in only slight profit increases.

③ The profits of a company are influenced by Internet evaluations.

④ People may be employed by companies to write fake product evaluations.

**해석**

전자 상거래의 출현 이후로, 기업들은 종종 온라인으로 의견을 제공하는 소비자들의 감시를 받고 있다. 70퍼센트에 이르는 사람들이 제품을 사거나 서비스에 가입하기 전에 인터넷을 참고하며, 이러한 온라인 의견들은 구매자들의 선택에 영향을 줄 수 있다. 전문가들은 소비자 평가의 약간의 상승만으로도 기업 이익이 크게 증가할 수 있다고 말한다. 그 결과, 오늘날 몇몇 기업들은 거짓 평가를 꾸며내기 위해 사람들을 고용한다. 이 가짜 평가자들은 기업에 대한 열렬한 찬사나 경쟁사들에 대한 불평을 올릴 것이다. 사업주들에게는 이러한 사람들을 고용할 많은 동기가 있지만, 이러한 행위는 거짓으로 전해진 무언가에 대해 돈을 지불하도록 소비자들을 속일 수 있다. 그러므로 다음에 당신이 사실이라고 하기에 너무 좋아 보이는 온라인 평가를 우연히 발견한다면, 조심하는 것이 현명하다.

① 대다수의 사람들은 무언가를 구매하기 전에 인터넷 평가를 확인한다.

② 긍정적인 평가의 증가는 단지 약간의 이익 증가만을 가져올 뿐이다.

③ 기업의 이익은 인터넷 평가의 영향을 받는다.

④ 사람들은 거짓된 제품 평가를 쓰도록 기업들에 의해 고용될 수도 있다.

**포인트 해설**

②번의 키워드인 Rises in affirmative ratings(긍정적인 평가의 증가)를 바꾸어 표현한 지문의 increase in consumer rating(소비자 평가의 상승) 주변의 내용에서 소비자 평가의 약간의 상승만으로도 기업 이익이 크게 증가할 수 있다고 했으므로, ② '긍정적인 평가의 증가는 단지 약간의 이익 증가만을 가져올 뿐이다'는 지문의 내용과 다르다.

정답 ②

**어휘**

e-commerce 전자 상거래 scrutiny 감시, 감독 consult 참고하다, 상담하다 sign up for ~에 가입하다 profit 이익 significantly 크게, 상당히 rating 평가 devise 꾸미다, 궁리하다 false 거짓의 fake 가짜의, 거짓된 glowing 열렬한, 빛나는 compliment 찬사, 칭찬 complaint 불평 incentive 동기, 자극 deceive 속이다 misrepresent 거짓으로 전하다 come across ~을 우연히 발견하다 evaluation 평가 affirmative 긍정적인

# DAY 22 하프모의고사 22회

## 해커스 공무원시험연구소 총평

| | |
|---|---|
| 난이도 | 전반적으로 정답을 쉽게 찾을 수 있는 평이한 난이도의 회차입니다. |
| 어휘·생활영어 영역 | 지문의 길이가 짧은 어휘 영역이라 할지라도 정치·경제를 포함하여 폭넓은 소재가 다루어지므로, 평소 다양한 지문을 접해 보는 것이 중요합니다. |
| 문법 영역 | 3번과 4번 문제에 모두 출제된 간접 의문문 포인트는 최근 국가직 9급 시험에 정답 포인트로 출제된 적이 있으므로, 정확한 구조를 알아둘 필요가 있습니다. |
| 독해 영역 | 글의 요지나 주제를 묻는 문제의 경우 지문의 처음이나 마지막 문장이 주제문인 경우가 많지만, 10번 문제처럼 지문 전체 내용을 모두 확인해야 할 때도 있으므로 성급하게 답을 고르지 않도록 합니다. |

## 정답

| | | | | | |
|---|---|---|---|---|---|
| 01 | ② | 어휘 | 06 | ④ | 독해 |
| 02 | ① | 생활영어 | 07 | ③ | 독해 |
| 03 | ① | 문법 | 08 | ② | 독해 |
| 04 | ① | 문법 | 09 | ① | 독해 |
| 05 | ① | 어휘 | 10 | ③ | 독해 |

## 취약영역 분석표

| 영역 | 맞힌 답의 개수 |
|---|---|
| 어휘 | /2 |
| 생활영어 | /1 |
| 문법 | /2 |
| 독해 | /5 |
| TOTAL | /10 |

### 01 어휘 demonstrate = exhibit 난이도 중 ●●○

밑줄 친 부분의 의미와 가장 가까운 것은?

> In order to attract the masses, a great many influential leaders demonstrate all of charisma and charm they possess when addressing citizens.

① advocate ② exhibit
③ govern ④ contrive

**해석**

대중의 마음을 끌기 위해, 아주 많은 영향력 있는 지도자들이 시민들에게 연설할 때 그들이 가지고 있는 카리스마와 매력을 모두 발휘한다.

① 지지하다 ② 발휘하다
③ 통치하다 ④ 고안하다

정답 ②

**어휘**

attract 마음을 끌다, 끌어모으다 influential 영향력 있는
demonstrate 발휘하다, 입증하다 charm 매력; 매혹하다
address 연설하다, 처리하다; 주소 advocate 지지하다, 옹호하다; 지지자
exhibit 발휘하다, 전시하다 govern 통치하다, 다스리다
contrive 고안하다, 발명하다

**이것도 알면 합격!**

demonstrate(발휘하다)의 유의어
= display, muster, manifest

### 02 생활영어 What's happened so far? 난이도 하 ●○○

밑줄 친 부분에 들어갈 말로 가장 적절한 것은?

> A: What took you so long?
> B: Sorry I'm late. Did I miss much of the movie?
> A: Only about 20 minutes.
> B: ____________?
> A: The lead character found out he was framed for a murder, so now he's hiding from the police.
> B: Oh, Okay. Got it now.

① What's happened so far
② When does the film end
③ Have you got the time
④ What are you up to

해석

A: 왜 그렇게 오래 걸렸어?
B: 늦어서 미안해. 내가 영화의 많은 부분을 놓친 거야?
A: 한 20분 정도.
B: 지금까지 무슨 일이 일어났어?
A: 주인공은 자신이 살인 누명을 썼다는 것을 알게 되어서, 지금 경찰로부터 숨어 있는 중이야.
B: 오, 그래. 이제 알겠어.

① 지금까지 무슨 일이 일어났어
② 영화가 언제 끝나
③ 지금 몇 시야
④ 뭐 하고 지내니

포인트 해설

자신이 영화에서 많은 부분을 놓쳤는지 묻는 B의 말에 대해 A가 20분 정도 놓쳤다고 대답하고, 빈칸 뒤에서 다시 A가 The lead character found out he was framed for a murder, so now he's hiding from the police(주인공은 자신이 살인 누명을 썼다는 것을 알게 되어서, 지금 경찰로부터 숨어 있는 중이야)라고 말하고 있으므로, '지금까지 무슨 일이 일어났어'라는 의미의 ① 'What's happened so far'가 정답이다.

정답 ①

어휘

lead character 주인공 frame for 누명을 씌우다

이것도 알면 합격!

영화를 볼 때 쓸 수 있는 다양한 표현들을 알아 두자.
• The movie dragged on. 그 영화는 질질 끌었어요.
• Let's reserve the tickets now. 지금 표를 예매하자.
• This movie got two thumbs up. 이 영화는 극찬을 받았어.
• The twist at the end was shocking! 마지막의 반전은 충격적이었어요!

## 03 문법 동사의 종류 | 어순 | 분사 | 주어 | 수 일치 난이도 중 ●●○

**우리말을 영어로 잘못 옮긴 것은?**

① 우리는 그 밴드가 우리 집 근처 공원에서 연주하는 것을 들었다.
→ We heard the band played in the park near our home.

② 그가 어떻게 보고서를 제때 완성했는지는 내가 이해할 수 없는 정도이다.
→ How he ever finished the report on time is beyond me.

③ 어둠에 겁을 먹어서, 그 어린 소녀는 야간등과 함께 잠들었다.
→ Scared of the dark, the little girl slept with a night light.

④ 실패를 받아들이는 것을 배우는 것은 성공하는 것에 있어 필수적인 요소이다.
→ Learning to accept failure is a vital component to succeeding.

포인트 해설

① **5형식 동사** 지각동사 hear는 목적어와 목적격 보어가 능동 관계일 때 목적격 보어로 원형 부정사나 현재분사를, 목적어와 목적격 보어가 수동 관계일 때 목적격 보어로 과거분사를 취하는데, 목적어(the band)와 목적격 보어가 '그 밴드가 연주하다'라는 의미의 능동 관계이므로, 과거분사 played를 원형 부정사 play 또는 현재분사 playing으로 고쳐야 한다.

[오답분석]

② **어순** 간접 의문문은 '의문사 + 주어 + 동사'의 어순이 되어야 하므로 How he ever finished ~ on time이 올바르게 쓰였다.

③ **분사구문의 형태** 주절의 주어(the little girl)와 분사구문이 '어린 소녀가 겁을 먹다'라는 의미의 수동 관계이므로 과거분사 Scared가 올바르게 쓰였다.

④ **주어 자리 | 주어와 동사의 수 일치** 주어 자리에는 명사 역할을 하는 것이 와야 하므로 동명사구 Learning to accept failure가 올바르게 쓰였고, 동명사구 주어는 단수 취급하므로 단수 동사 is가 올바르게 쓰였다.

정답 ①

어휘

be beyond somebody ~가 이해할 수 없는 정도이다
night light 야간등 component 요소, 부품

이것도 알면 합격!

사역동사·지각동사의 목적어와 목적격 보어가 '~가 ~되다'라는 의미의 수동 관계이면, 목적격 보어로 과거분사가 와야 한다는 것을 알아 두자.
• We heard the music (**played**, ~~play~~, ~~playing~~).
우리는 그 음악이 연주되는 것을 들었다.
→ '음악이 연주하다'가 아니라 '음악이 연주되다'라는 의미의 수동 관계이므로 목적격 보어로 과거분사(played)가 와야 한다.

## 04 문법 부사절 | 동사의 종류 | 어순 | 부사 난이도 중 ●●○

**우리말을 영어로 잘못 옮긴 것은?**

① 나는 그 벤치에 앉고 나서야 비로소 그것이 젖었다는 것을 알아차렸다.
→ I did notice that the bench was wet until I sat on it.

② 내가 그 장치를 벽에 연결한 바로 그 순간, 불꽃이 튀기 시작했다.
→ The moment I plugged the device into the wall, sparks began to fly.

③ 그 경비원은 당신에게 방문 목적이 무엇인지를 물어볼 것이다.
→ The guard will ask you what the purpose of your visit is.

④ 당신은 신중하게 조준해야 합니다. 그렇지 않으면, 그 공은 들어가지 않을 것입니다.
→ You have to aim carefully; otherwise, the ball will not go in.

포인트 해설

① **부사절 접속사** '그 벤치에 앉고 나서야 비로소 나는 ~ 알아차렸다'는 'B하고 나서야 비로소 A하다'라는 의미의 not A until B 구문을 사용해서 나타낼 수 있으므로 I did notice를 I did not notice로 고쳐야 한다.

[오답분석]

② 부사절 접속사 '그 장치를 벽에 연결한 바로 그 순간'을 나타내기 위해 '~하는 바로 그 순간'이라는 의미의 부사절 접속사 The moment (that)이 올바르게 쓰였다.

③ 4형식 동사 | 어순 동사 ask는 두 개의 목적어를 '간접 목적어(you) + 직접 목적어(what ~ is)' 순서로 취하는 4형식 동사이다. 이때, 직접 목적어 자리에 온 간접 의문문은 '의문사 + 주어 + 동사'의 어순이 되어야 하므로, ask you what the purpose of your visit is가 올바르게 쓰였다.

④ 부사 자리 '그렇지 않으면, 그 공은 들어가지 않을 것입니다'는 세미콜론(;)과 함께 쓰여 뒤에 온 절의 의미를 연결하는 접속부사 otherwise(그렇지 않으면)로 나타낼 수 있으므로 otherwise, the ball will not go in이 올바르게 쓰였다.

정답 ①

어휘

plug into ~에 연결하다 fly 튀다, 날다 aim 조준하다

이것도 알면 합격!

조건을 나타내는 부사절 접속사들도 함께 알아 두자.

| |
|---|
| if 만약 ~이라면 |
| unless 만약 ~이 아니라면 (= if ~ not) |
| provided / providing (that) 오직 ~하는 경우에 (= only if) |
| as long as ~하는 한, ~하면 |
| once 일단 ~하자, 일단 ~하면 |
| in case ~에 대비하여 |

## 05 어휘 bankrupt 난이도 중 ●●○

밑줄 친 부분에 들어갈 말로 가장 적절한 것은?

The company nearly became ____________ due to a bad investment venture and little demand for their most popular product this year.

① bankrupt ② reflective
③ monopolistic ④ pioneering

해석

그 회사는 올해 좋지 않은 투자 사업과 가장 인기 있는 제품에 대한 제한된 수요 때문에 거의 파산하게 되었다.

① 파산한 ② 반영하는
③ 독점적인 ④ 선구적인

정답 ①

어휘

investment 투자 venture (벤처) 사업, 투기적 사업
little demand 제한된 수요 popular 인기 있는 bankrupt 파산한
reflective 반영하는 monopolistic 독점적인 pioneering 선구적인

이것도 알면 합격!

bankrupt(파산한)와 유사한 의미의 표현
= insolvent, broke, in default

## 06 독해 빈칸 완성 - 구 난이도 하 ●○○

밑줄 친 부분에 들어갈 말로 가장 적절한 것은?

For optimal growth in the spring, it is essential that you prepare your vegetable garden for the winter by pulling out any old vines and leaves. As long as they don't appear to be diseased, transferring these remnants to a compost pile where they can decompose is a good idea because this will naturally return nutrients to the earth. More importantly, ____________ also helps reduce the number of bugs that will live in the dirt and eat your crops next growing season. This is because insects have likely been laying eggs all over your plot during the summer and fall. Removing and destroying the remains prevents them from ever hatching.

① protecting the soil from insects
② allowing the plants to decompose
③ fertilizing the soil with compost
④ getting rid of dead plant matter

해석

봄의 최적의 재배를 위해, 오래된 줄기와 잎을 모두 없앰으로써 겨울에 채소밭을 대비하는 것이 매우 중요하다. 그것들이 병에 걸린 것처럼 보이지 않는다면, 그러한 잔여물들을 부패할 수 있는 퇴비 더미로 옮기는 것은 좋은 생각인데, 이것이 자연적으로 토양에 영양분을 돌려줄 것이기 때문이다. 더 중요한 점은, 죽은 식물을 제거하는 것이 다음 재배기에 흙 속에 살면서 당신의 작물을 먹어 치울 벌레의 수를 줄이는 것에도 도움이 된다는 점이다. 이것은 곤충들이 여름과 가을 동안 당신의 작은 땅 곳곳에 알을 낳았을 가능성이 있기 때문이다. 잔해를 제거하고 폐기하는 것은 그것들이 부화하는 것을 방지한다.

① 곤충으로부터 토양을 보호하는 것
② 식물이 부패하도록 하는 것
③ 비료로 토양을 비옥하게 하는 것
④ 죽은 식물을 제거하는 것

포인트 해설

빈칸 앞부분에 봄에 최적의 재배를 위해 오래된 줄기와 잎을 모두 없앰으로써 겨울에 채소밭을 대비하는 것이 중요하다는 내용이 있으므로, '죽은 식물을 제거하는 것'이라고 한 ④번이 정답이다.

정답 ④

어휘

optimal 최적의 vine 줄기 remnant 잔여물, 잔존물 compost 퇴비
decompose 부패하다 crop 작물 plot 작은 땅
destroy 폐기하다, 파괴하다 remain 잔해, 유물; 남다 hatch 부화하다
fertilize 비옥하게 하다 get rid of ~을 제거하다

## 07 독해 제목 파악 난이도 중 ●●○

**다음 글의 제목으로 가장 적절한 것은?**

Among other attributes, an impressive intelligence is what distinguishes elephants from other animals. An example of their high level of reasoning is the ability to problem-solve. When faced with difficult circumstances or complex dilemmas, elephants have been known to spend extended amounts of time trying to find solutions. For instance, both wild and captive elephants have been documented employing methods to acquire food that would be inaccessible under normal circumstances. To this end, elephants will stack objects to climb up onto or utilize tools. Moreover, elephants have extraordinarily accurate memories. They can recall exactly where a particular watering hole is, even if it is a distance away, after a long period of time has elapsed. Old friends can also recognize one another though they may have last met decades ago.

① Examples of Elephant Tool Applications
② The Psychological Obstacles for Elephants
③ A Deeper Look into Elephant Acuity
④ Superior Intellect Helps Elephants Thrive

**해석**

다른 특성 중에서도, 훌륭한 지능은 코끼리들을 다른 동물들과 구별 짓는다. 그것들의 높은 수준의 이성에 관한 한 가지 예시는 문제를 해결하는 능력이다. 어려운 상황이나 복잡한 딜레마에 직면했을 때, 코끼리들은 해결책을 찾기 위해 긴 시간을 보낸다고 알려져 있다. 예를 들어, 야생 코끼리와 포획된 코끼리 모두 일반적인 상황에서는 접근하기 어려운 식량을 얻기 위해 조직적인 방법을 사용한다고 기록되어 있다. 이를 위해, 코끼리들은 딛고 올라갈 물건들을 쌓거나 도구를 이용할 것이다. 게다가, 코끼리들은 엄청나게 정확한 기억력을 가지고 있다. 그것들은 오랜 시간이 지난 후에도, 특정 물웅덩이가 어디에 있는지를 정확하게 기억해 낼 수 있는데, 그것이 멀리 떨어져 있는 경우에도 그렇다. 오랜 친구들은 또한 비록 그것들이 수십 년 전에 마지막으로 만났을지라도 서로를 알아볼 수 있다.

① 코끼리의 도구 이용에 대한 예시
② 코끼리들의 정신적인 장애
③ 코끼리의 명민함에 대한 더 깊이 있는 조사
④ 코끼리들이 번영하는 것을 돕는 우수한 지적 능력

**포인트 해설**

지문 앞부분에서 코끼리가 훌륭한 지능을 가지고 있다는 것을 언급한 뒤, 어려운 상황에서 조직적인 방법을 사용하는 문제 해결 능력과 우수한 기억력을 예로 들어 코끼리들이 지능이 뛰어나다는 것을 설명하고 있다. 따라서 ③ '코끼리의 명민함에 대한 더 깊이 있는 조사'가 이 글의 제목이다.

정답 ③

**어휘**

attribute 특성 impressive 훌륭한 intelligence 지능
distinguish 구별 짓다 reasoning 이성, 추리력
circumstance 상황, 환경 extended 긴, 장기간의 captive 포획된
employ 사용하다, 고용하다 method (조직적인) 방법
inaccessible 접근하기 어려운 stack 쌓다 accurate 정확한
recall 기억해 내다 elapse 지나다, 흐르다 application 이용
acuity 명민함, 예리함 thrive 번영하다, 성공하다

## 08 독해 문장 삽입 난이도 중 ●●○

**주어진 문장이 들어갈 위치로 가장 적절한 곳은?**

Thus, in an attempt to reassert its authority, the Church began commissioning art that it believed would remind the masses of its significance.

The origin of Baroque art can be traced to the Roman Catholic Church at the beginning of the 17th century. ( ① ) At the time, the Church was no longer the power it once was, its influence having been weakened by the Protestant Reformation decades earlier. ( ② ) The resultant works, which illustrated key elements of Christian dogma, were huge, spectacularly colorful, and imbued with a dynamic sense of movement. ( ③ ) The Church chose to take this approach because it was felt that even those who were illiterate and ignorant of the Scriptures would be drawn to the pieces. ( ④ ) Essentially, Baroque art's primary purpose was to reinforce the sense that Catholicism represented a sort of divine magnificence on Earth.

**해석**

따라서, 권위를 회복하기 위한 시도로, 교회는 그것의 중요성을 대중들에게 상기시킬 것이라고 생각한 미술 작품을 의뢰하기 시작했다.

바로크 미술의 기원은 17세기 초의 로마 가톨릭교회로 거슬러 올라갈 수 있다. ① 그 당시, 교회는 과거에 그랬던 것만큼 강대한 세력이 아니었는데, 그것의 영향력이 수십 년 전의 종교 개혁으로 약화되었기 때문이다. ② 그 결과로 생긴 작품들은 기독교 교리의 핵심 요소들을 분명히 보여 주었으며, 거대하고 눈부시게 다채로웠을 뿐 아니라, 역동적인 느낌의 움직임으로 가득 차 있었다. ③ 교회는 글을 모르거나 성서에 무지한 사람들마저도 그 작품들에 끌릴 것이라고 생각했기 때문에 이러한 접근법을 사용하기로 결정했다. ④ 근본적으로, 바로크 미술의 주요 목적은 가톨릭교가 이 세상에서 일종의 신성한 기품을 상징한다는 인상을 강화하는 것이었다.

**포인트 해설**

②번 앞 문장에 17세기 초의 교회는 과거에 그랬던 것만큼 강대한 세력이 아니었고, 종교 개혁으로 인해 영향력이 약화되어 있었다는 내용이 있고, ②번 뒤 문장에 그 결과로 생긴 작품들(The resultant works)이 기독교 교리의 핵심 요소들을 분명히 보여 주었다는 내용이 있으므로, ②번 자리에 따라서(Thus) 권위를 회복하기 위한 시도로 교회가 그것의 중요성을 대중들에게 상기시킬 것이라고 생각한 미술 작품을 의뢰하기 시작했다는 내용, 즉 약화된 교회의 위상을 회복하려는 시도에 대해 설명하는 주어진 문장이 나와야 지문이 자연스럽게 연결된다.

정답 ②

어휘

reassert one's authority 권위를 회복하다
commission 의뢰하다, 주문하다 Protestant Reformation 종교 개혁
resultant 결과로 생긴 illustrate 분명히 보여 주다 dogma 교리, 신념
spectacularly 눈부시게 imbue 가득 채우다 approach 접근법; 다가가다
illiterate 글을 모르는 scriptures 성서 essentially 근본적으로
reinforce 강화하다 divine 신성한 magnificence 기품, 장엄

## 09 독해 빈칸 완성 - 단어 난이도 중 ●●○

**밑줄 친 부분에 들어갈 말로 가장 적절한 것은?**

A tort is an action or lack of action that causes harm to someone else. The perpetrator of a tort can be sued and made to pay damages if found guilty of allowing the wrong to happen, either deliberately or out of ____________. Torts of the latter variety are not generally committed out of any malice, but they are considered equally serious in the eyes of the law. This is because one's carelessness can result in injury to others. For example, someone who lets her dog run around the park despite its history of biting people would likely be held accountable if the dog attacked someone. In her indifference, she failed to take the proper precautions. So even though she had no premeditated desire to hurt anyone and wasn't directly involved in the assault itself, her inaction would ultimately be to blame.

① negligence ② compulsion
③ selfishness ④ discretion

해석

불법 행위는 다른 사람에게 해가 되는 행동 혹은 행동의 결여이다. 불법 행위의 가해자는 그것이 고의적이든 부주의에 의한 것이든, 불법 행위가 발생하도록 묵인한 것에 대해 유죄가 인정되면 고소를 당하고 배상금을 내게 될 수 있다. 후자 부류의 불법 행위는 일반적으로 어떠한 악의를 가지고 저질러지는 것은 아니지만, 그것들은 법의 시각에서 똑같이 심각하게 여겨진다. 이것은 한 사람의 경솔함이 다른 사람들에게 피해를 초래할 수 있기 때문이다. 예를 들어, 사람을 물었던 전적이 있음에도 개가 공원 주변을 뛰어다니도록 내버려두는 사람은 그 개가 누군가를 공격할 경우 책임을 져야 할 것이다. 그녀의 무관심으로 인해, 그녀는 적절한 예방 조치를 취하지 못했다. 따라서 그녀에게 누군가를 해치려는 계획적인 욕구가 없었고 그 공격 자체에 직접적으로 개입되지 않았다고 하더라도, 자신의 행동하지 않음에 대해 결국 책임을 져야 할 것이다.

① 부주의 ② 강요
③ 이기심 ④ 신중함

포인트 해설

지문 중간에서 한 사람의 경솔함이 다른 사람들에게 피해를 초래할 수 있다고 하고, 그 예로 사람을 물었던 전적이 있는 개가 공원 주변을 뛰어다니도록 내버려두는 사람은 그 개가 사람을 공격했을 때, 그것에 대해 책임을 져야 할 것이라고 설명하고 있으므로, 가해자는 고의적이든 '부주의'에 의한 것이든 고소를 당할 수 있다고 한 ①번이 정답이다.

정답 ①

어휘

tort 불법 행위 perpetrator 가해자 sue 고소하다 damages 배상금
deliberately 고의적으로 malice 악의, 적의
carelessness 경솔함, 부주의 accountable 책임이 있는
indifference 무관심 precaution 예방 조치 premeditated 계획적인
assault 공격, 폭행 inaction 행동하지 않음 blame 책임을 지우다, 탓하다
negligence 부주의 compulsion 강요 discretion 신중함, 분별

## 10 독해 요지 파악 난이도 중 ●●○

**다음 글의 요지로 가장 적절한 것은?**

People who go to college are often told that if they study hard, they'll get a high-paying job and develop a good name. Actually, success doesn't come that easily, even for those in lucrative fields. Lawyers who go into private practice, for example, think that one way to advertise themselves is to give their services pro bono. This establishes contact with people from wide-ranging backgrounds, but lawyers provide an average of only 120 hours a year of free service. That's 15 days. Working without compensation thus comes up short if building a strong network is the purpose. People don't hire a lawyer just because he is charitable. They want to know what area of law he has expertise, what his success rate is, and whether he has the knowledge and skills needed to win cases. Only when people know how adept you are can you draw them to you.

① An outstanding way to get business is to give free services.
② It can take a long while for mastery in a field to be developed.
③ Strong networks are built on the bedrock of expertise.
④ Professionals in high-income fields must hire someone to market themselves.

해석

대학에 간 사람들은 대체로 그들이 열심히 공부하면, 보수가 많은 직업을 얻고 좋은 명성을 쌓을 수 있을 것이라는 소리를 듣는다. 사실, 성공은 그렇게 쉽게 오지 않는데, 심지어 수익성이 좋은 업종의 사람들에게도 그렇다. 예를 들어, 개인영업을 하기 시작한 변호사들은 그들 스스로를 알리기 위한 한 가지 방법이 그들의 서비스를 무료로 제공하는 것이라고 생각한다. 이것은 폭넓은 배경의 사람들과 관계를 맺게 해주지만, 변호사들은 1년에 평균 120시간만을 무료 서비스로 제공한다. 그것은 15일이다. 따라서 견고한 관계망을 만들어내는 것이 목적이라면 보상 없이 일하는 것은 기대에 미치지 못한다. 사람들은 단지 변호사가 자선을 베푼다는 이유로 그를 고용하지 않는다. 그들은 그가 어떤 분야의 법에 전문 지식을 가지고 있는지, 그의 성공률은 얼마인지, 그리고 그가 소송에 이기기 위해 필요한 지식과 능력을 갖추고 있는지를 알고 싶어 한다. 사람들이 당신이 얼마나 능숙한지 알 때에만 당신은 그들을 당신에게로 끌어들일 수 있다.

① 사업을 시작하는 훌륭한 방법은 무료 서비스를 제공하는 것이다.
② 한 분야의 전문적 지식이 발달하는 데는 시간이 걸릴 수 있다.
③ 견고한 관계망은 전문 지식의 기반 위에 만들어진다.
④ 고소득 분야의 전문직 종사자들은 그들 스스로를 광고하기 위해 누군가를 고용해야 한다.

**포인트 해설**

지문 전반에 걸쳐 변호사들은 그들 스스로를 알리기 위한 한 가지 방법이 그들의 서비스를 무료로 제공하는 것이라고 생각하지만, 그들이 1년에 평균 120시간만을 무료 서비스로 제공하므로, 보상 없이 일하는 것이 견고한 관계망을 만들어내기 어렵다고 하고, 사람들은 변호사가 어떤 분야의 법에 전문 지식을 가지고 있는지 알 때 비로소 그를 고용한다고 했으므로, ③ '견고한 관계망은 전문 지식의 기반 위에 만들어진다'가 이 글의 요지이다.

**정답 ③**

**어휘**

lucrative 수익성이 좋은 go into ~하기 시작하다
private practice 개인영업 pro bono 무료의
compensation 보상, 보수 charitable 자선을 베푸는
expertise 전문 지식 adept 능숙한 outstanding 훌륭한, 눈에 띄는
bedrock 기반 market 광고하다, 시장에 내놓다

**구문 분석**

Only when people know how adept you are / can you draw them to you.

: 이처럼 제한을 나타내는 부사절(Only when ~ you are)이 강조되어 문장의 맨 앞에 오면 주절의 주어(you)와 조동사(can)가 도치되며, '부사절(Only when ~ you are) + 주어(you) + 조동사(can) + 동사(draw)'의 순서대로 해석한다.

# DAY 23 하프모의고사 23회

## 해커스 공무원시험연구소 총평

| | |
|---|---|
| 난이도 | 고난도 문제가 없고 특별히 긴 지문이 없어, 시간에 쫓기지 않고 문제를 풀 수 있는 회차였습니다. |
| 어휘·생활영어 영역 | 5번과 같이 숙어 표현의 뜻을 묻는 문제는 어휘·생활영어 영역에서 언제든 출제될 수 있으므로, 평소 다양한 표현들을 두루 외워 두어야 합니다. |
| 문법 영역 | 4번처럼 공무원 영어의 단골 출제 포인트들만 등장하는 문제의 경우 결코 틀려서는 안 됩니다. 만약 헷갈리는 부분이 있었다면 관련된 기본 개념들을 다시 학습하도록 합니다. |
| 독해 영역 | 6번과 같은 문단 순서 배열 유형에서는 주어진 문장에 쓰인 어휘 또는 표현이 바로 뒤 문단에 그대로 등장하지 않는 경우도 있으므로, 이에 유념하여 첫 번째 문단을 신중히 고르도록 합니다. |

## 정답

| | | | | | |
|---|---|---|---|---|---|
| 01 | ④ | 어휘 | 06 | ④ | 독해 |
| 02 | ① | 생활영어 | 07 | ④ | 독해 |
| 03 | ④ | 문법 | 08 | ④ | 독해 |
| 04 | ① | 문법 | 09 | ④ | 독해 |
| 05 | ④ | 어휘 | 10 | ② | 독해 |

## 취약영역 분석표

| 영역 | 맞힌 답의 개수 |
|---|---|
| 어휘 | /2 |
| 생활영어 | /1 |
| 문법 | /2 |
| 독해 | /5 |
| TOTAL | **/10** |

### 01 어휘 appraise 난이도 중 ●●○

**밑줄 친 부분에 들어갈 말로 적절한 것은?**

I found an old painting that I thought might be worth something, so I went to an art dealer to have it ________. Unfortunately, he judged it to be only about 50 dollars.

① pilfered ② restored
③ dispatched ④ appraised

**해석**

나는 무언가 가치가 있을지도 모른다고 생각한, 오래된 그림 한 점을 찾아서, 그것을 감정받기 위해 한 미술상에게 갔다. 유감스럽게도, 그는 그것이 겨우 50달러쯤 된다고 평가했다.

① 슬쩍 훔쳐지는 ② 복원되는
③ 발송되는 ④ 감정받는

정답 ④

**어휘**

worth ~의 가치가 있는 art dealer 미술상 judge 평가하다
pilfer 슬쩍 훔치다 restore 복원하다 dispatch 발송하다
appraise 감정하다

**이것도 알면 합격!**

appraise(감정하다)의 유의어
= judge, estimate, evaluate, assess

### 02 생활영어 Do you want to tag along? 난이도 하 ●○○

**밑줄 친 부분에 들어갈 말로 가장 적절한 것은?**

A: What are you up to after work today?
B: I'm going to meet my mom. She's helping me pick out a new sofa.
A: Oh, really? I need one too, but I'm having trouble deciding what to get.
B: Well, my mother has a great eye for furniture.
________________________
A: That would be wonderful. I don't want to be a bother, though.
B: No, not at all! She'll be thrilled to see you.

① Do you want to tag along?
② But she needs to buy new glasses.
③ It'll all work out for the best.
④ Could you give us a hand?

해석

A: 오늘 일 끝나고 뭐할 거야?
B: 엄마를 만나러 갈 거야. 내가 새 소파를 고르는 것을 도와주실 거야.
A: 아, 정말? 나도 하나 필요한데, 어떤 것을 살지 결정하기가 힘들어.
B: 음, 우리 엄마는 가구에 대해 뛰어난 안목을 가지고 계셔. 너도 따라갈래?
A: 그럼 정말 좋겠다. 그렇지만, 나는 성가신 사람이 되고 싶지는 않아.
B: 아냐, 절대 아니야! 엄마는 너를 만나면 정말 신나 하실 거야.

① 너도 따라갈래?
② 그렇지만 그녀는 새 안경을 사야 해.
③ 결국은 잘될 거야.
④ 우리를 도와줄 수 있어?

포인트 해설

자신도 새 소파가 필요하지만, 어떤 것을 살지 결정하기가 힘들다는 A의 말에 대해 B가 자신의 엄마가 가구에 대해 뛰어난 안목을 가지고 있다고 대답하고, 빈칸 뒤에서 다시 A가 That would be wonderful. I don't want to be a bother, though(그럼 정말 좋겠다. 그렇지만, 나는 성가신 사람이 되고 싶지는 않아)라고 말하고 있으므로, '너도 따라갈래?'라는 의미의 ① 'Do you want to tag along?'이 정답이다.

정답 ①

어휘

bother 성가신 사람; 신경 쓰다 thrill 정말 신나게 하다
tag along 따라가다 work out for the best 결국은 잘 되다

이것도 알면 합격!

'along'을 포함하는 다양한 표현들을 알아 두자.
- play along 동의하는 체하다
- string along 거짓으로 ~로 하여금 믿게 하다
- come along 도착하다

## 03 문법 관계절 | 수동태 | 조동사 | 분사 난이도 중 ●●○

**우리말을 영어로 잘못 옮긴 것은?**

① 그들은 자정까지 사무실에 머무르라고 요청받았다.
→ They were asked to stay at the office until midnight.

② 나는 그가 지금 무언가를 먹어야 한다고 제안했는데 그 이유는 그가 휴식 없이 네 시간 동안 이동할 것이기 때문이었다.
→ I suggested that he get something to eat now because he would be traveling nonstop for four hours.

③ 그 회담의 대표로 선발되어서, 그녀는 개회 성명을 준비했다.
→ Having been chosen to be the leader of the talk, she worked on her opening statement.

④ 이 거리는 내가 처음으로 자전거 타는 법을 배운 곳이다.
→ This is the street which I first was learned how to ride a bicycle.

포인트 해설

④ **관계부사와 관계대명사 비교 | 능동태·수동태 구별** 관계사 뒤에 완전한 절(I first ~ a bicycle)이 왔으므로, 관계대명사 which를 장소를 나타내는 선행사(the street)와 함께 쓰이는 관계부사 where로 고치거나 '전치사 + 관계대명사' 형태의 at which로 고쳐야 한다. 또한, 관계절의 주어(I)와 동사가 '내가 배우다'라는 의미의 능동 관계이므로 수동태 was learned를 능동태 learned로 고쳐야 한다.

[오답분석]

① **5형식 동사의 수동태** to 부정사를 목적격 보어로 취하는 5형식 동사(ask)가 수동태가 되면, to 부정사는 수동태 동사(were asked) 뒤에 그대로 남아야 하므로 were asked to stay가 올바르게 쓰였다.

② **조동사 should의 생략** 주절에 제안을 나타내는 동사 suggest가 오면 종속절에는 '(should +) 동사원형'이 와야 하므로, 종속절에 (should) get이 올바르게 쓰였다.

③ **분사구문의 형태** 주절의 주어(she)와 분사구문이 '그녀가 선발되다'라는 의미의 수동 관계이므로 과거분사가 와야 하는데, 문맥상 '그 회담의 대표로 선발된' 시점이 '그녀가 개회 성명을 준비한' 시점보다 이전에 일어난 일이므로 분사구문의 완료형 Having been chosen이 올바르게 쓰였다.

정답 ④

어휘

midnight 자정 nonstop 휴식 없이; 직행의 statement 성명, 진술

이것도 알면 합격!

아래와 같은 제안·의무·요청·주장을 나타내는 동사가 주절에 오면, 종속절에 '(should +) 동사원형'이 온다는 것을 알아 두자.

| | |
|---|---|
| request 요청하다 | command 명령하다 |
| recommend 추천하다 | ask 요청하다 |
| order 명령하다 | insist 주장하다 |
| require 요구하다 | propose 제안하다 |

## 04 문법 부사절 | 비교 구문 | 형용사 난이도 하 ●○○

**밑줄 친 부분 중 어법상 옳지 않은 것은?**

① Nonetheless Mercury is the closest planet to the sun, it is ② not as hot as you might expect. This is because Mercury has ③ no atmosphere to retain the sun's heat. In reality, Venus is actually ④ the warmest of all planets in our solar system.

해석

수성이 태양에 가장 가까운 행성이긴 하지만, 그것은 당신이 예상하는 것만큼 뜨겁지 않다. 이는 수성에 태양열을 유지할 대기가 없기 때문이다. 실제로는, 금성이 사실 우리 태양계의 모든 행성 중에서 가장 따뜻하다.

포인트 해설

① 부사절 접속사 절(Mercury is ~ the sun)과 절(it is ~ expect)을 연결하는 것은 접속사이므로, 절을 이끌 수 없는 부사 Nonetheless(그렇기는 하지만)를 접속사 Although(~이긴 하지만) 또는 Though(~이긴 하지만)로 고쳐야 한다.

[오답분석]

② 원급 문맥상 '예상하는 것만큼 뜨겁지 않다'라는 의미가 되어야 자연스러운데, '~만큼 -하지 않은'은 두 대상의 동등함을 나타내는 원급 표현 'not + as + 형용사의 원급(hot) + as'를 사용하여 나타낼 수 있으므로 not as hot as가 올바르게 쓰였다.

③ 형용사 자리 명사(atmosphere)를 수식하는 것은 형용사이므로 명사 atmosphere 앞에 형용사 no가 올바르게 쓰였다.

④ 최상급 문맥상 '모든 행성 중에서 가장 따뜻하다'라는 의미가 되어야 자연스러운데, '~ 중에 가장 -한'은 '형용사의 최상급(the warmest) + of'의 형태로 나타낼 수 있으므로 the warmest of가 올바르게 쓰였다.

정답 ①

어휘

Mercury 수성 atmosphere 대기, 분위기 retain 유지하다, 보유하다
Venus 금성 solar system 태양계

이것도 알면 **합격!**

'~ 번째로 가장 -한'이란 의미를 나타내기 위해서는 'the + 서수 + 최상급'을 쓴다는 것을 알아 두자.

- Tacos are considered **the sixth most preferred** street food choice in Mexico.
  멕시코에서 타코는 거리 음식 중 여섯 번째로 선호되는 선택지로 여겨진다.

## 05 어휘 out of sorts = indisposed 난이도 중 ●●○

**밑줄 친 부분의 의미와 가장 가까운 것은?**

She was left feeling <u>out of sorts</u> after the meal, and the doctor suspected that something was wrong with the food.

① scornful ② uncanny
③ vigorous ④ indisposed

해석

그녀는 식사 후에 <u>몸이 불편한</u> 느낌이 들었고, 의사는 음식에 뭔가 문제가 있었다고 의심했다.

① 경멸하는 ② 이상한
③ 활발한 ④ 몸이 안 좋은

정답 ④

어휘

out of sorts 몸이 불편한 suspect 의심하다 scornful 경멸하는
uncanny 이상한, 묘한 vigorous 활발한 indisposed 몸이 안 좋은

이것도 알면 **합격!**

out of sorts(몸이 불편한)와 유사한 의미의 표현
= unwell, feeling blue, under the weather

## 06 독해 문단 순서 배열 난이도 중 ●●○

**주어진 글 다음에 이어질 글의 순서로 가장 적절한 것은?**

Russian physiologist Ivan Pavlov earned his dogs a place in history through a series of experiments he conducted in the 1890s.

(A) Pavlov called the food an unconditioned stimulus and the dogs' drooling an unconditioned response, while their connection was termed an unlearned reflex. After the conditioning though, food became a conditioned stimulus, which in turn brought on the conditioned response of salivation.
(B) Fascinated by this, he used a different stimulus to see if he could create a new link; he'd ring a bell every time the dogs were supposed to be fed. Sure enough, they quickly associated it with being given their meal and would salivate whether or not food was given.
(C) Pavlov discovered an unusual response when it came time to feed his pets. While the dogs would instinctively drool when they ate, he noticed that after a while, they would salivate upon merely seeing him or his assistant.

① (A) – (B) – (C) ② (A) – (C) – (B)
③ (C) – (A) – (B) ④ (C) – (B) – (A)

해석

러시아의 생리학자 Ivan Pavlov는 1890년대에 그가 수행했던 일련의 실험들을 통해 그의 개들을 역사에 남겼다.

(A) Pavlov는 먹이를 무조건 자극이라 칭했고 개의 침을 흘리는 행위를 무조건 반응이라 칭했으며, 그와 동시에 그것들의 연관성은 미학습된 반사 행동이라고 명명되었다. 그렇지만 조건화 이후에, 먹이는 결국 침 흘리기라는 조건 반응을 일으키는 조건 자극이 되었다.
(B) 이것에 매료되어, 그는 새로운 연결 고리를 만들 수 있을지 확인하기 위해 다른 자극을 사용했다. 그는 개들이 먹이를 먹기로 되어 있는 시간마다 종을 울렸다. 아니나 다를까, 그것들은 빠르게 그것을 먹이를 받는 것과 연관 지었고 먹이가 주어지든 그렇지 않든 간에 침을 흘렸다.
(C) Pavlov는 그의 반려동물에게 먹이를 줄 때 특이한 반응을 발견했다. 개들은 먹을 때 반사적으로 침을 흘렸지만, 그는 어느 순간부터 개들이 단지 그나 그의 조수를 보기만 해도 침을 흘린다는 것을 알아챘다.

포인트 해설

주어진 문장에서 Ivan Pavlov가 일련의 실험들을 통해 그의 개들을 역사에 남겼다고 하고, (C)에서 Pavlov는 그의 개들이 먹을 때 반사적으로 침을 흘렸지만 어느 순간부터 그나 그의 조수를 보기만 해도 침을 흘린다는 것을 발

견했다고 설명하고 있다. 이어서 (B)에서 이것(this)에 매료되어 그(Pavlov)는 새로운 연결 고리를 만들 수 있을지 확인하기 위해 개들이 먹이를 먹는 시간마다 종을 울렸는데, 개들이 그것을 먹이를 받는 것과 연관 지어 먹이가 주어지는지 여부와 관계없이 침을 흘렸다고 한 뒤, (A)에서 Pavlov는 먹이를 무조건 자극으로, 개가 침을 흘리는 행위를 무조건 반응으로 칭하면서, 그것들의 연관성(their connection)을 무조건 반사로 명명했다고 설명하고 있다. 따라서 ④ (C) - (B) - (A)가 정답이다.

정답 ④

어휘

physiologist 생리학자 conduct 수행하다
unconditioned 무조건의, 훈련받지 않은 stimulus 자극
drool 침을 흘리다; 군침 term 명명하다 conditioning 조건화, 훈련
bring on ~을 일으키다 salivation 침 흘리기, 타액 분비
fascinate 매료하다 associate 연관 짓다 salivate 침을 흘리다
instinctively 반사적으로, 본능적으로

## 07 독해 내용 불일치 파악 난이도 중 ●●○

**다음 글의 내용과 일치하지 않는 것은?**

Bilingual aphasia is a disorder in which those affected suddenly develop the ability to speak a secondary language with native-like fluency. It may occur when a certain area of the language center in the brain is damaged. The brain appears to adapt by using the tissue surrounding the injured area for communication, but as the secondary language takes precedence, the primary one may be lost. In the case of one girl who grew up speaking Croatian, she awoke from a coma speaking fluent German, a language she had just begun studying in school. Although occurrences like this are noteworthy, they are not that rare. Scientists believe that over 45,000 people develop bilingual aphasia each year in the US alone.

※ Aphasia: 언어 상실증

① A patient with bilingual aphasia may suddenly be able to speak a foreign language fluently.
② A traumatic injury to the brain can cause bilingual aphasia in some individuals.
③ A second language may become the main one for someone with bilingual aphasia.
④ The United States has more cases of bilingual aphasia than other parts of the world.

해석

이중 언어 사용자의 언어 상실증은 그것에 걸린 사람들이 갑자기 제2 언어를 모국어와 같은 유창함을 가지고 말하는 능력을 발달시키는 장애이다. 그것은 뇌의 언어 중추의 특정 부분이 손상되었을 때 발생할 수 있다. 뇌는 손상된 부분 주변의 조직을 의사소통에 사용하는 방식으로 적응하는 것처럼 보이는데, 만약 제2 언어가 우위를 얻으면, 제1 언어는 잊힐 수도 있다. 크로아티아어를 사용하며 자란 한 소녀의 경우, 그녀는 혼수상태에서 깨어나 독일어를 유창하게 말하게 되었는데, 이것은 그녀가 학교에서 막 공부하기 시작한 언어였다. 이와 같은 사건은 주목할 만하지만, 그렇게 드문 것은 아니다. 과학자들은 매년 미국에서만 45,000명 이상의 사람들에게 이중 언어 사용자의 언어 상실증이 생겨난다고 생각한다.

① 이중 언어 사용자의 언어 상실증에 걸린 환자는 갑자기 외국어를 유창하게 말할 수도 있다.
② 뇌의 외상성 손상은 몇몇 사람들에게 이중 언어 사용자의 언어 상실증을 일으킬 수 있다.
③ 이중 언어 사용자의 언어 상실증이 있는 사람에게는 제2 언어가 주요 언어가 될 수도 있다.
④ 미국은 세계의 다른 지역보다 더 많은 이중 언어 사용자의 언어 상실증의 사례를 가지고 있다.

포인트 해설

④번의 키워드인 The United States(미국)를 바꾸어 표현한 지문의 the US(미국) 주변의 내용에서 매년 미국에서만 45,000명 이상의 사람들에게 이중 언어 사용자의 언어 상실증이 생겨난다고는 했지만, ④ '미국이 세계의 다른 지역보다 더 많은 이중 언어 사용자의 언어 상실증의 사례를 가지고 있'는지는 알 수 없다.

정답 ④

어휘

bilingual 이중 언어 사용자의 disorder 장애, 무질서
fluency 유창함, 능숙도 adapt 적응하다 tissue 조직
injure 손상시키다 take precedence 우위를 얻다 primary 제1의, 주요한
coma 혼수상태 occurrence 사건, 발생 noteworthy 주목할 만한
rare 드문, 희귀한 traumatic 외상성의

## 08 독해 빈칸 완성 - 절 난이도 중 ●●○

**밑줄 친 부분에 들어갈 말로 가장 적절한 것은?**

Berlin is Europe's graffiti capital. Since the Berlin Wall came down in 1989, the city has experienced a tidal wave of expression. This outpouring of creativity had its beginnings in West Berlin in the 1980s. The American-occupied region in West Berlin was a breeding ground for counterculture types, as it was home to vast wall space and virtually no police presence. In East Berlin, ______________________. City surfaces were drab, gray, and virtually untouched by art. Police heavily patrolled that area and severely punished anyone caught with spray paint. This changed abruptly when the wall came down. Artists flocked from west to east as the creative community that had flourished in West Berlin suddenly had a new urban canvas to work with.

① the artistic community was booming
② citizens were free from police oppression
③ protests were common due to social strife
④ the opposite situation was the case

해석

베를린은 유럽의 낙서 중심지이다. 1989년에 베를린 장벽이 무너진 이후, 이 도시는 표현의 급증을 경험했다. 이러한 창의력의 분출은 1980년대에 서베를린에서 시작되었다. 서베를린의 미국에 의해 점거된 지역은 반체제 문화 형태의 온상이었는데, 이는 그곳이 거대한 벽 공간을 가지고 있고 사실상 경찰의 존재가 없는 곳이었기 때문이다. 동베를린에서는, 상황이 반대였다. 도시의 외관은 단조롭고, 회색빛이었으며, 거의 예술의 영향을 받지 않았다. 경찰은 엄격하게 그 지역을 순찰했고 분무식 페인트를 소지한 사람은 누구든 엄중하게 처벌했다. 이것은 그 장벽이 무너졌을 때 갑자기 바뀌었다. 서베를린에서 활약했던 창의적인 공동체가 갑작스럽게 작업할 수 있는 새로운 도시 캔버스를 가지게 되면서, 예술가들이 서쪽에서 동쪽으로 모였다.

① 예술 공동체가 번창하고 있었다
② 시민들은 경찰의 억압으로부터 자유로웠다
③ 사회적 갈등으로 인해 항의 운동이 흔했다
④ 상황이 반대였다

포인트 해설

빈칸 앞 문장에 서베를린의 미국에 의해 점거된 지역은 거대한 벽 공간을 가지고 있고 사실상 경찰의 존재가 없었기 때문에 반체제 문화 형태의 온상이었다는 내용이 있고, 빈칸 뒷부분에 동베를린에서는 도시의 외관이 거의 예술의 영향을 받지 않았으며, 경찰이 엄격하게 그 지역을 순찰했다는 상반되는 내용이 있으므로, '상황이 반대였다'라고 한 ④번이 정답이다.

정답 ④

어휘

graffiti 낙서 tidal wave 급증 expression 표현 outpouring 분출
occupy 점거하다, 차지하다 breeding ground 온상
counterculture 반체제 문화 vast 거대한 virtually 사실상, 거의
drab 단조로운, 칙칙한 untouched 영향을 받지 않은 patrol 순찰하다
abruptly 갑자기 flock 모이다 flourish 활약하다
boom 번창하다, 쾅 하는 소리를 내다 oppression 억압 strife 갈등

## 09 독해 제목 파악 난이도 중 ●●○

다음 글의 제목으로 가장 적절한 것은?

British scientist Tim Berners-Lee originally conceived the World Wide Web to permit automated information-sharing among scientists but then decided to give it away free to everyone. Equity was the reason: he felt all of humanity should have access to the web. The amount of digitally stored information in 2011 passed about 1.8 trillion gigabytes, and this volume has been more than doubling every two years. However, the human brain is not naturally equipped to process this deluge of information seamlessly. As a result, people have adapted by reading and absorbing bits and pieces of the vast digital landscape, shaping our understanding of the world in a unique way. While this selective approach may lead to a more nuanced perception of reality, it also highlights the evolving relationship between humanity and the digital age.

① Tim Berners-Lee's Gift to Humankind
② The Pros and Cons of Digitally Stored Information
③ The Inspiration for the World Wide Web
④ The Internet's Impact on Our Perception of Reality

해석

영국 과학자 Tim Berners-Lee는 원래 과학자들 사이에서 자동화된 정보 공유를 허용하기 위해 월드 와이드 웹(World Wide Web)을 구상했지만, 그것을 모든 사람들에게 무료로 내어 주기로 결정했다. 형평성이 그 이유였는데, 그는 모든 인류가 웹에 접근할 수 있어야 한다고 생각했다. 2011년에 디지털로 저장된 정보의 양은 약 1조 8천억 기가바이트(GB)를 넘었고, 이 용량은 2년마다 두 배 이상으로 늘어나고 있다. 하지만, 인간의 뇌가 선천적으로 정보의 이러한 범람을 균일하게 처리하도록 준비되어 있는 것은 아니다. 그 결과, 사람들은 방대한 디지털 분야의 일부를 읽고 흡수함으로써 적응해 왔으며, 이는 세상에 대한 우리의 이해를 독특한 방식으로 형성시켰다. 이러한 선택적 접근법이 현실에 대해 더욱 미묘한 차이가 있는 인식으로 이어질 수도 있지만, 그것은 인류와 디지털 시대 사이의 발전하는 관계를 강조하기도 한다.

① Tim Berners-Lee가 인류에 준 선물
② 디지털로 저장된 정보의 장단점
③ 월드 와이드 웹에 대한 영감
④ 인터넷이 우리의 현실 인식에 미치는 영향

포인트 해설

지문 전반에 걸쳐 모든 사람들이 월드 와이드 웹에 접근 가능하게 된 이후로 매년 엄청난 양의 디지털 정보가 저장되어 왔는데, 인간의 뇌는 정보의 이러한 범람을 균일하게 처리할 수 없기 때문에 사람들은 방대한 디지털 분야의 일부를 읽고 흡수함으로써 적응해 왔으며, 이러한 선택적 접근법은 세상에 대한 우리의 이해를 독특한 방식으로 형성시켰다고 설명하고 있다. 따라서 ④ '인터넷이 우리의 현실 인식에 미치는 영향'이 이 글의 제목이다.

정답 ④

어휘

conceive 구상하다, 상상하다 permit 허용하다
give away 내어 주다, 거저 주다 equity 형평성 humanity 인류
have access to ~에 접근할 수 있다 volume 용량, 책, 음량
equip 준비시키다, 갖추다 deluge 범람, 폭우 adapt 적응하다
vast 방대한, 어마어마한 landscape 분야, 풍경, 전망 selective 선택적인
nuanced 미묘한 차이가 있는 perception 인식 evolve 발전하다, 진화하다
pros and cons 장단점 inspiration 영감

구문 분석

British scientist Tim Berners-Lee originally conceived the World Wide Web / to permit automated information-sharing among scientists / but then decided to give it away / free to everyone.

: 이처럼 but, and 또는 or는 문법적으로 동일한 형태의 구 또는 절을 연결하여 대등한 개념을 나타내므로, and, but 또는 or가 연결하는 것이 무엇인지 파악하여 '그러나', '그리고', '혹은' 또는 '~과(와)', '~며', '~나'라고 해석한다.

## 10 독해 빈칸 완성 - 단어 난이도 중 ●●○

**밑줄 친 (A), (B)에 들어갈 말로 가장 적절한 것은?**

Eyewitness testimonies are now considered to be ___(A)___ sources of evidence in criminal trials. As of late, a number of falsehoods in the testimonies of eyewitnesses have been exposed in several court proceedings. Experts claim that this is because witnesses often report what they wish they had seen instead of what they actually observed. In addition to this confirmation bias that occurs, there are significant instances of this incidents occurring during police questioning or when co-witness testimonies are given. In other words, witnesses' memories may alter to suit the accounts given by police or other witnesses. As a result, ___(B)___ statements by eyewitnesses have led to an increasing number of wrongful convictions.

| | (A) | (B) |
|---|---|---|
| ① | complete | enthusiastic |
| ② | unreliable | inaccurate |
| ③ | authentic | unpredictable |
| ④ | insignificant | convincing |

**해석**

목격자 증언은 오늘날 형사 재판에서 (A) 신뢰할 수 없는 증거 자료로 여겨진다. 최근, 몇몇 법정 소송 절차의 목격자 증언들에서 많은 거짓이 드러났다. 전문가들은 이것이 목격자들이 종종 실제로 본 것이 아니라 그들이 보았기를 바라는 것을 보고하기 때문이라고 주장한다. 발생하는 이 확증 편향 외에도, 경찰 심문 과정에서 혹은 공동 목격자 증언이 제공될 때 이러한 사건들이 발생한다는 상당한 사례들이 있다. 다시 말해, 목격자들의 기억이 경찰이나 다른 목격자들에 의해 제공되는 설명에 맞게 바뀔 수 있다는 것이다. 그 결과, 목격자들의 (B) 부정확한 진술은 점점 증가하는 부당한 유죄 선고로 이어져 왔다.

| | (A) | (B) |
|---|---|---|
| ① | 완벽한 | 열정적인 |
| ② | 신뢰할 수 없는 | 부정확한 |
| ③ | 믿을 만한 | 예측할 수 없는 |
| ④ | 사소한 | 설득력 있는 |

**포인트 해설**

(A) 빈칸 뒤 문장에 목격자 증언들에서 많은 거짓이 드러났다는 내용이 있으므로, 빈칸에는 목격자 증언이 '신뢰할 수 없는' 증거 자료로 여겨진다는 내용이 나와야 적절하다.

(B) 빈칸 앞 문장에 목격자들의 기억은 경찰이나 다른 목격자들에 의해 제공되는 이야기에 맞도록 바뀔 수 있다는 내용이 있으므로, 빈칸에는 '부정확한' 진술이라는 내용이 나와야 적절하다.

따라서 ② (A) unreliable(신뢰할 수 없는) – (B) inaccurate(부정확한)이 정답이다.

정답 ②

**어휘**

eyewitness 목격자 testimony 증언 source 자료, 원천 trial 재판
falsehood 거짓 proceeding 소송 절차
confirmation bias 확증 편향 significant 상당한, 중요한
account 설명, 이야기 wrongful 부당한 conviction 유죄 선고
enthusiastic 열정적인 unreliable 신뢰할 수 없는
inaccurate 부정확한 authentic 믿을 만한 unpredictable 예측할 수 없는
insignificant 사소한, 하찮은 convincing 설득력 있는

# DAY 24 하프모의고사 24회

## 해커스 공무원시험연구소 총평

| | |
|---|---|
| 난이도 | 독해 영역에 다소 까다로운 문제가 출제되기는 했으나, 전반적으로 평이한 공무원 9급 시험의 난이도입니다. |
| 어휘·생활영어 영역 | 1번 문제에 출제된 obscurity와 같은 추상명사는 최근 지방직 9급 시험에서 자주 출제되고 있으므로, 평소 어휘를 학습할 때는 특정 동사나 형용사에서 파생되는 추상명사까지 학습해 두는 것이 좋습니다. |
| 문법 영역 | 3번의 대명사는 매번 출제되는 포인트는 아니지만 빈번히 등장하는 기출 포인트이므로 고득점 획득을 위해서는 학습해두어야 합니다. |
| 독해 영역 | 빈칸 완성의 세부 유형들을 학습할 수 있었습니다. 빈칸이 있는 문장과 그 주변을 통해 빈칸에 들어갈 내용을 먼저 유추해 봄으로써 풀이 시간을 단축할 수 있습니다. |

## 정답

| | | | | | |
|---|---|---|---|---|---|
| 01 | ④ | 어휘 | 06 | ③ | 독해 |
| 02 | ④ | 어휘 | 07 | ② | 독해 |
| 03 | ② | 문법 | 08 | ③ | 독해 |
| 04 | ① | 생활영어 | 09 | ③ | 독해 |
| 05 | ① | 문법 | 10 | ④ | 독해 |

## 취약영역 분석표

| 영역 | 맞힌 답의 개수 |
|---|---|
| 어휘 | /2 |
| 생활영어 | /1 |
| 문법 | /2 |
| 독해 | /5 |
| TOTAL | /10 |

### 01 어휘 obscurity = insignificance 난이도 중 ●●○

밑줄 친 부분의 의미와 가장 가까운 것은?

Her poetry collection remained in obscurity until a passionate reader stumbled upon it.

① warmness ② discomfort
③ condescension ④ insignificance

**해석**

그녀의 시집은 한 열정적인 독자가 그것을 우연히 발견할 때까지 무명인 채로 있었다.

① 따뜻함 ② 불편
③ 겸손 ④ 무의미

정답 ④

**어휘**

obscurity 무명, 불분명 passionate 열정적인
stumble upon ~을 우연히 발견하다 condescension 겸손
insignificance 무의미, 하찮음

**이것도 알면 합격!**

obscurity(무명)의 유의어
= inconspicuousness, unimportance

### 02 어휘 play up = underscore 난이도 중 ●●○

밑줄 친 부분의 의미와 가장 가까운 것은?

The politician attempted to play up his role in the tax relief bill that was passed.

① substantiate ② transcend
③ hypothesize ④ underscore

**해석**

그 정치인은 통과된 세금 경감 법안에서 그의 역할을 강조하려고 시도했다.

① 입증하다 ② 초월하다
③ 가설을 세우다 ④ 강조하다

정답 ④

**어휘**

politician 정치인 play up ~을 강조하다 bill 법안 substantiate 입증하다
transcend 초월하다 hypothesize 가설을 세우다 underscore 강조하다

**이것도 알면 합격!**

play up(~을 강조하다)의 유의어
= emphasize, highlight, exaggerate

## 03 문법 대명사 | 가정법 | 부사절 난이도 중 ●●○

**밑줄 친 부분 중 어법상 옳지 않은 것은?**

Some patients whose serious illness became manageable thanks to scientific research now say they ① might have refused treatment had they known that they would be saddled with a crushing debt. While modern-day medicine is capable of extending people's lives and reducing ② its suffering, ③ neither of these benefits negates the fact that many lack the means to afford lifelong medication. The shot at a longer life is certainly welcome, ④ provided the quality of it isn't thoroughly compromised.

**해석**

과학 연구 덕분에 심각한 질환을 감당할 수 있게 된 일부 환자들은 이제 그들이 참담한 부채를 짊어지게 될 것을 알았더라면 치료를 거부했었을지도 모른다고 말한다. 현대 의학이 사람들의 수명을 늘리고 그들의 고통을 줄일 수 있지만, 이러한 혜택 중 그 어느 것도 많은 사람들이 평생 약물 치료를 할 돈이 부족하다는 사실을 부정하지 않는다. 더 긴 삶을 위한 시도는 분명 환영받을 만한 것이지만, 이는 오직 그것(삶)의 질이 완전히 손상되지 않는 경우에만 그렇다.

**포인트 해설**

② **인칭대명사** 대명사가 지시하는 것이 복수 명사(people)이므로, 단수 대명사 its를 복수 대명사 their로 고쳐야 한다.

[오답분석]

① **가정법 도치** if절에 if가 생략되어 동사 had가 주어(they) 앞으로 온 가정법 과거완료 had they known ~이 왔으므로, 주절에도 가정법 과거완료를 만드는 '주어 + would/should/could/might + have p.p.' 형태가 와야 한다. 따라서 주어 they 뒤에 might have refused가 올바르게 쓰였다.

③ **부정대명사** 문맥상 '혜택 중 그 어느 것도'라는 의미가 되어야 자연스러우므로 부정대명사 neither(어느 것도)가 올바르게 쓰였다.

④ **부사절 접속사** 절(The shot ~ welcome)과 절(the quality ~ compromised)을 연결하며, '오직 ~하는 경우에'라는 의미를 나타내는 부사절 접속사 provided가 올바르게 쓰였다.

정답 ②

**어휘**

saddle with 짊어지다, 부과하다 crushing 참담한 extend 늘리다
negate 부정하다 shot 시도 compromise 손상하다, 타협하다

**이것도 알면 합격!**

재귀대명사 관용 표현들도 함께 알아 두자.

- by oneself 홀로, 혼자 힘으로(= alone, on one's own)
- in spite of oneself 자기도 모르게
- by itself 저절로
- for oneself 자기를 위하여, 혼자 힘으로
- beside oneself 이성을 잃고, 흥분하여
- in itself 자체로, 본질적으로

## 04 생활영어 out of the blue 난이도 중 ●●○

**밑줄 친 부분에 들어갈 말로 가장 적절한 것은?**

A: What are you up to this weekend?
B: I'm taking Brian out for dinner tomorrow to cheer him up. He and Sarah just broke up.
A: You're kidding! I thought they were doing great.
B: Actually, so did Brian. He was shocked when she told him she wanted to end it.
A: Oh no, that's terrible. You mean he wasn't expecting it at all?
B: Nope. It was completely ______________.

① out of the blue
② a shot in the dark
③ passing the buck
④ off the record

**해석**

A: 이번 주말에 뭐 하니?
B: 나는 Brian을 격려하기 위해 내일 그를 데리고 나가서 저녁을 먹을 거야. 그와 Sarah가 막 헤어졌대.
A: 농담하는 거 아니지! 난 그들이 잘 지내고 있는 줄 알았어.
B: 실은, Brian도 그랬어. 그녀가 끝내고 싶다고 말했을 때 그는 충격을 받았어.
A: 그럴 리가, 끔찍해. 그는 전혀 예상하지도 못했다는 거지?
B: 응. 완전히 예기치 못한 일이었어.

① 예기치 못한
② 막연한 추측
③ 책임을 서로 미루는
④ 비공개의

**포인트 해설**

Brian과 Sarah가 잘 지내고 있는 줄 알았다는 A의 말에 대해 B가 Brian도 그랬다고 대답하고, 빈칸 앞에서 다시 A가 You mean he wasn't expecting it at all?(그는 전혀 예상하지도 못했다는 거지?)라고 말하고 있으므로, '예기치 못한'이라는 의미의 ① 'out of the blue'가 정답이다.

정답 ①

**어휘**

break up 헤어지다 out of the blue 예기치 못한
a shot in the dark 막연한 추측 pass the buck 책임을 서로 미루다
off the record 비공개의; 비공개로

**이것도 알면 합격!**

'blue'를 포함하는 다양한 표현들을 알아 두자.

- once in a blue moon 극히 드물게
- into the blue 먼 곳으로
- blue in the face 격분하여 새파래진

## 05 문법 동사의 종류 | 분사 | 대명사 | 명사절 | 동명사

난이도 중 ●●○

**우리말을 영어로 잘못 옮긴 것은?**

① 영업시간이 끝날 때쯤 주식이 소폭 상승했다.
→ Stocks had raised slightly by the time business hours were over.

② 강의 남쪽 기슭에서 자라는 식물들은 북쪽 기슭에서 자라는 식물들보다 덜 다양하다.
→ The plants growing on the south bank of the river are less varied than those on the north bank of the river.

③ 나의 반 친구는 어젯밤에 내 강의 노트를 빌릴 수 있는지 물었다.
→ My classmate asked if he could borrow my lecture notes last night.

④ 경영진은 3년 연속으로 승진에서 제외되는 것에 대한 그의 두려움을 잘 알고 있었다.
→ Management was well aware of his fear of being passed over for promotion for the third year in a row.

**포인트 해설**

① **혼동하기 쉬운 자동사와 타동사** 동사 raise는 '~을 올리다, ~을 인상하다'라는 의미로 쓰일 때 뒤에 목적어를 취하는 타동사인데, 동사 뒤에 목적어가 없으므로, 타동사 raised를 '상승하다'라는 의미의 자동사 risen으로 고쳐야 한다.

[오답분석]

② **현재분사 vs. 과거분사 | 지시대명사** 수식받는 명사(The plants)와 분사가 '식물들이 자라다'라는 의미의 능동 관계이므로 현재분사 growing이 올바르게 쓰였다. 또한 지시대명사가 앞에 나온 복수 명사(The plants)를 대신하므로 복수 지시대명사 those가 올바르게 쓰였다.

③ **명사절 접속사** '내 강의 노트를 빌릴 수 있는지'를 나타내기 위해 불확실한 사실을 나타내는 명사절 접속사 if(~인지 아닌지)가 올바르게 쓰였다.

④ **동명사의 형태** 동명사(being passed over) 뒤에 목적어가 없고 문맥상 '승진에서 제외되다'라는 의미의 수동 관계가 되어야 하므로 동명사의 수동형 being passed over가 올바르게 쓰였다.

**정답 ①**

**어휘**

stock 주식 varied 다양한 borrow 빌리다 management 경영진
promotion 승진 in a row 연속으로

**이것도 알면 합격!**

지시대명사 those는 '~한 사람들'이란 뜻으로 쓰일 수 있고, 이때 뒤에서 수식어(전치사구, 관계절, 분사)의 꾸밈을 받는다는 것을 알아 두자.

- (Those, ~~They~~) found guilty of plagiarism will receive academic sanctions.
  (found guilty of plagiarism: 수식어(분사구))
  표절로 유죄 판결을 받은 사람들은 학문적 제재를 받게 될 것이다.

## 06 독해 빈칸 완성 – 구

난이도 중 ●●○

**밑줄 친 부분에 들어갈 말로 가장 적절한 것은?**

A group of scientists from the University of Toronto have found a clever alternative to passwords, which can often be lost or forgotten, by using the unique rhythm the heart makes to identify an individual. A cardiac rhythm is dependent on such things as a heart's shape, size, and position in the body, so no two are the same. The scientists have founded a start-up and created a program that can link users to their devices based on their cardiac patterns. This is especially great for ____________. The heart, obviously, is something that is always with an individual and can never be lost. Furthermore, there will no longer be a need to try and remember complicated passwords. The only problem is that electronics manufacturers are hesitant to incorporate such technology into their products. To solve this, the company has created bracelets to run their recognition program and connect with portable devices like mobile phones and tablets via Bluetooth. While the technology is not widely available yet, the convenience and safety benefits are extremely appealing.

① technology enthusiasts
② medical doctors
③ forgetful individuals
④ research scientists

**해석**

토론토 대학의 한 무리의 과학자들은 심장이 만들어내는 고유한 박동을 개인의 신원을 확인하기 위해 사용하여, 종종 잃어버리거나 잊어버릴 수 있는 비밀번호의 기발한 대안을 찾아냈다. 심장 박동은 심장의 모양, 크기, 그리고 체내의 위치와 같은 것들에 의해 결정되므로, 똑같은 것이 없다. 이 과학자들은 한 스타트업 회사를 설립했고 심장의 패턴을 기반으로 하여 사용자들을 그들의 장치에 연결할 수 있는 프로그램을 개발했다. 이것은 건망증이 있는 사람들에게 특히 유용하다. 분명, 심장은 언제나 사람과 함께 있는 것이고 절대 잃어버릴 수 없다. 게다가, 더 이상 복잡한 비밀번호를 시도하고 기억할 필요가 없을 것이다. 유일한 문제점은 전자 제품 제조업체들이 이러한 기술을 그들의 제품에 도입하는 것을 주저한다는 것이다. 이를 해결하기 위해, 그 회사는 그들의 인식 프로그램을 실행하고 블루투스를 통해 휴대전화와 태블릿과 같은 휴대용 장치에 연결하는 팔찌를 만들어 냈다. 그 기술이 아직 널리 이용 가능한 것은 아니지만, 편리함과 안전 편익이 매우 매력적이다.

① 기술 애호가들
② 의학 박사들
③ 건망증이 있는 사람들
④ 연구 과학자들

**포인트 해설**

지문 앞부분에 한 무리의 과학자들이 잃어버리거나 잊어버릴 수 있는 비밀번호 대신 심장 박동을 개인의 신원을 확인하기 위해 사용하는 방법을 고안해 냈다는 내용이 있고, 빈칸 뒷부분에 심장은 언제나 사람과 함께 있는 것

이므로 절대 잃어버릴 수 없고, 더 이상 복잡한 비밀번호를 시도하고 기억할 필요가 없을 것이라는 내용이 있으므로, '건망증이 있는 사람들'에게 유용하다고 한 ③번이 정답이다.

정답 ③

어휘

alternative 대안 identify 신원을 확인하다 cardiac 심장의
complicated 복잡한 manufacturer 제조업체, 제조자 hesitant 주저하는
incorporate 도입하다, 포함하다 bracelet 팔찌 recognition 인식
portable 휴대용의 convenience 편리함 appealing 매력적인

## 07 독해 주제 파악 난이도 하 ●○○

**다음 글의 주제로 가장 적절한 것은?**

A common treatment for wastewater is an aerobic method that uses microbes to break down and stabilize organic waste. In this process, special bacteria naturally consume the waste as food, purifying the water. Two features are necessary for the treatment to be successful. First, the microbes must be exposed to the organic material long enough for them to actually eat it; and second, they must be able to breathe oxygen in order to remain alive. A particularly efficient method uses discs which are coated with a thin microbial culture. These discs then rotate in and out of the wastewater, immersing the microorganisms in the liquid while also periodically exposing them to oxygen in the air.

① comparing the aerobic and anaerobic methods of wastewater treatment
② defining the requirements necessary for successful aerobic wastewater treatment
③ low-energy alternatives to aerobic wastewater treatment
④ explaining the issues associated with aerobic wastewater treatment

해석

폐수의 일반적인 처리 방법은 유기성 폐기물을 분해하고 안정화시키기 위해 미생물을 사용하는 호기성 공법이다. 이 과정에서는, 특수한 박테리아가 자연적으로 폐기물을 양분으로 섭취하여, 물을 정화한다. 그 처리 방법이 성공적이기 위해서는 두 가지 특성이 필요하다. 첫 번째로, 미생물이 유기 물질을 실제로 먹을 수 있을 정도로 충분히 긴 시간 동안 유기 물질에 노출되어야 한다. 그리고 두 번째로, 그것들이 계속 살아 있기 위해서는 산소를 호흡할 수 있어야 한다. 한 가지 두드러지게 효율적인 방식은 얇은 미생물 배양균이 칠해진 원반을 이용하는 것이다. 이 원반은 폐수 안팎으로 회전하는데, 이는 미생물을 그 액체에 담그는 동시에 그것을 주기적으로 공기 중의 산소에 노출시킨다.

① 폐수 처리의 호기성 공법과 혐기성 공법의 비교
② 성공적인 호기성 폐수 처리 방법에 필요한 요건의 정의
③ 호기성 폐수 처리 공법에 대한 저에너지 대안
④ 호기성 폐수 처리 공법과 관련된 문제의 설명

포인트 해설

지문 전반에 걸쳐 성공적인 호기성 공법을 위해서는 미생물을 유기 물질에 충분히 노출시켜야 하고, 미생물이 살 수 있도록 그것에 산소를 공급해야 한다고 설명하고 있다. 따라서 ② '성공적인 호기성 폐수 처리 방법에 필요한 요건의 정의'가 이 글의 주제이다.

정답 ②

어휘

aerobic 호기성의 microbe 미생물 stabilize 안정화시키다
purify 정화하다 expose 노출시키다 disc 원반 culture 배양균, 문화
immerse 담그다, 몰두시키다 periodically 주기적으로 anaerobic 혐기성의

구문 분석

First, / the microbes must be exposed / to the organic material / long enough for them / to actually eat it; (생략).
: 이처럼 '… enough to ~' 구문이 정도를 나타내는 경우, '~할 정도로 충분히 …하다' 혹은 '~할 만큼 충분히 …하다'라고 해석한다.

## 08 독해 빈칸 완성 – 단어 난이도 중 ●●○

**밑줄 친 부분에 들어갈 말로 가장 적절한 것은?**

Walking is perhaps the most natural type of human movement, and its effects on the body have been well-documented. Yet surprisingly little has been written about how it impacts the mind. Fortunately, a group of Stanford researchers recently demonstrated that this activity promotes __________. The reason why is that walking doesn't require much conscious effort, so a person's attention is free to wander. While the mind is adrift, it is able to make new connections and generate novel ideas that it can't when focused on a specific task. The result is a higher likelihood for strokes of insight. This turned out to be true no matter how long the duration. What's more, environment appeared to play no part either as long as the person was moving. Both subjects walking inside on a treadmill facing a blank wall and participants strolling outside in the fresh air were able to spawn twice as many original thoughts than those stuck sitting behind a desk. It's thus no wonder that some managers are encouraging their employees to go on walks together during brainstorming sessions or when they need to find a fresh perspective.

① recollection ② pragmatism
③ ingenuity ④ syllogism

해석

걷기는 아마 인간 움직임의 가장 자연스러운 형태일 것이며, 그것이 신체에 미치는 영향은 충분히 입증되어 왔다. 그러나 놀랍게도 그것이 생각에 얼마나 영향을 미치는지에 대해 쓰여진 것은 거의 없다. 다행히도, 최근에 스탠퍼드대학의 한 연구진은 이 행위가 독창성을 촉진한다는 것을 입증했다. 그 이유는 걷기가 의식적인 노력을 많이 필요로 하지 않아서, 사람들의 주의

력이 자유롭게 떠돌기 때문이다. 생각이 정처 없이 떠돌아다니는 동안, 그것은 새로운 연결고리를 만들 수 있고, 특정한 업무에 집중했을 때는 떠올릴 수 없는 기발한 발상을 일으킬 수 있다. 그 결과는 통찰력의 우연한 발생에 대한 더 높은 가능성이다. 지속 기간이 얼마나 긴지와 상관없이 이것은 사실인 것으로 드러났다. 게다가, 사람이 움직이는 동안에는 환경이 관여하지 않는 것으로 보인다. 실내의 러닝머신 위에서 막다른 벽을 마주하며 걷는 피실험자와 밖의 신선한 공기 속에서 산책하는 참가자 모두 책상에 앉아 꼼짝하지 않고 있는 사람들보다 독창적인 생각을 두 배나 더 많이 일으킬 수 있었다. 그러므로 몇몇 관리자들이 창조적 집단 사고 회의 동안이나 신선한 견해를 찾을 필요가 있을 때 그들의 직원들에게 산책을 하도록 장려하는 것은 놀랄 일이 아니다.

① 기억 ② 실용성
③ 독창성 ④ 연역법

포인트 해설

빈칸 뒤 문장에 걷는 동안 사람들의 생각이 자유롭게 떠돌기 때문에, 특정한 업무에 집중했을 때는 떠올릴 수 없는 기발한 발상을 일으킬 수 있다는 내용이 있고, 지문 뒷부분에 실내에서나 밖에서 걷는 사람들이 책상에 앉아 있는 사람들보다 독창적인 생각을 두 배나 더 많이 일으켰다는 내용이 있으므로, '독창성'을 촉진한다고 한 ③번이 정답이다.

정답 ③

어휘

well-documented 충분히 입증된 demonstrate 입증하다, 보여 주다
promote 촉진하다, 홍보하다 wander 떠돌다
adrift 정처 없이 떠돌아다니며 novel 기발한 stroke 우연한 발생, 타격
insight 통찰(력) stroll 산책하다 spawn 일으키다, 낳다
original 독창적인, 원래의 perspective 견해, 사고방식
recollection 기억 pragmatism 실용성, 실용주의 ingenuity 독창성
syllogism 연역법

## 09 독해 내용 일치 파악 난이도 상 ●●●

다음 글의 내용과 일치하는 것은?

A defining characteristic of Greek and Roman sculptures is the gleaming white marble they are made of. The whiteness has long been considered a kind of sophisticated purity, an apt hue to depict the birth of Western culture. But art historians have known for years that these sculptures did not feature merely one color in their day, though much of the public may not realize it. The myth of the all-white sculptures began around the time of the Renaissance with the discovery of numerous ancient works. Age and the elements had worn away their variety of hues, but experts of the time presumed that the colorless look was an intentional choice made by their predecessors. The small minority declared the weathered pieces to be the epitome of high artistry, and subsequently set an erroneous standard for the next century.

① Greek and Roman artists used the color white in sculptures to represent innocence.
② Experts did not inform the public for many years that ancient statues were colorful.
③ Sculptures found during the Renaissance were white because their colors had faded.
④ Refraining from using color when making statues helped them endure for centuries.

해석

그리스와 로마 조각품들의 결정적인 특징은 그것들이 만들어진 빛나는 하얀 대리석이다. 순백은 오랫동안 일종의 세련된 순수함으로 여겨졌는데, 이는 서양 문화의 탄생을 묘사하는 데 있어 적절한 색조이다. 그러나 미술사가들은 수년간 이러한 조각품들이 당시에 단지 하나의 색만을 특징으로 하지 않았다는 것을 알고 있었음에도, 대중의 많은 사람들이 그것을 알아차리지 못한 것일 수 있다. 온통 흰 조각품들에 대한 근거 없는 믿음은 많은 고대 작품들의 발견과 함께 르네상스 시기 무렵에 시작되었다. 세월과 비바람이 그것들의 다양한 색조를 사라지게 했지만, 그 당시 전문가들은 무색의 모습이 그들의 조상들에 의해 만들어진 의도적인 선택이었다고 추정했다. 소수의 사람들이 그 풍화된 조각품들을 높은 예술가적 기교의 완벽한 본보기라고 선언했고, 그 결과 다음 세기에 잘못된 기준을 설정했다.

① 그리스와 로마 예술가들은 순결을 표현하기 위해 조각품에 하얀색을 사용했다.
② 전문가들은 대중에게 고대 조각상들이 형형색색이었다는 것을 여러 해 동안 알리지 않았다.
③ 르네상스 동안 발견된 조각품들은 그것들의 색이 희미해졌기 때문에 하얀색이었다.
④ 조각상을 제작할 때 색을 사용하는 것을 삼가는 것은 그것들이 수 세기 동안 오래 갈 수 있도록 도왔다.

포인트 해설

③번의 키워드인 Renaissance(르네상스)가 그대로 언급된 지문 주변의 내용에서 흰 조각품들에 대한 근거 없는 믿음은 많은 고대 작품들의 발견과 함께 르네상스 시기 무렵에 시작되었는데, 세월과 비바람이 그 조각품들의 다양한 색조를 사라지게 했던 것이지만, 그 당시 전문가들은 그 무색의 모습을 조상들의 의도적인 선택으로 추정했다고 했으므로, ③ '르네상스 동안 발견된 조각품들은 그것들의 색이 희미해졌기 때문에 하얀색이었다'가 지문의 내용과 일치한다.

[오답분석]

① 그리스와 로마 조각품들의 특징이 하얀 대리석이고 순백은 세련된 순수함으로 여겨졌다고 했지만, 그리스와 로마 예술가들이 순결을 표현하기 위해 조각품에 하얀색을 사용했는지는 알 수 없다.
② 미술사가들은 고대 조각품들이 단지 하나의 색만을 특징으로 하지 않았다는 것을 알고 있었다고는 했지만, 전문가들이 대중에게 고대 조각상들이 형형색색이었다는 것을 여러 해 동안 알리지 않았는지는 알 수 없다.
④ 세월과 비바람이 조각품들의 다양한 색조를 사라지게 했다고는 했지만, 조각상을 제작할 때 색깔을 사용하는 것을 삼가는 것이 그것들이 수 세기 동안 오래 갈 수 있도록 도왔는지는 알 수 없다.

정답 ③

어휘

defining 결정적인 sculpture 조각품 gleaming 빛나는
marble 대리석 sophisticated 세련된 apt 적절한, 잘하는
hue 색조 feature 특징으로 하다; 특징 elements 비바람
presume 추정하다 predecessor 조상, 이전 것

weathered 풍화된 epitome 완벽한 본보기 artistry 예술가적 기교
erroneous 잘못된 innocence 순결, 결백 statue 조각상
fade 희미해지다 refrain from ~을 삼가다

## 10 독해 문단 순서 배열 난이도 중 ●●○

**주어진 문장 다음에 이어질 글의 순서로 가장 적절한 것은?**

The quality of wine, which can vary greatly, is largely determined by the procedure through which it is made.

(A) To aid this process, the juice is stored in different barrels made of materials like stainless steel or oak. Some people let the wine sit for a few weeks while others keep it stored away for years.
(B) Once the fruits have ripened to perfection, they are picked and crushed. Yeast is added to begin the process of fermentation. During this step, the sugar inside the grapes slowly begins to turn into alcohol.
(C) Depending on what type of wine they plan to produce, manufacturers must first decide when to harvest the grapes. This is important because the grapes' content of sugars, acids, and tannins will change as the days go by.

① (A) – (B) – (C) ② (A) – (C) – (B)
③ (B) – (C) – (A) ④ (C) – (B) – (A)

**해석**

와인의 품질은 매우 달라질 수 있으며, 그것이 만들어지는 과정에 의해 크게 결정된다.

(A) 이 과정을 돕기 위해, 그 과즙은 스테인리스강이나 오크 나무와 같은 재질로 만들어진 다양한 통에 저장된다. 어떤 사람들은 와인을 몇 주 동안 그대로 두는 반면, 다른 사람들은 몇 년 동안 저장해 둔다.
(B) 과일이 완벽하게 익으면, 그것들은 채집되어 뭉개진다. 발효 과정을 시작하기 위해 효모균이 첨가된다. 이 단계에서, 포도 안에 있는 당분이 천천히 알코올로 변하기 시작한다.
(C) 제조하고자 하는 와인의 종류에 따라, 제조자는 우선 포도를 언제 수확할지를 결정해야 한다. 날이 지남에 따라 포도의 당분, 산, 그리고 타닌 함유량이 변할 것이기 때문에 이는 중요하다.

**포인트 해설**

주어진 문장에서 와인의 품질은 그것이 만들어지는 과정에 의해 결정된다고 한 후, (C)에서 제조자는 우선(first) 제조하고자 하는 와인의 종류에 따라 포도의 수확 시기를 결정해야 한다고 설명하고 있다. 이어서 (B)에서 채집된 포도의 발효를 시작하는 과정에 대해 언급하고, (A)에서 이 과정(this process)을 돕는 와인의 저장 용기와 저장 기간에 대해 설명하고 있다. 따라서 주어진 문장 다음에 이어질 순서는 ④ (C) - (B) - (A)다.

정답 ④

**어휘**

vary 달라지다 determine 결정하다 store 저장하다 barrel 통
ripen 익다 crush 뭉개다 yeast 효모균 fermentation 발효
manufacturer 제조자 harvest 수확하다 acid 산; 산성의

MEMO

MEMO

MEMO